정산종사 법어풀이

류성태 著

2

원불교출판사

머리말

몇 년 전 간행한 『대종경 풀이』에 대하여 출가 재가 공히 깊은 관심을 보여주심에 감사드린다. 근래 선보인 『정산종사법어 풀이』(1~3권)에도 깊은 관심과 호응이 있었기에 감사드리며, 덧붙여 초판에 이어 수정 보완의 성격으로 再版을 하게 되었다.

본 법어 풀이의 의의는 『정산종사법어』를 다양한 해석학적 시각에서 처음으로 시도하였다는 점이다. 물론 『대종경 풀이』처럼 여기에서도 10가지의 방법론을 동원했다. 이를테면 핵심주제, 대의강령, 출전근거, 단어해석, 관련법문, 보충해설, 인물탐구, 주석주해, 고시문제, 연구문제라는 정형화된 틀을 통해서 해석을 시도한 것이다. 이에 정산종사의 언행록을 교리 해설의 근간으로 삼음과 동시에 법어 해석에 교량 역할을 할 수 있으리라 본다.

한 가지 아쉬운 점이 있다면 법어의 출전근거를 밝힘에 있어 한계가 있었다는 점이다. 초기교서 『월말통신』 『월보』 『회보』를 보면 정산종사가 다양한 제목으로 강연한 흔적이 보이지만 원고가 거의 남아있지 않았다는 점에서 출전근거를 삼을 수 없었다. 그리고 김영신·박제권 교무님 등의 법설 수필노트가 전해지고 있지만 교단 공인의 과제가 있으므로 부득이 『원광』지를 중심으로 하여 출전근거를 밝히는 것으로 한정하였다.

아무튼 본 저술이 발간되도록 까지 법신불의 가호와 도움을 준 분들께 감사의 말씀을 전하고자 한다. 해석의 난해한 문제에 봉착했을 때 자문역할을 해 주신 이산 박정훈 원로교무님, 단어해석과 인물탐구 및 인용문구 출전에 있어 도움을 준 김기원·이여솔·이이원 교무님, 그리고 인쇄에 도움을 준 원광사 심도윤 사장님, 좌우 스승님, 도반님들께 감사의 글을 전하는 바이다.

2008년 9월 신룡벌 서재에서
류성태 합장

목 차

머리말
제 7 권 도편···15
  1장 청법의 자세 / 15
  2장 법설 종류와 활용 / 17
  3장 청법자의 근기 / 19
  4장 신앙·수행의 경지 / 21
  5장 구도의 표본 / 23
  6장 사홍서원 / 25
  7장 승급과 강급 / 27
  8장 서원과 신심 / 29
  9장 스승신봉과 실천력 / 31
  10장 제도하기 힘든 사람 / 33
  11장 신근의 심천 / 35
  12장 자타력 병진과 삼보 / 36
  13장 자기불공과 상대불공 / 39
  14장 定공부의 방법 / 41
  15장 기도는 성공의 열쇠 / 42
  16장 조석심고의 공덕 / 44
  17장 이렇게 심고하라 / 45
  18장 법회에서의 심고 / 48
  19장 제생의세의 약속 / 51
  20장 전심과 후심 / 52
  21장 공부인의 난관 / 54
  22장 근기와 재색명리 / 56
  23장 법통계승의 참 제자 / 58
  24장 삼보를 닮으면 여래 / 60
  25장 무한동력과 신성 / 61
  26장 사심극복의 방법 / 63
  27장 새해의 참 뜻 / 65

28장 새 사람 되는 길 / 67
29장 새 마음의 근원 / 69
30장 구성심 조항 / 71
31장 공부인의 순역경계 / 74
32장 신분의성의 활용 / 76
33장 동정의 공부법 / 77
34장 대중잡는 공부 / 79
35장 구도정성과 공력 / 81
36장 독경의 세 가지 / 83
37장 창건사 서문 / 84
38장 화두연마의 방법 / 87
39장 연구공부의 요도 / 89
40장 善을 좋아하는 표본 / 91
41장 공부인의 항마 / 93
42장 비공부인 / 94
43장 지혜 있는 공부법 / 96
44장 과불급과 불편불의 / 98
45장 평상심이 도 / 100
46장 평상심 운영의 실례 / 102
47장 평상심의 강령화 / 105
48장 집심 관심 무심 능심 / 107
49장 삼계의 대권 / 109
50장 참다운 자유 / 111
51장 법강항마위의 공부법 / 113
52장 정혜계의 표준 / 114
53장 마음공부와 심량 / 116
54장 대인의 심법 / 118

제 8 응기편 ·· 120
1장 챙기는 정도 / 120
2장 지도의 공력 / 122
3장 선인의 조건 / 124
4장 선악이 皆吾師 / 126
5장 영생의 보감법문 / 128

6장 원과 신분의성 / 131
7장 인욕과 자성 / 135
8장 미성년과 성년 / 138
9장 일의 양면성 / 140
10장 세대전무출신 제도 / 141
11장 상벌과 진위대중 / 143
12장 가장 크고 원만한 법 / 145
13장 제일 큰 재주 / 147
14장 마음가짐과 언행 / 150
15장 중도와 평상심 / 152
16장 은혜와 원수 / 154
17장 솔선수범의 교화자 / 156
18장 천지의 위력 얻는 길 / 159
19장 우리의 급선무 / 161
20장 큰 공부법과 신성 / 163
21장 오욕과 상 떼는 방법 / 165
22장 오욕 수용의 정도 / 167
23장 일심의 방법 / 168
24장 삿된 경계의 대응책 / 171
25장 경계와 실력 / 174
26장 마음 다스리는 표준 / 176
27장 公心 양성법 / 178
28장 도통과 법통·영통 / 179
29장 입정과 신통 / 181
30장 공부의 마장 / 183
31장 지도인의 허물 / 185
32장 부처와 원근친소 / 187
33장 안분의 의미 / 188
34장 불의한 사람 대처법 / 190
35장 자리이타의 방법 / 192
36장 방원합도와 중정역행 / 194
37장 무저단하 / 196
38장 수양과 금강성품 / 197
39장 수도와 탄탄대로 / 200

40장 동정법도와 正和 / 203
41장 진실과 서원참회 / 206
42장 동정공부와 유무념 / 207
43장 일일신 우일신 / 210
44장 재가출가와 보살중생 / 213
45장 천리지척과 지척천리 / 216
46장 믿음과 화합·정성 / 218
47장 직장생활의 도 / 219
48장 제생의세의 신조 / 221
49장 피난의 비결 / 223
50장 난경의 처사 / 227
51장 동란법어 / 229
52장 법연과 포용력 / 231
53장 화합과 일심 / 233
54장 渡美에 내린 글 / 235
55장 세속과 도가의 칠보 / 238
56장 회갑기념의 내실 / 241
57장 중생과 불보살의 업보 / 243
58장 불리자성과 성불 / 245
59장 육신병과 근본마음 / 248
60장 불생불멸과 불토극락 / 250
61장 구미와 道味 / 252

제 9 무본편······255

1장 근본과 말단 / 255
2장 마음공부와 일체유심조 / 257
3장 일의 본말과 선후 / 259
4장 영육의 본말 / 260
5장 마음과 물질의 선후 / 262
6장 근본공부와 근본기술 / 264
7장 진화근본과 정신교육 / 266
8장 도의교육의 근본 / 267
9장 마음공부와 인격 / 269

10장 복혜 구하는 도 / 271
11장 신심 공심 자비심 / 272
12장 죄복의 수용법 / 274
13장 마음공부와 제도사업 / 276
14장 전재동포구호사업 / 278
15장 발원과 선악종자 / 280
16장 교당과 기관설립의 공 / 282
17장 부처님 포부와 사업 / 283
18장 공덕을 짓는 방법 / 285
19장 도량생활과 마음공부 / 287
20장 마음공부의 근기 / 289
21장 공부심 없는 사람 / 291
22장 공사와 정사의 대조 / 292
23장 주심과 객심 / 294
24장 성불제중과 목적반조 / 296
25장 신혼경례 / 298
26장 헌규의 생명선 / 300
27장 목적반조와 자성반조 / 303
28장 영육의 사농공상 / 305
29장 삼대력과 영생준비 / 307
30장 진리의 창고 / 309
31장 인생의 참다운 보물 / 311
32장 큰 보배 / 312
33장 무위와 망아 / 314
34장 불리자성과 응용무념 / 316
35장 무진장의 보고 / 318
36장 화복의 활용 / 319
37장 오는 복을 아껴라 / 321
38장 범부와 성인의 수 / 323
39장 참된 이익의 조건 / 324
40장 명리와 지위의 수용자세 / 326
41장 불보살과 범부의 차이 / 328
42장 대우와 공로 / 330

43장 작복과 불방심 / 331
44장 일생과 영생 / 333
45장 세간락과 출세간락 / 335
46장 길일의 종류 / 337
47장 육신과 마음의 생일 / 339
48장 세간과 출세간의 오복 / 341
49장 성속의 수지대조 / 344
50장 인작과 천작 / 346
51장 새해의 독경해액 / 348
52장 경전의 종류 / 350
53장 수도인의 세 스승 / 353
54장 부처와 중생의 복전 / 354
55장 서원과 법연 / 356
56장 인격완성의 요소 / 358
57장 복혜수용의 근기 / 362
58장 신통은 말변지사 / 364

제 10 근실편 … 367

1장 허영과 이욕의 죄업 / 367
2장 재색명리와 삼대력 / 369
3장 성찰과 참 공부법 / 371
4장 마음공부와 실력 / 373
5장 명상과 실상 / 375
6장 교만과 진실 / 377
7장 소인과 군자 / 379
8장 쇠망의 근본 / 381
9장 實을 기르라 / 382
10장 거짓과 진실 / 384
11장 신언서판 / 385
12장 時俗과 도가의 차이 / 387
13장 육신병과 마음병 / 389
14장 겉인격과 속인격 / 390
15장 배움의 세 가지 / 392

16장 실력 갖춘 인물 / 394
17장 실력조건과 주인 / 398
18장 미륵불 세상 / 399
19장 도인의 역량 / 401
20장 진실과 실력 / 403
21장 지혜와 보배의 종류 / 405
22장 교당방문과 한시 / 408
23장 나무심기와 도인 / 410
24장 법연의 중요성 / 413
25장 정신착란의 치유 / 415
26장 정산종사의 세정 / 417
27장 근기와 소질에 따른 지도 / 418
28장 소의와 대의 / 420
29장 파당과 인망 / 422
30장 정치와 교역자의 본분 / 424
31장 정계요인의 접견 / 425
32장 회상창립의 빚 / 427
33장 정산종사의 풍격 / 429

정산종사 법어풀이

제7 권도편
제8 응기편
제9 무본편
제10 근실편

2

제7권 도 편

핵심주제
  청법의 자세와 평상심
대의강령
  1)도를 권면하는 勸道 법어로서 총 54장으로 구성돼 있다.
  2)청법과 법설의 활용에 대한 내용이다.
  3)불공과 심고의 공덕에 대하여 언급하였다.
  4)새 마음과 구성심·평상심과 대인의 심법을 밝혔다.
  5)신앙과 수행을 수시로 촉구하는 법어들이다.

[권도편 1장] 청법의 자세
핵심주제
  청법의 자세
대의강령
  ◎법은 듣는 이의 마음 정도에 따라 다르다.
    1)평범하게 한 말이 소중한 법설이 되기도 하며,
    2)애를 써서 설한 법문이 범상한 말이 되기도 한다.
  ◎법을 듣는 이의 자세는?
    1)돈독한 신성과 극진한 공경을 바치며,
    2)봉대의 심경으로 헛되지 않게 하면 법이 실지에 활용된다.
출전근거
  『원광』7호(1954년)의 「법문 듣는 법」법설이다(이공전).
단어해석
  범상 : 대수롭지 않고 평범한 것을 凡常이라 한다.
  돈독 : 인정이나 의리 및 신성이 도타운 것을 敦篤이라 한다.
  신성 : ☞원리편 38장 참조.

봉대 : 존경하는 인물·사상·교리 등을 받들어 모시는 것이 奉戴이다.

관련법문

「그대들이 법설이나 강연을 들을 때에는 반드시 큰 보화나 얻을 듯이 정신을 고누고 들어야 할 것이니, 법사나 강사가 아무리 유익한 말을 한다 하더라도 듣는 사람이 요령을 잡지 못하고 범연히 듣는다면 그 말이 다 실지효과를 얻지 못하나니라」(대종경, 수행품 25장).

「법문 듣는데 도가 있으니, 첫째 마음을 비우고 들으라. … 둘째 간절히 바라는 마음으로 들으라. … 셋째 활용할 대중을 가지고 들으라」(한울안 한이치에, 제1장 마음공부 34장).

보충해설

법은 청법자의 자세에 따라 달리 나타난다. 이를테면 평범한 말이 법설이 되고, 법설이 건성으로 전해질 경우 그 법은 범상해진다. 따라서 청법의 자세는 신성과 공경으로 임하고 성자의 법설을 실천으로 나투어야 한다. 불타의 傳法 선언의 요지를 보면 "비구 등 제자들아, 자 傳道를 떠나라. … 진리의 법을 듣지 못한다면 그들도 악에 떨어지고 말리라"(고려대장경, 잡아함경 18권)고 하였다. 이처럼 청법자는 진리의 법을 들을 수 있는 심법과 국량을 키우고 마침내 불법을 실천에 옮겨야 할 것이다.

주석주해

「설법을 들을 때에는 자세를 단정히 하고 정신을 모으며 경청해야지 마이동풍 우이독경 식이 되어서는 안 된다. 상대방의 말에서 무엇인가를 취하기 위해서는 내 마음을 空虛하게 가져야 한다. 빈 그릇이라야 새로운 물건을 담을 수 있듯이 내 마음의 그릇이 비어 있어야 한다. 아무리 좋은 말을 해도 본인이 취하고 취하지 않고에 달려 있다」(박길진, 『대종경강의』, 원광대출판국, 1980, p.110).

「법설을 들을 때에는 돈독한 신성과 극진한 공경심으로 들어야 하며 듣고 듣고 또 들어 안 들어도 들릴 때까지 들어야 하는 것이다」(한종만, 『원불교 대종경 해의』(上), 도서출판 동아시아,

2001, p.241).
연구문제
 청법자의 자세에 따라 소중한 법설, 범상한 말이 되는 이유는?

[권도편 2장] 법설 종류와 활용
핵심주제
 법설 종류와 활용
대의강령
 ◎법설의 종류?
  1)들을 때에만 흥취 있고, 들은 뒤에 취할 것이 없는 말은 공교한 말이며,
  2)들을 때에는 비록 담담하나 생각할수록 묘미가 있는 말이 좋은 법문이며,
  3)너줄하고 별로 추려잡을 것이 없는 말은 번거한 말이며,
  4)간략하나 뜻이 풍부하여 활용할 길이 분명한 말이 좋은 법문이다.
 ◎법설의 활용 정도는?
  1)지자는 헌화와 잡담 속에서도 법설을 발견하며,
  2)우자는 선지식이 설한 법을 재주로 사량만 하고 실지 이익을 취할 줄 모른다.
 ◎법설자와 청법자의 자세?
  1)법설자는 스스로 지견과 행실을 보아 말을 해야 하지만,
  2)청법자는 법설자의 행실에 구애되지 말고 그 말만 취해 쓰면 자신에게 이익이 된다.
출전근거
 『원광』 7호(1954년)의 「법문 듣는 법」 법설이다(이공전 수필).
단어해석
 흥취 : 흥겨움을 興趣라고 하며 또한 흥미와 취미를 흥취라고도 한다.
 공교 : 교묘하게 꾸민 것을 工巧하다고 한다.
 묘미 : 묘한 맛, 또는 묘한 의미를 妙味라 한다.

헌화잡담 : 험담과 雜談을 헌화잡담이라 한다.
너줄하다 : 너절하다와 같은 의미로 말쑥하지 못하고 추잡한 것을 너줄하다고 한다.

관련법문
「법설을 말만 취하여 옮기려는 생각이나, 또는 누가 이 법설을 들었으면 좋겠다는 마음에 걸려 있지 말고, 진실로 내가 이 법문을 어떻게 활용하여 살려낼 것인가 하는 대중을 가지고 실지 경계에 다달아서 들었던 법문을 연관시켜 실천하는 것이 들을 때나 활용할 때에 최고차원의 법문이 될 것이다」(한울안 한이치에, 34장).

「무슨 말을 듣든지 내 공부와 내 경계에 대조하여 온전한 정신으로 마음에 새겨듣는다면 그 얻음이 많아지는 동시에 실지 행사에 자연 반조가 되어 예회 공덕이 더욱 드러나게 되리라」(대종경, 수행품 25장).

보충해설
법설의 종류로는 여러 가지가 있을 것이다. 취할 것이 없는 공교한 말, 비록 담담하지만 묘미가 있는 말, 번거한 말, 소략하나 분명한 말 등이 이것이다. 이에 말을 잘 선택하여 아무쪼록 삶에 도움이 되는 법을 듣고 지견과 행실을 살펴야 할 것이다. 소태산의 법설은 대소유무와 시비이해를 분명하게 하고, 삶에 보감이 되는 법설로 우리 삶의 보경이다. 이공주 선진의 초기교서 법설기록, 송도성 선진의 수필법문, 박창기 선진의 수필 법설집은 대종사의 법설을 기록에 남기어 정법 교설을 경전에 게재하는 큰 공을 쌓은 것이다. 한 예로 묵산수필 법설집은 대종사 열반 1주기가 지난 후 원기 29년 6월 15일 펴낸 것으로, 필사본 2권 1책으로 136쪽이다. 직접 받든 법문 1권에 111편, 항목별 법설로 이루어진 2권 47편의 법문이 오늘날 전해져 오고 있다.

주석주해
「敎史 삼보와 교단 삼보가 전부 다 대종사님 법문이나 정산종사 법어, 역대 종법사 법문을 기재한 것에 관련되어 있다. 그러니 우리가 교전을 읽으면서 그냥 읽지만 말고 그 의의를 발견해야 한다」(박장식,『평화의 염원』, 원불교출판사, 2005, p.207).
「아무리 열번, 백번들은 같은 법문도 새삼스럽게 느껴지는 때가 있으니 기회 있을 때마다 들어야 한다」(박길진,『대종경강의』, 원광대출판국, 1980, p.169-170).

연구문제
1) 공교한 말과 좋은 법문, 번거한 말과 좋은 법문이란 무엇인가?
2) 헌화잡담 속에서도 법설을 발견하려면?

[권도편 3장] 청법자의 근기

핵심주제
청법자의 근기

대의강령
◎법문 듣는 근기에 대하여 언급하였다.
 1) 소견이 열린 사람은 우주 만물을 부처로 모시고 상주 설법을 들나니 이는 상근기며,
 2) 지각 있고 배우기 좋아하는 사람은 선지식을 친근하여 좋은 말씀 듣는 것을 즐기니 이는 그 다음 근기며,
 3) 어리석은 사람은 대중없이 일생을 살며 좋은 법문을 들어도 응용할 줄 모르니 하근기이다.

출전근거
『원광』 7호(1954년)의 「법문 듣는 법」 법설이다(이공전 수필).

단어해석
상주설법 : 우주 대자연의 변화 현상이 진리 그대로의 常住說法이다. 춘하추동·생로병사라든가 일월성신의 작용이 진리 그대로의 설법이다. 봄에 꽃피고 여름에 열매 맺으며 가을에 낙엽이 지며 겨울에 추위가 다가오는 것이 인간의 생활 속에 상주설법으로 새겨진다.
상근기 : ☞원리편 38장의 '근기' 참조.
법문 : 석가모니와 소태산 그리고 성자들이 깨달은 진리의 가르침을 法門이라 한다. 법설이나 설법이 법문인 셈이다.

관련법문

「상근기의 실행은 회중사나 동지끼리 생각하는 것도 아는 듯 모르는 듯 자기 일만 하는 것이요, 중근기는 법문을 듣고 또 남이 하는 것을 보고 본받아 행하건만, 하근기는 칭찬해 주면 꼬리가 나고 책망하면 타락하여 버리나니, 그러나 사람에 있어 상근 중근 하근기가 따로 있는 것이 아니라 이 모두가 심중에 있으므로 다 각기 심리작용 시에 주의하여 상근기가 될지니라」(정산종사법설, 제8편 편편교리 23장).

「또 여쭙기를 "법문 받들 때는 바로 여래가 된 듯 하다가도 얼마를 지내고 나면 또 한없이 내려가니 어찌하오리까?" 말씀하시기를 "천 번, 만 번, 억만 번이라도 쉬지만 말고 행하다 보면 결국에는 이루어진다. 대종사께서는 비유담을 다섯 개 정도 가지고 일년 후에도, 오년 후에도, 십년 후에도 그 비유담을 하시었으나 들을 때마다 받아들이는 감명이 달랐다"」(대산종사법문 3집, 제5편 법위 51장).

보충해설

법문을 듣는 사람, 곧 청법자에게도 근기가 있다. 상근기는 우주 만물을 부처로 모시고 상주설법을 듣는 사람이다. 그러나 중근기로서 어리석은 사람은 좋은 법문을 듣더라도 사량에 빠져 응용할 줄 모른다. 석가의 설법을 잘 듣던 제자 아난다는 '多聞第一'이라 불리며 석존의 임종에 이르기까지 많은 역할을 하였고, 석존 입멸 후에는 가섭과 함께 제1결집을 열었다. 또 우리가 염불을 할 때 관세음보살이라고 하는데, 觀世音이란 세상의 소리를 보고 듣는다는 뜻이다. 형상 있는 눈으로 듣는 것이 아니고 형상 없는 마음으로 들으라는 것이다. 이처럼 우리는 관세음보살이 되고, 아난다가 되듯 상근기의 청법 제일이 되어야 할 것이다.

주석주해

「태양이 동천에 떠오르매 높은 산은 먼저 빛을 받고 차례로 낮은 산까지 받는다. 이와 같이 각자의 근기따라 부처님의 법문을 받게 되며 못 받는 중생도 있다. 산의 고하를 따라서 태양의 빛을 받듯이 각자의 근기에 따라서 선후의 차별이 있는 것이다」(한종만, 『원불교 대종경 해의』(下), 도서출판 동아시아, 2001, p.516).
「불타는 방편의 기술을 사용한 위대한 심리학적 의사로서 **실용적 접근을 적절히 사용했다**고 볼 수 있다. 그의 약은 법문이지만 환자가 경청하고 약을 먹도록 하는 데는 경이로운 방법으로 **환자의 주의를 사로잡는 것이 필요하다**」(프랭크 호프만, 「초기불교의 회심과 기적」, 『미래세계와 새로운 도덕』, 원광대 도덕교육원, 2003. 5.4-7, p.22).

연구문제
1) 청법자 근기의 종류는?
2) 상주 설법을 듣는 이는 상근기라고 하는데 그 이유는?

[권도편 4장] 신앙·수행의 경지

핵심주제
신앙·수행의 경지

대의강령
◎ 뿌리 깊은 나무는 바람에 뽑히지 않고 원천이 깊은 물은 가뭄에 마르지 않는다.
1) 인생생활에 신앙은 뿌리요 수행은 원천이니,
2) 신앙이 깊은 생활은 어떤 역경 난경에도 굽히지 않으며,
3) 수행이 깊은 생활은 어떤 유혹도 초연하여 평온을 얻는다.

단어해석
원천 : 물이 솟아나는 근원이자 사물의 근원을 源泉이라 한다.
역경난경 : 순경이 아니라 어렵고 힘든 경계를 逆境難境이라 한다. 심지는 원래 요란하고 어리석고 그름이 없지만, 역경과 난경을 따라 **정법수행에 방해가 되는 경계를 극복해야 한다**.

관련법문
「나무뿌리와 같은 수양력이니, 모든 순경 역경을 초월하여 **천하의 어떠한 부귀와 권세에도 끌려가지 않고 소요 부동하는 철주의 중심이 선 자이니라**」(정산종사법설, 제8편 편편교리 21장).

「근본을 놓고 지엽만 붙잡는 개인이나 가정이나 단체나 국가나 교단은 뿌리 없는 나무요 근원 없는 물과 같아서 영원한 복락을 수용하지 못할 것이니, 여러분은 연원 계통과 대의명분을 잘 지켜서 우주의 복록을 잘 흡수하기 바란다」(한울안 한이치에, 제1장 마음공부 36장).

보충해설

본 법어에서 정산종사가 인용한 글로서 뿌리 깊은 나무는 바람에 뽑히지 않고 원천이 깊은 물은 가뭄에 마르지 않는다는 말은 세종 27년(1445년) 훈민정음으로 기록된 최초의 문헌인「용비어천가」제2장에 나오는 말이다. 이처럼 뿌리 깊은 나무를 신앙심이 깊은 생활로 비유하여, 자신의 종교생활에 어떠한 유혹이나 역경을 잘 극복하자는 것이 정산종사의 가르침이다. 신앙의 뿌리가 얕으면 비바람의 경계에 잘 뽑히기 때문이다. 돈독한 신앙과 수행이 필요한 이유가 여기에 있다. 보조국사도「정혜결사문」에서 "뿌리를 얻기만 하면 그 곁가지를 걱정하지 말라"고 하였다.

주석주해

「원불교에서 수행의 개념은 신앙과 더불어 중요한 위치를 차지하고 있다. 그것은 원불교에서 궁극적 진리를 일원상으로 상징하고 그 일원상 진리를 인간과 연결시키기 위하여 인과보응의 신앙문과 진공묘유의 수행문으로 대별하고 있음을 보아도 알 수 있다」(이성택,「원불교 수행론」,『원불교사상시론』1집, 수위단회사무처, 1982, p.29).

「수행은 신앙을 바탕으로 삼아 성자의 가르침을 자기화하는 과정이다. 수행을 통해 믿음의 대상이 수행자와 합치되면 더 이상 타의적인 믿음이 아니라 자신의 깨달음이 되는 것이다. 이처럼 신앙은 수행의 바탕이 되고 수행은 신앙을 완성시켜 가는 상보적 관계를 가진다」(박상권,「소태산 성리해석의 지향성 연구」,『원불교사상과 종교문화』32집, 원불교사상연구원, 2006.2, p.89).

연구문제

1) 인생에 있어 신앙은 뿌리요 수행은 원천이라 하는 이유는?

2)신앙이 깊은 생활과 수행이 깊은 생활은?

[권도편 5장] 구도의 표본
핵심주제
 구도의 표본
대의강령
 ◎옛날 부처님은?
  1)몸은 금색신을 얻었고 위는 왕궁의 태자위에 있었으며,
  2)부귀는 일국을 그 아래 두었고, 처첩의 아름다움과 사령의 편리·거처·음식이 미려하였지만,
  3)그것들이 허망하여 길이 보전하지 못할 것을 예측하였으며,
  4)출가하여 불생불멸의 보물을 발견하고 인천의 큰 도사가 되었으니 만고에 구도하는 표본이다.

단어해석
금색신 : 황금색 불상의 몸을 金色身이라 하며 줄임말로는 금신이다.
처첩 : 본 아내와 첩을 妻妾이라 한다. 과거에는 처첩 거느리는 것이 일상화되었으나 근래 일부일처제로 첩을 두는 일은 금지되었다.
사령 : 직무를 책임 맡은 자를 司令이라 한다.
미려 : 아름답고 고운 것을 美麗라 한다.
야반 : 한 밤중을 夜半이라 한다. 야반도주라는 말이 있다.
인천 : 인간세와 천계를 人天이라 한다. 천인합일도 이와 관련된다.

관련법문
「부처님께서 성도하지 아니하셨다면 일체 중생은 생사의 바다에서 헤매고, 죄복의 근원을 알지 못하며 탐진치의 흑운 속에서 살고 있을 것인데, 부처님께서 성도하시어 불생불멸의 이치를 가르쳐 주셨으므로 생사를 초월하거나, 또는 초월은 못하였다 할지라도 영생이 있는 줄을 알게 되었고, 인과의 이치를 가르쳐 주셨으므로 죄복과 고락의 원인을 알게 되었으며…」(한울안 한이치에, 제4장 사자좌에서 11장).
「내가 어느 때에는 구도의 열의는 불타올랐으나 어찌할 방향을

몰라서 엄동설한 찬방에 이불도 없이 혼자 앉아 "내 이 일을 어찌할꼬" 하는 걱정에만 잠겨 있었다. … 두발은 길어서 사람 모양이 아니고 수족은 얼어 터지고 수염은 입김에 얼음 덩어리가 되었다. 그러나 오히려 구도의 열성은 하늘에 뻗질러서 조금도 쉬어본 일이 없었다」(대종경선외록, 3.구도고행장 4장).

보충해설

부처는 금색신을 얻고 태자위에 있었고 부귀영화를 누렸지만, 이 모두가 허망한 것을 알고 유성출가를 단행하여 깨달음을 얻고 만고에 구도하는 표본이 되었다. 소태산 대종사도 7세에 하늘은 왜 푸르고, 구름은 왜 떠다니며, 비는 왜 오는가를 의심하며 구도의 고행 끝에 26세가 되어 큰 깨달음을 얻고 후천개벽의 주세불이 되었다. 이 모두가 구도 고행을 통해 성자로 탄생한 것이다. 이들의 공통점은 근원적 삶의 고민 끝에 불생불멸과 인과 진리의 깨달음을 얻었다는 점이다. 부귀영화 및 재색명리로 인생의 허전함을 매울 수 없기 때문이기도 하다. 석가가 설산에서 6년 고행을 한 것이나, 소태산 대종사가 25세까지 처절하리만치 구도고행을 한 것이나, 정산종사가 8, 9세부터 고행한 것이 바로 성자로 출현하는 계기가 된 것이다.

주석주해

「부처는 감수성이 많은 어린 시절에 모친을 사별하고 인생에 대한 회의 속에서 불변의 진리와 영원한 삶에 대한 깊은 문제의식을 가졌다. 결국 유성출가를 하고 고행을 하면서도 그 의문을 해결하고자 한 집념의 결실로서 정각을 이루었다」(장응철 역해, 『반야심경 강의-자유의 언덕』, 도서출판 동남풍, 2000, pp.23-24).

「생사대사를 해결하고 영생불멸의 진리를 깨쳐보기로 결정하신 태자는 인간의 향락과 부귀는 초개같이 보고 주소일념이 출가수도를 꾀하다가 유성출궁을 단행하였고 설산고행을 겪었으며 수하항마·녹야전법 등 헤일 수도 없는 無盡 노고를 거듭하신 결과 삼계의 대도사요, 사생의 자부이며 복의 근본과 혜의 원천을 얻었던 것이다」(구타원종사 법문집 편집위원회 편, 『인생과 수양』, 구타원

종사기념사업회, 2007, pp.24-25).
연구문제
 1) 석가모니가 왕궁가를 벗어나 출가한 이유를 설명하시오.
 2) 석가모니가 만고에 구도하는 표본이 된 이유는?

[권도편 6장] 사홍서원
핵심주제
 사홍서원
대의강령
 ◎세상의 원 중에서 사홍서원이 가장 큰 원이다.
  1) 중생이 가 없으나 맹세코 제도하려는 원을 세우며,
  2) 그 원을 실현하기 위해 번뇌를 끊임없이 끊으며,
  3) 법문을 성심껏 배우며,
  4) 불도를 닦고 또 닦으면 성불제중의 대원을 성취하리라.
 ◎불보살과 중생의 차이가 큰 나무 및 돋아나는 싹과 같다.
  1) 장성하면 작은 싹도 큰 나무가 될 것이며,
  2) 꾸준히 수행하면 중생도 불보살이 되며,
  3) 어려운 일이라도 못될 일이 없듯이, 부처와 내가 둘 아니라는 각오로 사홍서원을 닦아라.
단어해석
 사홍서원 : 불법을 믿고 받드는 출가 재가 모든 수행자들이 지니는 네 가지 큰 서원을 四弘誓願이라 한다. 하단의 「보충해설」을 참조할 것.
 불도 : 불법으로서 부처의 가르침을 佛道라 한다.
 영생 : 전생·현생·내생 등 삼세에 걸친 세세생생을 永生이라 한다. 보통 인간은 일생만을 믿으나 불보살은 삼세의 영생을 믿는다.
 성불제중 : 수도인이 출가하는 궁극의 목적이 부처를 이루고 중생을 제도하는 成佛濟衆인 바, 이를 대서원이라 한다. 제생의세도 같은 의미이며, 불교에서는 이를 상구보리 하화중생이라 하기도 한다.
관련법문
 「사홍서원 가운데 중생무변서원도를 가장 첫머리에 놓은 것은

깊은 의의가 있나니, 고해에 헤매는 중생이 가히 없으니 맹세코 그 고해에서 헤매는 중생들을 다 제도하리라는 것이 부처님의 자비에 넘치는 가장 크나큰 원이요, 이 원이 불보살의 경지에 들어서는 첫 걸음이니라. 그러므로 그 원을 세워놓고 그 원을 실현하기 위하여 번뇌무진서원단, 법문무량서원학, 불도무상서원성의 세 가지 원을 더 세운 것이니라」(정산종사법설, 제7편 불법대해 6장).
「사홍서원에 '법문이 한이 없으나 맹세코 다 배우리라' 하였는데 여기에서 말한 법문은 부처님의 법문만이 아니라 이 세상에 가득한 모든 산 법문을 말하는 것이니 공부하는 사람은 천하에 당하는 곳마다 법문을 들을 줄 알아야 한다」(한울안 한이치에, 제1장 마음공부 34장).

보충해설

사홍서원의 원문을 보면 衆生無邊誓願度, 煩惱無盡誓願斷, 法門無量誓願學, 佛道無上誓願成이다. 중생무변서원도란 고통에 신음하는 중생을 남김없이 제도하리라는 서원을 말한다. 그리고 번뇌무진서원단이란 다함이 없는 번뇌를 맹세코 모두 끊으리라는 서원이다. 이어서 법문무량서원학이란 한없는 법문을 맹세코 모두 배우리라는 서원이다. 또 불도무상서원성이란 위없는 불도를 맹세코 모두 이루겠다는 서원이다. 사홍서원에 관한 원불교 성가로는 39장과 97장이 있다. 아무튼 이는 불보살의 큰 서원으로 새싹을 키워 거목이 되도록 수행 정진하라는 가르침이다.

주석주해

「석가모니는 브라만이라는 절대자를 내 마음에서 찾으라고 했다. 이렇게 마음에서 찾으라는 문제를 제기했다. 그 뒤에 불교의 역사가 오랫동안 당시 절대자를 밖에서 찾는 경향이 있었다. 불법승 삼보도 밖에서 찾으려 했고 사홍서원도 밖을 향해 하였다. 혜능이 불법승 삼보도 내 마음에서 찾으라, 사홍서원도 내 마음에서 찾으라는 사상을 전개하였다」(한종만, 『원불교 대종경 해의』(上), 도서출판 동아시아, 2001, pp.505-506).
「불교포교 전법의 목적은 첫째 法인 부처님 진리를 자각사상으로 自證하고 아라한과를 증득케 하고 존재에 대한 四法印, 12處,

四大, 오온, 오취온, 12연기, 사성제를 체계적으로 습득하고 수행하여 열반인 애진욕멸을 해탈하고 열반을 성취하며, 셋째는 포교전법으로 중생을 구제하는 사홍서원에 있다」(조용길, 「불교의 포교이념과 현대불교의 포교경향」, 《교화방법의 다각화 모색》, 원불교대학원대 실천교학연구원, 2006.11.10, p.4).

연구문제
 사홍서원을 설명하시오.

[권도편 7장] 승급과 강급
핵심주제
 승급과 강급
대의강령
 ◎우리의 공부가 승급되고 강급되는 원인은?
  1)발원의 국한이 크고 작은데, 자만심을 두고 안 두는데, 법 높은 스승을 친근하고 안하는 데에 있으니,
  2)공부할 때에 먼저 한정과 국한 없는 큰 원을 세우고 자만심을 내지 말며,
  3)사우를 친근하여 정진해야 강급하지 않고 길이 승급하리라.
관련법문
「강급기에 있는 사람은 그와 반대로 대하는 사람마다 잘 충돌하며, 지만심이 강하여 남 멸시하기를 좋아하고 배우기를 싫어하며…」(대종경, 인과품 24장).
「재능가진 동무들아 輕慢之心 주의하라. 재능있고 경만하면 狼狽事가 오나니라. 학식가진 동무들아 自足之心 조심하라. 자족지심 있고보면 無識退化 되나니라」(정산종사, 「원각가」, 『월말통신』 38호, 원기 17년 7월호).
단어해석
 승급 : 등급이 정법의 바람직한 방향으로 상향하는 것을 昇級이라 하며, 범부가 불보살로, 하급자가 상급자로 나아가는 진급인 것이다.
 강급 : ☞원리편 37장 참조.

자만심 : 겸손 없이 스스로 높은 체 교만하는 것을 自慢心이라 한다.
사우 : 스승과 친구를 師友라고 한다.
관련법문
「진급기에 있는 사람은 그 심성이 온유 선량하여 여러 사람에게 해를 끼치지 아니하고 대하는 사람마다 잘 화하며, 늘 하심을 주장하여 남을 높이고 배우기를 좋아하며, 특히 진리를 믿고 수행에 노력하며, 남 잘되는 것을 좋아하며, 무슨 방면으로든지 약한 이를 북돋아 주는 것이요」(대종경, 인과품 24장).
「강급기에 있는 사람은 그와 반대로 대하는 사람마다 잘 충돌하며, 자만심이 강하여 남 멸시하기를 좋아하고 배우기를 싫어하며, 특히 인과의 진리를 믿지 아니하고 수행이 없으며, 남 잘되는 것을 못 보아서 무슨 방면으로든지 자기보다 나은 이를 깎아 내리려 하나니라」(대종경, 인과품 24장).
보충해설
　정산종사는 진급과 강급의 예화를 보다 사실적으로 공자의 두 제자를 인용해서 전하고 있다. 예를 들면 자공은 자하보다 수승하지만 항상 자신만 못한 사람과 놀기를 좋아하고, 선이란 말 듣기를 원하나 공부가 늘어가기는 고사하고 점점 못해갈 징조라고 하였다. 또 자하는 자공만 못하나, 항시 저의 윗사람과 놀기를 좋아하고 자족을 느끼는 바가 없이 몸을 굽히어 묻기를 즐겨하니, 그대로만 꾸준히 진행한다면 자하의 공부가 필경 자공보다 승하리라 하였는데, 그 후 두 사람이 예언대로 되었다(한울안 한이치에, 제2편 평상심, 승급 강급되는 원인)고 한다. 이에 정산종사는 공부가 승급되고 강급되는 것도 이 이치에 기인한다고 하였다.
주석주해
「대종사는 진급기에 있는 사람에 대해 진리를 믿고 수행에 노력하며 대하는 사람마다 잘 화하고 약한 이를 북돋아 주는 사람이라 하였으며, 정산종사는 진급기에 있는 사람에 대해 인자하고 근실하여 공한 마음을 가지며 경외의 마음으로 남을 공경하여 상하를 포용하는 사람이라 하였다」(한종만, 『원불교 대종경 해의』 (上), 도서출판 동아시아, 2001, p.464).

「소태산은 음울하고 암담한 현실, 즉 일본 식민지 통치하의 상황을 묵은 세상의 끝이요 새 세상의 처음이라고 묘사했다. 소태산의 이러한 시대적 관점은 우주의 변화, 즉 인간의 역사는 물론 자연 또한 진급기와 강급기로 순환한다는 역사관에 바탕하여 오는 시대는 진급기로써 후천시대가 도래하고 있다고 미래를 전망하고 있다」(김복인,「미래의 종교-소태산의 전망에 근거한 고찰」, 『원불교와 21세기』, 원불교사상연구원, 2002, p.455).

연구문제
1) 공부가 승급되고 강급되는 원인은?
2) 강급되지 않고 길이 승급되려면?

[권도편 8장] 서원과 신심
핵심주제
서원과 신심
대의강령
◎신제근에게 영생을 통해 회상을 여의지 않을 서원과 신심이 섰는가를 생각해보라며 말하였다.
1) 이 회상 만났을 때 기필코 진리를 오득하기를 발원하며,
2) 대각한 스승의 법연 여의지 않기를 발원하며,
3) 부지런히 공부하여 성불제중으로 영겁을 일관하리.

단어해석
회상 : ☞원리편 52장 참조.
오득 : 일원상 진리를 깨달아 체득하는 것을 悟得이라 한다. 견성성불이 오득과 관련된다. 오득을 하였으면 제생의세하는 것이 뒤따른다.
발원 : 수도인으로서 진리의 깨달음과 적공으로 성불제중과 제생의세의 큰 서원을 세우는 것을 發願이라 한다. 기도를 할 때 발원문을 정성스럽게 작성함으로써 진리의 감응을 얻도록 노력해야 할 것이다.
영겁 : 시작도 없고 끝도 없는 무시무종의 영원한 세월을 永劫이라 한다. 소태산 대종사가 밝힌 무시광겁이 이와 관련된다.

관련법문

「중근에 있는 사람이라도 본래 출발한 서원과 신심을 자주 챙기고 세워서 중근만 뛰어 넘으면 서울 가려고 목적하는데 비행기 타고 가는 폭은 되리라」(대종경선외록, 2.유시계후장 14장).

「영생 요건 세 가지 : 1)신앙의 기초를 공고히 다지는 일, 2)자성을 찾아 회복해 나투는 일, 3)온 세상에 공익 경륜을 한없이 펴는 일」(좌산상사법문집 『교법의 현실구현』, 1.일반법문, 15.영생 요건 세 가지).

보충해설

영생을 통해 회상을 여의지 않을 서원과 신심이 섰다는 것은 무엇을 말하는가? 사대불이신심으로서 진리·교법·스승·회상에 대한 지극한 신성에 바탕하여 자신의 적공이 지속될 때를 말한다. 불교에서도 이와 유사한 내용이 있다. 불교 신자의 실천법으로서 四不壞淨(四證淨) 신앙이 그것이다. 이를테면 첫째 불타에 대한 절대적 신앙(佛不壞淨), 둘째 불법에 대한 절대적 신앙(法不壞淨), 셋째 교단에 대한 절대적 신앙(僧不壞淨), 넷째 戒에 대한 절대적 신앙(戒不壞淨)을 말한다. 불가에 있어 신심이 있어야 사자상승이 된다는 점에서 연원종교와 통하는 점이 있다.

인물탐구

신제근(1923-현재) : 均陀圓 辛濟根 교무는 1923년 12월 29일 전남 영광군 영광읍 입석리에서 부친 신대현 선생과 모친 정인선 행 여사의 4남 8녀 중 3녀로 출생하였다. 농촌가정이 그렇듯이 공부하면서 집안을 돌보며 자라던 중 김홍국을 통해 불법연구회를 알게 되었다. 부모 몰래 친구와 도양교당과 영산을 다녀온 균타원 종사는 원기 23년 봄, 부친이 안 계신 틈을 타서 원불교로 향했다. 그간 지녀온 꿈은 선생이 되는 것이었으니, 꿈을 실현하기 위해 원기 25년 영산선원으로 길을 떠났다. 그 동안 집에서 네 차례나 데리러 왔지만 요지부동이었다. 총부에서 간병 일을 보게 되었는데 대종사는 "제근이가 주먹만 하다만 장차 큰 인물이 되어 호강을 받을텐데. 제근이는 전권이 딸 해라" 하여 공타원 종사의 은녀가 되었다. 원기 27년 4월 균타원 종사는 관촌교당에 부임하여 교화하면서 3년을 보냈다. 원기 31년 유일학림 3년 수학을 하며 실력을 쌓았다. 신태인 용각 운봉 완도 교동 대전 초량교당 등에서 교화를 하였고, 공주 남대전 함양 영주 용각 등의 연원교당을 창설했다. 특히 인재양성에 정열을 바쳤으니, 그로 인해 출가한 사람이 37명이었다. 원기 66년에는 부산교구장 직을 맡았고 원기 70년 영모원장이 되어 힘겨운 고비 속에 영모원 사업에 심혈을 기울였다. 영모원 묘지 16만5천㎡를 개간하는 등 혈성을 다했으니 사심 없이 공을 위해 온통 바친 삶이었다. 원기 73년 제124회 수위단회에서는 균타원 종사의 공덕을 기리며 대봉도의 법훈을 서훈하였고, 원기 76년 3월 제11회 수위단회에서는 법위를 출가위로 사정하여 종사의 법훈을 서훈했다.

주석주해
「혈심인은 자기가 처한 그 일터에서 어떠한 어려움이 있더라도 신심과 서원이 물러나지 않으며 언제나 공명에 따라 순실하고 꾸준하게 일하는 사람이다. 이 사람은 신심과 서원으로 뭉쳐진 사무여한의 인간상이라고 볼 수 있다」(이종진, 「원불교 교무론」, 『원불교사상시론』 1집, 수위단회사무처, 1982, p.249).
「원불교 교단이 하나의 일반적인 집단적 조직체가 아니라 대 성자이신 소태산 대종사에 의해 밝혀진 일원의 진리를 신앙하고 실천하기 위하여 대종사를 중심으로 하여 세계구원과 자기완성의 서원을 세운 구도자들이 진리의 부르심과 자각적 의지의 결단에 의해서 형성한 성스러운 신앙 단체이라」(신명교, 「원불교 교단관」, 『원불교사상시론』 1집, 수위단회사무처, 1982, pp.19-20).

연구문제
영생동안 회상을 여의지 않을 큰 서원과 큰 신념을 세우려면?

[권도편 9장] 스승신봉과 실천력
핵심주제
스승신봉과 실천력
대의강령

◎대종사는 극절히 "누가 참 나를 알 것인가" 라고 하였다.
　1)참으로 믿는 마음이 있어야 한마디 말씀이라도 금옥같이 알아 실행에 옮기게 되며,
　2)실행에 성의 있는 자가 참으로 대종사를 알고 믿는 자이다.
단어해석
극절 : 지극하고 간절한 마음 상태를 極切이라 한다.
금옥 : 금과 옥을 金玉이라 하며, 이는 보물과 같이 소중함을 뜻한다.
관련법문
「여러 사람 가운데에는 나와 사제의 分義는 맺었으나 그 신을 오롯하게 하지 못하고 제 재주나 주견에 집착하여 제 뜻대로 하려는 사람이 없지 아니하나니, 나를 만난 보람이 어디 있으리요. 공부인이 큰 서원과 신성을 발하여 전적으로 나에게 마음을 바치었다면 내가 무슨 말을 하고 어떠한 일을 맡겨도 의심과 트집이 없을 것이니…」(대종경, 신성품 6장).
「제자로서는 스승을 믿고 따를 것이며, 죽음에 이르러서도 제자의 도리를 다하고, 법을 구하기 위해서는 신명을 바쳐야 한다」(한울안 한이치에, 제1장 마음공부 38장).
보충해설
　정산종사의 대종사 신성은 지극하다. 이에 정산종사는 스승에 대한 신심을 강조하며, 교조가 주세불임을 확신하고 교법 실천에 그 힘을 얻는다고 하였다. 정산종사는 법어 「기연편」 8장에서 평생에 기쁜 일로는 이 나라에 태어남이요, 대종사를 만남이라 했다. 그리고 스승이 자신을 찾아 이끌어주심을 큰 은혜로 안다고 하였다. "우리가 대종사님 법을 몰랐다면 무슨 재미로 살 것인가" (정산종사법설, 제3편 도덕천하 29장)라 했으니 스승에 대한 수제자의 지극한 신성은 하늘을 찌르고도 남을 것이다. 곧 성성상전·심심상연이다. 소태산 대종사는 『대종경』 신성품 18장에서 정산종사에 대한 심회를 밝힌다. "내가 송규 형제를 만난 후 그들로 인하여 크게 걱정하여 본 일이 없었고, 무슨 일이나 내가 시켜서 아니 한 일과 두 번 시켜 본 일이 없었노라."

주석주해

「대종사께서 비록 무식하고 천하고 구변이 부족한 사람이라도 신심이 있고 마음에 공부가 있으면 이 사람을 조금도 가벼이 보지 아니하였으니 信은 불조의 법기를 이루는 그릇이 되고 일체 공덕을 이루는 모체가 되기 때문이다」(이종진,「원불교 교무론」,『원불교사상시론』1집, 수위단회사무처, 1982, p.243).

「과거에는 진리를 믿고 깨닫는데 역점을 두었다면 후천개벽 시대인 지금은 활용시대로서 진리를 쓰는 시대이다. 쓰려면 내가 실천을 해야 한다」(장응철 역해,『반야심경 강의-자유의 언덕』, 도서출판 동남풍, 2000, p.28).

연구문제

1) 대종사는 "누가 참 나를 알 것인가" 라고 했는데 그 의미는?
2) 정산종사의 대종사에 대한 신봉의 정신은?

[권도편 10장] 제도하기 힘든 사람

핵심주제

제도하기 힘든 사람

대의강령

◎ 미련한 사람도 제도가 어렵고, 영리한 사람도 제도가 어려우나 미련한 사람이 영리한 사람보다 낫다고 대종사는 말씀하셨다.

1) 참으로 영리하여 한 말씀에 대의를 짐작하고 信이 완전히 서든지,
2) 아니면 차라리 어리석은 듯 외길로 나가야 하며,
3) 겉 똑똑한 사람은 신의 뿌리가 서지 못하므로 제도하기 힘들다.

단어해석

대의 : ☞국운편 19장 참조.
외길 : 많은 길이 아니라 외롭게 정한 바의 한 길로 부단히 나아가는 고행의 길로서 지도자의 길, 출가의 길이 일종의 외길이다.

관련법문

「가르치기 힘들고 변덕이 많은 것은 중근기니, 이 사람은 법을 가벼이 알고 스승을 업신여기기 쉬우며, 모든 일에 철저한 발원과 독실한 성의가 없으므로 공부나 사업이나 성공을 보기가 대단히 어렵나니라」(대종경, 신성품 2장).

「도량 안에서 법 중한 줄을 알지 못하면 제도하기가 더 어렵나니라」(정산종사법어, 법훈편 4장).

보충해설

미련한 사람과 영리한 사람의 차이는 무엇일까? 정산종사는 이를 제도하기 어려운가, 혹 쉬운가에서 판단을 한다. 그러면서 양자 모두 제도하기 어렵지만, 중근기의 겉 똑똑한 영리함보다는 하근기의 신성이 뒷받침되는 미련함이 제도하기 쉽다고 했다. 보조국사도 중근기들의 행태에 대해 말한다. "아무리 설명하여 주어도 끝내 믿지 않고, 다만 더욱 의심하고 비방할 뿐이었다"(정혜결사문). 소태산 대종사는 『대종경』 신성품 2장에서 "중근기는 자세히 아는 것도 없고 혹은 모르지도 아니하여 항상 의심을 풀지 못하고 법과 스승을 저울질하는 근기요" 라고 하였으니 고금을 통하여 겉 영리한 사람들의 한계를 지적하고 있다.

주석주해

「운 없는 수행자 부류가 있다. 이들은 지성적으로는 대단히 뛰어나지만 늘 회의와 의심에 빠져 질질 끌려 다닌다. 꾀는 있지만 주저하고 회의하는 경향이 있어서, 제대로 자리잡지 못하는 부류이다. 이런 사람들은 정진 수행을 잘 받아들이지 못한다」(달라이라마 著, 공경희 譯, 『마음을 비우면 세상이 보인다』, 문이당, 2000, p.49).

「대종사님의 가르침은 그대로 법이라는 사실을 가볍게 생각하고, 자신만의 생각으로 고집을 하여 바른 가르침을 의심하는 일이 없도록 해야 한다」(성도종 外, 『교당운영론』, 원불교 교화연구소, 1999년, pp.25-26).

연구문제

대종사는 너무 미련한 사람도 제도하기 어렵고, 너무 겉 영리한 사람도 제도하기 어렵다 한 이유는?

[권도편 11장] 신근의 심천
핵심주제
 신근의 심천
대의강령
 ◎신근에 심천이 있다.
  1)주견 없이 여러 학설에 끌리고 주의주장에 끌리고 흔들려 자행자지하다가 그르치는 것은 낙엽 같은 신근이며,
  2)정법의 믿음으로 큰 경계를 당하면 흔들리나 타락하지 않는 것은 나무뿌리 같은 신근이며,
  3)믿음이 깊어 역경 난경에도 흔들리지 않고 양심을 주장, 죄고에 빠지지 않는 것은 태산교악 같은 신근이다.
단어해석
 신근 : ☞원리편 38장 참조.
 심천 : 강물・심법 등 깊고 얕음을 深淺이라 한다.
 태산교악 : ☞기연편 17장 참조.
관련법문
 「신이 없는 공부는 마치 죽은 나무에 거름하는 것과 같아서 마침내 결과를 보지 못하나니라. 그러므로 그대들도 먼저 독실한 신을 세워야 자신을 제도하게 될 것이며, 남을 가르치는 데에도 신 없는 사람에게 신심 나게 하는 것이 첫째가는 공덕이 되나니…」(대종경, 신성품 7장).
 「바르고 지혜로운 믿음의 선택 원칙은 정법을 정신하는 일이요, 진리의 실상을 찾아 믿는 일이요, 그 믿음이 현실에도 미쳐서 사사불공까지 하는 일이다」(좌산상사법문집『교법의 현실구현』, 4.교리・수행, 17.믿음의 길).
보충해설
 믿음의 뿌리 곧 신근에는 여러 종류가 있다. 정산종사는 자행자지하는 것은 낙엽 같은 신근이요, 경계에 타락하지 않는 것은 나

무뿌리 같은 신근이요, 양심을 주장하고 죄고에 빠지지 않는 것은 태산교악 같은 신근이라 했다. 믿음의 정도에 따라 보배로운 집인 영보도국을 가져갈 수 있느냐, 그렇지 않느냐가 달려 있다며 서봉도사는 다음과 같이 말한다. "믿음 있고 정성 있고 한결같고 온전한 자 오거든 그 영보국의 주인을 삼아 얼마든지 가져 가라 하였으며 … 그 나머지는 믿음 없고 욕심 많고 게으르고 어리석어서 감히 가져갈 줄 모르나니 심히 애달프다" 하였다(회보 54호 회설). 도가에서 믿음이란 이처럼 중요한 것이며, 근기에 따라 여러 종류의 믿음이 있다는 것이다.

주석주해

「믿음에는 네 가지가 있다. 그것은 自性信・佛信・法信・僧信이다. 그중에서 중요한 것은 부처와 그 말을 믿으라는 것이다. 또한 중요한 것은 자기를 믿으라는 것이다. 자기는 본래 불조와 조금도 다름이 없는 훌륭한 소질이 있다는 것을 알아야 한다」(원불교사상연구원 편, 『숭산논집』, 원광대학교 출판국, 1996, pp.81-82).

「五根으로 수행자에게 필요한 信根・精進根・念根・定根・慧根을 말한다(잡아함 제26). 여기서 根이란 능력의 의미로서 미혹의 세계에서 깨달음의 세계로 향하는 능력을 말한다」(차광신, 「원시불교의 실천・수행론에 대한 고찰」, 제2회 실천교학 학술발표회 《학술발표요지》, 원불교대학원대학교, 2002.3, p.18).

연구문제

1) 信根에 심천이 있다는 의미는?
2) 낙엽 같은 신근, 나무뿌리 같은 신근, 태산교악 같은 신근은?

[권도편 12장] 자타력 병진과 삼보

핵심주제

자타력 병진과 삼보

대의강령

◎자력과 타력은 서로 떠날 수 없는 관계이다.
  1) 타력만 편중하여 신앙하려고 고집하는 사람이 있으며,

2)자력에만 편중하여 마음이 부처이니 계율과 인과가 필요 없다는 사람이 있다.

◎佛을 믿음에 있어서?

1)깨닫고 행한 인격 부처를 믿는 것은 타력이며,

2)자기의 마음이 부처인 진리를 알아 부처와 합일된 자심불을 닦아가는 것은 자력이다.

◎法을 믿음에 있어서?

1)부처의 깨달은 경지에 밝혀놓은 법을 믿는 것은 타력이며,

2)자기 심법을 알아 일거수일투족 법에 맞는 것은 자력이다.

◎僧을 믿음에 있어서?

1)도문의 스승을 믿는 것은 타력이며,

2)자기의 참된 양심을 발견하여 행함은 자력이니, 자타력을 겸해야 한다.

출전근거

『원광』 34호(1960년) 「자력과 타력」 법설이다(박정훈 수필).

단어해석

자력 : 남에게 의지하지 않고 자기 스스로 할 수 있는 힘을 自力이라 한다. 소태산은 자력을 강조하기 위해 사요의 하나로써 자력양성을 밝혔다. 신앙의 자타력 신앙에서 자력신앙은 자성불 신앙을 믿고 따름이다.

과불급 : 사람의 역량이나 처사가 지나침을 過라 하고 미치지 못함을 不及이라 하는데, 이를 합하여 과불급이라 한다. 유교의 『중용』에서는 無過不及을 주장하여 중도의 실천을 강조하고 있다. 불편불의 무과불급한 심법을 소유한 자는 정의의 실천자요 성불에 한걸음 다가서게 된다.

자심불 : ☞경의편 49장 참조.

도문 : 법신불 일원상 진리(道)를 신앙하는 도가공동체를 道門이라 한다. 유교에는 유교 가풍의 도문이 있을 것이고, 불교에는 불교 가풍의 도문이 있을 것이다.

관련법문

「삼보를 신앙하는 데에도 타력신과 자력신의 두 가지가 있나니, 타력신은 사실로 나타난 불과 법과 승을 사실적으로 믿고 받드는

것이요, 자력신은 자성 가운데 불과 법과 승을 발견하여 안으로 믿고 수행함이라」(대종경, 신성품 8장).
「심고와 기도를 하는 데에도 자력과 타력이 겸해야 할 것이니, 심고의 내용이나 기도문에 법신불께 호소하고 간청만 하는 것은 타력에 치우친 것이다. 그러므로 반드시 자신의 각오와 실천할 것을 먼저 고백하고 거기에 대하여 위력을 내려 주시도록 기원해야 자타력을 겸하고 사실적으로 소원을 성취할 수 있는 심고와 기도가 되리라」(한울안 한이치에, 제3장 일원의 진리 19장).

보충해설
자력과 타력의 병행을 강조한 정산종사는 이를 불법승 삼보에 관련짓고 있다. 인격불만 믿는 것은 타력이며 자심불을 닦는 것은 자력이며, 법에 있어서도 불법만을 믿는 것은 타력이요 자기 심법을 법에 맞게 사는 것이 자력이다. 승에 있어 스승만을 믿는 것은 타력이요, 자신의 양심스승을 믿는 것은 자력이다. 따라서 자타력을 병행하는 것이 중요하다. 상산 박장식 교무는 "우리의 삼보 정신은 교리도의 자타력 병진정신과 같다"(평화의 염원, pp.182-183)고 했다. 또 정산종사는 광복 직전 부산 초량교당에 가서 일원상 밑에 '四恩相生地 三寶定位所'라 써서 붙였다. 삼보는 법신불 사은 안에 있으므로, 자타력 병진신앙을 하는 원불교의 정법 신앙에서 포용될 수 있는 것이다.

주석주해
「신앙과 수행, 즉 쉽게 말하면 자력과 타력인데 자력은 타력의 근본이 되고 타력은 자력의 근본이 된다. 신앙 가운데도 수행이 따라야 되고, 수행 가운데도 신앙이 근본이 되어야 한다. 그러니까 신행일여·자타력 병진 그것이 가장 강령이 된다」(박장식, 『평화의 염원』, 원불교출판사, 2005, p.204).
「원불교적 의미에서 보면 불법승 삼보를 법신불 사은으로 보아야 한다. 불법승은 법신불 사은 안에 포함이 되는 것이다. 참회문의 불법승 삼보도 법신불 사은인 것이다. 타력신앙이라는 면으로 보면 모두가 법신불 사은인 것이다」(한종만, 『원불교 대종경 해의

』(下), 도서출판 동아시아, 2001, pp.219-220).
연구문제
 1)자력과 타력은 서로 떠날 수 없는 관계라는 뜻은?
 2)불법승 삼보와 자타력 병진 신앙과 연계하시오.

[권도편 13장] 자기불공과 상대불공
핵심주제
 자기불공과 상대불공
대의강령
 ◎내절 부처를 내가 위해야 남이 위한다는 말이 있다.
 1)자신에게 값아 있는 부처를 발견하여 정성으로 불공하라.
 2)불공에는 자기불공과 상대불공이 있어 쌍전해야 하며, 주종을 말하면 자기불공이 근본이다.
 3)각자 마음공부를 먼저 하는 것은 불공 공식을 배움이다.
단어해석
 선결제식 : 동선과 하선, 전무출신의 정기훈련을 시작할 때 처음에 하는 의식행사를 禪結制式이라 한다. 결제식에서 법신불 전에 훈련 시작을 봉고하고 참여자들에게 훈련의 목적을 대체적으로 설명한다. 승려의 하안거 결제식은 음력 4월 16일, 동안거의 경우 10월 16일에 시행한다.
 자기불공·상대불공 : 불공이란 지극 숭경의 태도로 부처에게 공들이는 것인데, 여기에는 진리불공과 실지불공이 있다. 실지불공의 대상에 따라 자타의 불공에서 보면 自己佛供이 있고 相對佛供이 있는 것이다.
관련법문
 「불공에도 종류가 있나니, 향촉과 꽃·청수 등으로 장엄을 하는 것은 형식불공이요, 사은 당체에 직접 때와 상황에 맞게 불공하는 것은 실지불공이며, 음양상승의 도와 선악업보의 진리를 따라 천지신명에게 드리는 진리불공이 있나니라」(정산종사법설, 제9편 불교정전의해 4장).
 「실지불공은 천지 만물의 양계에 하는 것이요, 진리불공은 허공 법계의 음계에 하는 것이니 이를 아울러야 처처불상 사사불공이 원만히 되리라」(한울안 한이치에, 제3장 일원의 진리 15장).

보충해설

도가의 동하선(훈련) 결제식이란 소중한 것이다. 초기 교단에서는 여름에는 음력 5월 6일에 결제하여 8월 6일, 겨울에는 11월 6일부터 다음해 2월 6일까지 훈련을 했다. 하지만 오늘날에는 1년에 한번 하는 전무출신 훈련(7일)으로 정착되었다. 결제식에서는 그 훈련의 핵심적 의의를 살려 결제식 법문이 설해진다. 본 법어에서는 자신에게 값아 있는 부처를 발견하여 정성으로 불공하라 하였으며, 자기불공과 상대불공을 쌍전하라 했다. 본 법어가 설해진 것은 당시 불공이 교단의 화두요 실천을 촉구하는 시대적 정서에 의함이다. 어쨌든 원불교의 불공은 크게 진리불공 형식불공 실지불공이 있는데, 이를 자타로 구분해 볼 경우 자기불공과 상대불공으로 나누어진다.

주석주해

「부처님에게 자신의 복락을 비는 기복적 신앙의 한 형태로 불공의 의미가 퇴색되어 왔다. 소태산은 이를 바로 잡기 위해 부처를 특정한 대상에 국한시키지 않고 사사물물이 부처임을 가르쳤고, 이러한 가르침은 바로 그 대상에게 직접 공을 들이는 것이 불공의 효율성을 극대화하는 길임을 설파하였다」(박상권, 「소태산 성리해석의 지향성 연구」, 『원불교사상과 종교문화』 32집, 원불교사상연구원, 2006.2, p.104).

「불공하는 법이 두 가지가 있다. 첫째 사은 당처에 직접 올리는 실지불공이다. 실지불공은 사은의 많은 당처에 올리는 것이다. 세계 인류가 60억이라면 60억의 당처에 올리는 것이다. 자기가 대하는 당처 당처에 올리는 것이다. 둘째 형상 없는 허공법계를 통하여 법신불께 올리는 진리불공이다」(한종만, 『원불교 대종경 해의』(上), 도서출판 동아시아, 2001, p.118).

연구문제

1) 내 절 부처를 내가 잘 위하여야 남이 위한다는 뜻은?
2) 자기불공과 상대불공의 쌍전 및 주종 관계를 설명하시오.

[권도편 14장] 定공부의 방법
핵심주제
定공부의 방법
대의강령
◎定공부로는 염불 좌선뿐인가 라는 한 제자의 질문에 대해 정산종사 답하였다.
1) 마음이 한 곳에 일정하면 定공부이므로 기도도 정공부이며,
2) 매사를 작용할 때 온전한 생각으로 일의 성질을 따라 취할 것은 취하고 놓을 것은 놓으면 큰 정력을 얻는다.
◎또 말하였다.
1) 좌선은 정공부의 큰 길이요, 기도는 정공부의 지름길이니,
2) 기도를 드리며 일심이 되면 위력과 정력을 아울러 얻는다.
출전근거
『원광』41호(1962년) 「應問八題」법설이다(이광정 시봉일지).
단어해석
정공부 : 마음의 안정을 얻고 수양력을 쌓는 공부가 定工夫이다. 이 정공부는 정신수양에 해당되지만, 정산종사는 마음이 한곳에 일정하여 끌림이 없으면 정공부로서 신앙의 방법인 기도 또한 정공부라 했다.

기도 : 신앙의 대상을 향해 희로애락 간에 마음의 소원을 빌며, 참회를 통해 새로 거듭나고자 하는 것을 祈禱라 한다. 성불제중의 대서원을 향해 기도를 지속적으로 올리면 그 위력이 진리의 감응으로 나타난다.

정력 : ☞경륜편 33장 참조.
관련법문
「定을 익히는 데에도 자성정을 모르는 사람은 번뇌를 누를수록 계속 일어나지만, 자성정을 아는 사람은 번뇌가 눈 녹듯이 녹아나고…」(한울안 한이치에, 제3장 일원의 진리 30장).

「일심으로 드린 심고와 기도의 결과로 나타나는 것으로서 백지혈인의 이적과 같은 것 등이다」(한울안 한이치에, 제3장 일원의 진리 8장).
보충해설

수양으로서의 定공부로는 염불 좌선이 있다. 그러나 신앙의 영역에 속하는 기도를 수행의 측면에서 생각해 볼 수 있다. 기도를 일심으로 하면 일면 정공부라는 것이다. 이에 정산종사는 좌선은 정공부의 큰길이요, 기도는 정공부의 지름길이라며 여기에서 위력과 정력을 얻으라 했다. 신앙과 수행을 하나로 보는 지혜가 이것이다. 한편 송대 정명도의 『定性書』는 어떤 수양 방법을 통해 마음의 안정을 얻을 수 있는가를 논하고 있다. "이른바 定이란 움직임(動)도 定이고 고요함(靜)도 定이니 보내고 맞이하는 것도 없고 內와 外도 없다"(근사록 권2). 『수양연구요론』에서도 『대학』의 내용에 근거하여 定靜을 보충 설명한 바 있다. "증자 가라사대, 그칠 바를 안 뒤에 定함이 있으니 定한 뒤에 능히 고요하고 고요한 뒤에 능히 편안하다"(정정요론 上).

주석주해

「定學의 定이란 범어 samadhi로 sam-a-dha에서 유래되었으며 마음을 통일, 집중시키는 것으로서 '心一境性'으로 정의한다. 곧 대상에 마음을 곧게 모으는 작용을 말한다」(차광신,「원시불교의 실천·수행론에 대한 고찰」, 제2회 실천교학 학술발표회 《학술발표요지》, 원불교대학원대학교, 2002.3, p.22).

「禪이란 定을 말하는 것인데 이는 일심이 되고자 하는 것이다. 우리의 마음은 본래 공적영지한 것이다. 시비동정도, 욕심도 없는 것이나 육근동작을 함으로써 분별망상을 하게 된다. 이 분별 망상을 없애고 원만하고 지공무사한 일심을 만들고자 하는 것이다」(원불교사상연구원 편, 『숭산논집』, 원광대출판국, 1996, p.45).

연구문제

1) 定공부의 길로는 염불과 좌선뿐인가?
2) 좌선은 定공부의 큰 길, 기도는 정 공부의 지름길이란 뜻은?

[권도편 15장] 기도는 성공의 열쇠

핵심주제

기도는 성공의 열쇠

대의강령

◎소원 성취의 기도를 드릴 때?
　1)어떠한 소원 성취를 위해 기도를 드리는 것도 좋으나,
　2)자신 수행의 기도는 구습이 녹고 만사 성공을 가져온다.

단어해석

　소원 : 마음속에 원하고 바라는 일을 所願이라 한다. 소박한 원이 있을 것이고, 큰 원으로서 성불제중의 서원도 있을 것이다.
　수행 : 일원상을 닮아가고, 성자를 닮아가기 위해 교법을 실천궁행하는 것이 修行이다. 수행의 표본인 일원상을 닮는 데에 삼학수행이 있다.
　축원 : ☞기연편 9장 참조.

관련법문

「일심을 모아 기도를 올려서 모든 사람들의 마음을 순하게 함으로써 천지에 맺혀 있는 악한 기운, 탁한 기운, 원한의 기운을 다 풀어주어서 천지 기운도 막힘이 없이 다 통하게 하고…」(대종경 선외록, 10.도운개벽장 10장).
「반드시 자신의 각오와 실천할 것을 먼저 고백하고 거기에 대하여 위력을 내려 주시도록 기원해야 자타력을 겸하고 사실적으로 소원을 성취할 수 있는 심고와 기도가 되리라」(한울안 한이치에, 제3장 일원의 진리 19장).

보충해설

　우리가 기도를 올릴 때 여러 소원성취를 위해 기도하는 경우가 있지만, 무엇보다 자신 수행의 기도는 구습이 녹고 만사성공을 가져온다는 면에서 중요하다. 자신의 무명을 없애고 인격성숙을 가져다주는 기도는 절실하기 때문이다. 그리고 성취의 대상에 있어 남의 소원 성취를 위해서 기도를 올릴 수 있으며, 자신의 부귀영화를 염원하는 기도를 올릴 수도 있을 것이다. 참고로 무슬림은 하루 다섯 번씩의 기도를 올리며, 라마단의 달에 행하는 단식, 메카순례 등의 수행과정을 통해 경건성과 공동체의 일원으로서 귀속감을 고양시키고 있다. 대부분의 종교가 행하는 기도는 넓게 보면 금식·금욕·고행 등으로 나타나는데, 이는 자아 확대

와 맑게 승화된 삶을 위한 구도의 과정이다.
주석주해
「진정한 의미에 있어서의 기도란 참회기도이며, 참회기도야말로 신앙체험의 제1원리가 아닐 수 없다. 참회심으로 다듬어진 인격을 종교적 인격이라고 본다」(류병덕, 「21C의 원불교를 진단한다」, 제21회 원불교사상연구 학술대회《21세기와 원불교》, 원불교사상연구원, 2002.1, p.17).

「기도와 禪은 깨달음을 목표로 한다는 공통점을 가지고 있다. 기도는 신의 은총과 계시에 대한 깨달음이 목표요, 선은 자아에 대한 깨달음이 목표이다」(이재영, 「수행과정 공유를 통한 종교간의 대화에 관한 연구」, 『종교교육학 연구』, 제20권, 한국종교교육학회, 2005.5, pp.177-178).
연구문제
소원성취 기도 외에 자기수행을 위한 서원기도가 필요한 이유?

[권도편 16장] 조석심고의 공덕
핵심주제
조석심고의 공덕
대의강령
◎조석으로 심고를 올릴 때?
 1)제 몸을 위해서만 빌지 말며,
 2)세상과 회상을 위하여 빌면 그 공덕이 더 크다.
단어해석
조석심고 : 朝夕으로 올리는 心告인 바, 예도편 11장과 15장 참조.
회상 : ☞원리편 52장 참조.
공덕 : ☞예도편 17장 참조.
관련법문
「항상 심고할 때에 세상을 좋게 하며, 동지들을 좋게 하며, 천하의 모든 사람들을 다 좋게 하기로 심고하라. 천하와 동지의 고락을 자신의 고락으로 알고 나아가야 윤기가 바로 닿고 맥맥이 상통하여 큰 성공을 보나니라」(정산종사법어, 공도편 40장).
「조석심고나 기도가 지극하면 그 서광이 천지를 뚫는다. 성현들의 한 서원의 일념은 시간문제이지 땅에 떨어지지 않는다. 천지가 감응한다」(대산종사법문 5집, 제1부 무한동력, 28.한시).

보충해설

 조석으로 심고를 올릴 때에는 자신만을 위한 기도보다는 이웃과 사회를 위해 빌면 그 공덕이 배가될 것이다. 공익의 가치가 더 빛을 발하기 때문이다. 주지하듯이 조석심고는 교도의 증가와 더불어 이들이 수행정진을 할 수 있도록 1955년에 보은미 헌공·연원지도·법규준수 등과 더불어 4종의무로 제정된 것이다. 심고에는 두 종류가 있다. 먼저 묵상심고로서 자기중심으로 독백 형식으로 올리는 것이고, 둘째 설명기도로서 대중과 함께 올리는 것이다. 하여튼 심고와 기도는 종교 신앙인의 생명력으로서 영생을 두고 간절한 마음으로 적공의 생활이 지속되어야 할 것이다.

주석주해

「우리는 사은이 우리에게 죄복을 주시는 당처요, 우리가 사은에 대한 피은 보은의 도리를 다하고 못하는 데서 복과 죄가 온다는 이치를 느끼면서 심고와 기도를 드렸던가? 이를 다시 생각해 보아야 하겠다」(박장식,『평화의 염원』, 원불교출판사, 2005, pp.148-149).
「심고를 모실 때는 두 가지 뜻이 있다. 첫째 사은신앙의 뜻이 있고, 둘째 신혼경계로서 아침저녁으로 하는 인사이다. 삼세 제불 제성 전에 일배하고 삼세 모든 부모에게 일배하는 것이다」(한종만,『원불교 대종경 해의』(上), 도서출판 동아시아, 2001, p.520).

연구문제

 조석으로 심고를 올릴 때 그 공덕을 더 크게 하려면?

[권도편 17장] 이렇게 심고하라

핵심주제

 이렇게 심고하라

대의강령

◎나는 일상 이렇게 심고하노라.
1) 법신불 사은이시여, 모든 중생에게 대자대비하옵신 광명을 내리시와,
2) 저희들로 하여금 도덕에 회향하고 정법에 귀의하여 우치한 마음을 돌려 지혜의 마음을 얻게 하며,
3) 사납고 악한 마음을 돌려 자비의 마음을 얻게 하며,
4) 삿되고 거짓된 마음을 돌려 바르고 참된 마음을 얻게 하며,
5) 시기하고 원망하는 마음을 돌려 사랑하고 감사하는 마음을 얻게 하며,
6) 탐내고 욕심내는 마음을 돌려 청렴하고 공정한 마음을 얻게 하며,
7) 서로 싸우고 해하는 마음을 돌려 화하고 두호하는 마음을 얻게 하며,
8) 죄업의 근성이 청정하고 혜복의 문로가 열리게 하며,
9) 세계정세가 호전되어 나라의 복조가 한이 없고 세상의 평화가 영원하게 하며,
10) 대중의 앞길에 광명과 평탄과 행복 뿐으로써 부처님의 성지에 살게 하소서.

단어해석

일상 : 하루하루의 생활을 日常이라 한다. 수행의 측면에서 일상사를 보면 일상수행의 요법 9조가 있다.

사은 : 일원상에는 신앙문과 수행문이 있는데 신앙문으로 四恩이 있다. 사은은 법신불 사은이라는 호칭과 병칭되는 신앙의 대상이다. 없어서는 살 수 없는 관계로 천지은 부모은 동포은 법률은이 그 내역이다.

대자대비 : 부처의 원만한 심법과 행위를 大慈大悲라 한다. 이를테면 크게 자비로운 것으로 기쁠 때 함께 기뻐하고(大慈) 슬플 때 함께 슬퍼하는 것(大悲)이 이것이다. 예수의 박애, 석가의 자비, 소태산의 은혜가 중생 제도를 향한 종교적 성자들의 큰 가르침이다.

회향 : 돌이켜 향한다는 뜻을 廻向이라고 하는 바, 자기의 공덕을 남에게 돌려 자타가 함께 성불제중하기를 기약하는 것이 종교적 의미이다.

정법 : 법신불 일원상의 진리에 바탕한 공부의 요도 삼학팔조와 인생의 요도 사은사요를 밝힌 대도대법이 正法이며, 불법이 그 핵심이다.
두호 : 서로 돌보아 주는 것을 斗護라 한다.
근성 : 바탕이 되는 성질 또는 뿌리가 되는 성품을 根性이라 한다.
복조 : 우리가 은혜롭게 주고받는 복을 福祚라 한다.
성지 : 종교의 발상지, 교조의 탄생지로서 성스러운 땅을 聖地라 한다. 원불교 성지로는 영산·변산·만덕산·익산 등이 있다. 불교의 성지로는 부다가야와 룸비니 등이 있고, 기독교의 성지로 예루살렘 등이 있다.

관련법문
「자타력 병진의 신앙생활을 하자는 것은 사은으로써 신앙의 근원을 삼아 즐거운 일을 당할 때에는 감사를 올리고, 괴로운 일을 당할 때에는 사죄를 올리며, 결정하기 어려운 일을 당할 때에는 결정될 심고와 기도를 올리며, 순경을 당할 때에는 간사하고 망녕된 곳으로 마음이 흐르지 않도록 심고와 기도를 올리나니, 지성감천으로 올림으로써 낙도생활을 할지니라」(정산종사법설, 제9편 불교정전의해 1장).
「심고와 기도의 뜻을 잘 알아서 정성으로써 계속하면 지성이면 감천으로 자연히 사은의 위력을 얻어 원하는 바를 이룰 것이며 낙 있는 생활을 하게 될 것이니라」(정전, 제3 수행편, 제9장 심고와 기도).

보충해설
정산종사는 스스로 일상생활에서 심고 올리는 모델을 제시하였다. 법신불 사은을 염하며, 대자비의 광명을 주고, 정법에 회향하며, 자비와 참된 마음 및 감사와 사랑의 마음을 갖도록 하였다. 또한 청렴과 두호의 마음, 세계평화와 행복 등의 가치를 실천토록 하여 불지에 살도록 하였다. 심고의 사례를 들어보자. 시창 27년 5월, 박창기 교무가 소태산 대종사를 모시고 경성에서 익산까지 군용기로 내려왔다. 이 과정에서 소태산 대종사의 심고와 관련된 언급이 있어 소개해 본다. "프로펠러가 돌면서 요란한 소리를 내고 하늘로 하늘로 올라가는데 밑을 내려다본즉 마치 대소쿠리 속에 앉은 것 같았다. 그래서 창기에게 안심 입정하라고 말하고 나는 정의의 굳은 신념으로써 사은 전에 심고를 드리고 무사 통과할 것을 자신한 후 고요히 눈을 감고 선정에 들어버렸다."
주석주해
「심고와 기도장에 "난경을 당할 때는 순경될 심고와 혹은 설명기도를 올리고 순경을 당할 때는 간사하고 망녕된 곳으로 가지 않도록 심고와 기도를 올리라" 하였다. … 그리스도교의 타력신앙에 비해 원불교는 삼학으로 성품을 깨치는 자력신앙이 아울러 있는 원만한 신앙인 것이다」(한종만, 『원불교 대종경 해의』(下), 도서출판 동아시아, 2001, p.226).
「나는 6.25를 총부에서 보냈다. 처음에는 순경들이 총부 송대 쪽에 몰려 있었다. 그러더니 갑자기 퇴각을 했고, 곧 인민군들이 들이닥쳤다. … 총부는 격전지가 될 것 같은 불안 속에서 숨죽이고 있었다. 이때 정산종사는 낮이면 복숭아밭 원두막에 계시며 심고를 올리곤 하셨다. 어느 날 모두 모이라고 하시더니 함께 기도를 올렸다」(박장식, 『평화의 염원』, 원불교출판사, 2005, pp.115-116).
연구문제
정산종사가 "나는 일상 이렇게 심고하노라" 는 모델을 제시한 뜻과 그 대체를 설명하시오.

[권도편 18장] 법회에서의 심고
핵심주제
법회에서의 심고
대의강령
◎모든 법회에서는 이러한 예로 심고하라.
1) 법신불 사은이시여, 이 예회에 모인 저희들에게 특별한 광명과 힘을 내리시어,
2) 저희들로 하여금 신성의 근원이 깊어지고 혜복의 문로가 열리게 하며,
3) 삼대력이 전진하여 중생계를 벗어나 보살도에 오르게 되고,

보살도를 닦아 부처의 경지에 들게 하며,
　4)공부와 사업에 모든 마장을 소멸하여 주며,
　5)동서남북이 통달하여 어느 곳에 가든지 대중을 이익 주며 대중의 환영과 보호를 받게 하며,
　6)언어동작이 진실하여 어느 시간이든 진리를 어기지 않고 진리의 음조와 은덕을 입게 하며,
　7)동지가 화합 단결하여 이 회상의 위신이 두루 시방세계에 드러나며,
　8)이 교법의 공덕이 일체 중생을 제도하게 하여 주소서.

단어해석
법회 : 신앙 수행을 촉진하고 교법 실천을 강론하는 목적으로 법 잔치를 여는 것이 法會로서 매주 일요일 예회에 개최하는 정례법회와 수시로 개최하는 수시법회가 있고, 특별히 열리는 특별법회가 있다.
혜복 : 인간이 행복해지는 기본 조건으로서 지혜와 복락을 慧福이라 한다. 이에 종교인은 지혜를 닦고 선행을 통한 복락을 장만해야 한다.
문로 : 출입하는 문의 길을 門路라 한다. 일종의 출입문인 것이다.
보살도 : 보살이 자기수행과 중생구제의 자리이타를 원만히 수행하여 중생계를 벗어나 지고의 경지에 오르는 것을 菩薩道라 한다.
마장 : 번뇌 망상, 사심 잡념 등의 마귀로 인해 수행에 장애가 되는 것을 魔障이라 한다.
음조 : 인간이 의식하지 못한 가운데 진리가 도와주는 것, 혹은 상대방이 나 자신도 모르게 도와주는 것을 陰助라 한다.
은덕 : 숨어서 베푸는 덕을 隱德이라 한다.

관련법문
「정석현이 사뢰기를 "저는 환경에 고통스러울 일이 많사오나 법신불 전에 매일 심고 올리는 재미로 사나이다." 대종사 말씀하시기를 "석현이가 법신불의 공덕과 위력을 알아서 진정한 재미를 붙였는가는 알 수 없으나 그것이 곧 고 가운데 낙을 발견하는 한 방법이니 이러한 방법으로 살아간다면 고통스러울 환경에서도 낙을 수용할 수가 없지 아니하나니라"」(대종경, 신성품 16장).

「창생을 위하고 회상을 위하여 생명을 바치는 그 기도 정성이 우리 교단의 뿌리가 되었으니 그 때가 없었던들 오늘의 기초를 어떻게 닦았겠는가」(대산종사법문 3집, 제1편 신성 6장).

보충해설

앞장은 개인의 일상생활에서 올리는 심고의 모델이라면 본 장은 법회 의식에서 올리는 공동체적 심고의 모델이다. 이른바 1932년 4월 6일부터 예회일에 종명으로 예회 순서에 심고 삽입을 선포하였다. 예회에 모인 신앙인들에게 광명을 내리고, 혜복의 문로가 열리게 하며, 부처에 이르고, 공부와 사업에 모든 마장을 소멸케 하여 주고, 동지가 화합하여 회상의 위신이 드러나게 하여 일체 중생을 제도하게 해달라는 내용이다. 이처럼 개인중심의 심고와 달리 법회의식의 설명기도는 법회에 동참한 대중들과 사회·국가·세계의 행복 및 교단 발전을 염원하는 공동체적 특징을 지닌다. 심고 및 설명기도의 목적은 개인의 간절한 염원, 인류의 고통 극복과 평화 건설을 위해 법계의 감응을 얻고자 하는 것에 있다.

주석주해

「불법연구회 예전(1935.8)의 내용 중에 '심불'이라는 신앙의 대상에 대한 호칭이 출현하는 것이다. … 심불에 대한 심고, 또는 심불 전 배례를 강조하고 있다. 또한 그 밖의 거의 모든 의식에 심불 전 심고를 삽입하고 있다. 그리고 각종 의식을 거행하게 되는 식장의 배치에는 반드시 심불을 정면 중앙에 배치하고 신앙의 례를 집행하도록 규정하고 있다」(정순일, 「일원상 신앙 성립사의 제문제」, 제21회 원불교사상연구 학술대회《21세기와 원불교》, 원불교사상연구원, 2002.1, p.93).

「각종 儀式 절차의 현대화 대중화의 문제이다. … 大齋 의식 등에 90분 정도 앉아 있게 하는 일은 수정되어야 한다. 설교시간의 경우도 마찬가지로 15분-20분 정도로 단축하고, 기도나 심고 성가 등으로 설교의 분위기를 쇄신해 나가야 한다」(서경전, 「21세기를 향한 원불교 교단행정 방향」, 『원불교와 21세기』, 원불교사상연구원, 2002, p.27).

연구문제
 1) "모든 법회에서는 이러한 예로 심고하라"고 심고의 모델을 제시한 뜻은?
 2) 좌산종사는 예비교역자의 교육수준을 밝히며, 설교와 교화단 관리 및 설명기도를 중시하도록 하였는데 그 이유는?

[권도편 19장] 제생의세의 약속
핵심주제
 제생의세의 약속
대의강령
 ◎학림 기도인들에게 말하였다.
   1) 개인과 약속한 일을 어길지라도 마음 속인 죄벌이 있으며,
   2) 천지신명께 제생의세의 서원을 올렸으니 그 서약이 중하니,
   3) 만일 중도에 어기면 중한 죄벌을 면치 못하니 명심하라.
단어해석
 죄벌 : 범죄에 대하여 주는 형벌을 罪罰이라 한다.
 천지신명 : 원시종교에 있어서 신앙의 대상이 天地神明으로 천지조화를 거행하는 신령이 되었다. 소태산 대종사는 어린 시절(11-15세) 산신을 만나기 위해 삼밭재 마당바위에 올라가 천지신명께 기도를 올렸으며, 원기 4년 3월 법인기도를 올릴 때 신앙대상의 호칭도 천지신명이었다.
 제생의세 : ☞기연편 16장 참조.
관련법문
 「허공법계에 빈 말로 맹세하지 말라. 허공법계를 속인 말이 무서운 죄고의 원인이 되나니라」(대종경, 요훈품 29장).
 「만일 사실을 속이는 제자가 있으면 보신 듯이 그 사실을 지적하시며 엄하게 꾸짖으시었다. "그대가 나를 속이는 것이 곧 자신을 속이는 것이요 법계를 속이는 것이다. 그대가 계속하여 법계를 속인다면 그대는 영원히 재앙에 떨어질 것이니 각별히 조심하라"」(대종경선외록, 4.초도이적장 4장).
보충해설

전무출신을 서원한 유일학림 기도인들에게 정산종사는 당부하였다. 개인의 약속보다 제생의세의 서원이 중하니 이를 어기면 진리의 죄벌이 있음을 명심하라는 것이다. 전무출신을 서원한 후 후일에 바람이 있거나 후회함이 있다면 그는 남의 일을 해준 사람이요 공도의 주인은 아니라는 「전무출신의 도」는 중도에 다른 마음 갖지 말고 오롯한 마음으로 성불제중의 적공을 하라는 뜻이다. 소태산은 전무출신 서원을 세우고 중도에 물러나게 되면 영생을 빚에 고통스러워 살기 어려울 것이며, 허공법계와 일체생령과 삼라만상에게 맹세하였던 일을 어기면 산에 가면 산귀신, 물에 가면 물귀신, 가는 곳마다 빚 쪼들림을 당할 것(박용덕,『금강산의 주인되라』, p.303)이라 하였다. 물론 중도포기의 극복은 죄벌의 두려움보다는 인류 구원을 위한 서원에 있다.

주석주해
「성불제중의 서원을 허공법계에 맹세하고 그 진리를 속이면 앞길이 막히게 된다. 일원상의 진리가 충만되어 있음을 항상 느끼며 살아야 하는 것이다. 전무출신의 생활은 일원상의 진리와 마주치며 사는 생활이다」(한종만,『원불교 대종경 해의』(下), 도서출판 동아시아, 2001, pp.433-434).

「전망품의 다른 곳에서 성자의 역할을 '천지 기운을 돌려 그 세상을 바로잡고 그 인심을 골라놓나니라' 고 묘사하고 있다. 이에 근거해서 소태산이 의미하는 성자들의 본의란 제생의세라고 규정지을 수 있다」(김복인, 「미래의 종교-소태산의 전망에 근거한 고찰」,『원불교와 21세기』, 원불교사상연구원, 2002, p.462).

연구문제
천지신명 전에 제생의세의 큰 서원을 올렸으니 그 서약을 중도에 어긴다면 중한 죄벌을 면치 못한다고 했는데 그 이유는?

[권도편 20장] 전심과 후심
핵심주제
전심과 후심

대의강령
◎정산종사 말하였다.
 1)불보살들은 전심과 후심이 한결같아 불보살이 되었으나,
 2)범부들은 처음 발심과 달리 경계를 따라 흔들려 퇴보하니,
 3)그대들은 도를 즐기는 마음과 공을 위하는 마음으로 전심과 후심이 한결같게 하라.

단어해석
 전심후심 : 처음 마음과 끝 마음을 前心과 後心이라 한다. 전심과 후심이 한결같다는 것은 처음과 끝이 한결같아 초지일관이라는 뜻이다. 전심의 발심과 후심의 적공이 하나로 일관하여 중생이 불보살로 이어진다.
 발심 : 發菩提心의 준말이 發心이다. 불법에 귀의하여 보리심을 얻고자 마음을 발하는 것을 발심이라 한다. 중생이 부처가 되고자 하여 중도에 포기하지 않는 것이 발심의 지속이다. 初發心是便正覺이라는 말이 있다.

관련법문
 「잦은 걸음으로는 먼 길을 걷지 못하고, 조급한 마음으로는 큰 도를 이루기 어렵나니, 저 큰 나무도 작은 싹이 썩지 않고 여러 해 큰 결과요, 불보살도 처음 발원을 퇴전하지 않고 오래오래 공을 쌓은 결과이니라」(대종경, 요훈품 10장).
 「보통 나무는 계절에 따라 그 지배를 받지 아니할 수 없으므로 겨울에는 잎이 떨어져서 앙상하지마는 솔은 그 계절의 지배를 받지 아니하고 씩씩하게 홀로 그 자태를 자랑하는 것과 같이 보통 사람들도 처음에는 별일이나 할 것처럼 덤비다가도 어떠한 경계를 당하면 그 일을 감내 못하고 넘어져서 환경의 지배를 받게 되는 것이다」(한울안 한이치에, 제4장 사자좌에서 6장).

보충해설
 우리가 출가를 서원한 후에 오롯한 마음으로 일관하기란 쉽지 않다. 전심 후심이 일관된 마음으로 일생을 살면 영생의 복을 장만하는 불보살이 되는 것이요, 발심한 것이 오래지 않아 흔들리거나 퇴보한다면 범부로 살아가는 것이다. 도락의 생활로 이 공부 이 사업을 하면 전심·후심이 한결같으리라 본다. 정산종사는

원각가에서 "모든 성현 이런 법을 밝혔으니, 자세보아 도통하여 前千秋 後千秋에 일관으로 알아보세. 일관이치 알고보니 불변상주 아닐런가"(월말통신』 38호, 원기 17년 7월호)라고 하였다. 그가 말한 前千秋 後千秋란 다름 아닌 전심·후심이며, 전심과 후심이 일관되면 불변 상주하는 영생사가 해결된다.

주석주해

「박정훈 교무는 매일 밤, 잠자리에 누워서 잠들기 전에 법위등급을 외우는데 외우다 보면 자신도 모르게 잠이 든다. 어떤 때는 모두를 외우고 처음으로 돌아와 외울 때도 있고, 어느 때는 중간을 외우다가 잠이 드는 경우도 있다고 했다. 그런데 아침에 일어날 때면 자신도 모르게 어제 밤에 외우다가 자신도 모르게 잠들었던 부분을 외우고 있는 일이 허다하다고 했다. 전념이 후념이 되는 이치가 이와 같다」(편집자, 「선진예화-최후의 한 생각」, 『월간교화』 158호, 2006.6, 원불교 교화훈련부, p.84).

「동정일여, 佛心 일관이 곧 불법이다」(박길진, 『대종경강의』, 원광대출판국, 1980, p.155).

연구문제

전심과 후심에 있어 불보살과 범부의 차이는?

[권도편 21장] 공부인의 난관

핵심주제

공부인의 난관

대의강령

◎중생계에서 부처의 세계로 가는 길에 어려운 관문이 있다.
　1)지견이 차차 생겨날 때이며,
　2)신망이 차차 드러날 때이며,
　3)대우가 차차 높아질 때이며,
　4)물질이 차차 돌아올 때이며,
　5)권리가 차차 생겨날 때이다.

출전근거

『원광』 29호(1959년) 「공부인의 다섯 가지 어려운 관문」 법설이다(김정관 수필).

단어해석

중생계 : 중생들이 사는 세계를 衆生界라 하며, 여기에는 가없는 중생들이 사는 욕계 색계 무색계의 3계가 있다.

관문 : 경계 지역에 세운 문을 關門이라 한다.

신망 : 믿음과 기대하는 바를 信望이라 한다.

관련법문

「도가에 세 가지 어려운 일이 있으니, 하나는 일원의 절대 자리를 알기가 어렵고, 둘은 일원의 진리를 실행에 부합시켜서 동과 정이 한결같은 수행을 하기가 어렵고, 셋은 일원의 진리를 일반대중에게 간명하게 깨우쳐 알려주기가 어렵나니라」(대종경, 부촉품 12장).

「중생은 12인연의 수레바퀴에 끌려서 생을 받게 되는데 무명으로 행을 지어 습관성인 식으로써 수생을 하는 의미에서 업감연기에 해당하고, 부처는 무명의 행이 아니요 명의 행이며, 습관적 식이 아니요 지혜로써 익힌 청정식으로 입태하게 되니 진여연기에 해당된다」(한울안 한이치에, 제5장 지혜단련 17장).

보충해설

중생세계에서 불보살 세계로 진급하려면 어떻게 해야 하는가? 물론 어려운 관문들이 있을 것이다. 지견이 생겨나고, 신망이 드러나고, 대우가 높아지고, 물질이 돌아오고, 권리가 생겨날 때 자칫 이에 만족하고 더 이상 분발심이 없어진다면 승급하기 쉽지 않을 것이다. 재색명리가 드러나면 자연 아상과 욕심이 나타나 중생계에 머무를 수밖에 없다. 『사십이장경』의 내용은 재색명리를 경계하고 수도 적공하는 것으로 되어 있다. 「전무출신의 도」 7조에서도 일생동안 재색명리의 낙을 이 공부 이 사업으로 바꾸고 보면 영생의 복락은 이루말할 수 없다고 하였다. 소태산은 1943년 교리도를 발표하고 말하기를 "내 교법의 진수가 모두 여기에 들어 있건마는 … 이 뜻을 온전히 받아갈 사람이 그리 많지 못한 듯하니 그 원인은, 첫째는 그 정신이 재와 색으로 흐르고, 둘째는 명예와 허식으로 흘러서 일심 집중이 못되는 연고라"(대종경, 부촉품 7장)고 하였다.

주석주해

「세상 사람들 돈으로 안 되는 일 없지 하네, 구름도 미인도 만들고 지어 부처도 만들지, 부처님 마음은 돈으로는 만리나 멀어라, 지금 이 마음인데 두리번거리네 쯧쯧」(장웅철 역해, 『생활속의 금강경』, 도서출판 동남풍, 2000, p.25).

「부처가 보는 것은 분별성이 없이 卽體的 인식이지만, 중생이 보는 것은 나·법·선후·친소 등 무명에 바탕한 분별적 인식이 된다」(정순일, 「일상수행의 요법 주석상의 제문제」, 『원불교사상과 종교문화』 29집, 원불교사상연구원, 2005, p.105).

고시문제

공부인이 중생계에서 부처세계로 가는 길에 어려운 관문 세 가지는?

연구문제

공부인이 중생계에서 부처의 세계로 가는 길에 있어 지견이 생겨나고 신망이 드러날 때 더욱 어렵게 된다고 한 이유는?

[권도편 22장] 근기와 재색명리

핵심주제

근기와 재색명리

대의강령

◎정산종사 말하였다.

1)하근기는 식욕 색욕 재욕에 얽매어 솟아오르지 못하며,

2)중근기는 명예욕에 걸려 솟아오르지 못하며,

3)좀 윗근기는 상에 걸려 뛰어나지 못하니, 오욕과 사상을 여의면 상근기이다.

출전근거

『원광』 41호(1962년) 「應問八題」 법설이다(이광정 시봉일지).

단어해석

하근기 : ☞원리편 38장 '근기' 참조.
식욕 : 음식에 대한 욕심을 食欲이라 한다. 식탐이 이와 관련된다.
색욕 : 남녀 사랑의 욕망을 色欲이라 한다.
재욕 : 재물에 대한 욕망이 財欲이다.
명예욕 : ☞경의편 51장 참조.
오욕 : 중생들이 갖는 다섯 가지 기본욕망을 五欲이라 한다. 이를테면 식욕·색욕·재물욕·명예욕·수면욕이 그것이다. 삼독 오욕을 절제하도록 금욕난행 하는 것이 수행 적공인의 자세이다.
사상 : ☞경의편 42장 참조.

관련법문
「그대들이 한 생 동안만 재색명리를 놓고 세상과 교단을 위하여 고결하고 오롯하게 활동하고 가더라도, 저 세속에서 한 가정을 위하여 몇 생을 살고 간 것에 비길 바가 아니니, 한 생의 공덕으로 많은 세상에 무루의 복락과 명예를 얻을 것이요」(대종경, 교단품 17장).
「의식주를 구하는데 세 가지 단계가 있으니, 하근기는 요행과 삿된 길로써 구하고, 중근기는 정당한 직업으로써 구하며, 상근기는 衆人을 위함으로써 돌아오게 한다」(한울안 한이치에, 제1장 마음공부 71장).

보충해설
 재색명리도 근기에 따라 다르게 수용되는 성향이 있다. 하근기는 식욕 색욕 재욕에 얽매이고, 중근기는 명예욕이 치솟고, 좀 윗 근기는 상에 걸리게 된다. 상근기가 된다면 이러한 재색명리에 치우친 낙을 극복할 수 있을 것이다. 구타원 종사는 "우리 인간의 근기는 지우의 차가 각각 있어서 … 우자는 탐진치를 떼지 못하여 악도윤회를 면치 못하고 죄고중생이 되는 것이다"(회보 55호, 회설)라고 하였다. 중생들은 각자 근기에 따라 탐진치 곧 재색명리에 얽매이는 정도가 다르게 나타난다는 것이다.

주석주해
「소태산은 인간의 소소한 욕심, 즉 세간의 모든 탐착과 애욕을 능히 불고하여야 그 목적을 이룰 수 있다고 강조한다. 다시 말해 재색명리에 대한 탐진치를 놓아야 한다는 것이다. 그러면 죽은 뒤에 천도도 잘 받을 수 있는데, 이는 생에 대한 모든 애착과 탐착을 놓고 착 없이 길을 떠날 수 있기 때문이다」(김영민,「원불교 성리의 활용방안」,『원불교사상』23집, 원불교사상연구원, 1999, p.81).

「교무는 재색명리에 청렴하여 사리를 취하지 말아야 한다. 만일 지도자가 물질적인 사리를 취한다든지 또는 교도의 신앙심을 자기에게로 돌려 정신적인 사리를 취하고 보면 신망을 잃게 되고 자연히 올바른 지도를 할 수 없게 될 것이다」(이종진,「원불교 교무론」,『원불교사상시론』1집, 수위단회사무처, 1982, p.245).

연구문제
1) 하근기와 중근기, 좀 더 윗근기가 솟아오르지 못하는 이유는?
2) 오욕과 사상을 여의면 상근기가 된다는 뜻은?

[권도편 23장] 법통계승의 참 제자
핵심주제
법통계승의 참 제자
대의강령
◎ 명필이 되려면 먼저 명필의 필법을 체받아 길러야 한다.
1) 이에 부처를 이루기로 하면 부처님의 심법을 체받아 불심을 길러야 하며,
2) 대종사 심법을 쳇줄로 삼고『정전』의 말씀대로 실행하여 대종사의 법통을 이어받는 참 제자가 되어야 한다.
단어해석
필법 : 문필의 법칙을 筆法이라 한다.
필력 : 글씨의 획에 따라 드러난 힘을 筆力이라 한다. 필력을 얻은 사람이 명필가가 되는 것이다. 즉「소태산대종사비명병서」와「만고일월비」의 명필 업적을 남긴 강암 송성용은 필력을 얻었다고 본다.
불심 : 부처의 마음을 佛心이라 한다. 곧 대자대비한 여래의 마음이 불

심인 것이다. 세상의 욕망과 번뇌를 벗어나려면 불심을 가져야 한다.
첫줄 : 습자의 본보기가 되는 한 줄의 글씨를 體줄이라 한다.
법통 : ☞예도편 13장 참조.
관련법문
「중생들이 그 성인과 그 회상에 정성을 다 바치며 서원을 올리면 그 서원이 빨리 이루어지고, 그 반면에 불경하거나 훼방하면 죄벌이 또한 크게 미치나니, 다만 그 한 분뿐 아니라 그러한 분과 심법이 완전히 합치된 사람도 그 위력이 또한 다름 없나니라」(대종경, 신성품 19장).
「우리 교단의 법맥은 법통과 종통으로 이어지나니, 법통은 새 회상 주세불이신 대종사님의 정통 법맥을 바로 잇는 것이요, 종통은 교단 통제의 주법을 맡은 종법사의 계승을 이름하나니라. 그러나 종통보다 항상 법통이 주가 되어 운영되나니 앞으로 우리 교단은 이 법통과 종통으로 영원히 이어져 나가게 되리라」(정산종사법설, 제2편 공도의 주인 6장).
보충해설
 부처가 되려면 부처님의 심법을 본받아 불심을 길러야 하는 것은 당연한 일이다. 소태산 대종사의 심법을 본받는 길이 곧 여래가 되는 길이기도 하다. 전음광 선진은 「종사주께 수양을 드리기 위하여」라는 글에서 "종사주께서 날로 정신을 태워가며 가르치시는 본회가 오직 종사주의 심법을 후세에 전하려 하심이니…"(월말통신 30호, 1930년 7월)라고 하였다. 스승을 향한 신봉의 정신이 이처럼 종사주의 심법을 후세에 전하려 한다는 혜산 선진의 신성에서 발견된다. 이것이 정법 법통을 잇는 길인 것이다.
주석주해
「법을 쓰고 말하여 후세에 전하는 것도 중요하다. 아무리 큰 도를 깨쳤다 할지라도 후대에 전해지지 않는다면 별 효과가 없는 것이다. 하지만 자기가 직접 실행하고 증득하는 것이 더 중요하다」(한종만, 『원불교 대종경 해의』(下), 도서출판 동아시아, 2001, p.577).
「어느 날에는 내게 이렇게 물으셨다. "너 교전공부 잘 하느냐?" "하기는 합니다만 어려워 잘 모르겠습니다." "그럼 교전을 백독 해라. 그러면 그 뜻이 나타날 것이다." 그리하여 그때부터 나는 교전을 정독하면서 읽어 나가기로 하였다」(양혜경,「교전 백독하면 그 뜻이 나타난다」,『우리회상의 법모』, 원불교신문사, 1994, p.142).

연구문제
1) 부처를 이루기로 하면 부처의 심법을 체받아야 한다는 뜻은?
2) 대종사 심법을 쳇줄 삼고, 대종사 법통을 잇는 제자가 되려면?

[권도편 24장] 삼보를 닮으면 여래
핵심주제
삼보를 닮으면 여래
대의강령
◎ 자녀는 부모를 닮아간다.
1) 불제자도 부처를 닮아가야 하나니,
2) 끊임없이 모든 일에 부처를 닮아 법보화를 닮으면 여래다.

단어해석
불제자 : 부처의 제자를 佛弟子라 한다. 소태산의 9인 제자가 있고 석가모니의 10대 제자가 있는데 곧 지혜 제일의 사리불, 신통 제일의 목건련, 頭陀 제일의 대가섭, 天眼 제일의 아나율, 解空 제일의 수보리, 설법 제일의 부루나, 논의 제일의 가전연, 持戒 제일의 우바리, 밀행 제일의 라후라, 다문 제일의 아난다가 그들이다.
법신 보신 화신 : ☞경의편 46장 '삼신불' 참조.
지경 : 어떠한 처지나 경지를 地境이라 한다.

관련법문
「공부가 구경처에 이르고 보면 자타의 계한이 없이 천지만물 허공법계가 다 한 가지 삼보로 화하나니라」(대종경, 신성품 8장).
「초입자는 항상 이 선지식의 가르침에 잘 따르고 일체를 사실대로 고백하여 선악시비의 감정을 얻어 행하는 것이다. 이와 같이 하고 보면 불법승 삼보에 귀의한 대보살이 될 것이다」(한울안 한

이치에, 제3장 일원의 진리 50장).

보충해설

　너새니얼 호손의 단편소설 중에 '큰 바위 얼굴'이란 작품이 있다. 마을에서 한 소년이 큰 바위 얼굴을 닮고자 날마다 바라보며 살다보면 큰 인물이 된다는 것이다. 자녀가 부모의 훌륭한 점을 본받으며 살아가는 것도 부모를 닮는 길이다. 서기 2000년은 정산종사 탄생 100주년 기념사업의 해였는데, 이 탄백사업으로 정산종사 닮기운동이 전 교단적으로 전개되었다. 성자를 닮고자 하는 간절함을 탄백성업을 통해 간직하자는 것이다. 중생이 적공을 하여 성불하리라는 염원으로 수행 정진한다면 부처가 될 수 있다. 한자 效는 『說文』에 象으로 해석되고 있으며, 象은 또 像으로 해석되는데 像이란 似(닮음)를 뜻한다. 따라서 效는 하나의 목표를 대상으로 하고 이를 모방하여 닮아가는 것을 의미한다.

주석주해

「교당은 부처님을 우주 만유의 본원이요 제불제성의 심인이요 일체중생의 본성임을 믿고 모시며 닮아가려는 사람들이 정기적으로 혹은 부정기적으로 법회를 보며 훈련하는 도량이다」(서경전, 「21세기 교당형태에 대한 연구」, 제21회 원불교사상연구 학술대회 《21세기와 원불교》, 원불교사상연구원, 2002.1, p.51).

「불교는 원래 믿음만을 요구하는 종교가 아니라 覺·行·證으로 이어져서 제도사업에 헌신하는 것을 요구한다. 이것은 위로 보리를 구하고 아래로 중생을 교화한다는 말이다. 즉 불법승 삼보께 귀의로 시작한 후 수행 정진하여 깨닫고 드디어는 궁극적 원리를 증득하며 고해 생령들의 구제 사업에 헌신하는 것이다」(이광정, 『주세불의 자비경륜』, 원불교출판사, 1994, p.38).

연구문제

　1) 끊임없이 모든 일에 부처를 닮아가는 길은?
　2) 법신 보신 화신을 닮으면 여래의 지경이라 한 뜻은?

[권도편 25장] 무한동력과 신성

핵심주제
무한동력과 신성

대의강령
◎송현풍이 무한동력을 연구 중이라 하자, 정산종사 말하였다.

1) 기계의 동력에 무한동력이 필요하지만, 수도에도 무한동력이 필요하나니,

2) 수도의 무한동력은 곧 신성이라,

3) 신성은 범부를 성인 만드는 가장 큰 원동력이다.

단어해석
무한동력 : 한없이 움직이는 힘을 無限動力이라 한다. 수도인에 있어서 신성을 갖고 살면 다함이 없는 힘이 솟아나 부처의 경지에 이른다.

신성 : ☞원리편 38장 참조.

원동력 : 사물이나 인간을 움직이는 근원적인 힘이 原動力이다. 진리의 깨달음을 향한 구도적 정열 곧 신성이 신앙인의 원동력이 된다.

관련법문
「신이라 함은 믿음을 이름이니, 만사를 이루려 할 때에 마음을 정하는 원동력이니라」(정전, 제2 교의편 제5장 팔조, 제1절 진행4조, 1.신).

「모든 마를 항복한 후에야 도를 이룰 수 있을 것이요, 예수님이 황야를 방황한 것도 다 이 한없는 마를 조복하시기 위함이셨나니라. 그러므로 이 모든 마를 항복받을 힘은 무한동력이라야만 하나니 무한동력, 이것이야말로 범부를 성인으로 만들고, 마를 조복하여 자신의 이용물을 만들 수 있는 힘이니라」(정산종사법설, 제1편 마음공부 20장).

보충해설
우주 만유는 에너지 곧 무한동력과 더불어 생명을 유지하고 있다. 한 제자가 무한동력을 연구 중이라 하자, 정산종사는 기계의 무한동력도 필요하지만 수도에도 무한동력이 필요하다고 하였다. 수도인에 있어서 무한동력은 신성인 바, 그것은 범부가 부처로 향하는 원동력이기 때문이다. 시창 34년 4월 7일, 정산종사는 유일학림 제1회 졸업식 훈사에서 종교의 생명은 신심이요 사업의

동력은 공심이라 하였다. 종교의 생명이 신심인 것은, 본 법어에서 말하는 수도의 무한동력이 곧 신성이라는 것과 일맥상통한다.
인물탐구
 송현풍(1898-1964) : 宋玄風 교도는 본명이 찬용이며, 부친 송환순 선생과 모친 박순화 여사 사이에 태어났다. 이원순 여사와 결혼하여 1남1녀를 두었으며 탄생지는 강원도 회양군 하북면 초일리이다. 입교는 원기 22년 1월에 하였다. 그는 곤궁한 생활을 하면서도 진정한 도학군자를 만나기를 염원하던 차 원기 22년 대종사를 뵙고 대도에 참여함을 오직 낙으로 삼았다. 입교한 후로 송현풍은 수상스키를 발명하고 무한동력을 연구하였다. 또한 『주역』을 깊이 연구하였으며, 종교종파大同團會에 참여하여 준 조선 365 수위단 淮陽단장이 되었으며 지주인 이창락씨로 하여금 양주농장 119,000㎡를 희사하도록 지도한 유공인이다. 원기 38년 원불교 제1대 성업봉찬회에 평가된 선생의 성적은 공부등위 정식특신급, 사업등급 정5등으로 원성적은 정5등에 해당되었다.
주석주해
 「삼학의 수행법으로써 큰 인격을 이루어 불지에 오르고 사회를 개혁하여 불국토를 만들 수 있다는 확신 … 이러한 믿음은 수행의 원동력이 아닐 수 없다」(이성택, 「원불교 수행론」, 『원불교사상시론』 1집, 수위단회사무처, 1982, pp.35-36).
 「대산 종법사는 신분검사법의 신심조항에서 진리와 법과 회상과 스승과 나를 분리시켜 볼 수 없다고 하는 4大불이신심을 제시하였다. 이것은 어떤 의미에서 회상을 信의 대상으로서 또는 신앙의 한 차원으로까지 그 의미를 승화시키려는 시도로 볼 수 있다」(신명교, 「원불교 교단관」, 『원불교사상시론』 1집, 수위단회사무처, 1982, p.20).
연구문제
 1)기계의 무한동력이 있듯이 수도인의 무한동력은 무엇인가?
 2)범부를 성인 만드는 가장 큰 원동력은?

[권도편 26장] 사심극복의 방법

핵심주제
사심극복의 방법
대의강령
◎마음 가운데 사심이 뿌리박거든?
　1)마음에 일원상을 묵상하여 공하고 둥글고 바른 본성을 돌이키기에 힘쓸 것이며,
　2)대종사의 성안을 묵상하여 공명정대하고 자비한 심법을 체받기에 힘쓸 것이며,
　3)나는 불제자요 공도자라는 자부심을 일으키어 사심 제거하기에 힘쓰라.
단어해석
사심 : 삿되고 악한 마음을 邪心이라 하며, 수도에 있어 이를 극복하고 正心을 만드는 것이 필요하다.
묵상 : 고요히 침묵하여 명상에 잠기듯 생각하는 것이 黙想이다. 설명기도와 묵상심고가 있는데, 묵상으로 심고를 올리는 것이 이것이다.
성안 : 깨달음과 중생 구제적 자비로운 성자의 얼굴을 높임말로 聖顔이라 하며, 석가 여래와 소태산 대종사의 얼굴이 곧 성안이다.
정심 : 바른 마음이 正心으로, 정법과 정도를 지향하는 마음이다.
관련법문
「사심 없는 염불 한 번에 좁쌀만큼씩 영단이 커진다. 한 동네, 한 면, 한 나라, 전 세계를 다 비출 수 있는 영단을 길러라. 성현의 영단은 동서고금과 삼세를 다 비추는 영단이다」(대종경선외록, 20.원시반본장 23장).
「태양 광선이 눈과 얼음을 녹이는 마음이 없이 무심히 비치건마는 눈과 얼음이 자연 녹아지듯이 사심 잡념이 없는 도인들의 법력에는 범부 중생의 업장이 부지중에 또한 녹아지기도 하나니라」(대종경, 천도품 22장).
보충해설
사심 잡념으로 인해 적공이 힘들고, 맑은 본성을 어둡게 하기 쉽다. 이 사심 잡념을 없애는데 법신불 일원상과 소태산 대종사

를 묵상하여 불제자로서 성불제중을 지속적으로 염원하는 것이 요구된다. 사심 잡념을 없애는 것은 마음을 비우는 일이며, 마음을 비우기 위해서는 부단한 禪을 해야 함은 물론이다. 선이란 나와 주위의 집착에서 벗어나도록 힘을 실어주기 때문이다. 사심과 잡념을 없앤다는 것은 『논어』「위정편」 思無思로서 이는 正思惟를 의미한다. 『주역』에서는 "易, 無思也 無爲也"(계사상전 10장)라고 하였으니, 역이란 사량 계교가 없다는 의미이다.

주석주해
「영광에서 살 때, 대종사님께서 어쩌다 1년에 한두 차례 다녀가셨다. 그때 대종사님을 뵈옵기만 해도 온갖 사심 잡념이 싹 없어지고, 괴로움과 어려움도 깨끗이 물러가고, 기쁨과 희망이 넘치며 환희심이 용솟음쳤다」(성산종사문집간행위원회, 『성산종사문집』, 원불교출판사, 1992, p.156).
「어떤 분은 성인이 되어 전 인류에게 유익을 주는데 어떤 이는 제 몸 하나도 건지지 못하고 죄고에서 허덕이다가 결국은 악도에 떨어지게 되니 과연 그 원인과 허물은 어디에 있겠는가? 즉 제불제성은 수양의 적공과 정의도덕을 몸소 실천하였기 때문이요, 중생은 사심 잡념으로 정신소모만 시키고 불의악행을 감행하였기 때문이다」(구타원종사 법문집 편집위원회 편, 『인생과 수양』, 구타원종사기념사업회, 2007, pp.26-27).

연구문제
1) 마음 가운데 사심이 뿌리박거든 어떻게 해야 하는가?
2) 사심이 쉽게 정심으로 돌아오는 방법은?

[권도편 27장] 새해의 참 뜻
핵심주제
새해의 참 뜻
대의강령
◎새해 아침에 설법하였다.
1) 성불하고 성인 되는 길이 멀리 있는 것이 아니라 내 마음

공부하기에 달렸으니,
　2)늘 마음 고쳐가는 것을 재미로 알아, 새해에 새로운 마음으로 성불하는데 노력하자.
◎이어서 말하였다.
　1)새해의 새로움은 날에 있는 것이 아니라 우리 마음에 있는 것이며,
　2)새로운 마음으로 공부와 사업에 정진하는 것이 새해 맞는 참 뜻이다.

단어해석
설법 : 정해진 법회나 특별모임에서 일원상 진리를 설하여 청법대중에게 가르침을 전하는 것을 說法이라 한다. 설법은 법력 높은 법사가 설교하는 것의 높임말이다. 우주 대자연의 진리가 설하는 상주설법도 있다.
성인 : 진리를 깨닫고 덕행을 쌓아 부처의 인품을 간직한 사람을 聖人이라 한다. 유교의 공자, 기독교의 예수, 불교의 석가, 원불교의 소태산은 만인의 존경을 받는 성인이라 할 수 있다.

관련법문
「오늘부터(경진년 동선)는 새해인 만큼 거년 일을 대조하여 잘된 일 잘못된 일을 살피어 보며, 정신 노력으로나 물질 희사로나 사회 국가를 위하여 얼마나 노력한 일이 있는가 대조하여 보아서 세상에 유익 줄 일은 할지언정 법률에 위반되는 행동은 아니하기 위하여 새로운 각성으로 매일매일 일기를 계속하여 보라」(대종경 선외록, 17.선원수훈장 4장).
「새해를 맞이하여 박은국에게 글을 주시었다. "큰 서원을 세우고 정진을 배가하라. 일심의 위력은 만난을 능히 돌파하리라. 새해의 새로움은 날로 새롭고 달로 새로울 진저"」(한울안 한이치에, 제7장 기연따라 주신 말씀 13장).

보충해설
새해가 돌아오면 송구영신으로 새롭게 다짐하는 것이 우리들의 심리이다. 정산종사는 새해 아침에 설법하기를, 새해에 새로운 마음으로 성불하는데 노력하자고 하였다. 그리고 새해의 새로움은

날에 있는 것이 아니라 우리 마음에 있다고 하였다. 을유년 새해에 전종철 교무는 "내 마음에 좋지 못하게 여기는 일과 좋지 못하게 여기는 사람을 좋은 일, 좋은 사람에 앞서 챙기고 살피자"(『법신불 사은이시여!』, 원불교출판사, p.36)고 수행일기에 기록하고 있다. 이는 새해의 새 출발에 나의 마음을 챙기고 살펴서 성불제중을 다짐하는 수행일기이다.

주석주해

「나는 정축 신년을 맞이하는 기념으로 다음의 몇 가지 조항을 새로 써서 그대로 실행하여 보려고 결정하였다. 결정조항 : 1)찰나 사이에도 삼대력 공부는 잊지 말 일, 2)사은사요는 반드시 실천할 일, 3)공사를 할 때에는 사념을 두지 말 일, 4)본회 발전을 위하여는 정신 육신 물질을 아끼지 말 일, 5)타인의 큰 과실은 신중히 생각하여 누설치 말 일」(회보 31호, 1937년 1월호)(구타원종사 법문집 편집위원회 편, 『인생과 수양』, 구타원종사기념사업회, 2007, p.69).

「원기 29년 甲申송년기 : 좀 더 수도인답게 살기 위하여 계행가지는 데는 더욱 주의하겠다. 완전히 본회의 정신을 체득하기 위하여 우리 교과서의 이해에 힘쓸 것이며, 외서에 대해서는 공부가 자력을 얻을 때까지는 삼가하여 읽겠다. 이러한 신조로써 오는 1년을 빛내고 연하여 일생 아니 영생을 빛내겠다」(이공전, 『범범록』, 원불교출판사, 1987, p.38).

연구문제

1) 새 해를 맞는 참 뜻은?
2) 새해와 마음공부에 대하여 정산종사가 설한 법설은?

[권도편 28장] 새 사람 되는 길

핵심주제

새 사람 되는 길

대의강령

◎새해를 맞아 새 사람이 되는 길은?

1) 새 마음으로 좋은 습관을 길들이며,
2) 묵어있는 공부 사업을 추어잡아 늘 새 공덕을 끼칠 것이며,
3) 우리 본래 성품을 닦아서 구족한 자성을 회복하는 것이다.

단어해석

신년식 : 새해를 맞이하는 의식 곧 신정절에 하는 의식을 新年式이라 했는데, 원불교의 사축이재의 한 행사이다. 당대의 종법사는 신년법어를 설하여 중생제도를 향한 한해의 큰 가르침으로 삼는다. 사축이재는 원기 11년 소태산 대종사가 4기념법을 제정하면서부터 시작되었다.

구족 : ☞ 원리편 19장 참조.

관련법문

「물도 고여 있기만 하면 썩으나 끊임없이 생수가 솟아나서 묵고 더러운 물을 흘려보내면 언제나 맑고 깨끗하나니, 이것은 물의 송구영신이요, 정치도 묵은 정치와 널리 이행되지 못하는 법은 모두 폐지한다거나 다 지워버리고 민중들이 환영하는 새 정치의 법으로써 시행하는 것은 정치의 송구영신이며, 우리 공부인에 있어서는 마음 가운데에 나쁜 습관은 좋은 습성으로, 모든 업장은 새 선업으로 바꾸는 것이 공부인의 송구영신이니라」(정산종사법설, 제2편 공도의 주인 30장).

「수신으로써 근본을 삼고 정법으로써 계몽하며 자비로써 호념하고 보면 자연 대도정법은 무위이화로 드러날 것인 바, 이것이 바로 대도선양의 기본 강령인 것이다. 새해를 맞이하는 우리는 다함께 더욱 새로운 마음으로 대도선양에 책임을 지고 나아가야 할 것이다」(대산종사법문 2집, 제4부 신년법문 원기48년 연두법문).

보충해설

정산종사 당대에 새해를 어떻게 맞이했으며, 청법 대중들은 어떻게 스승의 법을 받들었는가. 이를테면 원기 44년 1월 1일 아침 7시 30분경에 종소리가 울리어 총부 대중이 종법실에 모여 먼저 대종사님 영정 전에 분향 세배를 올린 후 정산종사께 세배를 올리니 말씀하시기를 "오늘이 특별한 날이 아니건만 묵은 해가 가고 새해가 왔다하여, 세상 사람들은 송구영신이라 하여 부모 친척 師長을 찾아뵙고 세배도 드리고 덕담도 받게 되나니, 그러한 뜻에서 제군에게 몇 마디 일러줄

것이 있노라"(정산종사법설, 제2편 공도의 주인 30장) 했다. 이처럼 당시 교단은 대종사 영령 전에 먼저 분향 세배를 올린 후, 정산종사께 세배를 올리며 설법을 받드는 분위기였던 것이다.
주석주해
「새해를 맞는 감회는 새롭기만 하다. 새로운 각오, 새로운 다짐이 희망과 보람을 약속하고 의욕을 용솟음치게 한다. 비록 시련과 고난이 예상되더라도 그 시련과 고난을 극복할 수 있는 용기를 주는 것이 새해가 갖는 의미이기 때문이다」(간행위원회 편, 담산이성은정사 유작집 『개벽시대의 종교지성』, 원불교출판사, 1999, p.274).

「새해를 진심으로 축하하며 국가와 세계와 교단이 한 기운으로 연해져서 모든 상극의 기운을 상생상화로 돌려 상부상조로 도움을 주어 일체 은혜가 충만한 위없는 무상불도 지상의 낙원을 건설하자 하고 여러분 모두에게 마음의 연하장을 올린다」(송순봉, 「유무초월한 자리, 초탈한 심경으로」, 《원광》 294호, 월간원광사, 1999년 2월호, p.28).
연구문제
새해를 맞이하여 새 사람이 되는 길은?

[권도편 29장] 새 마음의 근원
핵심주제
새 마음의 근원
대의강령
◎우리가 새 마음을 가지고 공부와 사업에 힘쓰고 보면?
1)우리 일생이 새롭고 회상도 새롭고 세계가 새로울 것이며,
2)새로운 마음의 근원은 신심을 근본하여 공심을 가지고 대자비를 활용하는 것에 있다.
단어해석
공부와 사업 : 공부란 삼학공부를 말하며, 사업은 주로 보은생활을 하는 것을 말한다. 공부를 통해 지혜광명이 솟아나고, 사업을 통해 복락을

장만하게 된다. 원불교에서는 공부와 사업을 아우르는 공부를 하는 바, 수행자로서의 성적을 합산할 때 공부성적과 사업성적을 평가한다.
 신심 : ☞국운편 30장 참조.
 공심 : ☞국운편 25장 참조.
관련법문
「새 마음 새 몸 새 생활로 우리들의 마음이 거듭나는 대각일이 되고 우리들의 생활이 거듭나는 생일이 되어 주세성자를 모신 불제자로서 부끄러움이 없는 대보은자가 되어야 하겠다」(대산종사법문 2집, 제5부 대각개교절 경축사, 제64회 대각개교절 경축사).
「정산종사 삼례과원을 수계농원으로 이름을 바꾸어 주시며 원훈을 내려주시기를 "앞으로 수계농원에서 신심·공심·공부심을 진작시켜 많은 인재를 기르게 하라" 하시었다」(정산종사법설, 제2편 공도의 주인 27장).
보충해설
 우리가 새 마음을 가지고 살아간다면 우리 개인뿐만 아니라 교단도 새롭게 발전할 것이다. 다만 새로운 마음이 얼마나 지속적으로 살아나느냐가 과제이다. 정산종사는 이를 위해 신심을 근본하여 공심을 가지고 대자비를 활용하라고 하였다. 전무출신을 서원하고 도가생활을 하다보면 자주 받드는 법문이 신심·공심·공부심이다. 『대종경』 실시품 40장에서 말하기를, 사람을 등용할 때에 매양 그 신성과 공심과 실행을 물은 다음 아는 것과 재주를 물었는데, 이는 신심·공심·공부심이 모든 공부의 근본이며 혈심 인재가 되는 가장 중요한 정신적 자원이기 때문이다.
주석주해
「영산에서 생활한지 1개월쯤 지나니 정산종사께서 부르더니 "너 평생 동안 똥통을 지면서 살라 해도 아무런 불평 없이 집에 안가고 살겠느냐" 고 물었다. 나는 "보내지만 않으면 영원히 이 도량에 머물겠습니다" 하고 대답했다. 그러자 정산종사는 "그 마음 식지 말고 열심히 잘 살아 보아라" 하며 용기를 북돋아 주었다」 (신제근, 「전 대중을 한 품에 감싸」, 『우리회상의 법모』, 원불교신문사, 1994, pp.124-125).

「나의 신심은, 나의 공심은, 나의 자비심은 과연 불퇴전의 경지에 다다랐는가. 스스로 반조해 보고 묻는다. 일상 속에 묻혀버렸던 나의 서원을 다시 꺼내본다. 진리가 내게 준 전문의 자격을 가지고 내게 찾아오는 마음병 환자들을 위해 진리의 훈훈함으로 감싸줄 수 있기 위해서는 먼저 내 마음이 살아나야 하리라」(이혜정, 「전문의 자격」, 『나는 조각사』, 출가교화단, 2000, p.91).

연구문제
1)우리 일생이 새롭고 회상도 새롭고 세계가 새로워지려면?
2)새로운 마음의 근원은?

[권도편 30장] 구성심 조항
핵심주제
 구성심 조항
대의강령
 ◎영산에서 학인들에게 교강 부연 후 구성심 조항을 써주었다.
  1)심지가 요란하지 않음에 영단이 커져 대인 근성을 갖추며,
  2)심지가 어리석지 않음에 지혜광명으로 대인 총명을 얻으며,
  3)심지가 그르지 않음에 정의실천으로 대인의 복덕을 갖추며,
  4)신분의성을 운전함에 불신·탐욕·나·우가 소멸되어 대도의 성공을 볼 수 있으며,
  5)원망생활을 감사생활로 돌림에 숙세에 맺힌 원수가 풀어져 복덕이 유여하며,
  6)타력생활을 자력생활로 돌림에 숙세에 쌓인 빚이 갚아져 복록이 저축되며,
  7)배울 줄 모르는 사람을 잘 배우는 사람으로 돌리어 지식이 풍부해지며,
  8)가르칠 줄 모르는 사람을 잘 가르치는 사람으로 돌리어 지식이 풍부해지며,
  9)공익심 없는 사람을 공익심 있는 사람으로 돌리어 위덕이 무궁하게 된다.

단어해석

　교강 : 교리강령으로써 원불교 교리를 조리 있게 구조화해서 요약한 것을 教綱이라 하는데, 이를테면 일원상·삼학팔조·사은사요를 말한다. 또한 일상수행의 요법 9조를 교강9조라고도 한다.

　구성심 : 아홉 가지 성찰하는 마음을 九省心이라 하며, 일상수행의 요법 9조를 의미한다.

　영단 : 적공을 통해 얻는 신령스런 마음의 힘을 靈丹이라 한다. 오랜 내공을 통해서 영단을 얻으면 心丹도 얻어지며, 윤회의 해탈과 생사해탈의 경지를 얻는다. 소태산은 천상락을 얻는다면 심신의 자유를 얻어 영단만으로 시방세계를 주유할 수 있다(대종경, 불지품 16장)고 하였다.

　심지 : 마음의 본래 바탕을 心地라 하며, 심전도 유사한 용어이다. 마음에 땅이나 밭(地, 田)을 거론한 것은 이곳에서 곡식이나 잡초가 나며, 인간의 마음에서도 정심이나 잡념이 나기 때문이다.

　근성 : ☞권도편 17장 참조.

　충장 : 기세가 충만하고 씩씩한 모습을 充壯이라 한다.

　신분의성 : 팔조의 진행 4조를 信忿疑誠이라 한다. 믿음을 신, 용기를 분, 의심을 의, 정성을 성이라 하며 만사를 이루는 원동력이다.

　불신 탐욕 나 우 : 팔조의 사연 4조가 不信·貪慾·懶(나태)·愚이다.

　유여 : 심법이나 행동에 있어 남음이 있어 넉넉함을 有餘라 한다.

　숙세 : 무한한 과거의 세월을 宿世라고 하며, 숙겁이란 용어와 같다.

　공익심 : 개인의 사욕을 멀리하고 공중을 위해 도움을 주고자 하는 마음을 公益心이라 한다. 이는 소아에서 대아로 나아가는 길이며, 교강9조에서는 공익심 없는 사람을 공익심 있는 사람으로 돌리자고 했다.

　위덕 : 성자나 부처가 갖는 위의와 덕망을 威德이라 한다.

관련법문

「내가 그대들에게 일상수행의 요법을 조석으로 외게 하는 것은 그 글만 외라는 것이 아니요, 그 뜻을 새겨서 마음에 대조하라는 것이니, 대체로는 날로 한 번씩 대조하고 세밀히는 경계를 대할 때마다 잘 살피라는 것이라」(대종경, 수행품 1장).

「요란함을 없애면 대인의 근성과 힘이 쌓이고, 어리석음을 없애면 대인의 총명인 혜가 형성되고, 그름을 없애면 대인의 덕성과 용기가 형성된다. 신분의성은 만사성공의 원동력이요, 감사는 긍정상황으로 전환하여 대 상생력을 얻고, 자력은 주권회복이요, 배움은 지자가 되고, 가르침은 지도자가 되고, 공익하면 시방이 응하는 주인과 대 경세가 된다」(좌산상사법문집 『교법의 현실구현』, 4.교리·수행, 9.일상수행의 요법).

보충해설

『대종경』 수행품 1장에는 물론 본장에도 나오는 일상수행의 요법 9조는 마음을 대조하는 공부로서 원불교 수행의 표준이 되고 있다. 이 9조는 글자만 외울 것이 아니라 자신의 마음작용을 대조 성찰하여 실제생활에 활용하라는 소태산의 염원이 실려 있다. 기독교에서 주기도문을 외우는 것을 연상해 보면 좋을 것이다. 한편 '일상수행의 요법'의 형성과정에 대해서 살펴본다. 『회보』 44호 표지 안쪽 공백에 「본회의 목적」으로 인생의 요도 5조항과 공부의 요도 4조항을 소개한 후 매 회보마다 게재(시창 23년 5월)하였다. 『회보』 52호에는 「본회의 교강」으로 改題되었고 삼강령 3조목이 전면 수정되어 오늘의 틀을 닮은 일상수행의 요법이 되었다(시창 24년 2월). 본회의 교강이 확정됨에 따라 『회보』 53호를 통해 각 조항에 대해 「교강 略解」를 하였고, 팜플렛 「불법연구회 교강」을 대외적인 문서교화로 활용(시창 24년)하였다. 「근행법」에 인생의 요도 5조, 공부의 요도 4조를 소개(24년 12월)하였고, 『불교정전』에 「일상수행의 요법」이라는 제하의 9조항을 설하여 오늘에 이른다.

주석주해

「소태산은 일상수행의 요법 9조를 제시하여 삼학팔조·사은사요의 모든 교리를 직접 수행으로 옮길 수 있도록 구체적인 길을 제시하고 있다」(한정석, 「원불교 불교관」, 『원불교사상시론』 1집, 수위단회사무처, 1982, p.81).

「교강 9조란 교법의 골격 아홉 조항이란 뜻이다. 즉 이는 교법을 실천적으로 아홉 가지 강령으로 추린 것이며, 일원상의 진리를 현실생활 속에서 대조하고 챙기는 아홉 강령이라는 의미이다」(정순일, 「일상수행의 요법 주석상의 제문제」, 『원불교사상과 종교문화』29집, 원불교사상연구원, 2005, pp.91-92).
연구문제
 1)구성심 조항이란?
 2)심지가 요란하지 아니함에 따라 靈丹이 점점 커져서 대인의 근성을 갖춘다는 뜻은?

[권도편 31장] 공부인의 순역경계
핵심주제
 공부인의 순역경계
대의강령
 ◎송죽의 가치를 상설이 드러내듯, 공부인의 가치는 순역경계가 드러낸다.
  1)개인과 교중에 난관이 있을 때 신앙가치와 공부가치가 더 드러나며,
  2)국가의 군인양성은 유사시에 쓰자는 것이요, 도인의 마음공부는 경계를 당하여 활용하자는 것이다.
단어해석
 송죽 : ☞경륜편 28장 참조.
 상설 : 서리와 눈을 霜雪이라 한다. 늦가을과 추운 겨울에 내리는 서리와 눈에도 불구하고 소나무와 대나무 이파리는 상록수 그대로이듯이, 수도인은 어떠한 경계에도 이겨내는 송죽의 가치를 생각하자는 것이다.
 교중 : 교단 내부를 教中이라 한다. 교중 일이란 교단내의 일을 말한다.
 유사시 : 어떠한 일이 있을 때를 有事時라 하며, 군인들에 있어서 유사시는 곧 국가의 분쟁이나 전쟁을 말한다.
 마음공부 : 심지는 원래 자성 청정하지만 경계를 따라 나타나는 요란하고, 어리석으며, 그름을 없애고 참 마음을 찾는 공부가 마음공부이다. 곧 삼독오욕에 집착된 마음을 비워 맑힘으로써 자주력을 얻는 공부법이다.
관련법문
 「송죽이란 서리와 눈을 맞아야 그의 절개를 알 수 있나니, 오뉴월에는 일체 초목이 푸르기 때문에 그 절개를 알 수가 없으나 經霜經雪 후에는

그 절개를 알 수 있나니라. 이러한 까닭에 대장부 시에 "雪滿窮寒에 孤松特立은 丈夫之節介" 라는 말이 있는 것이니라. 공부인도 평소에는 그의 공부 정도를 알 수가 없으나 경계를 대하여 그 사람의 공부가 어느 정도인 것을 알 수가 있나니…」(정산종사법설, 제1편 마음공부 27장).
「여름에는 모든 초목이 다 푸르기에 그 절개를 모르나 기후가 완전히 바뀌면 알게 된다. 지금 세상 사람은 도인을 몰라보나 이러한 때일수록 너희들은 더욱 공부 잘하여 실력을 갖추라」(한울안 한이치에, 제7장 기연따라 주신 말씀 9장).
보충해설
 경계가 닥치면 나의 수양력 정도를 파악하는데 큰 도움이 된다. 눈이 오더라도 소나무와 대나무가 푸름을 그대로 유지하듯, 공부인의 경계도 여여한 심법을 드러내는 기회가 된다. 그늘에서 자란 버섯은 태양빛만 보면 바로 시들어버리며, 온실에서 자란 꽃은 밖에 내놓으면 시들기 쉽다. 경계가 없는 무풍지대는 좋은 것 같지만 어떤 상황에 접하면 오히려 쉽게 무너진다.『대종경』수행품 16장에 "수도인이 오욕의 경계 중에서 마군을 항복받아 순역경계에 부동심이 되는 것은 안으로 심성을 단련한 수양이라"고 말한다. 자력이 부족할 때에는 피경도 좋으나, 수도인은 접경을 통해 적극적으로 경계를 극복하는 지혜가 필요하다.
주석주해
「경계에서 단련해야 경계에 흔들리지 않는 힘을 얻는다. 지금까지 도가에서 하는 공부보다 원불교의 마음공부는 경계에서 단련하는 것이다. 경계에서 단련하는 것이 원불교의 특성이다. 그늘에서 자란 버섯은 태양을 만나면 시든다. 지금까지 도가에서는 그늘에서 버섯을 자라나게 하는 경향이었다」(한종만,『원불교 대종경 해의』(上), 도서출판 동아시아, 2001, p.282).
「학문을 닦고 도리를 배우며 안심 입명처를 얻는 것도 일종의 수양이요, 마음속에서 자연 발동되는 불의욕심을 제거하고 밖으로 산란케 하는 순역경계에 끌리지 않는 것도 일종의 수양이다」(구타원종사 법문집 편집위원회 편,『인생과 수양』, 구타원종사기념사업회, 2007, p.23).
연구문제
1)송죽의 가치는 상설이 드러내지만 공부인의 가치는?
2)군인을 양성함은 유사시에 쓰자는 것이요, 도인이 마음공부를 하는 것은?

[권도편 32장] 신분의성의 활용
핵심주제
 신분의성의 활용
대의강령
 ◎신분의성의 활용?
  1)마음공부에 들이대면 삼학공부에 성공하며,
  2)사농공상에 들이대면 직업에 성공한다.
단어해석
 신분의성 : ☞권도편 30장 참조.
 사농공상 : 근대화 이전에 대표적으로 분류되는 네 가지의 직업, 곧 선비·농부·기술자·상인을 士農工商이라 한다. 과거 우리의 신분을 드러낼 때 사농공상의 계층이 있었으니 이는 신분차별로 악용되었다. 소태산 대종사는 사은의 동포은에서 사농공상의 자리이타를 언급하고 있다.
관련법문
「이 세상은 사농공상의 네 가지 생활강령이 있어, 우리 인생으로서는 면할 수 없는 직무요 피할 수 없는 생명수이니라. 또한 우리 수도인들이 가질 업이 있으니 그것은 사농공상의 업을 가지되 영원불멸의 업을 가지라는 것이니라」(정산종사법설, 제2편 공도의 주인 20장).
「성불제중 하겠다는 투철한 서원으로 출발하여 신분의성을 가동시키면 수행문에 일단 입문한 것이다. 천리 길도 길을 나선 사람은 결국 도착하기 마련이다」(좌산상사법문집『교법의 현실구현』, 4.교리·수행, 31.수행상 넘어야 할 네 관문).
보충해설
 삼학과 팔조는 원불교 수행의 방법이다. 특히 팔조의 신분의성은 삼학공부에 도움을 주고, 사업에 성공을 가져다주는 것이다. 팔조의 사연사조와 달리 진행사조는 매사 성취의 맛을 느끼게 해 준다. 이는 적극적인 삶으로 나아가기 때문이다. 창건사 14장의 시창 5년도 항에 인생의 요도 사은사요와 공부의 요도 삼학팔조를 제시하고 있다. 『불법연구회규약』에서 삼학을 주장하며, 신분의성으로 진행력을 삼고 불신·탐욕·나·우로 사연건을 삼는다고 하였다. 시창 13년도의 교무부 사업보고서에 의하면 제1항에 교육의 조건으로 8조가 설명되고, 시창 14년도의 교무부 사업보고서 4항에서는 각 훈련조건으로 8조목이 설명되어 있다. 『육대요령』과 『불교정전』에서 팔조는 항목이 구분되어 설명되었다.

주석주해

「팔조에서 진행사조와 사연사조를 제시한 것은 인성의 양면성 때문이다. 그것은 인성이 현실세계에 작용할 때는 반드시 양면성을 가지고 있다. … 팔조가 진행사조와 사연사조로 구성된 것은 인성의 기본적 성질 기초를 두고 있는 것이다」(이성택, 「원불교수행론」, 『원불교사상시론』 1집, 수위단회사무처, 1982, p.35).

「8조 중 진행4조는 만사를 이루는 원동력으로 되어 있다. 거기에 정산종사가 해준 삼학공부의 결과가 만사성공이라 하였으니 문제의 해법은 여기에 있을 것이라 생각한다」(최경도, 「교당의 교화프로그램개발-인구 50만명 이상 도시중심으로-」,《일원문화연구재단 연구발표회요지》, 일원문화연구재단, 2005.9.23, p.30).

연구문제

1) 신분의성을 마음공부에 들이댄다면?
2) 직업에 성공하는 길은?

[권도편 33장] 동정의 공부법

핵심주제

동정의 공부법

대의강령

◎ 큰 지혜를 얻으려면 큰 定에 들어야 한다.

1) 내가 월명암에서 무심을 주장하는 정만 익혔는데 사물에 어둡다고 대종사께서 주의를 내렸으니,
2) 마음 놓는 공부와 잡는 공부를 아울러 단련하여 자유로워야 원만한 공부를 성취할 수 있다.

단어해석

큰 정 : 큰 定이란 나가대정과도 같이 행주좌와어묵동정 간에 흩어진 마음 없이, 사심 잡념도 없이 고요한 정신을 간직하는 것을 말한다. 정력이 얻어질 때 수도인의 수양력으로서 본래면목이 나타난다.

월명암 : ☞ 기연편 4장 참조.

무심 : 마음을 비우는 것을 無心이라 한다. 마음이 비워지면 번뇌망상이나 사심잡념이 사라지고 천진무구한 자성 청정심이 발견된다.『수심정경』에 나오는 내수양법 곧 집심·관심·무심·능심이 있다.

관련법문

「우리는 좌선하는 시간과 의두 연마하는 시간을 각각 정하고, 선을 할 때에는 선을 하고 연구를 할 때에는 연구를 하여 정과 혜를 쌍전시키나니, 이와 같이 하면 空寂에 빠지지도 아니하고 분별에 떨어지지도 아니하여 능히 동정 없는 진여성을 체득할 수 있나니라」(정전, 제3 수행편 제4장 좌선법, 4.단전주의 필요).

「定力을 쌓으려면 마음이 한 곳에 일정하여 끌리는 바가 없어야 되는 것이니 매사를 작용할 때에 그일 그일의 성질을 따라 능히 취하고 능히 놓아야 완전한 정력을 얻게 되리라」(한울안 한이치에, 제3장 일원의 진리 21장).

보충해설

정신수양을 위주로 하거나, 사리연구를 위주로 한다면 어느 일부분에 밝아질 따름이다. 영통만 하고 도통과 법통을 하지 못한다면 이는 원만하지 못한 공부법이기 때문이다. 정산종사는 교단 초창기에 월명암에서 무심을 주장하는 定만 익혔는데 대종사가 사물에 어둡게 된다고 하였다. 원불교의 수행은 진공만을 중심으로 하거나 묘유만을 중심으로 하지 않는다. 진공과 묘유를 조화시켜 체용을 아우르는 것이 정법 수행이기 때문이다. 삼학병진은

이처럼 진공으로 체를 삼고 묘유로 용을 삼는 수행법이다. 『대종경』 변의품 36장에서는 아무리 천문지리를 통하여 영통을 하였다 할지라도 인간 사리를 잘 알지 못하면 조각 도인이라며 삼학 공부를 병진하여 원만한 인격을 양성하라고 하였다.

주석주해

「일속에 있으되 초연하고 혈심을 다하지만, 일에 빠져 버리지 않고 조용한 가운데 흔적 없이 해야 한다. 일을 잡아야 할 때가 되면 잡고, 놓아야 할 때가 되면 일을 놓는 集放 자재하는 공부심으로 일을 해야 한다」(전이창, 『죽음의 길을 어떻게 잘 다녀올까』, 도서출판 솝리, 1995, p.86).

「3慧 중에서 修慧는 禪定을 기초로 하여 성립한다. 따라서 智를 획득하기 위해서는 定이 선행되어야 한다. 慧解脫이 定을 구족할 때 최상의 경지인 俱解脫이 되는 것이다. 定이란 사마디로서 마음에 동요가 없는 것을 말한다. 따라서 마음이 작용하고 있더라도 동요가 없으면 定이 성립하고 있는 것이다」(정순일, 『인도불교사상사』, 운주사, 2005, pp.302-303).

연구문제

 1)월명암에 무심을 주장하는 정만 익혔더니 사물에 어둡다고 대종사께서 크게 주의를 내리더라는 정산종사의 본의는?
 2)마음 놓는 공부와 잡는 공부를 아울러 단련해야 하는 이유는?

[권도편 34장] 대중잡는 공부

핵심주제

 대중잡는 공부

대의강령

 ◎공부하는데 대중을 잡는 것이 제일 중요하다.
   1)경전도 대중없이 읽으면 몇 백 권을 읽어도 소득이 없다.
   2)공부가 책보고 글 배우는 데에만 있는 것이 아니니, 일동일정 대중 잡는 마음만 있으면 공부의 참 결과를 얻는다.

단어해석

경전 : 종교 성자의 가르침을 담은 각종 교서를 經典이라 한다. 원불교의 경우『원불교전서』가 일종의 경전에 해당한다. 이에 소태산 대종사는 정기훈련 11과목의 하나로서 경전 연마를 강조하고 있다. 경전에는 지묵으로 된 경전이 있고 일상생활에 전개되는 현실경전이 있다.

서자서 아자아 : 글은 글대로 있고 나는 나대로 있는 것을 書自書 我自我라고 한다. 이를테면 법문을 들을 때 법을 설하는 법사와 법을 듣는 내가 하나 되지 못하여 내 마음이 다른 곳으로 달아남을 말한다.

일동일정 : 한번 동하고 한번 정하는 것을 一動一靜이라 한다. 일동일정에 대중을 잡는 마음이란 동정 간 공부의 표준을 세운다는 뜻이다.

관련법문

「유마경에 이르시기를 "보살은 시끄러운데 있으나 마음은 온전하고, 外道는 조용한 곳에 있으나 마음은 번잡하다" 하였나니, 이는 오직 공부가 마음 대중에 달린 것이요, 바깥 경계에 있지 아니함을 이르심이니라」(대종경, 수행품 50장).

「공부하는 사람이 험하고 평탄한 곳이나 어렵고 쉬운 일에 대중이 한결같아야 일행삼매의 공부를 성취하나니라」(대종경, 수행품 34장).

보충해설

공부의 표준이 없다면 그것은 일관성도 없을뿐더러 객관성도 상실하게 된다. 이에 수도인은 공부의 표준, 곧 공부의 대중을 잡는 것이 중요하다. 공부인으로서 대중없이 하는 일은 어느 것이든 별 소득이 없다. 이에 소태산은 공부하는 사람으로서 세상의 천만 경계에 접하여 항상 삼학의 대중을 놓지 말라(대종경, 교의품 22장)고 하였다. 마음대중이나 눈대중이 있어야 마음공부와 경전공부를 표준삼아 법도 있게 공부하는 것이다.

주석주해

「정전 대종경을 읽을 때, 대자리다, 소자리다, 유무자리다 라는 대중을 하며, 성리연마도 하고 실천하는데 도움이 되게 해야지, 글만 읽고 성리연마는 따로 한다면 그것은 시간낭비이다. 경전을 읽는 것은 실지로 활용하는데 중요한 의미가 있다」(박장식,『평화의 염원』, 원불교출판사, 2005, p.189).
「만일 성직을 수행하고서 허탈에 빠지거나 환멸을 느낀다면 얼마나 애석한 일이겠는가? 그러므로 일 속에서 도량상규를 철저히 지키고 생사를 연마하며 일심 대중을 놓지 않고 꾸준히 노력하여 법력을 얻어 자기 제도를 마쳐버려야 한다」(전이창, 『죽음의 길을 어떻게 잘 다녀올까』, 도서출판 숨리, 1995, pp.92-93).

연구문제
1) 공부를 하는 데에 대중을 잡는 것이 제일 중요한 이유는?
2) 경전을 읽음에 있어 '서자서 아자아' 를 언급한 뜻은?

[권도편 35장] 구도정성과 공력

핵심주제
구도정성과 공력

대의강령
◎모든 것은 간절히 구하는 이에게 돌아온다.
1) 부처가 득도한 것은 인간의 생로병사에 의문을 풀려는 간절한 구도심이 쌓였기 때문이며,
2) 대종사도 7세부터 우주자연의 현상을 보고 간절한 구도 정성으로 대각을 이루었다.
◎법문을 듣는 자세로는?
1) 공력 없이 듣는 것과 공력을 들여 듣는 것이 다르며,
2) 사리에 연구심을 가지고 견문하는 것과 범연히 보고 듣는 것은 다르며,
3) 정전을 염두에 두고 학설을 연마하면 교리에 더 밝아지고, 학설만 들으면 산란해진다.
4) 이에 새벽엔 좌선으로 마음 맑히고 낮엔 경전으로 이치 연마하라.

단어해석
득도 : 진리를 깨달아 부처가 되는 것을 得道라 한다. 쉽게 말해서 일원상의 진리를 깨달아 대원정각을 이룬 것이 득도요 대각이다.

구도심 : 도를 구하려는 간절한 마음이 求道心이다. 구도심을 지속하면 불보살이 되어 성불제중과 제생의세의 서원을 성취할 수가 있다.
공력 : 목적 성취를 위해 힘들여 공들이는 힘을 功力이라 한다.
범연 : 주의력 없이 그저 그대로 하는 모습을 泛然이라 한다.

관련법문
「내가 어느 때에는 구도의 열의는 불타올랐으나 어찌할 방향을 몰라서 엄동설한 찬방에 이불도 없이 혼자 앉아 "내 이 일을 어찌할꼬" 하는 걱정에만 잠겨 있었다」(대종경선외록, 3.구도고행장 4장).

「법문을 들을 때 설사 기록을 하지 않더라도 일심으로 잘 듣고 깊이 이해하면 듣고 바로 잊었다 하더라도 정신이 열릴 때에는 모두 역력히 나타나게 된다」(한울안 한이치에, 제7장 기연따라 주신 말씀 28장).

보충해설
간절히 두드리면 열린다는 말이 있다. 모든 것은 구하는 이에게 돌아오기 때문이다. 석가모니는 생로병사를 의심하였고, 소태산은 우주의 자연현상을 의심하였다. 이들 성자는 간절한 구도의 염원 속에 마침내 진리의 깨달음을 얻었다. 부단한 적공을 하면 성불을 할 수 있다는 본보기가 된 것이다. 교리연마나 좌선을 간절히 추구한다면 밝은 지혜와 맑은 자성을 얻게 된다. 문제는 간절함의 정도인 바, 구도자로서 얼마나 간절히 구도를 하느냐에 달려 있다. 『수심결』 37장에서는 "간절히 뜻에 두며 간절히 뜻에 둘지어다" 라고 하였다. 간절한 기도의 위력이 이와 관련된다.

주석주해
「부처를 이루려는 구도자에게도 반드시 두 가지 기본적인 질문, 마음을 어떻게 사용하면 부처가 될 것인가, 부처가 되는 것에 방해되는 몹쓸 마음을 어떻게 퇴치할 것인가 하는 의문이 생길 수밖에 없다」(장응철 역해, 『생활속의 금강경』, 도서출판 동남풍, 2000, p.23).

「과거에 산중 선방에서는 개별, 또는 전체에 알맞은 지도는 거의 하지 않고 좌선만 강조했기 때문에 시간이 오래 걸려도 도를 알기가 어려웠다. … 아무리 열번, 백번들은 같은 법문도 새삼스럽게 느껴지는 때가 있으니 기회 있을 때마다 들어야 한다」(박길진, 『대종경강의』, 원광대출판국, 1980, pp.169-170).
연구문제
 1)석가모니가 새벽 별을 보고 득도하였고, 대종사는 7세부터 우주 자연현상을 보고 대각하였다며 정산종사가 강조한 법어는?
 2)법문을 들을 때 공력의 유무에 따라 효과가 다른 이유는?

[권도편 36장] 독경의 세 가지
핵심주제
 독경의 세 가지
대의강령
◎독경에는 세 가지가 있다.
  1)성현들이 책으로 지은 경전을 읽어 지견을 밝히는 것이며,
  2)사람들의 선악을 보아 거기서 스승과 거울을 얻는 것이며,
  3)사물을 접할 때에 사물에서 진리 교훈을 발견하는 것이다.
단어해석
 독경 : 여러 경전을 소리 내어 읽는 것을 讀經이라 하며, 또는 일원상 서원문이나 반야심경 등을 의례 집행시 주송하는 것도 독경이다.
 보보일체 대성경 : 걸음걸음 일체가 큰 경전이라는 뜻은 步步一切 大聖經이나. 어디를 가든 우주 만유가 큰 경전으로 비추어진다는 의미이다.
관련법문
「나의 말한 바 독경이라 함은 한갓 귀신에 제사하는 독경이 아니며, 또는 미신에 따르는 독경도 아니라 우리의 목전에 사실 그 공덕이 나타나게 하는 독경이다. 그러면 그 경은 과연 어떠한 경인가. 곧 말하자면 육대요령·수양연구요론 등 본회 교과서가 그 元經이며 또는 과거 현재를 물론하고, 佛聖의 말씀하신 법어 등이 다 경전의 종류이다」(한울안 한이치에, 제2편 평상심, 독경해액으로 삼가 새해를 축하함).

「독경 축원 등으로 청정한 일념을 챙기게 하고 남은 착심을 녹이게 하며, 선도 수생의 인연을 깊게 하는 동시에, 헌공 등으로써 영가의 명복을 증진하게 하자는 것이요」(정산종사법어, 생사편 12장).

보충해설

주문을 주송하는 것도 독경이며 경전을 읽는 것도 독경이다. 이에 정산종사는 독경의 세 가지를 밝히고 있다. 곧 성현이 지은 경전을 읽어 지견을 밝히는 것, 사람들의 선악을 보아 거기서 스승과 거울을 얻는 것, 사물을 접할 때에 사물에서 진리 교훈을 발견하는 것이다. 아무튼 독경이란 그 공덕이 크기만 하다.『도행반야경』「반야바라밀 공덕품」에서는 "반야바라밀은 明呪요, 대명주요, 무상명주이다. 이 경을 독송하고 수지하면 큰 공덕이 있다"라며, 반야바라밀을 독송하여 수지한다면 사천왕이 호념함으로써 악마들이 접근하지 않는다고 했다. 보조국사도 "염불과 독경과 온갖 수행은 다 사문이 가질 떳떳한 법어이니 무엇인들 해로움이 있겠는가"(정혜결사문)라고 하였다.

주석주해

「때론 가부좌를 틀고 앉아서 마음을 고요히 하는 것이 참선이긴 하지만, 한편으로는 지속적으로 바른 생각에 익숙해지는 것도 참선이라 할 수 있다. 우리가 경전과 기도문을 늘 읽고 암송하는 이유도 거기에 있다」(달라이 라마 著, 공경희 譯,『마음을 비우면 세상이 보인다』, 문이당, 2000, p.9).

「주문이 아닌 독경도 위력을 낸다. 일원상서원문과 천도법문과 청정주를 주야로 외우면 양잿물에 묵은 때가 빠지듯 날이 다르게 마음 세탁이 된다」(전이창,『죽음의 길을 어떻게 잘 다녀올까』, 도서출판 숨리, 1995, p.196).

연구문제

독경에 세 가지가 있다고 했는데 이를 쓰시오.

[권도편 37장] 창건사 서문

핵심주제
창건사 서문
대의강령
◎회상 창건사의 서문에 썼다.

1)역사는 세상의 거울이라, 어느 시대를 막론하고 모든 일의 흥망성쇠가 이 역사에 나타나는 까닭이다.

2)그러나 역사를 보는 이는 문자에 의지하여 기억하는 것으로 진면을 알았다고 할 수 없으니,

3)그때의 대세와 주인공 심경과 법도조직과 경로를 해득한다.
   (1)본교는 어떤 사명을 가졌으며,
   (2)시대는 어떤 시대이며,
   (3)대종사는 어떤 성인이며,
   (4)법은 어떤 법이며,
   (5)실행경로는 어떠하며,
   (6)미래는 어떻게 결실될 것인가를 연구해야 한다.

단어해석
창건사 : ☞하단의 「보충해설」 참조.

흥망성쇠 : 우주의 성주괴공, 만유의 興亡盛衰, 계절의 춘하추동, 인간의 생로병사 등은 우주 만유의 진화와 순환 변천하는 궤도인 것이다.

진면 : 우주만유 및 인간사의 본체 및 본래 면목을 眞面이라 한다.

대세 : 대체의 형세 내지 큰 세력을 大勢라 한다. 여기에서는 교단 발전 당시의 큰 흐름을 대세라 하는 바, 후천개벽의 시대로서 물질이 개벽되니 정신을 개벽해야 하는 시대의 큰 줄기를 말한다.

관련법문
「원기 28년 대종사 열반하신 후 정산종사 처음 종법사 위에 오르시어 취임사로 말씀하셨다. …우리 회상은 대종사께서 내어 놓으신 법이 있고, 또 대종사 법하에서 직접 훈련받은 많은 동지가 있으니, 대종사의 법을 전하기로 온갖 정성을 다한다면 대체에 어긋나지는 아니하리라는 마음에서 용기를 갖고 이 자리에 임하게 되었다」(한울안 한이치에, 제4장 사자좌에서 1장).

「대종사님께서 구원겁래의 크신 서원으로 고해에서 헤매는 일체 생령을 구제하고 병든 세상을 고쳐서 광대무량한 낙원을 건설하시고자 새 교단을 창건하신 … 이제 우리 교단은 바야흐로 세계사 속에 뛰어들어 대종사님의 뜻을 온 누리에 실현시켜야 할 중대한 시기에 처하게 되었다」(대산종사법어 2집, 제5부 대각개교절 경축사, 원기57년 개교경축사).

보충해설

불법연구회 창립 후 12년간의 사업과 역사와 각 회원의 성적을 일일이 편성하기 위해 정산종사 송도성 조갑종 김기천 전음광 선진 등이 교단사료 정리에 분주하였다. 정산종사는 1928년(원기13) 3월 26일 본회의 창립 기념일 정기총회에서 「역사 보고」란 순서를 밟기 위하여 원기 12년 겨울부터 창립 12주년 약사를 저술하였다. 후일 여기에 부족한 자료를 대폭 보완하여『불법연구회 창건사』로 改題한 것이다. 창건사의 내용으로는 소태산 대종사의 탄생과 구도, 대각과정, 저축조합, 방언공사, 혈인기도, 봉래제법, 익산총부 건설, 전무출신의 공동생활 등이 기록되어 있다. 창건사는 소태산 대종사의 감정을 받은 것으로서『회보』37호(1937.12)부터 49호(1938.11)까지 연재 발표했다. 정산종사가 교단 창립 제2회 역사도 발표할 예정이었으나 아쉽게 약속을 이루지 못했다. 아무튼 창건사는 원불교 초기교단사의 일차자료이다.

주석주해

「불법연구회 창건사를 통해서 교단의 정신개벽을 실행하는 일대 역사가 일제의 민족적 암흑시대 속에도 의연히 창건되어 왔음을 엿볼 수 있다. 아울러 이 창건사는 구체적인 역사의 경륜이 되어 새 시대를 위한 교단 창건의 역사로서 비단 원불교 교단의 한 곳에만 그치게 하기 위한 역사관이 결코 아니요, 새 시대에 속하는 어느 세계에까지 파급되는 역사임을 알아야 할 것이다」(한기두, 「소태산 대종사와 정산종사」, 『원불교사상』 24집, 원불교사상연구원, 2000, p.22).

「원불교 교단사에 관련된 문헌 자료는 1927년부터 공식적으로 작성되기 시작하였기 때문에 1927년 이전의 소태산 행적이나 초기교단 형성과정을 알려주는 1차사료는 매우 희귀하다. 이 시기의 역사를 서술한 자료는 1937년 정산 송규에 의하여 저술된 불법연구회 창건사가 유일하기 때문에 1891년 소태산의 탄생으로부터 1927년까지 원불교의 역사 기록은 모두 여기에 근거하고 있다」(신순철, 「몽각가와 소태산가사 수록 문헌 연구」, 『원불교사상과 종교문화』 29집, 원불교사상연구원, 2005, p.265).

연구문제
1) 창건사 서문에서 추출되는 정산종사의 역사관은?
2) 정산종사의 창건사에서 연구해야 할 사항들은 무엇인가?

[권도편 38장] 화두연마의 방법
핵심주제
　화두연마의 방법
대의강령
　◎그대들이여, 화두를 들고 지내는가?
　1) 화두 연마는 의리선 여래선 조사선을 병행하여 과거 선방처럼 화두만 계속 할 것이 아니며,
　2) 화두를 마음 가운데 걸어놓고 지내다가 마음이 맑고 조용할 때 잠간 잠간 연구하라.
　3) 저 닭이 알을 오래 품고 굴리면 병아리가 생기듯 마음의 혜문이 열린다.
단어해석
　화두 : ☞경의편 3장 참조.
　의리선 : 부처의 마음은 언어문자에 있지 않지만 언어문자를 통해 나타나므로 교리나 게송 등에서 찾는 성향이 있다. 이것이 곧 의리선으로 초보자에게는 이 의리선을 통해 여래선과 조사선으로 들어간다. 의리선은 달리 말해서 文字禪 내지 死句禪이라고도 한다.
　여래선 : 여래가 닦았던 선법으로서의 如來禪은 『능가경』에 연원하며, 화엄종의 규봉 종밀이 세운 5종선(외도선・범부선・소승선・대승선・최상승선) 중 최상승선을 말한다. 종밀은 敎禪一致라 하여 달마가 전한 최

상승선 또는 여래 청정선이라 하였다. 불타가 깨달은 후 법문은 여래의 최상승선임에 틀림이 없다.

조사선 : 선종 최고경지의 선을 祖師禪이라 한다. 교외별전·직지인심의 선을 말한다. 문자의 해석에 치우치지 않고 이심전심하는 달마선이다. 여래선에 대한 비판이 일어나 앙산 혜적이 여래선은 문자의 理에 떨어져 달마선의 진수에 도달하지 못한다고 하였다. 여래선이 진공의 경지라면, 조사선은 진공묘유의 경지라 주장한 것이다.

혜문 : 혜두가 단련되어 지혜가 솟아나는 문을 慧門이라 한다. 삼학의 사리연구를 할 때 특히 지혜의 문이 열리게 되는 것이다.

관련법문

「제군은 각자 화두를 가졌는가. 무릇 화두라는 것은 비유하건대 칠보궁전에 가득 차 있는 그 보물을 얻기 위한 열쇠와 같다고 할 것이니라. 만일 어떤 사람이 열쇠를 가지고 이 궁전에 들어가 대보를 얻는다면 얼마나 기쁘고 즐거운 일인가. 화두도 이와 같아서 대의만 깨치면 한량없는 지혜광명이 용출할 것이니라」(정산종사법설, 제8편 편편교리 30장).

「닭도 알을 품고 있을 때 보면 발로써 알을 굴리며 오래오래 계속하여 알 속에서 삐약하고 병아리가 나오게 되는 것과 같이 화두를 드는 것도 이와 같아서, 이번에 들어오고 다음번에 들어오고 하면 어느 날 만고의 大寶요 시방삼계의 위가 없는 일원상의 진리를 얻을지니, 명심하고 명심하여 하루속히 자성혜광을 밝히어 중생제도하는데 힘쓸지어다」(정산종사법설, 제8편 편편교리 30장).

보충해설

수도인이라면 화두 하나 이상은 연마하며 구도를 해야 한다. 이는 닭이 알을 오래 품고 굴리면 병아리가 생기듯 하라는 것이다. 그리고 화두 연마의 방법은 의리선 여래선 조사선을 병행하는 것이 바람직하다. 소태산 대종사는 정기훈련 11과목으로 의두와 성리를 두어 화두연마의 중요성을 밝혔다. 또한 『대종경』 성리품에는 성리에 대한 법어가 31장이나 게재되어 있다. 당나라의 이백은 "천지는 만물의 여관이고 인생은 백대의 과객이다" 라는 시를 남겼는데, 왜 천지는 만물의 여관일까 하는 생각부터가 화두의 출발이다. 그리고 인생은 왜 과객에 지나지 않을까 고민해보자. 그러면 반드시 지혜가 밝아질 것이다.

주석주해

「불제자들은 우리가 알고 있는 상식, 삶이란 그저 주어진 대로 사는 것이라는 생각에서 벗어나 자신의 삶에 대해서 진지하게 의문을 던져야 한다. 이것을 바로 의두·화두라고 한다. 지금 여러분들은 무엇을 알고 싶은가?」(장응철 역해, 『반야심경 강의-자유의 언덕』, 도서출판 동남풍, 2000, p.23).

「소태산은 禪의 방법에 대하여 종래의 선종 입장을 비판하고 종합적이고 원만한 방법을 제시한다. 즉 선의 방법 중 단전주법을 택하여 수양하는 시간에는 온전히 수양만 하고 화두 연마는 적당한 기회에 가끔 하도록 한다」(한정석, 「원불교 불교관」, 『원불교사상시론』 1집, 수위단회사무처, 1982, p.87).

연구문제

1) 화두를 연마함에 있어 의리선 여래선 조사선을 병행함이 옳으나 과거 선방 식으로 하지 말라고 했는데 그 이유는?

2) 화두 연마가 마음의 혜문을 연다는 것에 대해 설명하시오.

[권도편 39장] 연구공부의 요도

핵심주제

연구공부의 요도

대의강령

◎연구공부 하는데 세 가지 요긴함이 있다.
 1) 바르게 봄이며,
 2) 바르게 앎이며,
 3) 바르게 깨침이다.

◎위의 세 가지 중 바르게 깨침이 구경이다.
  1) 안으로 버리고자 하되 버릴 수 없고, 잊고자 하되 잊을 수 없고, 숨기고자 하되 숨길 수 없으며,

2) 밖으로 길흉이 그 뜻을 움직이지 못하고, 순역이 그 마음을 유혹하지 못하며,

3) 백가지 묘한 것이 그 생각을 끌지 못하면 바르게 깨친 진경이다.

단어해석

구경 : 궁극・필경・지고의 경지를 究竟이라 한다.

길흉 : 길하고 흉한 것을 吉凶이라 하며, 길흉화복이라는 용어가 따라 붙는다. 주역에서는 64괘의 하나하나가 길흉을 안내하고 있으니, 동양의 우환의식에서 비롯된 것이다.

순역 : 진리에 따르는 순리와 진리를 거스르는 역리를 합하여 順逆이라 한다. 순리의 순경과 역리의 역경을 합하여 순역경계라고 한다.

진경 : 참다운 경지, 또는 본래의 경지를 眞境이라 한다.

관련법문

「우리는 천조의 난측한 이치와 인간의 다단한 일을 미리 연구하였다가 실생활에 다달아 밝게 분석하고 바르게 판단하여 알자는 것이니라」(정전, 제2 교의편, 4장 삼학, 제2절 사리연구, 2.사리연구의 목적).

「이제는 우리가 배울 바도 부처님의 도덕이요, 후진을 가르칠 바도 부처님의 도덕이니, 그대들은 먼저 이 불법의 대의를 연구해서 그 진리를 깨치는 데에 노력하라」(대종경, 서품 15장).

보충해설

인간의 무명을 타파하는 길은 지혜를 연마하는 것이다. 원불교 삼학의 사리연구는 무명극복 곧 성리 요달로 이어져 결국 대각으로 향하는 길이다. 이 연구공부에는 세 가지 요긴함이 있다. 바르게 보고, 바르게 알고, 바르게 깨침이다. 불교의 팔정도가 있는데 그중 하나가 正見이다. 바르게 보라는 것이다. 이 정견은 바르게 보고 알아서 깨달음으로 유도한다. 박광전 교무는 사리연구의 방법으로 사려, 독서, 卽事觀理, 체험, 다문, 深思, 懷疑, 호학, 본심을 찾는 연마, 사념망상의 구분, 선지자의 언행 참조, 명상(숭산논집, 원광대출판국, pp.78-79)을 들고 있다. 이러한 방법을 얼마나

오랫동안 지속 실행하느냐 하는 것이 수도인의 과제이다.
주석주해
「연구의 의의 : 1)모든 사리를 배워 알아야 한다. 2)본성을 깨우쳐 알아야 한다. 3)도덕적인 수양의 방법을 알아야 한다. 4)인간의 고락 차별의 원인을 알아야 한다. 5)천지 변화의 이치를 알아야 한다. 6)지혜를 계속해서 알아야 한다」(원불교사상연구원 편, 『숭산논집』, 원광대학교 출판국, 1996, p.78).
「사람의 마음이란 본래 어리석음이 없이 밝아서 일과 이치를 바르게 분석할 수 있다. 그러므로 어둡고 어리석은 마음은 인간의 본래 마음이 아니므로 수행자는 사리연구 공부를 통해서 계속 궁구하고 연마하면 밝은 마음을 회복하여 연구력을 얻게 된다」(이성택, 「원불교 수행론」, 『원불교사상시론』 1집, 수위단회사무처, 1982, p.34).
연구문제
연구공부에 세 가지 요긴함이 있다고 했는데 이를 쓰시오.

[권도편 40장] 善을 좋아하는 표본
핵심주제
善을 좋아하는 표본
대의강령
◎만고에 善을 좋아하는 표본에 대하여 말하였다.
　1)옛날 禹는 선을 들으면 일어나 절을 하자 좌우에서 상하를 불고하고 절하는 것이 예에 과하지 않는가라고 하였다.
　2)우曰 "내가 절하는 것은 그 위를 보고 절하는 것이 아니요, 그 선을 보고 절하였으니 선은 상하귀천이 없는 것이라."
단어해석
우 : 중국 고대 하나라(기원전 1994-1523) 禹임금을 말한다. 중국인들이 우임금을 성군으로 추앙하는 이유는 그가 국가 홍수를 다스리느라 바빠서 일 년 내내 집에 가질 못했기 때문이라 한다.
귀천 : 신분상에 있어 귀함과 천함이 貴賤이며, 선악귀천은 합성이다.

관련법문

「불보살 성현들과 위인달사들의 가언선행을 많이 일러 주어 그것을 기억하여 체받게 하며 모든 사리를 순순히 타일러서 가르치는 것이요」(대종경, 인도품 45장).

「善人이 되고자 하는 사람은 먼저 다른 사람의 선 좋아하는 공부를 하여야 한다. 악을 싫어함도 좋으나 선을 좋아함만 못하다.」(한울안 한이치에, 제1장 마음공부 52장).

보충해설

우리가 인격을 연마함에 있어 선행을 실천해야 한다. 이에 善을 좋아하는 표본이 있다는 정산종사에 의하면, 옛날 禹는 善을 들으면 일어나 절을 하였으니 선을 보고 절하는 것은 선행 실천에 상하귀천이 없기 때문이라 하였다. 플라톤에게 있어서 이데아는 자연적 존재의 이법으로서 단순히 이론적이고 존재론적인 성격을 벗어나서 인간이 최고의 이데아인 善을 추구한다. 『주역』 문언전에서 "元은 善의 으뜸이요, 亨은 아름다움의 모음이다" 라고 하였다. 원형이정에서 원이 으뜸 조항인 바, 선은 만유 가치의 으뜸임에 틀림없으니 불교의 선업과 선연 가치가 이와 관련된다.

주석주해

「우리는 다 같이 선한 사람을 좋아하며 보다 선한 사람이 되고자 노력을 하므로 나는 그 점을 진심으로 존경하고 숭배한다. 그래서 내가 선한 사람이 되려거든 생각 하나 일어날 때 살피고 평범한 행동에서도 그 결과를 생각하여 한 마음 한 행동을 소홀히 여길 수 없는 아주 큰일로 알아야 하겠다」(간행위원회 편, 『양산 김중묵종사문집-크게 한바퀴 돌아가는데』, 원광사, 2002, p.22).

「선이란 무엇인가? 초기불교에서는 선을 대체로 남을 위하는 것이라고 생각했던 것 같다. 이 말의 원어인 '아르타'는 이익이나 의리로 번역될 수도 있고, 또는 목적이나 의무 같은 말로 번역되기도 한다. 즉 수행자의 남에 대한 태도는 자비의 정신을 강조하여 인간뿐만 아니라 살아있는 모든 생물에까지 자비를 베푸는 것을 이상으로 삼았던 것이다」(정순일, 『인도불교사상사』, 운주사,

2005, p.148).
연구문제
 옛날 禹는 선한 일을 들으면 반드시 일어나 절을 한 이유는?

[권도편 41장] 공부인의 항마
핵심주제
 공부인의 항마
대의강령
 ◎국방에 육해공 3방면의 방어가 필요하듯이, 공부인에게 3방면의 항마는 곧 순경과 역경과 空境의 세계이다.
  1)순경은 내 마음을 유혹하는 경계며,
  2)역경은 내 마음에 거슬리는 경계며,
  3)공경은 내 마음이 게을러진 경계이니, 항마 후에는 모든 경계를 노복처럼 부려 쓰라.
단어해석
 국방 : 육해공군 등이 외적으로부터 국가를 방위함을 國防이라 한다.
 공경 : 수도인에게 나타나는 세 가지 경계가 순경과 역경 및 空境인데, 공경은 마음이 게을러진 경계이다. 순역경과 달리 공경은 경계가 따로 없기 때문에 방심할 수 있으며 그로 인해 나태해지는 경우가 많다.
 노복 : 노예로서 남자종을 奴僕이라 한다.
관련법문
 「경계를 당할수록 더욱 그 신심을 살펴서 역경을 돌리어 능히 순경을 만들며, 순경이면 또한 간사하고 넘치는 데에 흐르지 않게 하는 꿋꿋한 대중이 계속되어야 가히 큰 공부를 성취하리라」(대종경, 신성품 4장).
 「만사가 한번 발심한 이후 중봉까지 오르기는 그리 어렵지 않으나 중봉에서 상봉까지 오르기가 힘이 드는 것처럼, 공부길도 공부가 어지간히 익어가면 아만심이 나고 나태심이 나서 공부가 지체된다」(한울안 한이치에, 제1장 마음공부 45장).
보충해설

우리에게 수많은 경계가 부닥치는 것은 우리가 살아가면서 오욕칠정의 유혹을 받기 때문이다. 정산종사는 이러한 유혹의 경계를 세 가지로 말하고 있다. 그것은 순경·역경·공경인데 이를 잘 극복하여 경계를 성숙의 계기로 만들라고 하였다. 여기에서 空境은 眞空이 아니라 假空으로서 무기공을 말한다. 무기공에 떨어지는 것도 일종의 공경인 것이다. 『금강삼매경』에서도 "마음이 경계를 일으키지 않으면 경계가 마음을 일으키지 않는다"(한불전1, 641쪽 상단)라고 했다. 또 "마음을 떠나 경계가 없고 경계를 떠나 마음이 없다"고 하였다. 수많은 경계로서 순역·공경 등을 잘 극복해야 하는데, 그것은 마음공부 여하에 달려있다.

주석주해
「큰 공부에 발심한 교무는 성불제중의 뜻을 이루는데 방해가 될까 하여 작은 욕심을 내지 아니하고 순역의 천만경계를 당할 때마다 이 서원에 자기의 현실을 대조함으로써 어려움을 극복하고 기쁘게 일할 수 있는 사명감이 솟아난다」(이종진,「원불교 교무론」,『원불교사상시론』 1집, 수위단회사무처, 1982, pp.243-244).

「사람의 정신 기운과 주위의 경계가 순과 역으로 변화를 거듭한다. 이러한 변화를 천지와 같이 심상하게 극복해야 한다. 정산종사는 평상심을 밝혔다」(한종만,『원불교 대종경 해의』(上), 도서출판 동아시아, 2001, p.436).

연구문제
1)국방에 3방면의 방어가 필요하듯이 공부인에게 3방면의 항마가 필요하다고 했는데 그 내역과 이유를 쓰시오.
2)경계로는 순경·역경·공경이 있는데 공경의 의미를 쓰시오.

[권도편 42장] 비공부인
핵심주제
비공부인
대의강령
◎공부할 줄 모르는 사람은?

1)공부할 때 육신을 돌보지 않고 독공만 하여 몸을 상하며,
　2)육신만 위하고 공부에 방종하는 사람이며,
　3)자기의 정신과 육신의 정도를 보아 능히 놓고 잡아야 병 없는 공부를 성취한다.
단어해석
　독공 : 돈독하게 정진 적공하는 것을 篤功이라 한다. 독공을 통해서 법위향상은 물론 삼대력과 더불어 성불제중의 서원이 가능해진다.
　방종 : 주의력 없이 함부로 놀아나는 것을 放縱이라 한다. 방종을 극복하기 위해서는 전일·주의·조행 등을 실천하는 것이 필요하다.
관련법문
「일반 승려가 다 그러한 것은 아니라 거개가 이와 같이 한가한 생활, 정결한 생활, 취미 있는 생활을 하여 왔나니라. 그러나 이와 같은 생활을 계속하여 오는 동안에 부처님의 무상대도는 세상에 알려지지 못하고 승려들은 독선기신의 소승에 떨어졌나니 이 어찌 부처님의 본회시리요」(대종경, 서품 16장).
「마음을 단결한다는 것은 천기 만단으로 방종 분산된 각자의 정신을 誠求覓得하여서 청정 원만한 본래 性地에 환원하게 하여 두고…」(한울안 한이치에, 제2평상심, 단결의 위력 3장).
보충해설
　수도인으로서 주의할 사항은 무엇인가? 편벽된 수행으로 독공을 하여 심신을 상하는 경우가 있을 것이다. 이에 정신과 육신을 아우르는 공부가 필요하다. 『논어』에 편벽 수행을 하는 공자의 제자에 대한 언급이 있어 주목된다. "柴(공자제자)는 어리석고(지식은 부족했지만 덕은 후함), 증자는 노둔하고(둔했지만 성실하고 돈독), 자장은 한쪽만 잘하고(외모 잘 꾸미고 성실 부족), 자로는 거칠었다(속된 말을 자주함)." 이처럼 한편에 치우친 제자들은 스승의 엄한 가르침에 의해 원만한 수행을 해야 할 것이다. 편벽 수행은 독선기신으로 기적이나 바라고 왜곡된 가치관을 따르는 등 기성종교의 무기력함에서 나타난다. 진리적이고 사실적 수행을 선언한 소태산 대종사의 정법대도는 이를 극복하는 것이다.

주석주해
「수행의 사회화·집단화의 방법은 체계적인 대중훈련을 통해서 가능해진다. 과거의 수행방향과는 달리 앞으로의 시대는 개인의 독공으로 공부를 할 수 없고 대중 속에서 다 함께 공부하여야 한다」(이성택, 「원불교 수행론」, 『원불교사상시론』 1집, 수위단회사무처, 1982, p.42).

「순경에서 오만하지 않기 어렵다. 즉 경계에 도전하는 마음이 약하여지기 쉬우며, 오히려 슬그머니 조였던 줄을 늦추어 가니 아차 방종에 떨어지리라」(조명렬 편, 상타원 전종철정사 유고집 『법신불 사은이시여!』, 원불교출판사, 1996, p.70).

연구문제
1) 공부할 때 육신을 돌보지 않고 너무 독공을 하여 몸을 상한다거나, 육신만 위하고 공부에 방종한다면?
2) 육신과 정신에 있어 병 없는 공부를 성취하려면?

[권도편 43장] 지혜 있는 공부법
핵심주제
지혜 있는 공부법
대의강령
◎ 지혜 있는 사람의 공부법은?
1) 자기의 힘을 헤아려 보아서 그 경계를 능히 인내할만 하면 이어니와,
2) 그렇지 못할 정도라면 미리 경계를 피하여 실력을 길러 경계를 대치해 간다.
3) 만일 억센 경계 속에서 억지로 경계를 이기려 하면 심신만 괴롭고 효력을 얻지 못한다.
단어해석
경계 : ☞원리편 38장 참조.
인내 : 참아내는 것을 忍耐라 한다. 수도인은 정진적공을 위해 일이관지하고 어떠한 순경·역경에도 인내하는 수양력이 필요하다.

효력 : 효과나 효험·효능 등을 效力이라 한다.
관련법문
「믿음이 견고해야 천만 경계에 부딪치고 백천 사마가 몰려온다 하더라도 조금도 흔들리지 않고 만사를 이뤄내는 힘이 솟아날 것이요」(한울안 한이치에, 제6장 돌아오는 세상 68장).
「최고 수양은 潛心·鍊心·正心이다. 사람은 한 번 적막이 있어야 된다. 진짜 한 번 진인을 만들려면 사방에서 죽이려 한다. 천지 만물이 그를 못살게 죽이려고 사방에서 방해한다. 그렇다고 다투면 곤란하니 살살 피하여 넘겨야 한다」(대산종사법문 5집, 2.제가수행의 요지 7.채근담).
보충해설
지혜 있는 사람은 경계를 당할 때에 자신이 그 경계를 이길 수 있을 것인가, 아니면 그러한 힘이 없을 것인가를 살필 줄 안다. 내가 힘이 없을 때 다가온 경계를 이기려 하면 심신만 괴롭다는 것이 정산종사의 법어이다. 이처럼 경계란 나 자신의 삼대력 정도를 가늠케 하기에 충분하다. 이공주 선진도 말하기를 "이 세상은 실로 위험하나니 항상 박빙을 밟는 듯이 億千萬 경계에 전전긍긍하리라"(월말통신 22호, 1929년 2월)고 하였다. 살얼음 걷듯이 걷는다는 표현을 영어로는 "feel like treading on eggs"라고 한다. 달걀 위를 걷는 것처럼 조심한다는 것으로 달걀은 깨지기 쉽기 때문이며, 이는 살얼음도 마찬가지이다. 경계를 능히 이겨내지 못한다면 차라리 살얼음 걷듯 해야 할 것이다.
주석주해
「화해리 우리 집에서는 좌담식 법회가 자주 있었다. 한번은 정산종사께서 忍之爲德을 말씀해 주신 것이 기억에 남는다. "참는 것이 큰 공부가 된다. 매사에 멈추고 또 멈춰서 취사해라. 언행은 한번 행하고 보면 다시 거두어들이기 어려운 법이니 언제나 온전한 생각으로 취사해라"는 법문을 해주었다」(김인용,「참는 것이 큰 공부」,『우리회상의 법모』, 원불교신문사, 1994, p.34).
「대인은 작은 일에 장원하지 않는다. 작은 일에는 이기려고 하지 않는다. 져버린다. 보통 일에 승부를 가리는 경우를 당하면 그 경우를 피해버린다」(동산문집편찬위원회, 동산문집 Ⅱ 『진리는 하나 세계도 하나』, 원불교출판사, 1994, p.34).

연구문제
1) 지혜 있는 사람이 경계를 당해 공부하는 방법은?
2) 근기에 따른 공부법에 있어 接境과 避境의 필요성을 쓰시오.

[권도편 44장] 과불급과 불편불의

핵심주제
과불급과 불편불의

대의강령
◎ 병자의 혈맥이 골라져야 병이 없듯이, 마음에 과불급 편착심이 있다면 불편불의한 중도에 서야 한다.
  1) 사람의 성질이 진착하기만 하면 경계를 넘지 못하는 병이 있고, 활발하기만 하면 함부로 하는 병이 있으며,
  2) 정중한 사람은 민첩하지 못한 병이 있고, 재주만 있으면 경망 박덕한 병이 있으며,
  3) 고상하기만 하면 오만한 병이 있고, 겸손만 하면 향상하려는 용기가 적은 병이 있으며,
  4) 원대한 생각만 가진 사람은 작은 일에 소홀한 병이 있고, 세밀한 사람은 대체와 강령을 못 잡는 병이 있으며,
  5) 열성이 과한 사람은 승기자를 미워하는 병이 있고, 뜻 없이 평범만 하면 일에 열성이 적은 병이 있으며,
  6) 위엄만 내는 사람은 온순한 태도가 적은 병이 있고, 온순한 사람은 위엄이 적은 병이 있으며,
  7) 성질이 곧기만 하면 사람이 잘 따르지 않는 병이 있고, 화하기만 하면 청탁을 가리지 못하는 병이 있으며,
  8) 너무 강한 사람은 잔인한 병이 있고, 유하기만 하면 결단력이 적은 병이 있다.
◎ 이에 우리는 성질을 잘 짐작해야 한다.

1)기울어지는 병이 있거든 골라 세우는데 노력할 것이며,
　　2)공부와 사업 가운데 하나에 편착하는 병이 없게 하며,
　　3)공부하는 가운데 사업을 등한하거나, 사업하는 가운데 공부를 등한하는 병이 없게 해야 완전한 인격이 된다.

출전근거
『원광』11호(1955년)의 「중도를 잡으라」 법설이다.

단어해석
과불급 : ☞권도편 12장 참조.
편착심 : 어디에 치우치거나 편착하는 마음을 偏着心이라 한다.
불편불의 : 어느 한편에 치우치거나 의지하지 않는 것을 不偏不倚라 한다. 과불급이 없는 중도의 행위가 곧 불편불의이며, 수도인은 이러한 중도의 원만행을 통해서 자신의 육근작용을 바르게 한다.
진착 : 사람의 성격이 진중하고 침착한 것을 珍着하다고 한다. 종교인의 경우 침착한 성격과 진중한 성격이 필요하다. 그런데 진중하면서도 꼼꼼한 성격은 또 작은 경계를 잘 극복하지 못하는 병이 있다.
경망 : 행동이 가볍고 망녕되어 방정맞은 것을 輕妄이라 한다.
대체 : 일이나 내용의 기본이 되는 큰 줄거리를 大體라 한다.

관련법문
「정각정행은 일원의 진리 곧 불조 正傳의 심인을 오득하여 그 진리를 체받아서 안이비설신의 육근을 작용할 때에 불편불의하고 과불급이 없는 원만행을 하자는 것이며…」(성전, 제2 교의편, 제7장 사대강령).
「육신병 뿐 아니라 우리가 성질을 쓸 때에도 무엇에나 과불급이 없도록 성질을 잘 골라서 한 편으로 치우치는 편성이 없어야만 우리의 공부를 해가는 중간에 변통이 적고, 이리 가나 저리 가나 쓸모 많은 사람이 되며, 천만 사람을 대하여도 포용성이 있어서 서로 촉되는 바가 없이 지낼 줄로 안다」(한울안 한이치에, 제2편 평상심, 중도를 잡아라).

보충해설
　병에는 육신병과 마음병이 있다. 육신병은 혈맥이 골라져야 병

이 없듯이, 마음병은 과불급이나 편착심이 없어야 그 병은 사라질 것이다. 성격이 급하면 급한 대로 일을 어긋나게 하는 경우가 있고, 또 민첩하지 못하면 일을 처리하는데 애를 먹는 경우가 있다. 위엄만 있으면 온순하지 못하고, 화하기만 하면 청탁을 가리지 못하는 병이 있는 것도 사실이다. 이에 우리는 공부와 사업을 하는데 한편에 기울어지지 말아야 한다. 불교에서 자주 사용하는 Dharma란 보통 법이라고 번역된다. 이는 원래 지탱하고 유지한다는 어원에서 비롯되었고, 일반적으로 질서나 규범을 뜻하며 또한 도덕·습관·습성·성질 등을 뜻하기도 한다. 이처럼 성질이나 습성이 Dharma라면, 불편불의하고 무과불급한 나의 성품으로 연계하는 것이 바르게 살아가는 삶의 지혜이다.

주석주해

「정산은 유교를 중도주의, 솔성의 도로 이해하며 … 불편불의 무과불급의 중도를 잡아 써야만 쉽게 성불할 수 있다고 하여 중도를 강조하였다」(천인석, 「유교의 혁신운동과 송정산」, 정산종사 탄생100주년기념 추계학술회의《전통사상의 현대화와 정산종사》, 한국원불교학회, 1999.12, p.54).

「불타는 과불급의 두 극단들을 벗어나 중도에서 깨달음을 이루고 또한 가르침을 말한다고 한다. 그렇다면 이 중도의 中은 … 본래 각각의 사태에 있어서의 각 극단에 대한 균형을 의미하는 동시에 모든 사태에 있어서의 그때그때 거기에 가장 알맞은 것을 뜻한다」(박선영, 「불교적 교육과 종교적 다원주의」, 『한국불교학』 제11집, 한국불교학회, 1986, p.151).

연구문제

1) 우리의 마음 쓰는 데에 과불급과 편착심이 있다면?
2) 뜻이 너무 고상하기만 하거나, 원대한 생각만 가진 사람이나, 열성이 너무 과한 사람이나, 위엄만 내는 사람의 병이 있다면?

[권도편 45장] 평상심이 도

핵심주제

평상심이 도
대의강령
◎옛 선사의 말씀에 평상심이 도라 했다.
　1)平은 고하의 계급과 물아의 차별이 없는 것이요, 常은 고금의 간격과 유무의 변환이 끊어진 것이며,
　2)이는 우리의 자성을 가리킴이요, 자성은 우주의 대도이니 평상의 진리만 해득한다면 견성자요 달도자라 할 것이며,
　3)용처에 진리를 깨닫지 못했어도 경우에 따라 평상심을 실행할 수 있으므로 이를 연구하며 평상 마음을 운용해야 한다.
출전근거
『원광』 5호(1950년)의 「평상심을 갖으라」 법설이다(교무부 수필).
단어해석
　선사 : 선에 통달하고 지도할 수 있는 스승을 禪師라 한다. 좌선과 참선을 통해 선정을 자주, 또 깊이 체험하는 수행자가 선사이다.
　평상심 : 평소 그대로의 여여한 마음을 平常心이라 한다. 비정상적이나 비일상적인 특행이 아니라 자연 그대로 平常을 지키는 떳떳한 마음이다.
　물아 : 만물과 나를 物我라고 하는데, 물아일체를 체험하는 것이 필요하다. 물아일체의 경지는 物心一如와 같은 것으로 객체인 물상과 주체인 내가 하나의 경지로 조화된 상태를 말한다.
　견성자 : 견성을 한 사람을 見性者라 한다. 견성을 했다는 것은 득도를 했다는 뜻이며, 그 구체적인 내용은 진여 성품을 깨달음은 물론 불생불멸과 인과보응의 이치를 깨달았다는 것이다.
　달도자 : 도를 깨달아 요달한 사람을 達道者라 하는 바, 여기에서 도는 일원상 진리이며, 이에 구체적으로 인생의 요도와 공부의 요도를 요달하는 것이 필요하다.
관련법문
「이런 회상에 지혜와 변재가 출중한 일방의 도인들도 많이 필요하지마는 오랫동안 변함없이 평상심을 지켜 온 원로대덕들이 제 생의세하는 대 회상의 중심이 되는 것이다」(대종경선외록, 22.최종선외장 1장).

「평상심과 평범한 것으로 수행에 정진 적공하라. 재주와 특이함으로 도를 구하면 기술에 능하여져 대도에 들기가 어려울 것이니라」(정산종사법설, 제2편 공도의 주인 26장).

보충해설
본 법어에 등장하는 옛 선사는 임제스님으로 그는 평상심이 도라고 했다. 도란 특별한 것이 아니라 평상의 일상생활이라는 것이다. 물론 일상생활이 의미 없는 삶이라는 것은 아니다. 평상의 일상이란 우리의 자성을 발견하고 우주의 대도에 합일하는 일과득력의 생활과도 같다. 이에 평상심을 깨달은 자는 다름 아닌 득도자인 것이다. 이에 좌산종법사는 일과득력을 강조하였다. 일과득력이란 하루하루를 평상심으로 사는 것이다. 또 일과득력이란 「상시응용주의사항」 6조를 그대로 실천하는 데서 발견된다. 경전 법규를 연마하고, 의두를 연마하며, 석식 후 또는 새벽에 정신을 수습하기 위해 염불과 좌선을 하며, 일상의 일기를 기재하는 것을 빠뜨리지 않는 것이 일과득력이요 평상심을 갖는 자세이다.

주석주해
「선종에서 평상심이 도라고 하였고, 정산종사도 평상심이 도라고 하였다. 특별한 선과 특별한 공덕은 없다할지라도 평범하게 도를 지키면서 꾸준히 노력하는 사람은 큰 인물이 되어 성공을 거둔다」(한종만, 『원불교 대종경 해의』(下), 도서출판 동아시아, 2001, p.301).

「행복한 운명을 얻을만한 평소 일상생활에서 만반의 행위에 진실하고 친절하지 않으면 안 된다는 것이 필요하다」(간행위원회 편, 『양산 김중묵종사문집-크게 한바퀴 돌아가는데』, 원광사, 2002, p.30).

연구문제
평상심이란 무엇인가?

[권도편 46장] 평상심 운영의 실례
핵심주제

평상심 운영의 실례
대의강령
◎신의에 나타난 평상심은?
1)어느 일이나 한번 정당한 곳에 입각한 이상에는 신의가 항상 여일함이 평상심이니,
2)신념이 환경에 초월하여 환영과 배척이 마음을 더하고 덜하게 하지 못하고, 환란과 영화가 마음을 변하지 못하게 하며,
3)뜻을 정한 후에 난경을 돌파하고 생사관문에서도 요동 않는 것은 신의에 나타난 평상심이다.
◎교제에 나타난 평상심은?
1)대중과 恩誼를 맺은 이상 교제의 정신이 원만하여 순일함이 평상심이니,
2)정신이 파당이나 증애에 안 끌리어 일에 공정을 주장하고 은혜를 베풀 때 오직 무념을 주장하며,
3)이해를 주고받거나 호오에도 좋고 싫음이 없어서 배은하는 일을 당해도 은혜 베풀 때 마음을 변하지 않는 것이다.
◎빈부에 나타난 평상심은?
1)빈부를 당할 때에 그 응하는 감정이 담박함이 평상심이니,
2)태도가 평탄하여 가난해도 구구한 바가 없고 부하여도 넘치는 바가 없으며,
3)금의옥식을 해도 교만한 빛이 보이지 않고 추의악식을 해도 부끄러운 생각이 없는 것이다.
◎안위에 나타난 평상심은?
1)安危의 모든 경우를 당할 때의 전일한 정신이 평상심이니,
2)편안한 때에 조심하는 대중을 놓지 않고 위급한 때에 규모 절도를 범하지 아니하며,
3)한가하거나 난중에 처하든 부동하고 유유한 정신이 변하지 않는 것이다.
출전근거
『원광』5호(1950년)의 「평상심을 갖으라」법설이다(교무부 수필).

단어해석
 여일 : 한결같음을 如一이라 한다.
 환란 : 근심스러움과 재난을 患難이라 한다.
 영화 : 보통 몸이 귀하게 되어 이름이 나는 것을 榮華라 하며, 또는 오욕칠정의 세간락과 관련되는 것으로 부귀영화를 말한다.
 태연자약 : 어떠한 경계가 닥쳐와도 거기에 요란하지 않고 편안하고 온전히 하는 마음을 泰然自若이라 한다.
 은의 : 은혜와 정의를 恩誼라 한다. 상호 은의를 맺음으로써 상상상화의 선연이 되는 것이다.
 평탄 : 일이 순조롭게 진행되고 마음이 안온한 것을 平坦이라 한다.
 금의옥식 : 화려하고 사치스런 비단옷과 음식이 錦衣玉食이다.
 추의악식 : 금의옥식과 반대되는 말이 醜衣惡食으로, 추한 옷과 성긴 식사를 말한다. 醜惡하다는 말이 이와 관련된다.
 안위 : 편안함과 위험함을 安危라 한다.
 유유 : 마음이나 태도에 여유가 있고 한가함을 悠悠라 한다.

관련법문
「성질은 범인으로서는 측량하지 못할 일이나 외면으로 배찰하면 평상심을 쓰시되 열과 성이 전체가 되시는 것 같았고, 불행한 일이 있으면 간절히 염려하여 주시었으며, 완급이 골라 맞으시나 급한 편이 좀 승하시고, 희로애락이 골라 맞으시나 희로애락을 쓰고 나시면 반드시 법이 되어서 대중에게 유익을 주시었다」(대종경선외록, 1.실시위덕장 8장).
「이 평상심을 가지는 사람은 그 정신이 능히 당파에 초연하고 중애에 안 끌려서 일을 당하여는 오직 공정을 주장하고 은혜를 베풀 때는 오직 무념을 주장하여, 여기는 利주고 저기는 害주며 어느 때는 좋아하고 어느 때는 싫어하는 마음이 없으며 설혹 저 피은자가 배은한 일이 있다 할지라도 은혜 베풀 때 마음을 조금도 변하지 아니하나…」(한울안 한이치에, 제2편 평상심, 평상심).

보충해설
 평상심은 나의 일상사에서 있는 그대로 나타난다. 교단과 법과 스승과 회상에 대한 신의가 여여함이 평상심이요, 대중과의 법연 및 혈연과의 교제에 있어 변함없는 마음이 평상심이요, 빈부를 접할 때 추함이나 교만을 없애는 것이 평상심이다. 또한 한가함과 분주함 사이에서 동정일여의 자세로 사는 것도 평상심이다. 어떤 스님이 화두 연마에 고민하던 끝에 "참 부처님이 어디 계십니까?" 라고 물었더니 "네가 곧 부처니라" 하자 마음에 환희심이 나서 또 "보림을 어떻게 하오리까?" 라고 물으니 "아침에 일어나서 세수하고 밥 먹고 저녁에 잠자는 등 일상생활을 잘 하라" 고 하였다. 이 모두가 평상심을 상징하는 선문답인 셈이다.

주석주해

「바르게 산다는 것은 밥 먹을 때는 감사하게 밥 먹고, 길을 걸을 때에는 바르게 길을 가고, 편지가 오면 즉시 회답을 내고, 그 때 할 일을 유감없이 잘 해버리는 것을 이른다. 무슨 특별한 일을 하는 것이 바르게 사는 것이 아니다」(원불교사상연구원 편, 『숭산논집』, 원광대학교 출판국, 1996, p.68).

「막히는 기운은 안 좋은 말도, 생각도 말하지도 말고 평범을 지키기에 노력하라. 그렇지 못하겠거든 또 경계하고 또 대중잡아 공부 삼아라」(조명렬 편, 상타원 전종철정사 유고집 『법신불 사은 이시여!』, 원불교출판사, 1996, pp.54-55).

연구문제

1) 자신의 평상심을 운용하는 몇 가지 실례를 들어 설명하시오.
2) 정당한 일에 지키는 바의 신의가 여일함이 평상심인 이유는?
3) 대중을 상대하여 은의를 서로 맺은 이상에는 그 교제의 정신이 원만하고 순일함이 평상심인 이유는?

[권도편 47장] 평상심의 강령화

핵심주제

　평상심의 강령화

대의강령

　◎평상심을 다시 강령적으로 말한다면?

1) 어느 곳에 있으나 어느 때를 당하나 일심을 놓지 않는 것이 평상심 운용의 원동력이 되나니,
2) 공부하는 이가 평상의 진리를 깨치면 생사고락에서 해탈하는 묘법을 얻을 것이며,
3) 평상의 마음을 운용할 때 성현의 실행을 나타낼 것이니, 평상심이 도라는 것이 어찌 적절한 법문이 아니리요.

출전근거
『원광』5호(1950년)의 「평상심을 갖으라」법설이다(교무부 수필).

단어해석
平常心 : ☞권도편 45장 참조.
生死苦樂 : 생명체의 태어남과 죽음, 고와 낙을 生死苦樂이라 한다. 부처는 인간의 생로병사가 고통이라 했으며, 이를 극복 해탈하는 기쁨을 극락이라 했다. 생사의 여정 속에 고락이 있는 것이다.
解脫 : ☞경의편 18장 참조.
妙法 : 진공묘유의 경지를 설한 불법을 妙法이라 한다. 불법을 연마하면 묘용의 측면이 있는데, 이는 인과보응이라든가 불생불멸의 이치를 말한다. 불교에서는『묘법연화경』이 있어 불가사의한 불법을 전하고 있다.

관련법문
「사람이 평소에 착 없는 공부를 많이 익히고 닦을지니 재색명리와 처자와 권속이며, 의식주 등에 착심이 많은 사람은 그것이 자기 앞에서 없어지면 그 괴로움과 근심이 보통에 비하여 훨씬 더 할 것이라. 곧 현실의 지옥생활이며 죽어갈 때에도 또한 그 착심에 끌리어 자유를 얻지 못하고 죄업의 바다에 빠지게 되나니 어찌 조심할 바 아니리요」(대종경, 천도품 19장).
「평상심이란 무엇을 의미한 것인가? 이것을 글자로써 해석해 본다면 평평하고 떳떳하다는 말씀이니, 평평하다는 것은 고하의 계급과 물아의 차별이 없는 것을 이름이요, 떳떳하다는 것은 고금의 간격과 유무의 변환이 끊어진 것을 이름이니, 이 평상심이란 말씀은 곧 우리의 본성을 가르킨 것이요」(한울안 한이치에, 제2편 평상심,「평상심」).

보충해설
　정산종사는 평상심을 여러 차례 강조하면서 이를 결론적으로 강령화하였다. 즉 어느 곳에 있으나 어느 때를 당하나 일심을 놓지 않는 것을 평상심이라 한 것이다. 그리고 평상심의 도를 깨달으면 그것이 생사해탈이라 했다. 소태산 대종사는 평상심과 관련하여 일상생활 그 자체에서 활불의 모습을 보여주었다. 그가 조실에 있을 때 시찰단 일행이 와서 귀교의 부처님은 어디에 봉안하였느냐고 하였다. 이에 대종사 답하기를 "우리 집 부처님은 방금 밖에 나가 있으니 보시려거든 잠깐 기다리라" 하고, 점심때 산업부원들이 농구를 메고 돌아오거늘 그들을 가리키며 "저 들이 다 우리 집 부처니라" 고 하였다. 평상심의 극치가 이것이다.

주석주해
　「부처님처럼 위대한 성자의 일상생활이 너무도 평범하며 또 제자들처럼 걸식을 한 모습 등은 이상하리만큼 평범함 그것이다. 너무나 인간적이며 우리 중생에 가까운 분이라고 느껴진다」(장응철 역해,『생활속의 금강경』, 도서출판 동남풍, 2000, p.13).
　「도인들이 사는 세계는 어떠한 곳인가. … 옛날 도인의 말씀에 평상심이 도요, 여여자연심이 도라 하였다」(안정진,『아름다운 42년』, 원불교출판사, 2003, p.16).

연구문제
　1)평상심을 강령적으로 말하면?
　2)공부하는 이가 평상의 진리를 깨치고 운용한다면?

[권도편 48장] 집심 관심 무심 능심
핵심주제
　집심 관심 무심 능심
대의강령
　◎정산종사 말하였다.
　　1)마음을 지나치게 급히 묶으려 하지 말고 간단없는 공부로 서서히 공부하며,

2)집심과 관심과 무심을 번갈아 하며,
3)처음 공부는 집심을 주로 하고 익숙해지면 관심을 주로 하고 더 익숙하면 무심을 주로 하며,
4)궁극에 가서 능심에 이르러야 한다.

출전근거

『원광』 40호(1962년) 「應問十二題」 법설이다(이광정 시봉일지).

단어해석

간단없는 : 間斷이란 잠깐잠깐 끊어짐이며, 간단없다는 뜻은 끊임없다는 의미이다.

집심 : ☞경의편 65장 참조.

관심 : ☞경의편 65장 참조.

무심 : ☞권도편 33장 참조.

능심 : 어떠한 상황에서든 수기응변하되 동정이 한결같아서 마음이 자유자재하는 것이 能心으로, 내수양법의 네 번째 단계이다.

관련법문

「四端心 : 지나치게 조급한 마음을 놓고 간단없는 공부로 서서히 번갈아 길들이되, 1단-집심 : 처음에는 집심이 주가 되다가, 2단-관심 : 점점 관심 공부로 들어가고, 3단-무심 : 좀 더 익숙하면 무심을 주로 하고, 4단-능심 : 궁극에 가서는 능심에 이르러야 한다」(좌산상사법문집 『교법의 현실구현』, 4.교리·수행, 36.사단심).

「한 교도가 부부간에 불화하여 내생에는 또 다시 인연 있는 사이가 되지 아니하리라 하며 늘 그 남편을 미워하거늘, 대종사 말씀하시기를 "그 남편과 다시 인연을 맺지 아니하려면 미워하는 마음도 사랑하는 마음도 다 두지 말고 오직 무심으로 대하라"」(대종경, 인과품 11장).

보충해설

정산종사는 『수심정경』의 강령을 밝히며 외수양과 내수양을 언급하면서 내수양법에 대하여 구체적으로 말하였다. 집심·관심·무심·능심이 그것이다(경의편 65장). 또한 조급심을 내지 말며 간단없는 공부로 집심과 관심과 무심을 한 후 궁극에 가서 능심

에 이르도록 해야 한다고 하였다. 적공의 초보자에게도 매우 쉬운 단계적 수행공부가 이것으로 우선 산만한 마음을 없애고 한 마음으로 만드는 집심공부가 요구된다. 이어서 조용히 마음을 관조해 보는 관심, 나아가 마음을 비우는 무심, 결과적으로 마음을 자유자재로 활용하는 능심이 되어야 무시선의 경지에 이르고 나아가 여래위의 경지를 맛보게 되는 것이다.

주석주해

「일속에 있으되 초연하고, 혈심을 다하지만 일에 빠져 버리지 않고, 조용한 가운데 흔적 없이 해야 한다. 일을 잡아야 할 때가 되면 잡고, 놓아야 할 때가 되면 일을 놓는 集放 自在하는 공부심으로 일을 해야 한다」(전이창, 『죽음의 길을 어떻게 잘 다녀올까』, 도서출판 솝리, 1995, p.86).

「좌선을 할 때에도 우리는 처음에 단전이나 단전호흡에 마음을 모으지만 결국 모든 것을 단전에 놓아 버리고(도방하) 무심삼매에 들어간다. 언어도단의 입정처란 바로 무심삼매·무심일심인 것이다」(송천은, 「일원상 진리」, 창립10주년기념 추계학술회의《원불교 교의해석과 그 적용》, 한국원불교학회, 2005년 11월 25일, p.G).

연구문제

집심·관심·무심·능심의 의미와 공부 순서는?

[권도편 49장] 삼계의 대권

핵심주제

삼계의 대권

대의강령

◎정산종사, 무엇이나 안에 인력이 있으면 밖에서 기운이 응하게 된다며 말하였다.

1) 주막에 주객이 모이는 것은 술의 인력이 있기 때문이며,
2) 덕인에게 사람이 모이는 것은 덕의 인력이 있기 때문이며,
3) 공부인이 마음공부를 잘하면 무형한 심력이 생겨 우주의 큰

기운을 응용할 수 있으며, 이를 삼계의 대권이라 한다.
단어해석
인력 : 무엇이나 끌어당기는 힘을 引力이라 한다.
주객 : 술을 파는 주막의 손님을 酒客이라 한다.
심력 : 마음의 힘이 心力으로, 오랜 수양 적공으로 삼대력이 쌓이면 심력이 생긴다. 이러한 심력은 곧 도력으로 이어진다.
삼계의 대권 : 과거 현재 미래의 삼세를 三界라 한다. 삼계의 大權이란 대각도인으로서 시방삼계의 일체중생을 제도할 큰 권한을 소유하여 삼계의 대도사와 같은 역량을 소유하는 경우를 말한다.
관련문제
「부처님의 인력이 지구의 인력보다 크고 무섭다. 삼천년 전부터 지금까지 또 앞으로도 만중생의 마음을 인력으로 끌어다니고 있다. 이것은 부처님께서 정신자원을 계발하셨기 때문이다. 또 대종사님께서도 대각하신지 60년이 되었으나 전 인류의 마음을 끌어 집중시키고 있다」(대산종사법문 3집, 제2편 교법 70장).
「사람이 천지의 할 일을 다 못하고 천지가 또한 사람의 할 일을 다 못 한다 할지라도 천지는 사리 간에 사람에게 이용되므로 천조의 대소유무를 원만히 깨달아서 천도를 뜻대로 잡아쓰는 불보살들은 곧 삼계의 대권을 행사함이니, 미래에는 천권보다 인권을 더 존중할 것이며, 불보살들의 크신 권능을 만인이 다 같이 숭배하리라」(대종경, 불지품 13장).
보충해설
매력이 있어야 주위 사람이 몰리는 것이다. 이러한 매력은 사람을 끄는 힘으로 인력과도 같다. 정산종사는 무엇이나 안에 인력이 있으면 외부의 기운이 응하게 된다고 했다. 덕인에게 사람이 모이는 것은 덕의 인력이 있기 때문이요, 마음공부를 잘하면 수도인들이 모여 우주의 큰 기운에 응함으로써 삼계의 대권을 행사할 수 있다. 그러면 원불교의 매력은 무엇인가. 우선 후천시대의 정법대도라는 점, 또 마음공부를 통해 심신을 연마하고 생사해탈을 추구하는 점, 진리적 종교의 신앙과 사실적 도덕의 훈련 도량이라는 점 등이 거론될 것이다. 참고로 베토벤은 괴테의 시에 매료당해 폭 빠졌다고 고백하면서 이렇게 말했다. "시의 내용뿐만 아니라 운율까지도 매혹적이지요. 괴테의 언어를 접하면 저절로 마음이 움직여서 작곡을 하지 않고선 도저히 못 견딜 정도라오." 이것이 괴테의 감성이 베토벤을 이끈 인력의 본보기이다.

주석주해

「사람의 착심은 우주의 인력과 같다. 형상 있는 것의 인력보다 형상 없는 착심의 인력은 더욱 강하다」(한종만, 『원불교 대종경 해의』(下), 도서출판 동아시아, 2001, p.178).

「이 세상에서 가장 좋은 얼굴, 정산종사의 그 아름다운 모습을 생각하자. 아무리 사람만 믿지 말고 법을 믿으라 하였지만 매력적인 교무, 아름다운 교무에게 교도들의 마음이 쏠리는 것은 인지상정이다」(김덕권, 「원불교 교무상의 다각적인 모색」, 《원불교교무상의 다각적인 모색》, 원광대 원불교사상연구원, 2003.2.7, p.25).

연구문제

1) 무엇이나 안에 인력이 있으면 밖에서 기운이 응한다는 뜻은?
2) 공부인에 있어 삼계의 대권이란?

[권도편 50장] 참다운 자유

핵심주제

참다운 자유

대의강령

◎정산종사 말하였다.
1) 참다운 자유는 완전한 해탈에서 오며,
2) 자유의 구경 원리는 우주와 자성의 진리에 근원되어 있다.

단어해석

자유 : 번뇌를 야기하는 온갖 유혹의 경계에 물들거나 구속되지 않고 마음의 여유로움으로 해탈하는 것이 自由이다. 타율이 아니라 자율의 자력으로 일상을 살며 구속이나 간섭을 멀리하는 행위가 자유이기도 하다.

해탈 : ☞경의편 18장 참조.
구경 : ☞권도편 39장 참조.
관련법문
「천상락을 오래 오래 계속한다면, 결국은 심신의 자유를 얻어서 삼계의 대권을 잡고 만상의 유무와 육도의 윤회를 초월하여 육신을 받지 아니하고 영단만으로 시방세계에 주유할 수도 있고, 금수곤충의 세계에도 임의로 출입하여 도무지 생사거래에 걸림이 없으며…」(대종경, 불지품 16장).
「삼독심의 짐 때문에 자유를 얻지 못하고 고통 받는 줄을 아는 것이 해탈이다」(한울안 한이치에, 제2장 심은대로 거둠 29장).
보충해설
 불가에 인연을 맺어 수행 정진을 하는 궁극적인 목적은 무엇인가? 그것은 심신의 자유를 얻고자 함이요, 이를 불교적으로 말하면 고통의 윤회에서 해탈하는 것이라 할 수 있다. 해탈을 얻지 못하면 고해에서 헤매기 때문이다. 석가모니가 유성출가를 한 것도 생로병사의 고해에서 벗어나 해탈에 이르고자 함이었다. 『고려대장경』제18권 『잡아함경』제1권 「설법사경」에서 사리불존자가 마하코티카에게 해탈과 관련하여 법사의 정의를 내리고 있다. "존자 마하코티카는 늙음과 죽음을 여윈 해탈을 이루어 삼독심을 떠나 적멸의 열반을 말씀하셨으니 … 태어남, 존재의 집착, 욕망, 느낌, 감촉, 여섯 감관, 정신과 물질 의식에 매이지 않고 해탈하여 삼독심을 멸해 노심초사하지 않을 것을 가르쳐주니 이를 법사라 한다." 곧 법사의 구경처에 이르는 것이 해탈 도인이다.
주석주해
「통제되지 않는 속성이 사람을 자유롭지 못하게 하고 해탈을 방해하고 있는 것이다. 따라서 종교의 수행을 통해 욕망 자체를 버리는 훈련을 반복 지속하게 하는 것이다」(박상권, 「소태산 성리해석의 지향성 연구」, 『원불교사상과 종교문화』 32집, 원불교사상연구원, 2006.2, p.90).
「진정한 자유는 자기로부터의 해탈이다. 나라는 집착으로부터 벗어난 해탈이 진정한 자유이다. 대각의 기쁨이란 일체 구속으로부터 대자유를 향유하는 것이다. 이는 혼자만의 기쁨이 아니라 세계동포와 더불어 누릴 때 그 즐거움은 말로 다할 수 없는 것이다」(박용덕,「대종사의 공동체 정신2」,《원광》제373호, 월간원광사, 2005.9, p.93).

연구문제
1) 참다운 자유는?
2) 자유의 구경 원리가 우주와 자성에 근원되어 있다는 것은?

[권도편 51장] 법강항마위의 공부법
핵심주제
법강항마위의 공부법
대의강령
◎ 정산종사 말하였다.
1) 법강항마위는 부처란 누구며 나는 누구냐는 큰 발분을 가지고 기운을 돋우며 정진해야 하며,
2) 법강항마위부터는 중생과 부처가 본래 하나라는 달관을 가지고 相을 떼고 티를 없애는 것으로 공부를 삼아야 향상된다.

단어해석
법강항마위 : ☞경의편 38장 참조.
발분 : 용맹정신 수행을 위해 마음을 분발하는 것을 發忿이라 한다. 팔조 중에서 진행4조의 하나가 忿으로, 오롯한 마음으로 삼학수행을 통해 성불제중하려는 의기충천한 전진심이 발분과 관련된다.
달관 : 온갖 시비를 초탈하고 미래를 꿰뚫어보는 것을 達觀이라 한다. 달관은 초연하고 해탈 자재한 마음으로 진리를 바라보기 때문이다.

관련법문
「오래오래 쉬지 아니하고 반복 수행하면 마침내 모든 마군을 항복받을 것이니, 그리 된다면 법강항마의 법위를 얻게 되는 동시에 마음난리에 편할 날이 없는 이 세상을 평정하는 훌륭한 도원수가 될 것으로 확신하노라」(대종경, 수행품 58장).

「일체의 마음을 다 비워버리고 보면 마음에 아무런 구애가 없게 되고 구애가 없고 보면 이에 따라 두려움과 전도와 몽상이 없어질 것이니 이것이 바로 항마인 것이다. 탐진치 삼독심을 벗어나면 항마인 것이다」(대산종사법문 5집, 6.무심결).

보충해설

우리가 자성을 회복하는데 마장이 되는 것은 경계에 있다. 도인은 이러한 경계를 항복받는 힘이 있는데 법위등급으로 말한다면 법강항마위이다. 항마위에 이르면 발분하도록 하며, 또 출가위 이상으로 오르도록 부단한 적공과 자비적 역량을 구비해야 한다. 사실 항마위에 오르면 천인 아수라가 먼저 숭배할 정도로 초성위에 오르게 된다. 육근이 작용하여 법마상전을 하되 법이 백전백승을 하며, 경전의 뜻을 일일이 해석하고 대소유무의 이치에 걸림이 없으며, 생로병사에 해탈을 얻은 사람의 위가 법강항마위라고 『정전』법위등급 조항에서 설명하였다.

주석주해

「법강항마위는 중생의 세계를 벗어나 부처의 세계에 들어선 초성인의 위이다」(간행위원회 편, 담산이성은정사 유작집 『개벽시대의 종교지성』, 원불교출판사, 1999, p.260).

「견성을 못한 사람은 정식 법강항마위의 위에 오를 수 없다. 법강항마위의 조항에 대소유무의 이치에 걸림이 없는 사람이라고 되어 있다. 따라서 법강항마위는 견성을 해야 한다」(한종만, 『원불교 대종경 해의』(上), 도서출판 동아시아, 2001, p.542).

연구문제

법강항마위까지 혹 법강항마위부터의 공부법은?

[권도편 52장] 정혜계의 표준

핵심주제

정혜계의 표준

대의강령

◎정산종사 말하였다.

1)정을 쌓되 동정에 구애 없는 정을 쌓으며,
2)혜를 닦되 지우에 집착 없는 혜를 닦으며,
3)계를 지키되 선악에 속박 없는 계를 지키라.

단어해석
정 : ☞원리편 4장 참조.
혜 : 지혜를 慧라고 하며, 삼학의 사리연구를 통해서 혜가 얻어진다. 지혜가 밝아져야 무명에 가리지 않고 진리를 깨달아야 반야지가 습득된다.
계 : 계문이나 계율을 말하며, 옳지 못한 일에 삼가는 행위가 戒이다. 원불교에는 보통급·특신급·법마상전급을 포함한 30계문이 있다.

관련법문
「수양은 정이며 양성이요, 연구는 혜며 견성이요, 취사는 계며 솔성이라, 이 공부를 지성으로 하면 학식 있고 없는 데에도 관계가 없으며 총명 있고 없는 데에도 관계가 없으며 남녀노소를 막론하고 다 성불함을 얻으리라」(대종경, 교의품 5장).
「우리는 동할 때 동하더라도 심중에 주착이 없이 동하고, 정할 때 정하더라도 심중에 대중심을 놓지 않도록 하여 동과 정이 항상 일치되어 여여하도록 심신을 수련하여 원만한 심성을 양성하자는 것이니라」(정산종사법설, 제9편 불교정전의해 4장).

보충해설
불교의 삼학은 계정혜 순서로 호칭하고, 원불교의 삼학은 정혜계 순서로 호칭한다. 이는 불교의 경우 계율(戒)을 중심으로 삼학을 말한다면, 원불교의 경우 수양(定)을 중심으로 삼학을 말한다. 이에 정산종사는 동정에 구애 없는 정을 쌓고, 지우에 집착 않는 혜를 닦으며, 선악에 속박 없는 계를 지키라고 하였다. 물론 불교의 상좌부 전통에서는 세 가지 공부로서 계율·명상·지혜를 정신적인 길로 가는 본질적인 수양이라 하고, 대승불교에서는 여섯 가지의 완성(육바라밀)을 강조하는 성향이다. 『잡아함경』을 보면 계정혜 삼학의 관계를 경작·관개·파종에 비유해서 말하고 있다. 하여튼 도가의 삼학공부는 수행의 지름길인 것이다.

주석주해

「삼학도 정혜계로써 성리자리를 바르게 알아 지키며 활용하자는 것이다. 이것은 따로 떨어져 있는 것이 아니다. 서로 연관되어 있어 성리를 활용하는 것이다」(박장식,『평화의 염원』, 원불교출판사, 2005, pp.190-191).

「원불교는 매우 민주적 성격을 갖추고 있는 것도 주목할만한 일이라 하겠다. 삼학은 정신수양 사리연구 작업취사를 말하는 것인데, 이것은 불교 정혜계의 원리를 구체화한 말이다. 이것은 또 유교의 격물치지 성심 정의 수신 제가 치국 평천하와 상통하는 개념이다」(한승조,「한국정신사의 맥락에서 본 원불교」,『원불교사상』 4집, 원불교사상연구원, 1980, p.53).

연구문제
정을 쌓되, 혜를 닦되, 계를 지키되 어떻게 공부하라는 것인가?

[권도편 53장] 마음공부와 심량
핵심주제
마음공부와 심량
대의강령
◎옛 말씀에 심심창해수요, 구중곤륜산이라 하였다.
1)마음을 쓰되 창해수 같이 깊고 깊어서, 가히 헤아릴 수 없이 하고(心深滄海水),
2)입을 지키되 곤륜산 같이 무겁게 하라(口重崑崙山),
3)안으로 큰 사람이 될수록 그 심량을 가히 헤아리지 못하며,
4)작은 그릇은 곧 넘쳐흐르나 큰 그릇은 여유가 있다.

단어해석
창해수 : 넓고 깊으며 푸른 바닷물을 滄海水라 한다.
곤륜산 : 서왕모가 살며 不死의 물이 흐르는 신선의 산을 崑崙山이라 한다. 곤륜산맥은 양자강과 황하강의 분수령이다(하단의 보충해설 참조).
심량 : 마음의 국량이 心量으로, 시비이해나 번뇌망상을 헤아려 마음에 수용하는 정도를 말한다. 심량이 광대하다는 것은 대인접물에 있어 걸림이 없고 어떠한 유혹 경계에도 굴복하지 않는 상태를 말한다.

관련법문

「心深蒼海水요, 口重崑崙山이라 하였나니 … 어떤 사람은 천하의 부귀와 권세로써 그 마음을 달래어 갈 수 있으나, 어떤 사람은 천하의 부귀와 권세로도 능히 그 마음을 흔들지 못하고, 무력으로도 능히 달래어 가지 못하는 萬尺창해수와 같은 마음의 심량을 가진 자도 있나니, 전자는 소인이요 후자는 대인이며, 전자는 범인이요 후자는 성인이니라」(정산종사법설, 제3편 도덕천하 28장).

「"한 번 입을 열고, 두 번 말하게 될 때에 그 공덕이 한 줌 쌓이고, 두 줌 쌓이게 하여라. 그러므로 입을 가지되 곤륜산과 같이 무겁게 가지라고 한 것이니라" 하시고, 입을 경계하는 한 수의 시를 내리셨다. "左手執하고, 右手牽하면, 世間試하니, 不知護이로다"」(정산종사법설, 제3편 도덕천하 28장).

보충해설

정산종사가 인용한 한시 "口重崑崙山하고 心深黃河水하라"는 말씀은 "입 무겁기를 곤륜산 같이 하고 마음 깊기를 황하수 같이 하라"는 것으로『道典』8편 6장 3절의 내용과 같다. 정산종사는 안으로 큰 사람이 되어갈수록 그 심량을 헤아리지 못하지만, 작은 그릇은 넘친다는 것을 경계하며 인용한 시구이다. 여기에 등장하는 곤륜산에 대하여 언급해 보자. 서왕모의 세계는 玉山 또는 龜山 같이 생생한 형상으로 묘사되고 靈所인 곤륜과 결부되어 있다. 곤륜산맥으로부터 동쪽으로 뻗어나 양자강과 황하의 분수령을 이루면서 회수와 더불어 북중국과 남중국을 분획한다. 우주 중심 수미산 정상의 지배자인 제석천궁에 크고 작은 산들이 모여서 山王을 뽑는데, 이들 산으로는 중국의 곤륜산, 인도의 대설산, 유럽의 알프스산, 미국의 록키산, 조선의 금강산이 있다.

주석주해

「처음으로 대종사님에게 인사를 올렸을 때 나에게 법명을 주셨다. 무거울 重, 묵묵할 黙자였다. "너는 재주가 많고 경솔한 데가 있으니 모든 일에 자중하고 묵묵해야 한다." 법명의 의미를 이렇게 설명해주신 대종사님께서는 내가 출가하여 2년이 지난 후 다시 "이제부터는 모든 일에 중도를 맞추어야 한다" 고 하시며 重자를 中자로 바꾸어 주셨다」(김중묵, 구도역정기)(박용덕, 『금강산의 주인되라』, 원불교출판사, 2003, p.280).
「나는 그릇이오, 경계는 담겨진 물체라. 고로 내 그릇 이상의 경계를 용납하지 못한다. 국이 트이고 그릇이 크면 大小의 경계가 마음 안에 들어와 하등 일스러운 것도 없고 복잡할 것도 없으리라」(조명렬 편, 상타원 전종철정사 유고집 『법신불 사은이시여!』, 원불교출판사, 1996, p.53).

연구문제
1) 심심창해수, 구중곤륜산이란?
2) 큰 사람이 되어갈수록 그 심량을 가히 헤아리지 못하는 뜻은?

[권도편 54장] 대인의 심법
핵심주제
대인의 심법
대의강령
◎큰 바다는 백천 골짜기 물을 다 받아들이되 흔적이 없다.
   1) 대인도 공부나 사업 간에 흔적이 없어서 모든 사리에 다 통달하되 통달한다는 흔적이 없으며,
   2) 중생을 두루 구원하되 구원한다는 흔적이 없다.
단어해석
흔적 : 뒤에 남은 형상이나 자국을 痕迹이라 한다.
대인 : ☞원리편 23장 참조.
통달 : 아무애 사무애로 사리에 막힘없이 달통한 것이 通達이다.
구원 : 번뇌가 치성하는 고해에서 중생을 선도로 인도하는 것을 救援이라 한다. 불행이나 재난의 고통에서 구원하는 것이 종교의 생명력이다.
관련법문
「해탈한 사람의 심경은 범상한 생각으로 측량하지 못할 바가 있나니, 무슨 일이나 그 일을 지어 갈 때에는 천만 년이라도 그 곳을 옮기지 못할 것 같으나 한 번 마음을 놓기로 하면 일시에 허

공과 같이 흔적이 없나니라」(대종경, 부촉품 1장).
 「대인은 흔적이 없으나 그와 반대로 소인은 소리가 나기 쉽나니, 곧 대인은 학식이 많고 말을 잘하며 부귀하고 권리를 가졌으되 그 가졌다는 흔적이 없고 상이 없으나, 소인은 그 반대로 무엇이나 조금 잘하면 또는 조금 나은 점이 있으면 흔적을 내고 상을 단번에 내어 서로 다투고 싸우게 되나니라」(정산종사법설, 제2편 공도의 주인 48장).

보충해설
 소태산 대종사는 해탈한 사람의 심경이란 범상한 생각으로 측량하지 못한다고 했다. "해탈 도인은 한 번 마음을 놓기로 하면 일시에 허공과 같이 흔적이 없나니라" (대종경, 부촉품 1장). 정산종사도 대인은 중생을 두루 구원하되 흔적이 없다고 하였다. 경산종사는 『반야심경 강의』 역해에서 "無無明 亦無無明盡은 '부처님은 내가 텅 비었다' 하는 그 마음도 없다. 무명도 없고 무명이 다했다는 것도 없다. 즉 공부했다는 상도 없다" (도서출판 동남풍, p.115)고 하였으니, 흔적 없는 참 도인의 모습이다.

주석주해
 「방각이 융섭된 무착행이란 무엇인가. 이는 모진 것(方), 촉된 것(角)이 허용될 수 있는 둥근 바다(圓海)로 포용성을 말하는 것이다」(정우열, 「일원상의 삼속성과 한의학 원리」, 원사연 131차 월례발표회, 원불교사상연구원, 2002.10.10. p.6).
 「나는 無字 공부를 많이 했는데 어찌 너는 그러느냐 하는 無字 공부한 흔적이 남아서 그렇게 된다. 이 흔적까지 없애야 한다. 그 자리는 비었다는 것도 없다」(장응철 역해, 『자유의 언덕-반야심경 강의』, 도서출판 동남풍, 2000, p.115).

연구문제
 큰 바다는 백천 골짜기 물을 다 받아들이되 흔적이 없듯, 대인은 공부나 사업 간에 어떻게 해야 하는가?

제8 응 기 편

핵심주제
지도의 공력과 피난비결
대의강령
1) 應機와 관련한 법어로서 총 61장으로 구성되어 있다.
2) 지도의 공력과 지도인의 허물을 언급하였다.
3) 상벌과 솔선수범이 강조되고 있다.
4) 오욕극복과 금강성품을 권면하고 있다.
5) 피난비결과 난경의 처사를 말하였다.
6) 도가의 칠보와 道味에 대한 법어이다.

[응기편 1장] 챙기는 정도
핵심주제
챙기는 정도
대의강령
◎ 지도자와 피지도자, 동지들 사이에 챙겨야 하는 처지는?
　1) 자주 챙길 처지는 안 챙기면 틈이 생길 우려가 있으니,
　2) 아직 알뜰한 권속이 다 되지 못하였기 때문이다.
◎ 챙기지 않아도 좋은 처지는?
　1) 의리와 인정이 형식에 구애되지 않으니,
　2) 마음을 합하고 기운을 연한 알뜰한 권속이기 때문이다.
◎ 지도자가 피지도자를 상대할 때 기망과 조작이 없게 되면?
　1) 그 사이에 대의가 확립되고 법맥이 연해지므로,
　2) 권속이 수가 많을수록 이 회상은 쉽게 융창한다.
출전근거
『원광』 12호(1955년)의 「法說三題」 법설이다(이공전 수필).

단어해석
 권속 : 불보살을 모시고 따르며 도를 배우는 사람들을 眷屬이라 하는 바, 소태산 대종사 문하의 제자들을 권속이라 한다. 또는 한 집안 식구를 권속이라 한다.
 의리 : ☞예도편 18장 참조.
 기망 : 남을 속이는 일을 欺罔이라 하는데, 온갖 계교사량으로 남을 속여 자신의 이득을 챙기려 할 때 이러한 기망 현상이 나타난다.
 법맥 : 불불계세 성성상전으로서 도가의 법통을 계승하는 것이 法脈이다. 소태산 대종사의 교법이 정산종사, 대산종사, 좌산종사, 경산종법사로 계승되는 것을 법맥 전수라 한다.
 융창 : 융성하고 창성하는 것을 隆昌이라 한다. 도운 융창(경륜편 19장)이라는 말이 이와 관련된다.

관련법문
 「스승과 제자의 정의가 부자 같이 무간하여야 가르치고 배우는 데에 막힘이 없고, 동지 사이의 정의가 형제 같이 친밀하여야 충고와 권장을 주저하지 아니하나니, 그러한 뒤에야 윤기가 바로 통하고 심법이 서로 건네어서 공부와 사업하는 데에 일단의 힘을 이루게 되나니라」(대종경, 교단품 1장).
 「스승과 제자간이나 동지지간에 있어서 꼭 챙겨야 할 만한 처지와 안 챙겨도 좋은 처지가 있나니 … 잡초가 잘 나는 밭은 농부의 손이 자주 가야 하는 것과 같이 변덕이 많고 邪가 많은 제자는 스승이 더욱 많은 공력을 들여야 한다고 대종사님께서도 말씀하셨나니, 이는 스승의 마음에 편심이 있는 까닭이 아니요, 그만한 공력을 들이지 않으면 버리기 쉬운 연고이니라」(정산종사법설, 제3편 도덕천하 37장).

보충해설
 사람을 챙긴다는 용어를 유난히 많이 사용하는 종교가 원불교이다. 출가한 간사시절부터 부교무・보좌교무・주임교무・교감교무 등에 이르기까지 도반의 정으로 서로 챙기며 권면하는 도풍이 상존하기 때문이다. 이에 정산종사는 지도자와 피자도자, 동지들 사이에 챙겨야 하는 처지를 언급하면서도 자력이 서서 챙기지 않아도 좋은 처지가 되라고 한다. 전종철 교무는 "챙겨야 할 자리 챙기지 못하였다." "먼 인연을 가까이 챙길 수는 없을까"(전종철 정사 유고집 『법신불 사은이시여!』, 원불교출판사, p.46)라고 자성하였다. 이처럼 동지애로써 서로 챙기는 도가의 미풍을 지속해온 원불교 교단은 오늘도 따뜻한 감성으로 간사로부터 원로교무까지 챙기고 또 챙기며 불지에 이르도록 정성을 다하고 있다.

주석주해

「남이 칭찬을 하면 마음을 챙겨 더 잘하고 제가 잘못한 일이 있어 남이 나에게 잘못했다 할 경우 미워하지 말고 충고로 받아들여 조심하는 공부를 해야 한다. 다른 사람이 나를 잘못했다고 할 경우 마음 챙기기도 어렵지만 타인이 나를 칭찬할 경우 거기에 끌리지 않고 살피기는 더 어렵다」(한종만, 『원불교 대종경 해의』(下), 도서출판 동아시아, 2001, pp.446-447).

「아무리 소소한 일이라도 하나하나 챙겨주고 확인시켜 주는 습관이 되어 있지 못하다는 것도 실수를 가져오게 되는 원인이다」(임도석, 「챙기는 마음」, 『나는 조각사』, 출가교화단, 2000, p.120).

연구문제

지도자와 피지도자, 동지와 동지 사이에 챙겨야 하는 처지와 챙기지 않아도 좋은 처지란?

[응기편 2장] 지도의 공력

핵심주제

지도의 공력

대의강령

◎잡초밭에 손이 자주 가듯 변덕 많은 이에게 공력이 더 든다.

1)지도하는 이에게 편심이 있어 그러는 것이 아니요, 공력을 들이지 아니하면 버리기 쉽기 때문이니,

2)공부하는 이는 지도자의 사랑을 혼자 받으려 말고 대범하게 하되 의리와 인정이 있어야 한다.

출전근거
『원광』 12호(1955년)의 「法說三題」 법설이다(이공전 수필).

단어해석
변덕 : 마음이 수시로 바뀌어 변하기를 잘하는 경우를 變德이라 한다.
편심 : 한편에 치우친 편견, 혹은 편착된 마음이 偏心이다.
공력 : ☞권도편 35장 참조.

관련법문
「토질이 나쁘고 잡초가 많은 밭에는 사람의 손이 자주 가야만 곡식을 많이 거둘 수 있으나, 그렇지 아니한 밭에는 큰 수고를 들이지 아니하여도 수확을 얻기가 어렵지 아니한 것 같이, 사람도 자주 불러서 타일러야 할 사람도 있고, 몇 번 타이르지 아니하여도 좋을 사람이 있어서 그러한 것이니 행여 섭섭한 마음을 두지 말라」(대종경, 교단품 21장).

「신사의 일곱 가지 천함이 있으니, 첫째 남의 것을 이용하여 자기 이익을 도모하거나 생색을 내는 것이요, 둘째 다른 사람에게 들은 말을 자기가 깨친 것처럼 말하는 것이며, 셋째 단체의 외교를 할 때 자기가 제일 잘난 것처럼 하는 것이요, 넷째 단체 일을 집행할 때 혼자 다 차지하려는 것이며…」(한울안 한이치에, 제1장 마음공부 54장).

보충해설
우리가 세운 목적을 달성하기 위해서는 그만한 공력이 들어간다. 농부는 풍년을 기약하기 위해 부지런히 농사에 공력을 들이고, 선생은 제자를 훌륭한 인재로 이끌기 위해서 정성스런 공력을 들이는 것이다. 이러한 공력에 있어 사제나 학자 간의 의리와 인정이 뒤따른다. 쇼펜하우어의 『의지와 표상으로서의 세계』라는 저술에 의하면, 칸트가 철학사에서 세운 가장 커다란 공력은 현상과 물 자체를 구별한 점이라고 한다. 철학자로서 칸트의 공력이 후래학자 쇼펜하우어에 의해 전달된 것이다. 선사가 돌을 거울로 만들라는 스승의 명령을 받았다면 지성으로 돌을 갈고 닦아 거울로 만드는데 들어가는 피땀의 결정체가 적공의 공력이다.

주석주해

「功이 들면 인연이 그만큼 가까워 온다. 하지만 시일이 걸려서 오랜 功이 있을수록 그만큼 깊어지나 보다. 힘에 겨운 경계는 마음에서 튕겨져 나간다. 힘이 약한 사람은 벅찬 일에 짜증이 나는 것, 이유가 나오고 티가 뜯어지는 것…」(조명렬 편, 상타원 전종철정사 유고집『법신불 사은이시여!』, 원불교출판사, 1996, p.53).

「모든 일에 정성을 다하고 스승을 염념불망 심심상연 마음에 모시고, 동지와 동지 간에 창자를 잇는 뜨거운 정의가 있으며, 교도를 내 몸과 같이 사랑하고, 신성과 의리가 일이관지하여 누구나 그 인품을 닮아가고 싶고 체받고 싶은 교무는 결복기 교운을 열어가는 교무상이 될 것이다」(최영돈,「결복기 교운을 열어갈 교무상」,《원불교교무상의 다각적인 모색》, 원광대 원불교사상연구원, 2003.2.7, p.8).

연구문제
1) 변덕이 많은 공부인에게는 지도하는 공력이 더 드는 이유는?
2) 공부인과 지도자 사이에 의리와 인정이 있어야 한다는 뜻은?

[응기편 3장] 선인의 조건

핵심주제
선인의 조건

대의강령
◎ 큰 선인이 되려면 남의 선 좋아하는 공부를 해야 한다.
  1) 남의 선 좋아하지 않고 큰 선인 이루기 어려우며,
  2) 남의 선 좋아하지 않으면 선인과 친근하지 못하며,
  3) 선인을 친근하지 않으면 선심이 희미해질 것이며,
  4) 선심이 희미해지면 선행을 즐기지 않는다.

출전근거
『원광』15호(1956년)의「潦霽任天」법설이다(이공전 수필).

단어해석
선인 : 착한 사람 혹 상생으로 선인선과를 맺는 사람을 善人이라 한다.

선심 : 악행을 범하지 않는 착한 마음을 善心이라 한다.
관련법문
「착하지 못한 제자에게는 큰 허물에도 꾸중을 적게 하시며 조그마한 선행에도 칭찬을 많이 하시는지라, 한 제자 그 연유를 묻자오매 대종사 말씀하시기를 "열 가지 잘하는 가운데 한 가지 잘못하는 사람은 그 한 가지까지도 고치게 하여 결함 없는 정금미옥을 만들기 위함이요, 열 가지 잘못하는 가운데 한 가지라도 잘하는 사람은 그 하나일지라도 착한 싹을 키워주기 위함이니라"」(대종경, 실시품 39장).
「법동지들과 은의를 굳게 하고 선행을 본받으면 영생을 통하여 제도와 음조를 입을 수 있는 것이다. 그러므로 여러분은 안으로 서원의 견실을 대조하고, 밖으로 師友의 인연을 잘 맺어 대각을 이루고 중생을 제도하는 사도가 되라」(한울안 한이치에, 제1장 마음공부 40장).
보충해설
사회에 큰 인물이 되려면 그만큼 자신의 사회 공헌이 뒤따라야 한다. 사회에 공헌한다는 것은 선행을 하는 것으로, 선행을 하다보면 세상 사람들과 선연이 맺어져 지속적으로 선심을 갖게 된다. 『주역계사전』상에서는 一陰一陽을 道라 하고, 이것이 계속되는 것을 善이라 했다. 우주의 도가 상생의 선연으로 지속되는 기운이 곧 신이라는 것이다. 소태산 대종사는 인과를 분명히 깨쳐서 악도를 벗어나고 선업을 지으라고 하였다.
주석주해
「누구나 나면서부터 악인과 선인, 지자와 우자의 구별이 된 것이 아니라, 나서 살아가는 가운데 좋은 습관과 나쁜 습관을 길들이고, 배우고 안 배운 습관에서 선악과 지우의 차별을 이루게 된 것이다」(조전권, 선진문집1 『행복자는 누구인가』, 원불교출판사, 1979, p.34).
「좋은 일은 조그마한 일이라도 빠짐없이 다 행하고 악한 일은 조그마한 일이라도 지체 없이 끊어버리는 습관을 행하고 내일도

행하고 금년에도 행하고 내년에도 행할 것이며 젊어서도 행하고 늙어서도 행하여 아주 우리의 버릇이 되어야 할 것이다」(간행위원회 편, 『양산 김중묵종사문집-크게 한바퀴 돌아가는데』, 원광사, 2002, pp.22-23).

연구문제
1) 큰 선인이 되고자 하려면?
2) 선인되는 공부의 주요한 조건은?

[응기편 4장] 선악이 皆吾師
핵심주제
선악이 皆吾師
대의강령
◎영산에서 학인들에게 글을 써주었다.
 1) 밖으로 죄해가 오는 것은 전생 금생에 스스로 지은 것이요(害由自作),
 2) 사은의 이치는 여여하여 변함이 없나니라(恩本無窮).
 3) 선은 선으로 나를 깨우치고 악은 악으로 나를 깨우치나니, 아울러 나를 인도하는 좋은 스승이라(善惡之師 竝導我善).
 4) 생각이 이 같으면 당하는 곳마다 평화롭다(念念如是 永保其和)."

단어해석
죄해 : 범죄 행위로 인해 받게 되는 피해를 罪害라 한다.
여여 : 진리의 한결같음을 如如라고 하는데, 달리 말해서 지혜를 통해서 진여의 실상을 깨달아 아는 것을 말한다.

관련법문
「선악 간에 마음 발하는 것을 잘 조사하고 또 조사하여 악심이 나면 제거하고 또 제거해서 악심은 없애고 양심만 양성하므로 혜복이 항상 넉넉할 것이요」(대종경, 수행품 59장).
「우리가 선악간 당하는 일 가운데 반드시 원인이 있어 가지고 그 결과가 오게 되며 그 결과 뒤에는 다시 큰 인연이 맺어지는 것이다. 선에도 씨가 있고 악에도 씨가 있는데 우리는 지금 무슨 씨를 가지고 있으며 그 동안 무슨 씨를 심어서 재배하고 있는가를 알아보아야 할 것이다」(대산종사법문 4집, 3.일반인, 한강 수몰 고혼 특별 천도재 1).

보충해설

오늘날 내가 받는 고통은 전생에 지은 바를 그대로 받는다고 생각하는 것이 인과이다. 따라서 현생을 살아가면서 내생에는 지은 바 그대로 받는다는 생각으로 일생을 살아간다면 육근 작용 하나하나에 경외심을 갖지 않을 수 없다. 이에 정산종사는 善惡之師라고 했는데, 보통 선악이 개오사라고 말한다. 정산종사는 「도운편」 37장에서 "악한 것까지라도 선을 각성하게 하는 한 힘이 되나니라"고 하였다. 이를 사자성어로 말하면 正面敎師요 反面敎師인 바, 일의 성향에서 볼 때 자기보다 나은 사람이 정면교사라면 자기보다 못한 사람은 반면교사라고 할 수 있다.

주석주해

「邪敎라도 분발하여 새로운 정신을 차린다면 거짓 선생에서 참 선생으로 전환될 수 있으니, 현재의 잘못으로 인하여 앞으로 세계사업을 할 수 있는 가능성을 배제하지 말라는 광의의 교화개념 하에서 그들 또한 세계 사업자로 소태산은 간주하고 있다」(김복인, 「미래의 종교-소태산의 전망에 근거한 고찰」, 『원불교와 21세기』, 원불교사상연구원, 2002, p.457).

「악이 세상을 깨우친다는 것은 악을 행하면 죄를 받아 각성을 촉구해서 선으로 인도하는 것이다. 악한 사람이 심한 죄를 받는 것을 보면 자기도 악을 행하면 저렇게 혹독한 죄를 받게 되는 것을 무서워하여 죄를 짓지 않는다」(한종만, 『원불교 대종경 해의』(下), 도서출판 동아시아, 2001, p.293).

연구문제

1) 밖으로 죄해가 돌아오는 원인은?

2) 害由自作 恩本無窮 善惡之師 竝導我善 念念如是 永保其和를 해석하시오.

[응기편 5장] 영생의 보감법문
핵심주제
영생의 보감법문
대의강령
◎정산종사, 양도신이 전무출신을 할 때 영생의 보감법문으로 네 가지 서약조항을 써주었다.

1)대도 수행은 영겁의 보물이고 일시 영욕은 조각 부운 같으니 애욕을 초월하리라.

2)순경과 역경이 공부 기회를 주고 선인과 악인이 공부 길을 인도하니, 재미있고 감사한 생각을 잊지 아니하리라.

3)부지런함은 만복의 근원이고 배우길 좋아함은 큰 지혜의 바탕이니 부지런과 배움 두 가지로 일생 사업을 삼으리라.

4)역겁난우인 회상에 참예하였고 시방세계에 헌신하는 전무출신에 가입하였으니, 일시인들 허송하며 욕심에 구속되리오.

단어해석
보감 : ☞경의편 24장 참조.

영욕 : 부귀영화 및 타락하여 욕됨을 榮辱이라 한다.

부운 : 하늘을 무심히 떠다니는 뜬 구름을 浮雲이라 하며, 이는 덧없음과 무상함을 상징한다.

순경 : 어려운 상황 곧 역경에 반대되는 말로서 順境은 하고자 하는 일이 순조로워 무풍지대에서 나타나기 쉬운 안일·나태·교만과 같이 은연 중 나타나는 경계를 말한다.

역겁난우 : 오랜 세월이 지나도록 만나기 어려움을 歷劫難遇라 한다. 원불교를 만나 정법회상에 귀의하기가 쉽지 않다는 뜻이다.

허송 : 세월을 헛되이 보내는 것을 虛送이라 한다.

전정 : 앞길을 前程이라 하는 바, 전정이 구만리 같다는 표현이 있다.

관련법문
「 "돌아오는 난세를 무사히 살아갈 비결 하나를 일러 줄 터인즉 보감을 삼으라" 하시고 선현의 시 한 편을 써 주시니 곧 "처세에는 유한 것이 제일 귀하고 강강함은 재앙의 근본이니라. 말하기는 어눌한 듯 조심히 하고 일 당하면 바보인 듯 삼가 행하라"」
(대종경, 인도품 34장).
「전무출신은 邪私를 넘어서 공가와 공사에 나섰기 때문에 출가 자체만으로도 큰 일을 하는 것이 된다. 출가 후에도 큰 자리에서만 큰 일을 하는 것이 아니라 주어진 현직에서 직무수행에 … 정성을 다하여 큰 실적을 나투고 공적 대의에 합력하는 심법을 잃지 않으면 큰 일을 하는 것이 된다」(좌산상사법문집『교법의 현실구현』, 3.교법·교단, 35.도가에서 큰일 할 수 있는 인물).

보충해설

우리가 출가하여 전무출신을 하려면 남다른 각오가 필요하다. 그만큼 출가란 힘든 일이며, 이에 보감이 될만한 법문이 필요한 것도 사실이다. 제자들이 스승을 찾아 보감될 법문을 요청하는 경우가 도가에 자주 있는 일이다. 특히 전무출신을 할 경우, 재색명리의 낙을 이 공부 이 사업으로 바꾸라든가, 순역경계를 당할 때 공부심으로 임하라는 등 도움이 되는 법설을 듣곤 한다. 정산종사도 역겁난우 회상에 참예하였고 시방세계에 헌신하는 전무출신 세계에 들어왔으니, 욕심에 무료히 구속되지 말라 했다. 박정훈 선진은 '우리 공부에 보감될 자료'가 많이 있어『한울안 한 이치에』라는 이름으로 엮었다고 서문에 밝힌 바 있다. 정산종사의 성자적 경륜이『정산종사법어』에 이어 보감의 법문집으로서의 역할을 충실히 하고 있다. 근래『정산종사법설』(오선명 엮음),『정산종사전』(박정훈 지음)도 같은 맥락에서 출판되었다.

인물탐구

양도신(1918-2005) : 薰陀圓 梁道信 교무는 1918년 8월 2일에 부산시 하단동 185번지에서 부친 래산 양원국 중희사와 모친 보타원 이성주화 중희사의 6남매 중 3녀로 탄생하였다. 천성이 공순하고 성실하였던 훈타원 종사는 부친의 훈도 속에 하단교당 초대교무 삼산 김기천 종사의 연원으로 입교하였고 14세에 대종사를 친견하였다. 18세 되던 원기 20년 11월 부산지방을 행가 하던 대종사를 따라 총부에 와서 전무출신을 서원하였다. 대종사는

"도신이는 앞으로 교단의 큰 법기가 될 것이다" 라고 말하면서 동정간 삼대력 얻는 길을 가르쳐 주었다. 출가 후 원기 22년 1월까지 총부 선학원에서 공부를 한 훈타원 종사는 총부에서 공양원, 통신부 서기, 통신부 순교로 근무하였다. 건강한 심신으로 총부생활에서 전무출신의 기초를 닦은 훈타원 종사는 원기 26년 남원교당 교무로 부임하여 22년을 봉직하였다. 이를 계기로 원불교가 남원지역 뿐만 아니라 전북지역에 뿌리내리는 계기를 마련하였다. 훈타원 종사는 원기 48년 부산교당에 부임하여 일반교화와 아울러 학생·청년·대학생교화, 방송교화, 사회교화에 전력하였다. 원기 56년에 종로교당에서 교리강좌, 대법회, 법당신축, 직장법회 개설, 5개의 연원교당 창설 등 교당교화에 심혈을 기울였다. 훈타원 종사는 원기 63년에는 동산선원장으로 부임하여 10년간 인농의 책임을 맡고 수많은 교단인재를 양성하여 많은 동량들을 배출하였다. 대종사의 은녀로서 많은 제자들 중에서도 대종사의 사랑을 듬뿍 받기도 하였다. 훈타원 종사는 원기 73년 5월 제 122회 수위단회에서 2대말 성업의 결산기를 맞아 종사 법훈을 받았다.

주석주해

「나의 정신에 보감이 되는 부처님의 경문을 외우고 여가시간이 있으면 그 법문을 상기하여 옆 사람과 법문을 화제 삼아 이해와 실천을 다지며 마음속 깊이 아로새기면 지혜로워지고 실생활에 빛이 날 것으로 생각된다」(장응철 역해, 『생활속의 금강경』, 도서출판 동남풍, 2000, p.11).

「열녀·효자·충신·사제 같은 특별한 점으로 이 세상에 이름이 남겨지고 후인이 역사로서 배우게 되고 후인들에게 보감 되도록 가르치고 있다. 그 지조와 역사 꺼리가 따로 있는 것이 아니라 보통사람으로는 넘기기 어려운 한 경계를 이겼기 때문에 장하다고 후인이 받들게 된다」(동산문집편찬위원회, 동산문집 Ⅱ 『진리는 하나 세계도 하나』, 원불교출판사, 1994, p.66).

연구문제

1)양도신 교무가 전무출신할 때 정산종사는 영생의 보감될 네 가지 서약조항을 써주었는데 이를 아는 데로 쓰시오.
 2)대도의 수행은 영겁의 보물이 되고 일시적 영욕은 한 조각 부운 같다는 뜻은?

[응기편 6장] 원과 신분의성
핵심주제
 원과 신분의성
대의강령
 ◎이중정에게 글을 내리었다.
　1)큰 원을 발하라. 사를 경영하고 저만 이롭게 함은 이슬 같고 연기 같으니, 부처되어 중생 건지려 함이 모든 원의 머리니라(發大願, 營私利己 如露如烟 成佛濟衆 萬願之宗).
　2)큰 믿음을 세우라. 묘함이 다른 묘함이 없고 보배가 다른 보배가 없으며, 철주의 중심이요 석벽의 외면이니라(立大信, 妙無他妙 寶無他寶 鐵柱中心 石壁外面).
　3)큰 분을 일으키라. 이익을 한 근원에 끊으면 공이 백배요, 세 번 주야를 반복하면 그 공이 만배라 하였나니라(起大忿, 絶利一源 用師百倍 三反晝夜 用師萬倍).
　4)큰 의심을 품으라. 큰 믿음 아래 큰 의심이 있나니, 일심 이르는 곳에 금석도 뚫리리라(懷大疑, 大信之下 必有大疑 一心所到 金石可透).
　5)큰 정성으로 행하라. 진실되어 거짓 없으면 안과 밖이 둘 아니요, 시종이 한결 같으면 천지로 공이 같으리라(行大誠, 眞實無爲 內外不二 始終一貫 天地同功).
　6)일원대도 운전하여 무량중생 제도하고 영겁 고를 해탈하라(運一圓道 濟無量生 脫永劫苦).

단어해석
 발대원 : 큰 원을 발하라는 뜻이 發大願이다
 영사이기 여로여연 : 사를 경영하고 저만 이롭게 함은 이슬 같고 연

기 같다는 것을 營私利己 如露如烟이라 한다.

성불제중 만원지종 : 부처 되어 중생 건지려 함이 모든 원의 머리라는 뜻에서 成佛濟衆 萬願之宗이라 한다.

입대신 : 큰 믿음을 세우라는 뜻이 立大信이다.

묘무타묘 보무타보 : 묘함이 다른 묘함이 없고 보배가 다른 보배가 없다는 의미로서 妙無他妙 寶無他寶이다.

철주중심 석벽외면 : 철주의 중심이요 석벽의 외면이라는 뜻이 鐵柱中心 石壁外面이다(정전, 무시선법 참조).

기대분 : 큰 분을 일으키라는 뜻이 起大忿이다.

절리일원 용사백절 : 이익을 한 근원에 끊으면 그 공이 백배라는 뜻이 絶利一源 用師百倍이다.

삼반주야 용사만배 : 세 번 주야를 반복하면 그 공이 만 배라는 의미에서 三反晝夜 用師萬倍라 한다.

회대의 : 큰 의심을 품으라는 의미에서 懷大疑이다.

대신지하 필유대의 : 큰 믿음 아래 큰 의심이 있다는 의미가 大信之下 必有大疑이다.

일심소도 금석가투 : 일심 이르는 곳에 금석도 뚫는다는 뜻이 一心所到 金石可透이다.

행대성 : 큰 정성으로 행하라는 것이 行大誠이다.

진실무위 내외불위 : 진실 되어 거짓 없으면 안과 밖이 둘이 아니라는 의미에서 眞實無僞 內外不二이다.

시종일관 천지동공 : 시종이 한결 같으면 천지로 공이 같다는 것이 始終一貫 天地同功이다.

운일원도 : 일원대도 운전하라는 뜻이 運一圓道이다.

제무량생 탈영겁고 : 무량중생 제도하고 영겁 고를 해탈한다는 의미로서 濟無量生 脫永劫苦라 한다.

관련법문

「한 번 뛰어서 불지에 오르는 도인도 있나니 그는 다생겁래에 많이 닦아온 최상의 근기요, 중하의 근기는 오랜 시일을 두고 공을 쌓고 노력하여야 되나니, 그 순서는 첫째 큰 원이 있은 뒤에 큰 信이 나고, 큰 신이 난 뒤에 큰 忿이 나고, 큰 분이 난 뒤에 큰 의심이 나고, 큰 의심이 있는 뒤에 큰 정성이 나고, 큰 정성이 난 뒤에 크게 깨달음이 있으며, 깨달아 아는 것도 한 번에 끝나는 것이 아니라 천통만통이 있나니라」(대종경, 수행품 43장).

「땅에 일원상을 그려 보이시며 말씀하시기를 "이것이 곧 큰 우주의 본가이니 이 가운데에는 무궁한 묘리와 무궁한 보물과 무궁한 조화가 하나도 빠짐없이 갖추어 있나니라." 음광이 여쭙기를 "어찌하면 그 집에 찾아들어 그 집의 주인이 되겠나이까." 대종사 말씀하시기를 "삼대력의 열쇠를 얻어야 들어갈 것이요, 그 열쇠는 신분의성으로써 조성하나니라"」(대종경, 불지품 20장).

보충해설

스승으로서 제자 훈도는 아무리 강조해도 지나치지 않다. 정산종사는 제자 이중정에게 팔조로서 진행4조를 강조하며, 그 위에 큰 원을 언급하였다. 큰 원을 발한다는 것은 부처되어 중생 건짐이 모든 원의 머리이기 때문이다. 큰 원이란 성불제중의 큰 서원을 말하는 것이다. 부처를 이루는 원처럼 큰 원은 없으며, 이 원을 이루는데 신분의성이 필요하다. 원광대 예비교무들의 숙소로 서원관이 새롭게 지어져 2007년 3월 입주하였는데, 경산 종법사는 서원관의 이름을 誓圓館이라 지어 친필을 하사하였는데, 그 친필이 서원관 입구의 간판글로 장식되었다. 서원관의 한자는 원래 誓願館이라 해야 옳으나 "일원상을 서원하라"는 뜻에서 願을 圓으로 개칭한 것이다. 당시 필자는 교학대학 학장(2005.9-2007.8)으로 주재하던 때였으므로 종법사 친필을 하사받아 간판용 동판에 새기도록 했으며, 이때(원기 92년 3월)부터 오랜 숙원사업이던 교학대학과 서원관의 지도체제가 학장 중심으로 일원화되었다.

인물탐구

이중정(1926-현재) : 민산 이중정 교무는 1926년 6월 14일 전남 영광군 묘량면 신천리 1155번지에서 이형국 선생과 노도봉화 여사 사이에서 1남1녀의 막내로 출생하였다. 민산종사가 처음 총부를 찾았을 때 주산종사는 총부 교감이었다. 주산종사는 당시의 젊은 학원생들에게 「불해탐주」와 「치문」 등을 강론하였고 좌선 후면 어김없이 「불해탐주」에 나오는 과거 선사들의 일화를 들려 주었다. 민산종사는 이를 통해 선사로서의 꿈을 키우기 시작했다. 원기 31년 유일학림 전문부 제1기로 입학하여 원기 34년까지 만 3년 동안 수학하며 숭산종사의 강의에 매료되었다. 이때 민산종사는 원불교학 가운데 동양종교와 관련 있는 분야에 관심을 갖게 되었다. 원기 37년 4월 원광대학 교무과장으로 발령받아 1년간 근무하였고 도서과장으로 전보되면서 시간강사로 위촉되었다. 교학을 연구하여 가르치고 싶던 꿈을 키워갈 수 있었다. 당시 정산종사는 병환 중이었으나 혼연히 훈도해 주었다. 정산종사의 영기질 법문은 민산종사의 연구뿐 아니라 공부 방향에까지 일대혁신을 가져왔다. 우주 만유가 영과 기와 질로 이루어져 있다는 확신에서 벅찬 감격이 밀려왔다. 이때 숭산종사로부터 동국대학 3학년에 편입할 것을 권고받던 터였으나 교화를 여망하던 때라 사양하였다. 원기 56년부터 순교감을 지낸 뒤 원기 58년 동산선원 교감으로 부임하였으며, 그곳에서 교전과 불경과목을 강의하였다. 원기 70년 12월에는 동산선원이 교단정책에 따라 중앙훈련원으로 병합됨에 따라 71년 3월에 중앙훈련원 부원장으로 부임하여 3년간 봉직하였다. 원기 73년 마산 교구장으로 발령받아 재임 중 20개 교당을 확충하였고 기관으로는 원불교 신협을 신설한 것을 끝으로 원기 79년 12월 마산교구장 6년 임기를 마쳤다. 원기 76년 3월 제11회 수위단회에서는 성업봉찬 기념대회를 맞아 법위를 출가위로 사정하고 종사의 법훈을 서훈했다.

주석주해

「정산종사는 … 서원과 신심과 분발심을 내는 것을 강조하고 있다. 서원과 신심은 무념무상의 상태는 아니며 어떤 이념과 가치관의 수립을 전제로 한다」(이성전, 「定靜의 유·도통합적 성격」, 『원불교사상과 종교문화』 31집, 원불교사상연구원, 2005.12, p.60).

「신을 바탕으로 분발심과 의두 연마와 정성이 생기는 것이다. 분발심이 잘 나지 않는 것은 믿음이 부족하기 때문이다. 신이 일어난 후에 신에 바탕하여 분발심이 일어나고 이치와 일을 깨치는 의두 연마와 끝까지 수행하는 정성이 나오는 것이다. 하늘을 찌를듯한 신성이 중요한 것이다」(한종만, 『원불교 대종경 해의』(下), 도서출판 동아시아, 2001, pp.212-213).

연구문제
1) 신분의성에 더하여 願을 내린 법문의 의도는?
2) 發大願 營私利己 如露如烟, 成佛濟衆 萬願之宗을 설명하시오.
3) 運一圓道 濟無量生 脫永劫苦를 설명하시오.

[응기편 7장] 인욕과 자성

핵심주제
인욕과 자성

대의강령
◎ 학인들에게 글을 내렸다.
1) 송죽은 상설로 절개를 얻고 보살은 인욕으로 마음을 기르나니(松竹以經雪得其節 菩薩以忍辱養其心),
2) 인욕의 공부는 처음엔 죽순 같고 다음엔 대 같고 마침내 태산교악 같아 만세에 뽑지 못할 힘이 있고(忍辱之功 初如筍 中如竹 終如泰山喬嶽 有萬歲不拔之力),
3) 마음 넓히는 공부는 처음엔 시내 같고 다음엔 강 같고 마침내 창양 같아 불가사의한 역량이 있다(恢心之功 初如溪 中如江 終如大海滄洋 有不可思議之量也).
4) 객진의 요요함은 비록 조석으로 변환하나 참 성품의 여여함은 만고에 통하여 길이 있나니(客塵之撓撓 雖朝暮而變幻 眞性之如如 亘萬古以長存),
5) 物을 따라 옮기지 아니하면 이것이 상근기라 이름하고(不逐物移 是名上根),
6) 빛을 돌이키어 자성에 비추면 이것이 곧 불도이다(廻光返照 是爲佛道).

출전근거

『원광』 17호(1956년)의 「灰心之功」(외4편)법설이다(이공전수필).
단어해석
 송죽이경설득기절 : 송죽은 상설을 지냄으로써 그 절개를 얻는다는 것이 松竹以經雪得其節이다.
 보살이인욕양기심 : 보살은 인욕으로 그 마음을 기른다는 의미에서 菩薩以忍辱養其心이다.
 인욕지공 초여순 중여죽 : 인욕의 공부는 처음에는 죽순 같고 다음에는 대 같다는 뜻이 忍辱之功 初如筍 中如竹이다.
 종여태산교악 : 마침내 태산교악과 같다는 뜻이 終如泰山喬嶽이다.
 유만세불발지력 : 만세에 뽑지 못할 힘이 있다는 것이 有萬歲不拔之力이다.
 회심지공 초여계 중여강 : 마음 넓히는 공부는 처음에는 시내 같고 다음에는 강 같다는 것이 恢心之功 初如溪 中如江이다.
 종여대해창양 : 마침내는 대해 창양 같다는 뜻이 終如大海滄洋이다.
 유불가사의지량야 : 불가사의한 역량이 있다는 것이 有不可思議之量也이다.
 객진지요요 수조모이변환 : 객진의 요요함(어지러움)은 비록 조석으로 변환한다는 의미가 客塵之撓撓 雖朝暮而變幻이다.
 진성지여여 긍만고이장존 : 참 성품의 여여함은 만고를 통하여 길이 있다는 것을 眞性之如如 亘萬古以長存이라 한다.
 불축물이 시명상근 : 物을 따라 옮기지 아니하면 이것을 상근기라 이름한다는 뜻에서 不逐物移 是名上根이라 한다.
 회광반조 시위불도 : 빛을 돌이키어 자성에 비치면 이것이 곧 불도라는 뜻이 廻光返照 是爲佛道이다.
관련법문
「창극 춘향전 심청전 흥부전 등을 들으실 때에는 매양 그 정절과 孝友의 장함을 칭찬하시며, 공도생활에 지조와 인화가 더욱 소중함을 자주 강조하시고, 말씀하시기를 "충열효제가 그 형식은 시대를 따라 서로 다르나, 그 정신만은 어느 시대에나 변함없이 활용되어야 하리라"」(대종경, 실시품 41장).
「인욕이라 곧 참기 어려운 괴로운 것을 능히 참아가고 하기 어려운 고행을 능히 행하며, 또는 당하기 어려운 분한 일을 당하였다 할지라도 마음속에 원망이 없는 분일 것이요」(대산종사법문 2집, 제10부 회의치사, 육도만행으로 진리세계 건설).

보충해설
 정산종사의 여래적 자태가 한시에 그대로 나타나 있다. 송죽은 상설로 절개를 얻고 보살은 인욕으로 마음 기른다는 표현 자체가 수도인의 적공을 알 수 있게 한다. 여기에 동원되는 소재로는 송죽·상설·절개·인욕·대해·성품·빛·자성·불도 등인데 모두가 수도하는 내용과 관련된다. 적공의 대표적 개념으로 등장하는 인욕은 육바라밀에서 언급되는 보살도 수행의 하나이다. 석가모니가 출가하여 설산에서 6년간 고행한 것이 인욕의 힘이며, 소태산이 7세 때 우주 대자연에 의심을 품고 산신과 도사 등을 만나려 했고 25세에 좌탈입망을 넘어 26세에 대각에 이른 것이 인욕의 힘이다. 수도자의 열반 후 사리 출현도 인욕에 의함이라 했다.

주석주해
 「박사시화로 말하면 본래 남원 출생으로 일찍이 喪夫한 후 송죽 같은 절개를 지키며 천연적으로 불법승 삼보를 공경하여 재래 사찰의 화주가 되어 불사에 전력하다가 갑자년 2월에 최도화의 인도로 대종사를 뵙고 사제지의를 結하신 이래 13성상 하루같이 본회를 위하여 혈성 노력한 어른이다」(구타원종사 법문집 편집위원회 편, 『인생과 수양』, 구타원종사기념사업회, 2007, p.61).
 「보시, 지계, 인욕, 정진, 선정, 그리고 지혜로서 보살의 길로 가는 궁극적인 수행이다. 반야심경에서 마지막 덕목은 나머지 다섯 가지를 이끌어 나가는 원리이다」(R.K. Rana, 「영성과 평화-대승불교의 관점에서」, 원광대개교60주년국제학술회의『개벽시대 생명·평화의 길』, 원불교사상연구원·한국원불교학회 外, 2006.10.27, p.62).

연구문제
 1) 송죽은 상설로 절개를, 보살은 인욕으로 마음을 기르는 뜻은?
 2) 恢心之功 初如溪 中如江 終如大海滄洋 有不可思議之量也 해석?

3) 客塵之撓撓 雖朝暮而變幻 眞性之如如 亘萬古以長存의 해석은?

[응기편 8장] 미성년과 성년
핵심주제
 미성년과 성년
대의강령
 ◎합동 성년식에 설법하였다.
   1) 나이보다 남을 잘 용납하고 덕을 입히는 것이 어른이니,
   2) 남을 용납하고 덕을 입히는 이는 연령이 적어도 성년이며,
   3) 남의 용납만 받고 덕을 입기만 하면 언제나 미성년이다.
 ◎그대들은 이미 성년이 되었다.
   1) 남을 용납하고 용납은 받지 말며,
   2) 남을 위하되 위함만 받지 말며,
   3) 새로운 복을 짓는 사람이 되고 복 받지만 말며,
   4) 남을 강으로만 이기려하면 승자가 되기 어려우며,
   5) 물이 산을 뚫듯 부드러움으로 이기면 최후 승리한다.

단어해석
 합동성년식 : 합동으로 성년식을 올리는 것을 合同成年式이라 한다. 성년식이란 아이가 성장하여 어른이 되는 것을 기념하는 식으로 보통 20세 전후 관례식을 올리는 것으로, 종교마다 고유 성년식을 치루고 있다.
 미성년 : 아직 성년이 되지 못한 나이에 있는 청소년을 未成年이라 하며, 대체로 20세 이전의 나이에 해당한다. 이때는 이성적 사유, 시비이해의 판단이 미숙하여 자칫 유혹되어 악인악과를 짓기 쉽다.

관련법문
 「어른이라 하는 것은 남을 꾸짖는다고 어른이 아니요 남을 잘 용납하는 이가 어른이니, 용납을 받는 사람은 어린 사람이니라. 그러므로 우리는 용납하는 사람이 될지언정 용납 받는 사람이 되지 말며, 남을 위하는 사람이 될지언정 남에게 위함만 받으려는 사람이 되지 말며…」(정산종사법설, 제3편 도덕천하 12장).
 「불보살은 작은 사람을 키워 쓰고 모자라면 만들어 쓰고 장점을

보아 단점을 다스려 쓰며 열 번 잘못하면 열한 번 용서할 아량을 가져서 먼저 사람을 버리는 일이 없으니 한 때의 잘못으로 영생의 법종자를 끊지 말라」(한울안 한이치에, 제8장 화합교단 44장).

보충해설

성년이란 미성년이 성숙하여 어른이 된다는 것으로, 성년의 연령은 나라마다 다른 성향이다. 독일이나 프랑스 그리고 미국의 대부분은 만 18세이다. 오스트리아는 19세, 일본은 20세이다. 그리고 이탈리아는 21세이며, 우리나라의 경우 만 20세를 성년으로 규정하고 있다. 선거권이 부여되는 것 자체가 성년의 큰 획을 긋는다는 면에서 2007년 한국 대선의 경우 19세로 낮춘 상황에서 성년의 나이도 19세로 낮아질 전망이며, 특히 만19세는 대학 1학년생이라는 점에서 성년의 나이가 되기에 충분하다. 원불교에서는 원기 11년(1926) 2월, 출생 성년 혼인 상장 제사의 신정가례를 발표하고 공동생일·공동명절·공동제사·공동환세의 4기념례를 발표하였다. 여기에서 성년식이 거행되고 있음을 알 수 있다. 1935년 간행된 『예전』을 보면 제2편에 성년의 예가 나타난다.

주석주해

「사람이 성장하고 어른이 된다는 말은 어른이 되기 전에는 도움을 받아야만 되었던 일이라도 자기 힘으로 할 수 있게 되면 도움에 의지하지 않고 스스로 하게 되는 것을 말한다」(백영석, 원사연 제136차 월례발표회 「공감과 인간발달-소암 이동식의 道 정신치료적 관점」, 원불교사상연구원, 2003.10.21, p.25).

「에릭슨에 의하면 인간은 8단계를 걸쳐 50세 이후까지 변증법적으로 발달해 간다. 영아기에는 신뢰감·불신감, 유아기에는 자율감·수치감, 오락기에는 주도감·죄악감, 학동기에는 근면감·열등감, 청년기에는 정체감·확산감, 성년전기에는 친화감·고립감, 성년후기에는 생식감·정체감, 노년기에는 절망감·통합감을 변증법적으로 극복해 나가면서 인격을 확립해 나간다」(이계학, 「종교와 심성교육」, 1997년도 춘계학술대회《종교와 청소년의 심성교육》, 한국종교교육학회, 1997.6.20-21 원광대, p.8).

연구문제

1)합동식에서 나이만 먹는다고 어른이 아니라며 성년과 미성년의 차이를 언급했는데 이를 쓰시오.
2)원불교의 성년식은 어떻게 진행하는가?

[응기편 9장] 일의 양면성

핵심주제

일의 양면성

대의강령

◎학인들이 각기 의견을 주장하며 상대방을 이해 못하자 정산종사 말하였다.
1)사물의 양면을 살피지 못하고 하나에 집착하면 편벽되며,
2)주견에 끌리지 말고 일의 양면을 보아 비판과 취사하라.

출전근거

『원광』 40호(1962년) 「應問十二題」 법설이다(이광정 시봉일지).

단어해석

편벽 : ☞기연편 10장 참조.
원만 : 품행이나 성격이 두루 하여 모남이 없는 것을 圓滿이라 한다. 원만구족이라는 말이 있는데 이 원상을 사용할 때 원만구족한 것이며 지공무사한 것이라는 것이 이것이다. 원근친소와 희로애락에 과불급이 없는 중도행이 원만구족의 경지이다.
주견 : 자신의 관점에서 주장하는 견해를 主見이라 한다. 주견에 사로잡히면 시비를 변별하는데 장애가 생기는데 집착하는 고통 때문이다.

관련법문

「악은 숨기고 선은 드러내며 양면을 두루 살펴 모든 일에 중도를 써야 한다」(한울안 한이치에, 제8장 화합교단 75장).
「화동하는 도는 중도가 최상이니 항상 원만한 행을 해야 하겠다. 천지의 중간에 인간이 있고 부모·동포·법률 사이에서 우리가 살고 있으며, 또한 현실세계는 서로 다른 입장이 양립되어 상대하고 있다. 그러므로 항상 중심을 잃지 않고 양면을 두루 살펴

과하거나 불급함이 없는 중도행이 필요한 것이다」(대산종사법문 2집, 제4부 신년법문, 원기58년 연두법문).
보충해설
 무엇이든 양면성이 있는 것이다. 인간에겐 육신과 정신이라는 양면성이 있고, 우주의 진리에는 음양이라는 양면성의 도가 작용하여 생명활동이 전개되는 것도 사실이다. 만일 사물의 양면성을 살피지 못하면 그것은 편벽된 행위인 것이다. 이에 정산종사는 편벽된 주견에 떨어지지 말고 항상 양면성을 갖고 바라보라고 하였다. 한편 소태산 대종사의 경우, 현하의 시국을 물질과 정신의 양면성으로 보고 어느 하나에 치우치지 말고 병행하라 했다. 일원상서원문은 유상과 무상의 양면성을 갖고 있으며, 게송도 유와 무의 양면성이 작용하고 있다.
주석주해
「진리의 양면관이 진리적인 면에서만 그런 것이 아니라 우리가 육신 건립된 것만 보아도 그렇다. 마음과 육신이 같이 건강해야 하고, 또 마음은 혼자 떨어진 것이 아니라 육신 가운데 깖아 있고, 육신은 육신만 따로 있어서는 나무토막과 다름이 없는데 거기에 마음이 들어서 작용을 한다」(박장식,『평화의 염원』, 원불교출판사, 2005, p.225).
「생성의 윤리에 동참하기 위해서는 자타의 국한을 벗어나는데 있다. 아집과 편착을 떠나 융통할 때 이 세상에는 한 가지도 버릴 것이 없는 것이다. 그러나 한 사람의 기운이 막히면 천지 기운이 막혀 모든 윤기가 끊어진다」(이현택, 「원불교 은사상」, 박길진박사 고희기념 『한국근대종교사상사』, 원광대학교출판국, 1984, pp.1114-1115).
연구문제
 학인들이 일방적인 의견을 주장하며 상대방을 이해하지 못하자 정산종사가 설한 법어는?

[응기편 10장] 세대전무출신 제도

핵심주제
세대전무출신 제도

대의강령
◎세대전무출신 제도가 도량생활에 맞지 않는다고 하자, 정산종사 말하였다.
1)돌아오는 세상의 법은 국한 없는 법이어야 하나니,
2)중생들을 포용, 불은을 입게 하기 위해서 내외가 포교할 수 있는 길을 마련해 보아야 한다.

출전근거
『원광』 40호(1962년) 「應問十二題」 법설이다(이광정 시봉일지).

단어해석
세대전무출신 : 남자 교역자들이 권장부인 정토회원과 함께 교당에 기거하며 교화를 하는 것을 世代專務出身이라 한다. 남자교무에 이어 정토를 정무로 하면 좋을 것이라는 견해도 있었다(하단의 「보충해설」 참조).

도량 : ☞경륜편 15장 참조.

불은 : 법신불의 은혜 곧 일원상 진리의 은혜가 佛恩이다. 불은은 우주만유 삼라만상에 대한 화피초목 뇌급만방으로 퍼지는 대자대비이다.

포교 : 특정한 종교의 교리를 전파하고 교세를 확대하기 위해 선교활동을 하는 것을 布敎라 한다. 교세확장에 초점이 맞추어진 포교도 좋으나 사람의 인격을 도야하는 데에 초점을 두는 敎化가 더 바람직하다.

관련법문
「전무출신의 부인들로 구성된 정토회원들에게 쌀 한 섬을 주시며 말씀하셨다. "이것을 기반해서 생산적인 공장을 설립하여 앞으로 전무출신 후원을 잘 하도록 하라. 장차 재가교도들이 할 일인데 우선 여러분이 먼저 씨를 뿌려야 하겠다"」(한울안 한이치에, 제8장 화합교단 24장).

「정토회원 선서법문 : 1)우리는 숙세의 서원으로 일원대도를 세계만방에 전하며 도덕으로 천하를 구제하는 전무출신을 권장하는 정토회원이 되었음을 자부하겠나이다. 2)우리는 어떠한 역경 난경을 당할지라도 삼학공부로 마음을 잘 써나가고 사은 보은으로 감사생활을 하여 당하는 곳곳마다 선법화하고 대하는 일마다 불은화하겠나이다」(대산종사법문 2집, 제9부 행사치사, 정토회원 선서법문).

보충해설

교단에서 세대전무출신 제도에 대해 찬반양론이 지속되어온 것도 사실이다. 하지만 미래의 개방화시대에 적극 대응하기 위해서는 폐쇄적인 것보다는 열린 제도가 바람직할 것이다. 이에 정산종사도 돌아오는 세상의 법은 국한 없는 법이라야 한다고 했다. 중앙총부는 간부 워크샵으로 교단 제3대 제2회 종합발전계획에 따른 각부의 세부추진 계획을 마련하였는데, 총무부는 전무출신 품과제도 개선 및 정착과 공정한 인사제도, 교화현장에 남자교무의 증가에 따른 세대교화 정착(정무제도) 방안을 발표한 적이 있다(2001.2.2). 어떻든 세대전무출신 제도를 미래사회에 적극 대응할 수 있는 방향에서 모색할 필요가 있다.

보충해설

「부부가 함께 교화현장에서 살아갈 수 있도록 하기 위해서는 교당에서 정토회원의 역할을 분명하게 규정할 필요가 있다. 교당에서 어떠한 역할을 해야 하는지 교단적 지침 마련이 선행돼야 한다」(오정행, 「특집 IMF시대의 전무출신을 생각한다-결혼, 그리고 남자교무」, 《圓光》 288호, 월간원광사, 1998년 8월호, p.57).

「직업 종교인제에 관하여 특히 주목할 것은 교단적으로도 생활종교인 또는 세대전무출신제의 뒷받침을 위해서 전무출신이라는 이미지이다. 곧 가정이나 경제 문제를 모두 불고하는 인상을 탈피하고 교역・봉공 등의 의미가 더 강조되는 이념이 강화되어야 한다」(서경전, 「21세기를 향한 원불교 교단행정 방향」, 『원불교와 21세기』, 원불교사상연구원, 2002, pp.24-25).

연구문제

세대전무출신 제도에 대한 정산종사의 견해는?

[응기편 11장] 상벌과 진위대중

핵심주제
 상벌과 진위대중
대의강령
 ◎단체생활은 상벌이 분명해야 한다고 하자 정산종사 말하였다.
  1)상없는 가운데 큰상이 있고, 벌 없는 가운데 큰벌이 있으니,
  2)나타난 상벌에 끌리지 말고 참과 거짓에 대중을 놓지 말라.
출전근거
 『원광』40호(1962년)「應問十二題」법설이다(이광정 시봉일지).
단어해석
 團體生活 : 도가의 공동체 생활을 團體生活이라 하며, 여기에서 원기 9년(1924) 원불교중앙총부를 익산에 건설하던 신룡전법 당시의 시대로서 초기교단의 공동체적 모습을 엿볼 수 있게 한다.
 상벌 : ☞하단의「보충해설」참조.
관련법문
「대종사 대중에게 상벌을 시행하시되 그 근기에 따르시는 다섯 가지 준칙이 있으시니, 첫째는 모든 것을 다 잘하므로 따로이 상벌을 쓰지 아니하시는 근기요, 둘째는 다 잘하는 가운데 혹 잘못이 있으므로 조그마한 흠이라도 없게 하기 위하사 상은 놓고 벌만 내리시는 근기요, 셋째는 잘하는 것도 많고 잘못하는 것도 많으므로 상벌을 겸용하시는 근기요…」(대종경, 실시품 38장).
「감찰기관에서 일을 하려면 모든 일을 공법으로 처리는 하되 사람을 살리는 방향에서 덕으로 하라. 누가 잘못을 했다고 해서 크게 벌을 주어 앞길을 막아버린다든지, 아니면 그 사람의 설 땅을 없애버린다든지 하지 말라. 또 될 수 있으면 벌 줄 일보다는 상 줄 일을 발견하라. 그러면 결국에 가서는 상생의 인연이 되나니라」(정산종사법설, 제5편 자비하신 스승님 17장).
보충해설
 선행은 포상하고 악행에 벌을 가하는 것을 상벌이라 하며, 신상필벌이 이와 관련된다. 초기교단의『불법연구회규약』세칙 14개 항목이 있는데 그중 하나가 상벌규약이다. 교단적으로는 감찰원에서 상벌제도를 시행하

며, 또 벌을 범했더라도 나중에 정상을 참작하여 벌을 해제하는 복권제도가 있다. 감찰원의 감찰활동은 교규와 교령을 위헌했는가의 여부, 교역자와 교도의 선행 포상 및 비행을 징벌하는 등 교단의 사법 활동에 관련된다. 하지만 교단 초기로서 불법연구회 당시 상벌의 감찰활동은 미미했다. 원기 19년 교정원에 감사부를 두어 감찰업무를 하였고, 원기 27년에는 총무부에서 감사기능을 하였다. 원기 33년 교헌이 확정되었고, 원기 44년에는 최고 감찰기관으로서 감찰원의 위상이 격상되었다.

주석주해

「진리가 주는 상벌이 있다. 진리의 상벌은 호리도 틀림이 없다. … 사람이 주는 상벌은 부정확할 수가 있으니 전부를 하늘에 맡기고 살아야 한다. 사람이 몰라준다고 불평함은 어리석은 일이다. 진리만은 바르게 알고 있다. 그러므로 매사를 신중히 해야 한다」(박길진,『대종경강의』, 원광대학교 출판국, 1980, p.256).

「법치교단의 정착화를 위해서는 개개인의 준법정신이 투철해야 한다. 준법정신을 강화하기 위해서는 합리적인 법과 함께 신상필벌 제도가 뒤따라야 할 것이다. 법을 지켜도 그렇고 법을 지키지 않아도 그만이라는 태도가 팽배한다면 법치교단은 이룩될 수 없는 것이다」(간행위원회 편, 담산이성은정사 유작집『개벽시대의 종교지성』, 원불교출판사, 1999, pp.285-286).

연구문제

단체생활에 상벌이 분명해야 한다는 학인의 주장에 대한 정산종사의 견해는?

[응기편 12장] 가장 크고 원만한 법

핵심주제

가장 크고 원만한 법

대의강령

◎김서룡이 욕심으로 구하여도 얻어지느냐고 물었다.
 "바라는 마음이 없어야 크게 와지나니라."
◎가장 크고 원만한 법을 가르쳐 주소서.

"마음을 찾아서 잘 닦고 잘 쓰는 법이니라."
출전근거
『원광』 36호(1961년) 「應問二題」 법설이다(김대거 수필).
단어해석
욕심 : 우리가 현상의 물질세계에 대하여 소유하고자 하는 욕망이 나타나는데 이를 慾心이라 한다. 욕심에 끌려 사는 세상이 욕계이며, 욕심으로는 오욕이 있다. 오욕은 「권도편」 22장 참조.
원만 : ☞응기편 9장 참조.
관련법문
「욕심이 없어야 큰 공부를 이룰 수 있고 남의 재주를 내 재주같이 여겨야 큰 일을 할 수 있다」(한울안 한이치에, 제7장 기연따라 주신 말씀 21장).
「그대들은 새로이 각성하여 이 모든 법의 주인이 되는 用心法을 부지런히 배워서 천만 경계에 항상 자리이타로 모든 것을 선용하는 마음의 조종사가 되며…」(대종경, 교의품 30장).
보충해설
욕심이란 인간이 태어나면서 나타나는 본능에 속한다고 할 수 있을 것이다. 그 대상으로는 오욕 칠정이 있다. 불교에서는 탐진치를 삼독심이라 하는데, 탐심이란 욕심의 치성함이다. 고금 성자들의 정신에서 볼 때 욕심을 방치하면 방탕해진다고 하였다. 이에 노자는 무욕을 강조했고, 맹자는 寡欲을 주장했으며, 소태산은 욕심을 키우라는 측면에서 대욕을 언급했다. 작은 욕심은 큰 욕심을 위해 없애라는 것이다. 큰 욕심이란 성불제중의 서원을 말한다. 오탁악세에서 욕심을 절제하기란 쉽지 않지만 적공의 수양력은 자행자지로 나아가는 욕심을 극복하는데 힘이 된다. 중국 고대의 철인 관자는 「내업편」에서 "虛其欲 神將入舍"라 하여 욕심을 비우면 맑은 정신의 세계가 들어와 자리한다고 하였다.
인물탐구
김서룡(1915-1943) : 進山 金瑞龍 선진은 김해김씨이며 속명이 상운으로 부친 김치일 선생과 모친 남현수행 여사 사이의 5남 1녀 중 4남으로, 전남 영광군 불갑면 건무리에서 탄생하였다. 김도오를 연원으로 원기 18년 12월 영산교당에서 입교하였다. 전무출신의 추천인은 이동안 선진이며 전무출신 지원은 원기 20년 2월이었다. 원기 19년 이리보화당에서 근무를 시작하였는데 사장 밑의 주모로서는 22년에 근무하였다. 품성이 근엄하고 과묵하였으며 매사에 연구력이 강하였다. 출가한 후로는 여가시간을 이용하여 의학에 독공하였고 약종상 시험에 합격하여 면허를 취득하였다. 명석한 연구와 친절한 응수로서 책임을 완수하여 제생의세의 큰 이념과 정남(원기 20년 선서)의 순일한 마음으로 환자 치료에 심혈을 기울였다. 그는 중앙총부에서 원기 28년 11월 9일에 열반하였으며 공부성적은 정식 법마상전급(사업성적 준 1등, 원성적 정2등)으로 열반 후 추존되었으며, 전무출신 2좌위에 입묘되었다.

주석주해

「원기 27년 삼촌인 진산 김서룡 법사가 총부에 와서 공부하라는 말씀이 있었다. 내 생각에 아마도 삼촌이 대종사께 말씀을 올리셨던 듯 싶다. 조부님을 따라 총부에 와서 보니 정산종사는 총부 교감으로 재직 중이었다. 그때 대종사님은 "뭐 하러 왔느냐"고 물으셨고, 나는 "공부하러 왔습니다." "그래 한번 열심히 해봐라" 하셨다」(김윤중, 「진실로 중도에 맞게」, 『우리회상의 법모』, 원불교신문사, 1994, p.31).

「물질개벽 시대의 실상과 한반도의 현실에 대한 지식공부와 각자의 마음공부를 결합하는 정신개벽이 아니고 무슨 타개책이 있는가」(백낙청, 「통일시대 한국사회와 정신개벽」, 원광대 개교60주년국제학술회의『개벽시대 생명·평화의 길』, 원불교사상연구원·한국원불교학회 外, 2006.10.27, p.5).

연구문제

1) 욕심으로 구하여도 얻어지는가?
2) 가장 크고 원만한 법은?

[응기편 13장] 제일 큰 재주

핵심주제

제일 큰 재주
대의강령
◎이명훈이 묻기를, 재주 하나 배우려 하오니 어떤 재주가 제일 크나이까?
"사람과 잘 화하는 재주를 배워 가질지니라."
출전근거
『원광』 36호(1961년)「應問二題」법설이다(김대거 수필).
단어해석
 재주 : 인간이 천부적으로 갖추고 있는 자격이나 재능을 재주(才)라 한다. 자기의 소질과 재능을 발휘하는 것도 필요하지만 부족한 것을 열심히 닦는 것도 필요하다.
 화하는 재주 : 우리가 대인접물 간에 심심상연의 상생하는 마음으로 화합할 수 있는 능력을 和하는 재주라 한다. 인화하는 재주가 이것이다.
관련법문
「강자와 약자가 서로 마음을 화합하여 각각 그 도를 다 하면 이 세상은 영원한 평화를 이루려니와, 만일 그렇지 못하면 강자와 약자가 다 같이 재화를 입을 것이요」(대종경, 인도품 24장).
「화합은 만물 생성의 원동력이 되는 것이므로 여기에 화합의 도를 밝히고자 한다. 첫째 크게 잘못하는 사람이 있거든 열 번만 관대히 용서하여 주면 열한 번째는 잘할 것이다. … 둘째 무엇보다 먼저 정의가 건네야 하겠다. … 셋째 남의 세정을 알아주기에 노력해야 하겠다. … 넷째 몸소 더 배우고 더 실천해야 하겠다」(대산종사법문 2집, 제9부 행사치사, 국제수련대회 치사).
보충해설
 인간은 만물의 영장으로서 교육을 통해, 또는 타고난 소질을 통해 자신의 역량을 발휘하게 된다. 이러한 역량이 곧 재주인데, 정산종사는 우리의 재주 중에서 화합하는 재주를 갖도록 하였다. 남들과 잘 화합하는 것처럼 좋은 재주는 없다는 것이다. 화합하지 못한다면 상호 반목과 갈등으로 이어지며, 개인의 갈등이 쌓여 결국 원망이 쌓이게 된다. 원불교의 매력은 상생과 화합의 종교라는 점에서 화합을 아무리 강조해도 지나치지 않다. 소태산 대종사는 『대종경』 인도품 21장에서 어떤 곡조는 슬프게 하고, 어떤 곡조는 즐겁게 하며, 어떤 곡조는 화합하게 하고, 어떤 곡조는 다투게 하므로 아무쪼록 어떤 경계를 당하더라도 좋은 곡조로 천만 사람이 다 화하게 하라고 하였다.

인물탐구

  이명훈(1921-1947) : 華陀圓 李明勳 교무는 청주이씨로 부친 이귀완 선생과 모친 조준관 여사 사이에서 10남매의 5녀로 1921년 6월 22일 전북 임실군 관촌면 관촌리에서 탄생하였다. 원기 20년 12월 관촌교당에서 입교하였는데 이동진화 선진이 그 연원이며, 대산종사의 정토 이영훈 사모의 친동생으로 언니로부터 전무출신을 권장 받았다. 이교무는 원기 28년 4월에 출가하여 이리교당에서 원기 28년 4월에 교화활동을 시작하였다. 그의 품성은 진실하고 행동이 현명하며, 두뇌가 명석하고 교리해석에 밝아 사리가 분명하였다. 김지현 교무는 당시 젊은 이교무를 여자종사가 될 역량이 있는 사람이라고 칭송하였다. 하지만 아쉽게 건강상의 이유로 원기 31년 4월에 휴역하였으며, 젊은 나이로 원기 32년 8월 19일 원불교중앙총부에서 열반하였다. 결핵으로 신병을 앓다가 28세에 열반에 들었으니 영묘모원에 안장되어 있으며, 법랍은 4년 5월의 짧은 기간이었다. 법위는 정식법마상전급(사업성적 정4등, 원성적 준3등)이었으며 전무출신 3좌위에 입묘되었다. 법위는 열반 후 원기 70년 3월 추존 받았으며, 법호는 화타원으로 원기 41년 수증되었다.

주석주해

 「원불교는 모든 종교, 모든 사상, 모든 문화에 대해서 배타성과 편협성이 없다. 원불교는 일원상의 진리를 부처님 · 하느님 · 태극 · 무극 · 道 등과 같은 의미로 설명하고 있다. 따라서 원불교는 융통과 포용의 자세에서 화합을 강조한다」(손정윤, 「문학 · 예술사」, 『원불교70년정신사』, 원불교출판사, 1989, p.640).

 「모든 인종과 생령이 하나의 근본에서 나온 것이므로 싸우지 말고 대동 화합하자는 것이다. 북한 동포도 그의 이념적 차이에도 불구하고 평화의 바탕에서 통일되어야 하는 것이다」(한승조, 「한국정신사의 맥락에서 본 원불교」, 『원불교사상』 4집, 원불교사상연구원, 1980, p.64).
연구문제
이 세상에 어떠한 재주가 제일 큰 재주인가?

[응기편 14장] 마음가짐과 언행
핵심주제
마음가짐과 언행
대의강령
◎마음은 어떻게 가지며 언행은 어떻게 하느냐고 여쭈자, 정산종사 답하였다.
1) 항상 넉넉한 마음을 가지며,
2) 넉넉한 언행을 가져라.
출전근거
『원광』 36호(1961년) 「應問二題」 법설이다(김대거 수필).
단어해석
언행 : 말과 행동을 言行이라 한다. 인간의 인품은 언행에서 발휘되는 바, 특히 말과 행동이 일치되는 언행일치·지행합일의 자세가 요구된다.
넉넉한 마음 : 모자람이 없이 여유롭고 한적한 상태의 마음을 넉넉한 마음이라 한다. 수도인의 참 마음은 풍요롭고 넉넉함에서 빛을 발한다.
관련법문
「그대들이 지금은 道이루는 법을 알지 못하므로 그러한 말을 하거니와, 알고 보면 밥 먹기보다 쉬운 것이니 그 넉넉하고 한가한 심경이 어찌 저 언 막기같이 어려우리요」(대종경, 서품 11장).
「마음의 위력 : 1)마음을 안정하여 세우니 지축을 흔드는 폭풍이 그치고, 2)마음을 밝혀 세우니 삼경오야의 칠흑 어둠이 걷히고, 3)마음을 바루어 세우니 팔만사천 마군이 계하에서 무릎 꿇도다」(좌산상사법문집 『교법의 현실구현』, 4.교리·수행, 25.마음의 위력).
보충해설

나의 인격이 상대방에게 나타나는 것은 주로 자신의 언행에서 기인한다. 언행이란 자신의 인격을 가늠하는 척도가 되기 때문이다. 이에 정산종사는 넉넉한 마음과 넉넉한 언행을 가지라고 하였다. 사실 마음의 여유로움에서 넉넉한 언행이 나온다. 따라서 그는 유일학림 1기생으로 졸업하는 학림생들에게 "제군의 일언일동이 앞으로 학림의 사업에만 아니라 우리 교단 전체의 사업에 중대한 영향을 가져온다는 것을 행여 한때라도 잊지 말라"고 졸업식 훈사로써 언급하였다(시창 34년 4월 7일). 말과 행동 하나하나가 자신은 물론 교단과 사회에 큰 영향을 미친다는 것이다.

인물탐구

장성진(1924-현재) : 母山 張聖鎭 교무는 전남 영광군 영광읍 양평리에서 태어났다. 정병조를 연원으로 원기 25년 5월 영산교당에서 입교하였다. 친척의 두 분이 영촌으로 시집을 갔기 때문에 집안 장손인 무산 대봉도는 어릴 때부터 30여리 길을 걸어 대종사 입정터인 선진포 나루를 건너 길룡리에 자주 왕래하였다. 원기 25년 5월, 16세에 영산학원 생활을 시작하면서 정산종사를 처음 뵈었다. 원기 38년 12월 정산종사의 추천으로 출가하였으며 출신교당은 영산교당이다. 정산종사는 무산 대봉도에게 "대종사님은 부처님이요, 우리 회상은 5만년 후천개벽의 대 회상이니 이 기회에 전무출신을 서원하여 성불제중의 길을 가라" 부촉하고 추천해 주었다. 무산 대봉도는 이리보육원, 원평교당, 동산선원, 총부, 정읍교당, 화해교당, 중앙선원, 총부, 용각교당, 교무부, 중앙훈련원, 상주선원 등지에서 근무하였으며, 원기 71년 1월 퇴임하였다. 공부 중 의심나는 것은 늘 스승님께 품의 받아 항마를 인증받음으로써 교단의 후학들이 항마를 할 때 공부과정을 밝혀주었다. 일생동안 『대도론』(원불교출판사, 1980년)을 집필하는데 혈성을 쏟았다. 무산이라는 법호는 원기 64년 4월 수증 받았으며 공부성적은 법강항마위로서 원기 91년 11월 대봉도 서훈을 받았다. 자녀로는 장병도·장삼정·장현심·장경도 교무가 전무출신을 하였다.

주석주해

「유불도 3교의 융합을 지향하는 원불교의 교법에서 볼 때 인생관의 방향을 어떻게 정할 것인가? 소태산 대종사의 가르침에 의하면 공부하는 삶, 일하는 삶, 유유자적하는 삶의 세 가지로 생각할 수 있다」(김기원, 「조화로운 삶의 방향」,《월간교화》154호, 2006년 2월호, 원불교 교화훈련부, p.28).

「부딪치면 각박해진다. 급하면 부딪치고 어두워 보이지 않으면 부딪치고 건방지게 굴다가 부딪친다. 부딪치지 않도록 항상 여유 있는 서행이 필요하겠으며 위험 직전에 회전할 줄 알아야 되겠다」(조명렬 편, 상타원 전종철정사 유고집『법신불 사은이시여!』, 원불교출판사, 1996, p.70).

연구문제
마음은 어떻게 가지며, 언행은 어떻게 하는가?

[응기편 15장] 중도와 평상심
핵심주제
중도와 평상심
대의강령
◎누구나 해야 할 공부법은?
"매사에 과불급 없이 중도를 잡는 법이니라."
◎어떠한 공부가 제일 어려운가?
"평상심을 쓰는 공부니라."
출전근거
『원광』36호(1961년)「應問二題」법설이다(김대거 수필).
단어해석
공부법 : 공부인이 공부심으로 진리를 연마하고 학문을 탐구하는 방법을 工夫法이라 한다. 공부길이라는 용어와 유사하다. 도학과 과학을 연마하는 길이 공부법이자 공부길로, 마음공부의 주역이 되자는 것이다.
중도 : ☞국운편 6장 참조.
평상심 : ☞권도편 45장 참조.
관련법문

「우리가 성질을 쓸 때에도 무엇에나 과불급이 없도록 성질을 잘 골라서 한 편으로 치우치는 편성이 없어야만 우리의 공부를 해 가는 중간에 변통이 적고, 이리 가나 저리 가나 쓸모 많은 사람이 되며…」(한울안 한이치에, 제2 평상심, 중도를 잡아라).

「우리는 작업취사의 공부를 더욱 부지런히 하여 매사에 뚜렷한 목적을 가지고 과불급이 없는 중도를 잡아서 탄탄대로에서 활보하는 생활이 될 수 있도록 날로 실천력을 길러야 할 것이다」(대산종사법문 2집, 제9부 행사치사, 개교반백년기념대회 기념법어).

보충해설

우리들이 선호하는 처세론이나 공부법이란 특별히 다른 것이 아니다. 중도를 잡고 그에 맞게 처세해 나가는 것이 참 공부법이라 본다. 편착이나 과불급이 없이 살아가는 것이 참 공부법으로 이를 정산종사는 평상심이라 하였다. 정산종사는 법어「예도편」2장에서 평상시에 평범한 예절을 잘 지키는 것으로 예전 실행의 기본을 삼도록 주문하였다. 특별한 상황에 맞추어 그때만 잘하고 여타 시간에 흐지부지한다면 바람직한 삶이 아니다. 소태산 대종사는 평소에 착 없는 공부를 많이 익히고 닦으면 재색명리와 애착을 벗어날 수 있다(대종경, 천도품 19장)고 하였다.

주석주해

「원불교의 일원상은 유교의 중용처럼 불편불의 무과불급과 같은 원만한 것으로 이해되고 원불교의 용어로서는 원만구족 지공무사라 한다. 육근을 작용할 때 성품의 원만구족함을 잃지 않도록 하고 대기대용의 성리적 실천을 중시한다」(송천은,「원불교의 성리인식」,『한국철학종교사상사』, 원광대 종교문제연구소, 1990, p.1141).

「소태산의 대각은 神異의 기적에 있지 않고 오히려 인간적 일상성의 자각이었다는 사실을 지적하지 않을 수 없다」(이을호,「원불교 교리상의 실학적 과제」,『원불교사상』8집, 원불교사상연구원, 1984, pp.258-259).

고시문제

어떠한 공부가 제일 어렵나이까?
연구문제
누구나 다 하여야 할 변치 않는 공부법은?

[응기편 16장] 은혜와 원수
핵심주제
 은혜와 원수
대의강령
 ◎전이창이 묻기를, 과거 현재 미래를 어떠한 어른이 제일 큰 발전을 하여 주셨나이까?
 "제일 큰 은혜를 발견하여 주신 어른이니라."
 ◎어떤 사이에 큰 원수가 맺어지나이까?
  1)가장 가까운 사이에 큰 원수를 짓기 쉬우니,
  2)가까운 사이일수록 조심할지니라.
출전근거
『원광』 36호(1961년) 「應問二題」 법설이다(김대거 수필).
단어해석
 은혜 : ☞기연편 8장 참조.
 원수 : 자신이나 국가를 해롭게 하여 원한이 맺혀진 상극의 인연을 怨讐라 한다. 종교인으로서는 상극의 원한을 녹이고 상생의 인연을 맺어 영생을 선연으로 만나는 일이 필요하다.
관련법문
「과거 현재 미래는 우주만유 모두에게 평등하게 주어진 소재요 과정이다. 1)과거는 배움의 대상, 그냥 흘려보낼 대상이 아니다. 2)현재는 극복의 대상, 그냥 안주해 버릴 대상이 아니다. 3)미래는 개척의 대상, 그냥 방임해 둘 대상이 아니다」(좌산상사법문집 『교법의 현실구현』, 1.일반법문, 20.삼세명감).
「원수를 만나 나에게 역경을 주면 그것을 빚졌다 갚듯이 잘 받고, 다시는 새로이 짓지 않기로 하면 구업은 사라지고 신업은 짓지 않게 되나니라」(정산종사법설, 제1편 마음공부 12장).

보충해설

 삼세를 놓고 볼 때 과거와 미래사는 참조하는 것이 바람직하며, 무엇보다 현세를 살아가는 오늘의 현실이 중요한 것이다. 몸을 받고 살아가는 현실의 삶이 행복해야 하는 바, 과거가 행복했거나 미래가 행복해야 하는 것은 현실이 아니기 때문에 추억이나 여망으로 남는 것에 불과하다. 따라서 현실을 살아갈 때 선연을 맺을지언정 원수를 맺지 않는 삶이 중요하다. 불교의 십이인연 중에서 현생에 살면서 고락을 유발하는 것이 愛·取·有이다. 가족과 이웃을 사랑하고, 사랑하다 보면 취하게 되고, 취하다 보면 소유욕이 생겨 집착이 일어난다. 이러한 집착을 끊는 해탈공부가 불가에서 강조되고 있다. 그러면서도 과거와 내세가 현실과 한 고리로 연결되어 있다는 것을 자각할 때 선연선과를 얻게 된다.

인물탐구

 전이창(1925-현재) : 睿陀圓 全二昌 교무는 1925년 10월, 전남 영광군 백수면 구수리에서 부친 전대요 선생과 모친 이안섭 여사의 4남매 중 장녀로 출생하였다. 어려서 성격이 담담하고 과묵한 편이어서 혼자 있기를 좋아하였다. 어느 날 넓은 들판의 황금물결을 바라보다가 신비감을 느꼈으며, 이때부터 깊은 사색에 들었다. 초등학교를 졸업한 예타원 종사는 깊은 산 속에 들어가 수도하는 도인이 될 것인가, 신학문을 공부해서 큰 학자가 될 것인가에 대해 방황하였다. 이때 윤타원 이정만 교무가 영산학원에 공부하러 같이 가자고 하자 예타원 종사는 두말없이 따라 나섰다. 도산 이동안 선진은 예타원 종사의 고모부였고, 고모 전정관옥의 친녀 윤타원 대봉도를 시켜 예타원 종사에게 출가를 권하였으니 이때가 원기 25년 4월이었다. 주산종사로부터 일원상서원문 강의를 듣고 부딪쳐 오는 감상이 많았다. 이듬해 예타원 종사는 영산학원생 대표로 총부 교리강연대회에 참가했다. 강연 원고는 정산종사가 직접 지도해 주었다. 대종사는 "오늘 저 조그마한 아이의 입에서 생사대사의 진리를 듣게 되니 감회가 새롭다. 이창이에게 특등상을 주어야겠다" 하였다. 예타원 종사는 출가 후 한동안 건강이 좋지 않아 몇 차례 수술을 받는 등 병고와 싸워야 했다. 그 때마다 기도생활을 통해 병을 극복하고 큰 힘을 얻었다. 예타원 종사는 수계, 서울, 종로, 원평, 신도, 동산선원, 중앙훈련원, 삼동원 등에서 공부 일념으로 살았다. 신도안에 있던 삼동원이 도곡으로 옮겨 다시 시작하는 어려움 속에서도 맡은 일에 심신을 불태웠으며, 기도생활로 위력을 얻었다. 아울러 『죽음의 길을 어떻게 잘 다녀올까』(도서출판 숨리, 1995)를 저술하기도 하였다. 원기 73년 5월 제122회 수위단회에서는 2대말 聖業의 결산기를 맞아 법위를 출가위로 사정하고 종사의 법훈을 서훈하였다.

주석주해

「원불교의 기본경전에 정복이라는 단어가 사용되지 않았다는 사실은 원불교가 매우 평화적인 종교임을 말해주고 있는 것이다. … 정복이라는 단어 대신 원불교는 은혜라는 단어를 많이 사용하고 있다. 평화와 은혜의 종교라는 것이 원불교 문화의 또 하나의 큰 특색임을 주목할 필요가 있다」(손정윤, 「문학·예술사」, 『원불교70년정신사』, 원불교출판사, 1989, p.644).

「맘을 너그럽게 쓰면 천하 사람을 다 포용하고도 남음이 있는가 하면, 마음을 좁게 쓰면 부자형제의 사이에도 시끄러워지고 더 심하면 원수를 이루게 되는 것이다」(간행위원회 편, 『양산 김중묵 종사문집-크게 한바퀴 돌아가는데』, 원광사, 2002, p.20).

연구문제

1) 과거 현재 미래를 위해 어떤 어른이 큰 발견을 하였는가?
2) 어떠한 사이에 큰 원수가 맺어지는가?

[응기편 17장] 솔선수범의 교화자

핵심주제

솔선수범의 교화자

대의강령

◎안이정이 처음으로 교화 선상에 나갈 때 보감될 말씀을 가르쳐달라고 하자, 정산종사 답하였다.

"몸으로써 먼저 실행할 것이니라."
출전근거
『원광』 36호(1961년) 「應問二題」법설이다(김대거 수필).
단어해석
  교화선상 : 전무출신으로서 원불교 교법을 일체중생에게 전하고 훌륭한 인격자가 되기 위해 일선의 교화현장에 뛰어드는데, 그 같은 소중한 교역 활동을 하는 일선 현장을 敎化線上이라 한다.
  보감 : ☞경의편 24장 참조.
관련법문
「교화선상에 나선 사람은 … 교도의 허물을 잘 덮어 주며, 아만심을 없이하여 모든 교도와 두루 융화하되 예에 맞지 않는 **過恭**도 없게 하며, 남녀 사이에는 더욱 조심할 것이요, 다른 이의 공은 잘 드러내어 주고 자기의 공은 과장하지 말며, 교도의 신앙을 자기 개인에게 집중시키지 말며, 그 사업심이 지방에 국한되지 않게 할 것이요, 또는 교무는 지방에 있어서 종법사의 대리라는 것을 명심하여, 그 자격에 오손됨이 없이 사명을 다해 주기 **부탁**하노라」(대종경, 교단품 38장).
「나의 일생 포부와 경륜이 그 대요는 이 한 권(정전)에 거의 **표**현되어 있나니, 삼가 받아가져서 말로 배우고 몸으로 실행하고 마음으로 증득하여, 이 법이 후세 만대에 길이 전하게 하라」(대종경, 부촉품 3장).
보충해설
  교역자로서 일선 현장에 발령을 받아 교화를 하기 위해서 **보감** 삼아야 할 법문이 많을 것이다. 이에 정산종사는 몸으로 먼저 실행할 것을 강조하는데 이것이 솔선수범이다. 『정전』「솔성요론」 16조의 내용은 내가 먼저 실행하는 것에 초점을 맞추고 있다. 그 중에서도 8조와 9조를 보면 일일시시로 자기가 자기를 가르칠 것이며, 무슨 일이든지 잘못된 일이 있고 보면 남을 원망하지 말고 자기를 살필 것이라 했다. 대산종사는 「전무출신의 도」 4조에서 "몸은 천하의 뒤에 서서 일하고, 마음은 천하의 앞에 서서 일할

지니라"고 하여 겸손함 속에서 희생심을 갖고 솔선하라 했다.
인물탐구
안이정(1919-2005) : 香山 安理正 교무는 1919년 2월 21일 전남 함평군 월야면 예덕리에서 부친 안석구 중희사와 모친 박정업 중희사의 4남 2녀 중 막내로 탄생하였다. 어려서 품성이 온유하고 정의로웠으며 남달리 종교적 관심과 독립성이 강하여 四書를 독파하는 등 거의 독학을 하였다. 20세에 부친이 열반하자 인생무상을 느끼고 영생길을 개척할 방법이 없을까 하고 방황하다가 21세 되던 원기 25년에 스님이 되고자 백양사에 입선하였으나 인연이 아님을 깨닫고 두 달만에 환속하여 다시 방황하였다. 옆에서 지켜보던 신흥교당 박천시옥 교도의 안내로 형산종사를 뵙고 원기 26년에 입교하였다. 영산성지에 있던 정산종사를 뵙고 "내가 영생을 의지할 곳이 바로 여기로구나" 하는 확신을 갖게 되었다. 원기 26년 정산종사와 주산종사의 인도로 총부에서 대종사를 뵈온 후 출가하였다. 총부 서무부 서기와 외감원으로 근무를 하면서 총부의 어려운 경제 형편에서 알뜰히 살림하는 법을 배우고 근검절약하는 생활을 하였다. 원기 31년 유일학림 1기로 수학을 마친 향산종사는 도양교당, 전주교당, 부산교당 교무로 재임하였으며, 원기 48년부터 영산선원, 중앙선원, 동산선원, 중앙훈련원 원장을 역임하면서 교육 훈련기관에서 후진양성에 전력하여 훈련기관의 토대를 마련하였다. 교리연마와 성리공부에 열정이 많았던 향산종사는 개인 수행은 물론 선후진과 동지들의 문로를 열어주고자 『의두 성리의 연마』와 『원불교 교전해의』를 발간하여 후학들의 지침서가 되게 하였다. 향산종사는 원기 73년 제122회 수위단회에서 종사 법훈을 추서 받았다.
주석주해
「지도자인 교무는 그 말과 행이 항시 일치하도록 노력하여 입으로만 외쳐대는 교무가 아니라 솔선수범의 실천으로 무언감화의 실천을 해야 한다. 그러므로 대종사는 지행이 겸비한 지도자가 되기 위해서 일일시시로 일을 당할 때마다 지행을 대조하라 하였다」(이종진,「원불교 교무론」,『원불교사상시론』1집, 수위단회사무처, 1982, p.245).
「원기 46년 나는 졸업을 하고 나서 영도교당으로 첫 발령을 받았다. 발령을 받고 나서 조실에 들르니 (정산종사는) "잘 살아라"는 말씀을 해주셨다」(박지홍,「밥알 하나도 소중하게 생각」,『우리회상의 법모』, 원불교신문사, 1994, p.88).
연구문제
처음으로 교화선상에 나가는 안이정 교무에게 내려준 정산종사의 보감 말씀은?

[응기편 18장] 천지의 위력 얻는 길
핵심주제
천지의 위력 얻는 길
대의강령
◎천지의 위력을 얻어 큰 일을 할 수 있느냐는 황주남의 질문에, 정산종사 답하였다.
"邪만 떨어지면 큰 일을 할 수 있나니라."
출전근거
『원광』36호(1961년)「應問二題」법설이다(김대거 수필).
단어해석
위력 : ☞원리편 31장 참조.
邪 : 삿됨을 邪라 하며, 사심 내지 사교의 미신을 벗어나서 정심 내지 정법교리로 인도하는 것이 정심 정법의 소유자로서 해야 할 일이다.
관련법문
「대종사 하루는 한 제자를 크게 꾸짖으시더니 조금 후에 그 제자가 다시 오매 바로 자비하신 성안으로 대하시는지라, 옆에 있던 다른 제자가 그 연유를 묻자오매, 대종사 말씀하시기를 "아까는 그가 끄리고 있는 사심을 부수기 위하여 그러하였고, 이제는 그가 돌이킨 정심을 북돋기 위하여 이러하노라"」(대종경, 실시품 24장).

「어떠한 처사에 당하여 항상 공정을 잘 가지는 것도 그 마음에 오직 편착의 생각이 없는 연고이니 만일 그러한 생각이 있다면 모든 일이 私邪에 돌아가서 영원히 공중의 죄벌을 받게 되는 것이다」(한울안 한이치에, 유념과 무념).

보충해설

우리가 종교적 신앙생활을 통해서 위력을 얻고 살아간다. 특히 천지신명의 위력을 얻도록 까지 소태산 대종사는 산신을 찾고, 도사를 찾아나서 젊은 구도자로서 고행을 마다하지 않았다. 진리의 위력을 얻는다는 것은 우주 만유와 한 기운으로 사는 삶이기 때문이다. 이에 소태산 대종사는 일원의 위력을 얻도록 까지 서원하고 일원의 체성에 합하도록 까지 서원하라고 하였다. 정산종사도 천지의 위력을 얻으려면 삿됨을 벗어나라고 했다. 같은 맥락에서 천도를 간직하기 위해 『주역』 건괘의 閑邪存其誠, 『논어』 위정편의 思無邪는 삿됨을 없애는 유교의 주요 수양론이다.

인물탐구

황주남(1916-1961) : 睦陀圓 黃周南 선진은 본관이 장수황씨로 속명이 갑남이다. 부친 황수철 선생과 모친 정정도행 여사의 5남매 중 셋째 딸로 전북 완주군 용지면 구억리에서 태어났다. 조형욱과 결혼하였으나 3개월 만에 파혼하고 출가를 단행했다. 원기 25년 8월 김봉숙의 인도로 **전주교당**에서 입교하였다. 김영신 선진의 추천으로 출가하게 되었으며 **원기** 27년 4월 전무출신을 지원하였다. 근무처는 총부 공양원 생활에 이어 감원으로는 원기 27년부터 원기 38년까지 마령교당, 총부, 이리보**화당**, 금산교당에서 정성스럽게 살았다. 동산선원에서 수학한 후 원기 41년부터 교무로서 영산교당, 백수교당, 겸면교당, 신흥교당, 창평교당에서 역할을 다하였다. 품성이 근면 성실하며 공심과 공부심이 장한 보살로 알려져 있다. 또한 백수교당과 겸면교당 창설의 주역이 되었다. 『마령교당 60년사』(p.104)에 그에 대한 언급이 있으며, 김수영 교무의 이모이기도 하다. 목타원이란 법호는 원기 46년 4월에 수여받았고, 원불교 중앙수양원에서 열반하였으며 전무출신 1좌위에 입묘되었다. 법위는 정식법강항마위(사업성적 정특등, 원성적 준특등)이며 정항 승급일은 원기

67년 4월이다.
주석주해
「일원의 위력 얻음은 邪心이 없어야, 일원의 체성에 합함은 망념이 없어야…」(조명렬 편, 상타원 전종철정사 유고집『법신불 사은이시여!』, 원불교출판사, 1996, p.46).
「성심으로 진리불공을 하면 물론 대법력·대위력을 얻게 됨은 분명하다」(박길진,『대종경강의』, 원광대출판국, 1980, p.46).
연구문제
어떻게 해야 천지의 위력을 얻어 큰 일을 할 수 있는가?

[응기편 19장] 우리의 급선무
핵심주제
우리의 급선무
대의강령
◎사람의 일 가운데 무슨 일이 제일 급선무냐는 학인의 질문에 정산종사 답하였다.
"각자의 허물을 찾아 고치는 일이니라."
출전근거
『원광』36호(1961년)「應問二題」법설이다(김대거 수필).
단어해석
급선무 : 무엇보다도 우선으로 해야 하는 것을 急先務라 한다. 종교인이 도학을 과학에 앞서 우선해야 한다거나, 주종 본말 선후에 있어 우선해야 할 것은 근본을 앞세우는 일이다. 그리하여 정산종사의 언급처럼 수도인으로서의 급선무는 허물을 찾아 고치는 마음공부이다.
허물 : ☞원리편 26장 참조.
관련법문
「제가 저를 믿고 제 허물을 용서하며 윗 스승을 함부로 비판하며 법과 진리에 狐疑를 가져서 자기 뜻에 고집하는 것이니, 이 증세는 자칫하면 그 동안의 적공이 허사로 돌아가 결국 영겁대사를 크게 그르치기 쉬우므로, 과거 불조들도 이 호의 불신증을 가장 두렵게 경계하셨나니라」(대종경, 부촉품 6장).
「동지 가운데 혹 허물이 있는 이를 책망만 하지 말라. 어느 누가 한 허물도 없으리요. 오히려 그 허물만 고쳐 나가면 티 없는 옥도 될 수 있나니 부득이 책망할 경우에는 부모 형제의 간격 없는 마음으로 영생을 책임지고 하라」(대산종사법문 2집, 제12부 법문수편, 자성의 원천수).

보충해설
 일상생활의 복잡다단함 속에서 무엇을 먼저 처리해야 할 것인가에 대한 나름대로의 확신이 필요하다. 주종 본말을 분명히 하는 삶이 바람직하며, 이것이 급선무를 발견하는 일이다. 정산종사는 우리들의 급선무로 허물을 찾아 고치는 공부라고 하였다. 그가 강조하는 수도인의 삶이 마음공부에서 비롯될 때 여타의 생활도 행복을 가져다주기 때문이다. 물론 급선무는 시대상황에 따라 달리 나타날 수도 있다. 정산종사는 1932년 우리의 급선무로써 마음의 단결, 가정의 단결, 동지의 단결이라고 했다(단결의 위력, 월말통신 37호). 여기에서 마음의 단결을 첫째로 삼는다. 물질과 정신, 육체와 정신, 과학과 도학 등에 있어 주종 본말의 관계를 생각하면 수도인의 급선무가 무엇인지를 가늠하게 된다.

주석주해
「오늘날 종교인들에게 무엇보다도 시급한 것이 있다면 그것은 자기종교에로의 선도가 아니라 종교 일반을 통하여 성현의 정신, 또는 聖의 절대가치에 속인들에게 인식시키는 일일 것이다」(류병덕, 『원불교와 한국사회』, 원광대 종교문제연구소, 1978, p.15).
「교당이란 공간이 가정문제, 사회문제에 접근하여 교화의 방향을 세워가는 것이 무엇보다 급선무가 되어야 할 것이다. 곧 교당이란 공간이, 한 가족 구성원이 한 가족으로서 일체감을 갖게 하는 동시에 가족과 가족이 연계하여 교당을 통한 연대감을 갖도록 교화의 방향을 설정해가야 한다」(박혜훈, 「21세기의 원불교 교당 교화 방향 모색」, 『원불교와 21세기』, 원불교사상연구원, 2002, p.274).

연구문제
사람의 일 가운데 무슨 일이 제일 급선무가 되는가?

[응기편 20장] 큰 공부법과 신성
핵심주제
큰 공부법과 신성
대의강령
◎이제성이 무슨 방법으로 하여야 큰 공부를 하는지를 여쭈자 정산종사 답하였다.
"스승과 사이가 없어야 하나니라."
◎사이가 없기로 하면 어떻게 해야 하는가를 여쭈자, 정산종사 답하였다.
"信만 돈독하면 자연 사이가 없나니라."

출전근거
『원광』 36호(1961년) 「應問二題」 법설이다(김대거 수필).

단어해석
큰 공부 : 성불제중 제생의세의 서원을 가지고 신앙 수행에 정진하는 것을 큰 공부라고 한다. 종교인으로서 큰 공부는 도학이다.
信 : 진리와 법과 스승과 회상에 대한 돈독한 믿음을 信이라 한다. 신은 법을 담는 그릇으로서 만사를 이루는 원동력이라 했다.
돈독 : ☞권도편 1장 참조.

관련법문
「제자로서 스승에게 다 못할 말이 있고 스승이 제자에게 다 못해줄 말이 있으면 알뜰한 사제는 아니니라」(대종경, 신성품 14장).
「信은 일체 선근종자와 불종자를 심는 밭이 되며 그를 길러주는 거름이 되므로 경에도 신은 도의 근원이 되고 공덕의 어미가 된다 하신 것이다」(대종경선외록, 20.원시반본장 13장).

보충해설
우리가 진급생활을 향하여 큰 공부를 하려면 어떻게 해야 하는가? 도가에서는 특히 사제간 틈이 없어야 한다. 스승의 가르침을 신성으로 받아들일 때 제자의 인격은 향상되며 큰 도인으로 성장할 수 있기 때문이다. 제자가 스승을 모시는 간절함이 신심이다. 우파니샤드란 원래 모시고 앉다(侍座), 가까이 앉다(近座), 또는 비밀의 會座라는 의미이며 후에 秘義라는 뜻이 되었는데, 선생과 제자가 가까이 앉아 대좌를 통하여 지식을 전수하고 사제간 정의를 건넨다는 뜻에서 유래한 말로 전해졌다.

인물탐구

이제성(1935-현재) : 元山 李濟性 교무는 전주시 교동 156번지에서 탄생하였다. 원기 32년 1월 이영화의 연원으로 전주교당에서 입교하였으며, 출가는 원기 39년 4월이다. 법호는 원산이며 법위는 원기 91년 정식 출가위를 수증하였다. 원산종사는 교화의 터전을 두루 거쳤으니 활동 경력이 매우 다양하다. 원기 43년 교화부 주사를 시작으로, 동산선원, 정읍교당을 거쳤으며, 원광여자고등학교 교사를 역임하였다. 그리고 의정부교당, 서울출장소, 로스앤젤레스교당의 교화에 정성을 다하고, 원광대 전임강사와 경희대 조교수로 활동하기도 하였다. 이어서 원광대학교 법당교감을 거쳤으며, 캐나다선교소, 원남교당에서도 교화활동을 하였다. 또한 교정원 교화부 순교감을 거쳤으며, 캐나다선교소, 사직교당, 하와이교당, 샌프란시스코교당, 로스앤젤레스교당, 화곡교당에서 교화활동을 하였고, 서울서부교구장, 번동종합사회복지관 관장, 전북교구 교구장으로서 중책을 맡아 역할을 하였다. 국내외 교화와 교육기관 등에서 두루 활동했으니 교단사에 정성을 다한 것이다.

주석주해

「주산 선생은 어려서부터 큰 뜻을 품고 공상과 이상 등 다방면으로 많이 사색하여 보았으나 가히 펼 곳이 없어 주소일념 답답히 지내다가 원기 4년 13세시에는 그의 형님 정산종법사의 지도로 전남 영광으로 이사를 하게 되어 대종사님을 처음 뵈옵고 그 법문 말씀을 들은 후는 크게 신심이 발하여 즉석에서 願爲弟子하는 동시에 수양 정진하겠다는 서약을 올렸다」(구타원종사 법문집 편집위원회 편, 『인생과 수양』, 구타원종사기념사업회, 2007, p.58).
「스승과 제자의 믿음이 하나가 되어야 한다. 스승이 제자를 가르치는 것도 믿음에 바탕해야 공이 드러나서 큰 도가 깨쳐지는 것이다. … 스승이 제자에게 도를 가르치려는 마음과 제자가 스승에게 도를 배우려는 마음이 일치해야 하는 것이다」(한종만, 『원불교 대종경 해의』(下), 도서출판 동아시아, 2001, pp.216-217).

연구문제
1) 무슨 방법으로 하여야 큰 공부를 할 수 있는가?
2) 사이가 없기로 하면 어떻게 해야 하는가?

[응기편 21장] 오욕과 상 떼는 방법

핵심주제
오욕과 상 떼는 방법

대의강령
◎학인이 오욕·삼독·착·相 떼는 공부는 조목마다 유념으로 떼는 것이 어떠냐고 여쭈자 정산종사 답하였다.
1) 그 방법도 좋으나 경계를 당해 마음 일어나는 것을 보며,
2) 나쁜 마음의 싹을 즉시 제거하면 사심이 일지 않는다.

단어해석
오욕 : ☞권도편 22장 참조.
삼독 : 수도인의 공부에 큰 마장이 되는 것이 三毒 오욕인데 여기에서 삼독이란 탐심·진심·치심을 말한다. 삼독은 죄악의 근원이 되므로 이를 조복 받으면 도락의 해탈을 얻게 된다.
착 : 어디에 집착하는 것을 着이라 한다. 애착 탐착 등이 이것이다.
상 : 자신을 어둠의 무명으로 가리는 것이 있는데 이를 相이라 한다. 4상으로 아상·인상·중생상·수자상이 그 핵심이다.
유념 : ☞경의편 22장 참조.

관련법문
「수도인이 오욕의 경계 중에서 마군을 항복받아 순역경계에 부동심이 되는 것은 안으로 심성을 단련한 수양이라」(대종경, 수행

품 16장).
「삼독오욕을 제거하는데 그 근원을 녹여 버리지 못하면 일시적으로는 제거된다 해도 곧 다시 일어난다. 대원견성을 한 사람은 번뇌 망상이 일어난다 해도 본래 성품자리에 비춰 녹이면 한 점의 눈에 지나지 않는다」(대산종사법문 3집, 제2편 교법, 18.누진통과 대원견성).

보충해설
신앙과 수행생활을 하는데 있어 마장이 되는 것으로는 오욕·삼독·애착·四相 등이다. 이러한 것들을 조복 받으면 성자의 대열에 오를 수 있다. 그러면 이 마장들을 어떻게 극복할 수 있을 것인가? 유념 공부로서 하나하나 떼고자 노력해야 할 것이니, 정산 종사는 유혹의 마장이 생겨나면 즉시 제거토록 하였다. 성경에 의하면 "내 이름으로 마귀도 쫓아내고 여러 가지 기이한 언어로 말도 하고 뱀을 쥐거나 독을 마셔도 아무런 해도 입지 않을 것이며, 또 병자에게 손을 얹으면 병이 나을 것이다"(마가복음 16·15-18)라고 하였다. 물론 기독교는 타력의 예수 이름으로 마귀를 쫓아내지만, 원불교의 경우는 자타력 병행의 마음공부를 통해서 사심 잡념을 일으키는 유혹의 마장을 없애나간다.

주석주해
「현실적인 오욕락과는 다른 차원의 즐거움이라는 의미에서 천상락이라 표현된다. 천상락은 도로써 즐기는 마음락의 경지로서 모든 대상을 즐거움으로 주체화할 수 있는 경지이다」(김기원, 「원불교 자유관」, 『원불교사상시론』 1집, 수위단회사무처, 1982, p.160).
「인간이 대대로 탐심 진심 치심이라고 하는 삼독심 때문에 물질문명의 해독 없이도 늘 고통스러운 역사를 기록해 간다. 그런데 20세기로 접어들면서 인간의 생존조건에 유사 이래로 없었던 새로운 위협이 다가오고 있음을 소태산 교조는 예견하고, 그러한 위험에서 인류를 구제하려는 데에 개교의 동기를 두고 있다」(정유성, 「원불교 과학관」, 『원불교사상시론』 1집, 수위단회사무처, 1982, p.201).

연구문제
 오욕과 삼독과 착과 상 등을 떼는 공부에 있어 한 조목씩 유념으로 떼어나간다면?

[응기편 22장] 오욕 수용의 정도
핵심주제
 오욕 수용의 정도
대의강령
◎오욕이 인간에 나쁘냐고 학인이 여쭈자, 정산종사 답하였다.
 1)오욕 자체는 좋고 나쁠 것은 없으나,
 2)분수 이상의 욕심을 내면 죄고로 화하며,
 3)분수에 맞게 구하고 수용하면 그것이 세간의 복락이다.
단어해석
죄고 : ☞원리편 40장 참조.
분수 : 제 몸에 적당한 분한 곧 자신의 신분과 한계상황을 分數라 한다. 분수에 맞게 행동을 한다는 것이 이와 관련된다.
세간 : ☞원리편 43장 참조.
복락 : 행복과 즐거움을 福樂이라 한다. 불생불멸과 인과보응의 이치를 깨달아 적공을 통해 선인선과를 지으면 영생의 복락이 찾아온다.
관련법문
「한 제자 여쭙기를 "무슨 방법으로 수양하여야 오욕을 다 없애고 수도에 전일하여 부처님과 같이 한가롭고 넉넉한 생활을 하오리까." 대종사 말씀하시기를 "욕심은 없앨 것이 아니라 도리어 키울 것이니, 작은 욕심을 큰 서원으로 돌려 키워서 마음이 거기에 전일하면 작은 욕심들은 자연 잠잘 것이요, 그러하면 저절로 한가롭고 넉넉한 생활을 하게 되리라"」(대종경, 수행품 36장).
「오욕 중에도 식욕은 어린아이와 같고 색욕·재물욕·명예욕은 장년기와 같으며, 수면욕은 노년과 같아서 기운이 쇠해지는 까닭에 죄도 가볍나니라. 편하게 잠자는 것은 그리 큰 죄가 아닌 것과 같나니라. 오욕을 잘 쓰면 당연한 것이지만 잘못 쓰면 큰 죄를 짓게 되나니라」(정산종사법설, 제8편 편편교리 24장).
보충해설
우리의 수행에 장해가 되는 것으로 삼독 오욕인 것은 사실이다. 하지만 본래부터 오욕은 나쁜가? 자성이 공한 자리에서 보면 경계란 없는 것이다. 세속의 육경에 육근이 작용하여 유혹이 된다면 그것이 고통일 따름이다. 이에 정산종사는 오욕 자체는 좋고 나쁠 것이 없다고 하였다. 집착으로 나아가면 그 오욕은 나를 해롭게 하지만, 욕심을 절제하면서 적절히 조절한다면 오히려 삶의 활력이 될 수 있기 때문이다. 소태산의 언급처럼 오욕이 일어나고(서품 14, 교의품 5), 탐진치에 끌리며(서품 17), 사심이 일어나고(교의품 5), 욕심의 구름에 덮이고(천도품 24), 四相이 일어나는 것(변의품 19)을 적절히 조절하여 수용할 수 있다.
주석주해
「대욕은 무욕이라고 했다. 욕심을 없애라고만 하지 말고 적은 욕심을 돌려 대욕으로 갖도록 하고 크게 자기를 살려 나가도록 해야 한다. 소욕은 사사로운 욕심·오욕 등이라 하겠는데, 이러한 소욕에 얽매여 일생을 지내는 사람들을 어찌 장한 일생이라 하겠는가」(박길진,『대종경강의』, 원광대출판국, 1980, p.132).

「교무가 가져야 할 서원은 인간의 오욕락을 추구하는 욕심이 아니고 사 없이 깨끗한 마음으로 수행에 정진하여 위로는 佛道를 성취하여 부처를 이루고 아래로는 파란고해 생령을 낙원으로 인도하려는 크고 영원한 성불제중의 서원을 말한다」(이종진,「원불교 교무론」,『원불교사상시론』1집, 수위단회사무처, 1982, p.243).
연구문제
오욕의 정체는 무엇이며, 인간에 미치는 영향은?

[응기편 23장] 일심의 방법
핵심주제
일심의 방법
대의강령

◎그일 그일에 일심을 모으려고 하나 그 노력하는 마음이 일심을 방해한다는 이광정의 질문에 정산종사 답하였다.
 1)일을 시작할 때에만 공부심으로 하리라는 대중을 가지며,
 2)일단 착수한 뒤에는 그 마음도 놓아야 일심이 된다.

출전근거
『원광』41호(1962년)「應問八題」 법설이다(이광정 시봉일지).

단어해석
 일심 : ☞원리편 31장 참조.
 공부심 : 교법을 신앙하고 수행하면서 가장 많이 듣는 것이 신심·공심·工夫心이다. 기질단련과 심성수련을 하면서 법도 있게 챙기는 마음을 공부심이라 한다. 간절한 마음으로 스승을 찾아뵈어 문답감정을 받고, 계문을 실천하며 유무념을 대조하는 것 등이 이것이다.

관련법문
「공부하는 사람이 밖으로는 능히 모든 인연에 대한 착심을 끊고 안으로는 또한 일심의 집착까지도 놓아야 할 것이니 일심에 집착하는 것을 법박이라고 하나니라」(대종경, 수행품 53장).
「인연의 착을 끊으려면 일심이라는 것도 놓아 버려야 하나니라. 경계에 응하여 그릇되지 않는 것이 동할 때 일심이요, 정할 때 일심은 잡념만 없애면 일심이니라」(정산종사법설, 제1편 마음공부 3장).

보충해설
좌산종사는 교역생활을 하면서 유념공부 즉 일심 적공을 통해 심신을 마탁했다고 한다. 이에 일심에 집중하다 보니 때론 일심을 방해한다는 질문에 정산종사는 일을 시작할 때에 공부심으로 하리라는 대중을 가지고, 일을 착수한 뒤에는 그 마음도 놓아야 일심이 된다고 하였다. 일심이라는 법박에 걸릴 수도 있기 때문이다. 一心이라는 말은 원래『十地經』의 三界唯心을 번역하는 과정에서 마음 心(citta)이라는 표현을 菩提流支가 일심이라는 말로 번역하면서 사용되었다. 하여튼 나의 업력에 의한 습관을 제거하는데 일심공부는 큰 도움이 된다. 흩어진 마음을 오롯한 마음으로 돌려 적공한다면 의단이 뭉치고 심단이 뭉쳐 큰 도인이 된다.

인물탐구

이광정(1936-현재) : 左山 李廣淨 종사는 1936년 3월 15일 전남 영광군 대마면 복평리에서 부친 광산 이삼공 선생과 모친 광타원 이공원 여사의 5남매 중 막내로 출생하였다. 좌산종사의 본명은 건형이다. 어린 시절부터 책읽기를 좋아하고 사물에 대한 연구심이 강하여 주위 어른들의 총애를 받았다. 이때 좌산종사는 친척인 이직형 선생으로부터 한학을 공부한 적이 있다. 고향에서 대마 동초등학교를 졸업한 좌산종사는 고창의 대성중학에 입학하였다. 그러나 입학 후 얼마 되지 않아 6.25가 일어나 학업을 계속할 수 없었다. 어려운 상황에서도 배워야 한다는 의지로 광주 조선대학부속 기술학교에서 공부하였다. 좌산종사는 청년시절에 깊은 고민과 회의에 빠지기도 하였으나 불법연구회에서 발행되는 여러 책들을 접하면서 삶의 길이 있음을 발견할 수 있었다. 17세 되던 원기 38년 집안의 호산 이군일 선진의 안내로 익산 총부를 방문하여 정산종사를 뵙고 법문을 듣게 되었다. "종법사님! 한말씀 여쭙고 싶은데요. 원불교에서는 법당이니, 법어·법문 그러는데 저는 육법전서의 법은 알아도 그 법이 무엇을 뜻하는지 잘 모르겠습니다" 라는 물음에 정산종사는 "우리가 걸어 다니는 길이 있듯이 사람이 사람으로서 마땅히 행하여 나가야 할 길이 있지 아니하더냐. 그것을 가르치는 것이 법설이니 법어니 하는 것이다." 정산종사의 법문을 받들면서 출가를 결심하였다. 좌산종사는 원기 39년 3월 총부를 다시 찾아와서 4월 전무출신 서원서를 제출했다. 출가 후 좌포교당에서 1년, 수계농원에서 4년 동안 임원생활을 하였다. 원기 44년 3월에 원광대학교 원불교학과에 입학하여 2, 3학년 때에는 정산종사의 시봉을 하면서 수학하였고, 4학년 때에는 신도안에 거주하던 대산종사를 시봉하였다. 원기 48년 대학을 마친 좌산종사는 법무실 법무로 근무하였다. 원기 52년부터 6년간 운봉교당과 익산교당 교무로 근무하면서 교화자로서의 경륜을 펼쳤다. 좌산종사는 일과득력으로 교법에 의해 철저한 훈련을 하고 교화단 교화로 조직적인 교화를 도모하였다. 원기 58년 3월에는 교정원 교무부장에 취임하여 교도의 단계별 훈련과 어린이교화 등

교화정책을 펼쳤다. 교화연구소를 발족하여 교화 연구와 교화교재를 개발하여 그 기반을 다지며, 훈련부와 문화부를 독립시키고 교화부의 체계를 확립하였다. 원기 62년에는 초대 문화부장으로 취임하여 문화회관 건립, 중앙박물관을 설립하고 원불교방송국 허가를 추진하였다. 원기 64년에는 左山이란 법호를 수증 받았으며, 원기 67년 11월 수위단원에 피선되었고 서울 출장소장 겸 종로교당 교감으로 부임하였다. 원기 71년 서울 동부교구장 겸 종로교당 교감으로 재직하며 서울교화의 법풍을 일으켰다. 원기 73년 수위단원에 재선되어 수위단회의 상임중앙으로서 대산종사를 모시고 교단지도의 경륜을 펼쳤다. 원기 75년 교육발전위원회 위원장으로서 활동하였다. 1994년 대산종법사로부터 종법사위를 이어받아 12년 중임의 종법사직을 수행하면서 방송국 허가, 군종 승인, 해외총부 건립의 경륜을 전개하는데 기여하였다. 마침내 국가로부터 군종 승인을 받아 2006년 원불교 군종교화의 물꼬를 트면서 원불교 청년교화의 활로를 개척하였다. 원기 91년 11월 대사식을 통해 경산종법사에게 중책을 넘겨주며 상사로서 해탈 초연한 모습을 보여주었다.

주석주해

「분별성과 주착심이 없는 정신의 경지는 이 일심으로 표현될 수 있다. 다시 말하여 정신수양은 이 일심을 지향하는 것이라고 보아야 한다는 것이다」(박병수, 「정신수양의 기론적 접근」, 『원불교수행론연구』, 원광대출판국, 1996, p.144).

「일심을 구하는데 있어서 원불교에서는 일심에 집착하여 일심만을 구하려 하는 것을 법박이라고 하여 경계하고 있다」(김도공, 「원불교 교의에 나타난 일심사상」, 『원불교사상』 23집, 원불교사상연구원, 1999, pp.104-105).

연구문제

그일 그일에 일심을 모으려 노력하는데 그 노력하는 마음이 일심을 방해한다면?

[응기편 24장] 삿된 경계의 대응책

핵심주제
삿된 경계의 대응책

대의강령
◎삿된 경계를 대결하여 싸우는 것이 선책이냐는 김인철의 질문에 정산종사 답하였다.
　1)무지 포악한 사람이 시비를 걸 때에는 그 경계를 피하였다가 뒤에 타이르듯 하라.
　2)공부 도상에 고비가 있으니, 고비를 수월하게 돌아갈 길을 찾는 것이 선책이다.

출전근거
『원광』 42호(1963년) 「法訓數題」 법설이다(이광정 시봉일지).

단어해석
　선책 : 좋은 방책을 善策이라 한다. 모든 일에는 궁구하면 궁구할수록 최선의 방책이 있는데, 이를 선책 혹은 최선책이라 한다.
　시비 : 인간사에서 나타나는 일의 옳고 그름을 판단하는 것을 是非라 한다. 보통 시비이해라는 말이 쓰이는데, 옳고 그름, 이로움과 해로움이 인간 만사에서 발생하기 때문이다. 시비이해를 잘 파악하기 위해서는 진리에 대한 안목을 키우고, 진리 탐구로서 사리연구를 해야 한다.
　공부도상 : 공부하는 도중을 工夫途上이라 한다.

관련법문
「모든 일을 작용할 때에 나의 정신을 시끄럽게 하고 정신을 빼앗아 갈 일을 짓지 말며 또는 그와 같은 경계를 멀리할 것이요」
(대종경, 수행품 2장).
「定力을 얻기로 하면 밖으로 경계를 대할 때마다 일단 멈추어서 마음이 흔들리지 않게 하고 안으로는 경계 따라 나가는 마음을 찾아 가라앉히는 공부를 오래하고 보면 큰 정력을 얻을 수 있다」
(대산종사법문 2집, 제7부 교역자훈련 결제 해제 법문, 22회 교역자훈련 해제법설-수도인의 세 가지 무기).

보충해설
　경계를 당함에 있어 우리는 그 경계를 대적하여 싸워야 할 것인가, 아니면 피해야 할 것인가를 고민할 때가 있다. 자신의 능력에 따라 경계를 피해야 할 상황이면 피하고, 대적할만하면 피하지 않고 싸워서 이겨야 할 것이다. 자신의 능력이란 신앙과 수행의 힘이다. 내가 걸어가는 곳에 가시덤불이 있다고 하자. 가죽구두를 신었으면 가시를 차내고 걸어가도 되지만, 맨발로 갈 경우가 있으면 위험하기 그지없다. 맨발로 갈 경우 가시를 차지 말고 피해 가야 한다. 또 피할 수 없는 경계가 있다. 내가 다가오는 죽음이라는 경계를 피할 수 없는 것이다. 이에 죽음을 홀연히 맞이하는 자세가 요구된다. 소태산은 『대종경』 수행품 2장에서 동정간 수양력 얻는 빠른 방법으로 정신을 시끄럽게 하거나 정신을 빼앗는 일을 짓지 말며, 또는 그와 같은 경계를 멀리하라 했다.

인물탐구

김인철(1934-현재) : 亢山 金仁喆 교무는 광산김씨로 1934년 12월 4일 영광 군남면 동간리 오강동에서 부친 김동관 선생과 모친 이공순 여사의 3남 2여 중 장남으로 출생하였다. 원기 33년 이성로 교무의 연원으로 외가 및 전 가족이 차례로 입교하면서 항산종사도 원기 36년 모친의 연원으로 입교하였다. 원기 37년 당시 도양교당 안이정 교무의 요청으로 도양중학원 교사로 4년간 재직하면서 교육과 수도에 정열을 바치면서 큰 보람을 느꼈다. 항산종사는 평소 시골의 조그마한 사설학교를 경영하며 뜻과 취미를 살리는 생활을 꿈꾸었으나 원불교를 만난 후 일체가 유심조이니 마음병을 고치는 의사가 되고 사은의 은혜에 보답하는 생활을 해야겠다며 전무출신을 서원하였다. 대학 졸업을 앞두고 건강관계로 원기 44년 영산 재방언 공사를 지도하면서 정양하는 대산종사의 법하에 머무르게 되었다. 원기 46년 장수교무로 부임하였을 때 각산 신도형 종사가 그곳에 정양중이어서 농촌교화와 아울러 도반과의 法樂을 누리었다. 원기 49년 부산 구포교무로 교화를 체험한 후 원기 52년 교무부 교무과장으로 25년 동안 중앙총부에 머물게 되었다. 원기 56년부터 수위단회 사무처 과장을 역임하였고, 원기 58년 교정원의 총무부장을 역임하면서 행정의 합리화에 기여하였다. 원기 63년 3월 尤山이라는 법호를 수증하고, 원기 67년 교정원 제1부원장을 겸임하였다. 원기 66년 5월에는 원불교 종교연합추진위원회를 발족하여 실무를 담당하였다. 원기 67년 세계불교도우의회(WFB) 원불교지회 이사가 되었다. 원기 69년부터는 교단창립 제2대 및 대종사 탄생100주년 성업봉찬회 사무총장의 성업을 수행하는데 실무 책임을 맡았다. 원기 76년 교정원장 겸 법인이사장으로 취임하여 교정의 합리화·효율화·세계화에 노력하였다. 원기 67년과 73년 정수위단에 피선되었고, 원기 76년 3월 제11회 수위단회에서는 법위를 출가위로 사정하고 종사의 법훈을 서훈했다.

주석주해

「인생의 역정에는 항시 편안하게 잘 살아가도록 하는 순경만이 있는 것이 아니고 때로는 피할 수 없는 역경이나 게을러지게 하는 초境이 있게 마련이다. 사람은 이런 경계에 항상 노출되어 있다. 늘 살피며 살아가야 한다. 그것이 바로 일을 잘하는 것이다」(나상호, 『마음아 마음아 뭐하니?』, 도서출판 동남풍, 1998, pp.36-37).

「무시선법은 4단계로 되어 있다. 첫째, 경계를 대해서 힘써 행한다. … 둘째, 끌리고 안 끌리는 대중을 잡는다. … 셋째, 경계에 놓아 맡겨본다. … 넷째, 놓아도 동하지 않는 경지이다」(한종만, 『원불교 대종경 해의』(上), 도서출판 동아시아, 2001, pp.290-291).

연구문제

힘에 겨운 난처한 경계에 끝까지 대결해 싸우는 것이 선책인가?

[응기편 25장] 경계와 실력

핵심주제

경계와 실력

대의강령

◎공부는 경계를 지낸 후?

 1)자신의 실력을 알 수 있으며,

2) 없던 힘이 생겨나며 있던 힘이 강해진다.
출전근거
『원광』40호(1962년)「應問十二題」법설이다(이광정 시봉일지).
단어해석
 공부 : 일반적으로 工夫는 학생이 학교에서 학과목 수업을 받으며 학습하는 것을 말하며, 종교적으로 공부는 진리를 연마하고 실천에 옮기는 것으로 마음공부를 말한다. 도가에서 도학 공부가 깨달음과 구원이다.
 경계 : ☞원리편 38장 참조.
 실력 : 과학과 도학 등을 연마함으로써 얻어지는 실제의 역량을 實力이라 하며, 원불교에서는 공부의 요도와 인생의 요도를 실천함으로써 얻어지는 돈독한 신앙심과 삼대력을 실력이라 한다.
관련법문
「참다운 도를 닦고자 할진대 오직 천만 경계 가운데에 마음을 길들여야 할 것이니 그래야만 천만 경계에 마음이 흔들리지 않는 큰 힘을 얻으리라」(대종경, 수행품 50장).
「솔과 대는 서리와 눈을 견디어 냄으로써 그 명가가 드러나듯 사람은 그 경계를 당해 보아야 그 실력을 알 수 있다」(한울안 한 이치에, 제1장 마음공부 65장).
보충해설
 소나무와 대나무는 상설이라는 경계를 만나지만 그 푸름을 잃지 않는다. 송죽은 상설을 맞이한 후 질개를 안다는 말이 이것이다. 수도인에 있어 경계는 자신의 수행력 정도를 파악할 수 있는 잣대가 된다. 경계를 잘 벗어나면 경계를 극복할 수 있는 실력이 쌓이기 때문이다. 경계란 일종의 예방주사를 맞는 것과 같다. 병균이 내 몸에 침투하면 그 균과 싸워서 이겨내도록 하는 것이 예방주사이기 때문이다. 정산종사는 「권도편」31장에서 마음공부를 하는 것은 경계를 당하여 마음실력을 활용하자는 것이라 했다. 소태산 대종사도 『대종경』교의품 22장에서 공부하는 사람은 세상의 천만 경계에 항상 삼학 대중을 놓지 말아야 한다고 했다.
주석주해

「사람의 마음은 경계를 당하게 되면 그 무게를 알 수 있다. 대체로 경계를 당하면 당황하거나 욕심에 끌려서 취사를 잘못하고 만다. … 자꾸 반성하여 고쳐 나가고, 노력하지 않으면 퇴보하고 만다」(박길진,『대종경강의』, 원광대출판국, 1980, p.126).
「언제 어디서나 순간순간 속에서 맞이하는 경계에 내 생각이 사로잡혀 얼마나 많은 우를 범하고 주위를 요란하게 하고 두렵게 할까? 그러기에 문답감정·해오를 얻어 법으로 길들이는 공부가 필요하겠지. 오늘도 경계 속에서 요란함도 두려움도 없는 편안한 그 자리에서 내일의 보람을 찾기 위해 노력해 본다」(유신옥,「전화 벨소리」,『마음은 어디서 쉬는가』, 출가교화단, 1997, p.300).

연구문제
공부는 경계를 지내고 나야 자신의 실력을 알 수 있는 의미는?

[응기편 26장] 마음 다스리는 표준

핵심주제
마음 다스리는 표준

대의강령
◎평소 마음을 어떻게 다스려야 하는가?
  1)좋은 생각은 그대로 두고 사심 제거하는 것을 표준삼되,
  2)때로는 선악간 모든 생각을 다 끊는 기회도 가져보라.
◎못 챙긴 좋은 일이 좌선 때 생각나면 어떻게 해야 하는가?
  1)바로 명념하고 놓아버리며,
  2)좌선 후에 다시 챙기어 처리하라.

출전근거
『원광』41호(1962년)「應問八題」법설이다(이광정 시봉일지).

단어해석
사심 : ☞권도편 26장 참조.
좌선 : ☞경의편 15장 참조.
명념 : 일이나 상황을 대조하고 챙겨야 할 내역을 마음에 새겨두고 유념하는 것을 銘念이라 한다.

관련법문

「사람의 일생에 그 방향의 선택이 제일 중요한 것이며, 이미 방향을 정하여 옳은 데에 입각한 이상에는 사심 없이 그 목적하는 바에 노력을 계속하는 것이 바로 성공의 기초가 되나니라」(대종경, 수행품 11장).

「우리 마음에 법의 등불이 꺼져 있는 날, 무지에 떨어지고 죄악의 함정을 모면할 길이 없을 것이며 반대로 우리 마음에 법의 등불이 휘황하게 켜져 있는 날, 모든 邪心과 무지는 물러날 것이며…」(대산종사법문 2집, 제3장 일원의 진리 47장).

보충해설

우리는 평상의 마음을 어떻게 통제해야 할 것인가? 마음이 어디로 흘러가는가를 살펴서 바른대로 가면 그대로 지켜보고, 그른 곳으로 나아가면 사심을 제거하는 것을 표준으로 삼아야 한다. 또한 좌선을 할 때 챙겨야 할 것들이 갑자기 생각나면 어떻게 해야 하는가? 바로 명념하고 놓아버렸다가 좌선 후에 다시 챙기어 처리하라고 정산종사는 말하였다. 하여튼 평소의 마음, 평상의 마음을 방치하지 말고 유념으로 그 마음작용을 조심스럽게 살피는 것이 수도자 본연의 자세이다. 이에 대산종사는 『정전대의』에서 정할 때에는 불방심, 동할 때에는 부동심을 가지라고 하였다.

주석주해

「사심이 없으면 능력이 조금 부족해도 큰 일을 할 수 있다. 소태산은 사업의 경우 공중사이기에 사사로운 욕심을 내세우지 않는 私 없는 마음으로 해야 큰 일을 할 수 있다고 강조한다」(김영민,「원불교 성리의 활용방안」,『원불교사상』 23집, 원불교사상연구원, 1999, p.82).

「챙겨야 할 자리 챙기지 못하였다」(조명렬 편, 상타원 전종철정사 유고집『법신불 사은이시여!』, 원불교출판사, 1996, p.48).

연구문제

1) 평소에 마음을 어떻게 다스려 가는가?
2) 평소에 챙기지 못하였던 좋은 일이 좌선할 때 문득 생각나면?

[응기편 27장] 公心 양성법

핵심주제

　公心 양성법

대의강령

　◎공심이 양성되는 법?

　1)이 몸이 사은의 공물임을 알 것이며,

　2)보은의 의무임을 알 것이며,

　3)인생의 참 가치는 利他가 있음을 알 것이며,

　4)自利의 결과와 공익의 결과를 철저히 자각할 것이다.

단어해석

　공심 : ☞국운편 25장 참조.

　공물 : 공적으로 쓰이는 물건을 公物이라 한다. 이를테면 사적 용도가 아닌 것으로, 교단과 사회 및 국가를 위해 소속된 물건이다. 따라서 여러 사람이 공동으로 사용하는 공물에 공익심을 가질 필요가 있다.

　이타 : 남에게 도움이 되는 것을 利他라 하고 스스로 도움이 되는 것을 自利라 한다. 원불교 동포은 「동포보은의 조목」에서는 자리이타의 상생상화적 협조를 강조하고 있다.

관련법문

「참 자유를 원하는 사람은 먼저 계율을 잘 지키고, 큰 이익을 구하는 사람은 먼저 공심을 양성하나니라」(대종경, 요훈품 42장).

「우리는 사은의 공물이니라. 보시를 한다고 생각하지 말고, 사은께 빚을 갚는다고 생각하여 과거에 정신 육신 물질로써 베푼 것들을 잊으며, 현재의 정신 육신 물질이 자신의 소유물이라는 생각도 잊으며, 미래에 정신 육신 물질로써 받을 것을 구하는 마음도 잊어라」(정산종사법설, 제7편 불법대해 9장).

보충해설

출가를 하여 도가에서 살아가려면 무엇보다 신심 공심 공부심이 필요하다. 도가의 공동체에서 공심이 강조되는 것도 이와 관련된다. 이에 정산종사는 공심을 양성하려면 우리가 사은의 공물임을 알고, 자리이타의 원리를 깨달아 보은하려는 마음을 간직하라고 하였다. 대산종사 역시 大空心·大公心을 강조하였다. 김광선 선진이 소태산 대종사의 인품에 대하여 위연히 찬탄하기를, 순일무사한 공심(대종경, 실시품 47장)이라 하였다. 성자는 지극한 공심의 모델이다. 중생과 불보살의 차이는 이기적 개인 중심이냐 희생적 인류 구원이냐에 달려 있기 때문이다.

주석주해

「원불교는 다른 교단보다 공도를 강조한다. 공익사회를 형성하는 것이다. 이것은 모든 사람을 평등하게 보는 일원주의 세계관이다. 도덕 높고 공심 많은 사람이 주관하는 교단이 되어 온 인류를 낙원으로 인도해야 한다」(한종만, 『원불교 대종경 해의』(下), 도서출판 동아시아, 2001, pp.467-468).

「노사관계나 생산자와 소비자의 관계, 시장을 통하여 매매하는 과정, 이익을 분배하는 과정 등의 경제행위에 있어서 지켜야 하는 일이 상반된 입장에 있는 상대가 다 이로워야 하는 것이며 이를 자리이타라고 표현하였다」(최경도, 「원불교 경제관」, 『원불교사상시론』 1집, 수위단회사무처, 1982, p.220).

연구문제

어떻게 하면 公心이 양성되는가?

[응기편 28장] 도통과 법통·영통

핵심주제

도통과 법통·영통

대의강령

◎도통과 법통·영통이란?

1)도통은 견성, 법통은 이치를 응하여 법도를 건설, 영통은 신령한 밝음을 얻는 것이며,

2)도통·법통을 먼저 하고 끝으로 영통해야 하며, 영통 먼저 하면 邪에 떨어지고 공부가 커나가지 못하며,

3)신통은 성인의 말변지사라, 신통으로 일삼으면 인도정의를 누가 붙잡으리오. 신통을 쓸 필요가 없으니 과학문명이 신통이다.

단어해석

도통 : 대소유무와 시비이해의 진리에 통달하는 것을 道通이라 한다. 곧 우주와 인사의 지혜를 연마하여 견성을 이루는 것이 도통이다.

법통 : 일체생령이 본받을만한 교법을 제정하고 경전을 만들 수 있는 힘을 얻어 능히 법도를 건설하는 것을 法通이라 한다. 영통과 도통·법통 중 법통을 얻기가 가장 어렵다. 대원정각을 이루어야 하기 때문이다.

법도 : ☞경의편 14장 참조.

영통 : 도통과 법통에 이어 靈通은 지혜가 크게 열리는 것이다. 좁혀 말하면 영통이란 정신수양을 오래오래 지속하여 신령스럽게 진리를 통달한 결과, 신령이 열리어 미래사를 훤히 아는 것을 말한다.

신통 : 신묘한 경지에 통달하는 것을 神通이라 한다. 이를테면 축지법·시해법·호풍환우·이산도수 등에 능통한 것이 신통묘술이다.

말변지사 : 근본이 아닌 말단의 일, 또는 주체가 아닌 종속을 末邊之事라 한다. 이를테면 신통은 정법 수도인의 주가 아니므로 말변의 일이다.

주세성자 : 선천시대가 지나고 후천시대가 도래하여 후천개벽을 책임지고 제생의세의 임무를 달성하기 위해 출현한 성자가 主世聖者이다. 소태산은 주세성자로서 정법회상을 창립, 정신개벽을 선도하였다.

인도정의 : 신비한 미신이 아니라 진리적 종교와 사실적 도덕에 바탕을 둔 정법교리를 人道正義라 한다. 소태산은 인도를 중시하고 인도정의의 공정한 법칙과 제도를 만들었다.

관련법문

「공부가 최상구경에 이르고 보면 세 가지로 통함이 있나니 그 하나는 영통이라, 보고 듣고 생각하지 아니하여도 천지 만물의 변태와 인간 삼세의 인과보응을 여실히 알게 되는 것이요, 둘은 도통이라, 천조의 대소유무와 인간의 시비이해에 능통하는 것이요, 셋은 법통이라, 천조의 대소유무를 보아다가 인간의 시비이해를 밝혀서 만세 중생이 거울하고 본뜰만한 법을 제정하는 것이니, 이 삼통 가운데 법통만은 대원정각을 하지 못하고는 얻을 수 없나니라」(대종경, 불지품 10장).

「도통하면 일원을 알고, 법통하면 사은 사요와 삼학 팔조를 안다」(한울한 한이치에, 제3장 일원의 진리 81장).
보충해설
 수도인으로서 공부의 경지가 높아지면 도통·법통·영통의 경지에 진입하게 된다. 이 모두를 통달하면 여래가 될 수 있지만 하나만 통달해도 상당한 경지로 받아들여질 수 있다. 각각의 의미를 살펴본다면, 도통은 견성, 법통은 법도의 건설, 영통은 신령함이다. 그런데 정산종사는 도통과 법통을 먼저 하고 끝으로 영통해야 한다고 했으며, 앞으로 신통은 과학이 이룰 것이라 했다. 영통으로서의 신통은 『수심결』에서 언급한 것처럼 성인의 말변지사이다. 소태산 대종사는 도통과 법통·영통에 있어 법통만은 대원정각을 해야 얻을 수 있다(대종경, 불지품 10장)고 했다.
주석주해
 「영통보다는 도통·법통을 중요하게 밝힌 것이다. … 숙명·천안은 영통의 경지이고 누진명은 대원정각의 경지이다. 도통·법통을 하는 사람도 영통을 못하는 사람이 있다」(한종만, 『원불교 대종경 해의』(上), 도서출판 동아시아, 2001, p.512).
 「이적이나 기적을 좋아하고 신통을 좋아하는 경향을 지닌 사람은 경전을 잘못 읽은 사람이다」(원불교사상연구원 편, 『숭산논집』, 원광대출판국, 1996, p.34).
고시문제
 법통·도통·영통에 대하여 설명하시오.
연구문제
 1)도통·법통을 먼저하고 끝으로 영통을 해야 하는 이유는?
 2)신통은 성현의 말변지사라는 의미는?

[응기편 29장] 입정과 신통
핵심주제
 입정과 신통
대의강령
 ◎양도신에게 말하였다.

1) 동정간에 일심을 여의지 않는 것이 곧 입정이며,
2) 일심으로 육근 동작에 바른 행을 나타내는 것이 신통이다.

단어해석

일심 : ☞원리편 31장 참조.

입정 : 맑고 고요한 선정의 상태에 들어가는 것을 入定이라 한다. 원불교 의식을 시작함에 있어 잠시 산란한 마음을 가라앉히고 의식을 집행할 수 있도록 하기 위한 입정의 시간이 있다.

육근 : 인간의 기본 감관작용 요소로서 육식(안식·이식·비식·설식·신식·의식)을 일으키어 육경(색성향미촉법)을 인식하도록 하는 여섯 가지 근원을 六根이라 한다. 이를테면 안이비설신의를 말한다.

신통 : ☞응기편 28장 참조.

관련법문

「양도신이 여쭙기를 "…제가 이즈음에 바느질을 하면서 약을 달이게 되었사온데 온 정신을 바느질하는데 두었삽다가 약을 태워버린 일이 있사오니, 바느질을 하면서 약을 살피기로 하오면 이 일을 하면서 저 일에 끌리는 바가 될 것이옵고, 바느질만 하고 약을 불고하오면 약을 또 버리게 될 것이오니…" 대종사 말씀하시기를 "네가 그 약을 달이고 바느질을 하게 되었으면 그 두 가지 일이 그 때의 네 책임이니 성심성의를 다하여 그 책임을 잘 지키는 것이 완전한 일심이요"」(대종경, 수행품 17장).

「어느 곳에 있으나 어느 때를 당하나 항상 일심을 놓지 않는 것이 또한 평상심을 운용하는 원동력이 되는 것이다」(한울안 한이치에, 제2편 평상심, 「평상심」).

보충해설

동정간 경황없이 방심하며 살아간다면 사념 망상이 일어나는 경우가 많다. 이에 일동일정에 있어 일심을 여의지 않고 살아가는 것이 망상들을 극복하는 것이며, 이것이 곧 입정을 체험하는 것이다. 일심으로 살면서 입정에 들면 그 일심마저도 잊는 것이 참 입정이기도 하다. 아울러 일원은 언어도단의 입정처라는 일원상 서원문의 법어를 보면, 분별 이전의 세계가 입정의 경지이다. 입정을 통해서 깨달음으로 이어지는 소태산의 구도과정을 보자. 대종사는 젊은 시절, 의심이 해결되지 않자 좌탈입망으로서 입정에 든 경우가 많았는데 10상중 강변입정상이 그것이다. 다시 말해서 그가 대각 직전의 구도 시절인 24~5세경에 법성포 장에 가다가 선진포에서 한나절 입정 상태로 서 있었다.

인물탐구
　양도신 : ☞응기편 5장 참조.

주석주해
　「대종사님은 "꿈 없이 잠잘 때와 죽을 때와 입정하는 때, 이 세 가지 경지가 바로 하나의 경지이다" 라고 말씀해 주셨다」(편집자, 「훈타원 양도신 원로교무-일심공부의 주인공」,《원광》298호, 월간 원광사, 1999년 6월호, pp.30-31).
　「범신론적 세계관은 원불교의 창시자인 소태산이 入神 득도한 과정에서 나타나고 있다. 원불교의 교리는 그가 누구에게 배우고 전수받은 것이 아니었다. 구도생활 중 入神之境에서 신통함으로써 스스로 깨닫게 된 것이다」(한승조, 「한국정신사의 맥락에서 본 원불교」,『원불교사상』4집, 원불교사상연구원, 1980, pp.51-52).

연구문제
　1)입정과 신통이란?
　2)동정 간에 일심을 여의지 않는 것이 입정인 뜻은?

[응기편 30장] 공부의 마장

핵심주제
　공부의 마장

대의강령
　◎공부하는데 큰 마장은?
　　1)내가 무던하다고 생각하는 것이며,
　　2)이것은 法食의 체중이다.

단어해석
　마 : 심신의 수행에 있어 방해가 되는 것들로 경계를 따라 나타나는 온

갖 마귀나 마장을 魔라 한다. 수행인에 있어 삼독 오욕이 마장이다.

무던 : 마음씨가 너그럽거나 상황 정도가 어지간함을 무던하다고 한다.

법식 : 불법으로 진리나 교법을 흡수, 소화시켜야 하는 간절함을 비유한 것으로 우리의 음식에 비유하여 法食이라 한다. 음식을 먹지 않으면 살 수 없듯이 교법을 수용해야 하는 당위성이 표출되고 있다.

체증 : 먹은 것이 소화되지 않고 체한 증상을 滯症이라 한다.

관련법문

「큰 공부를 방해하는 두 마장이 있나니, 하나는 제 근기를 스스로 무시하고 자포자기하여 향상을 끊음이요, 둘은 작은 지견에 스스로 만족하고 자존자대하여 향상을 끊음이니, 이 두 마장을 벗어나지 못하고는 큰 공부를 이루지 못하나니라」(대종경, 요훈품 11장).

「공부나 사업이나 내가 무던하거니 하는 상이 있고 보면, 이것이 흠이 되어 퇴보가 되는 것이다. 어두운 곳에서는 반딧불이나 호롱불도 밝은 것 같지만 태양은 따를 수 없는 것이니, 영겁을 통하여 공부와 사업에 정성을 다하라」(한울안 한이치에, 제1장 마음공부 43장).

보충해설

우리가 신앙생활을 하면서 어느 정도 공부가 진척되는 성과가 생기면 "이 정도면 되겠지" 하는 마음이 생기는 경우가 있다. 하지만 그 마음이 진급을 방해하곤 한다. 정산종사는 이를 法食의 체증이라고 했다. 구타원 종사는 『회보』 25호 회설에서 "어리석게 제 스스로 잘난 체하고 아는 체하여 억지로 저의 이름을 세상에 드러내려는 비루한 행동은 말아야 할 것이다" 라고 했다. 이 정도면 됐지 하는 마음이 자만심을 갖게 하는 것이요, 그것은 바로 자신을 잘난 체하게 만드는 꼴이다. 이에 정산종사는 「원각가」에서 "재능가진 동무들아 輕慢之心 주의하라. 재능있고 경만하면 狼狽事가 오나니라. 학식가진 동무들아 自足之心 조심하라. 자족지심 있고보면 무식퇴화 되나니라" 고 하였다.

주석주해

「심신을 放下하고 불법의 大海에 들어가라. 한 번은 죽어야 한다」(원불교사상연구원 편, 『숭산논집』, 원광대학교 출판국, 1996, pp.82-83).

「호의 공부는 나와 세상의 사심 집착(탐진치)을 놓아버리는 아공·법공·심공 공부를 통해 법신불을 깨치고 이해해 나가는 것이다. 무아가 온전하게 나타나야 참으로 성품의 체험, 법신불 체험을 할 수 있고 법신불은 그런 곳에 참 얼굴을 나타낸다」(송천은,「일원상 진리」, 창립10주년기념 추계학술회의《원불교 교의해석과 그 적용》, 한국원불교학회, 2005년 11월 25일, p.G).

연구문제
1) 공부하는데 큰 마장은 내가 무던하다는 착각이라는 의미는?
2) 法食의 체증은?

[응기편 31장] 지도인의 허물

핵심주제
지도인의 허물

대의강령
◎무슨 일이나 다 사뢰고 처리하리까?
 1) 일상의 일 외에는 먼저 말하고 처리하라.
 2) 내가 알고 있어야 기운이 상통하여 일이 잘 되니라.
◎지도인의 허물이 눈에 뜨일 때 어떻게 하리까?
 1) 꼭 의지해야 할 사람의 허물이 눈에 뜨이거든 스스로 박복함을 한할 것이며,
 2) 의혹이 풀리지 않거든 직접 고하여 해혹해야 한다.

단어해석
허물 : ☞원리편 26장 참조.
박복 : 복을 짓지 않아, 혹은 덕이 없어 복이 적음을 薄福이라 한다.
해혹 : 의혹이 무엇인지 해결해 아는 것을 解惑이라 한다.

관련법문
「육신병 환자가 의사에게 자기의 병증을 속임 없이 고백하여야

하는 것 같이 그대들도 지도인에게 마음병의 증세를 사실로 고백하여야 할 것이요」(대종경, 수행품 57장).
「한 제자 남의 시비를 함부로 논평하는 습관이 있어 하루는 증산 선생을 광인이라 이르는지라, 대종사 들으시고 말씀하시기를 "그대가 어찌 선인들의 평을 함부로 하리요. 그 제자들의 허물을 보고 그 스승까지 논죄함은 옳지 못하며, 또는 그 사람이 아니면 그 사람을 모르는지라, 저의 주견이 투철하게 열리지 못한 사람은 함부로 남의 평을 못하나니라"」(대종경, 변의품 31장).

보충해설
진급생활을 위해서는 스승에게 문답감정을 받으면서 자신의 공부 정도를 점검하는 일이 필요하다. 이에 제자가 무슨 일이나 다 사뢰고 처리할 것인지를 물었다. 정산종사는 일상의 일 외에는 먼저 말하고 처리하라 하였다. 설사 사소한 일이라도 상의하면 실수가 적어지며, 그렇다고 모든 것을 다 사뢰려 한다면 한이 없을 것이니 일상의 일은 자력으로 처리하라는 것이다. 한때 일선 교당의 법회식순에 '법의문답' 시간이 있었다. 곧 교도가 교당에 내왕하면서 일주일 동안 있었던 궁금한 사항을 교당 교무에게 문답감정을 함으로써 교리 이해를 충실히 할 수 있었다. 교도들이 작성한 심신작용처리건이나 감각감상을 일기감정으로 지도받는다면 법력 향상에도 큰 도움이 될 것이다.

주석주해
「우리가 어디를 다녀오면 반드시 보고하게 하고 가끔 시장 등을 보게 한 후 물어보았다. 대종사, 제자들을 불러 그의 지견을 시험해 보았다. "누구는 서툰 점이 없더냐? 네가 보기에는 어떻더냐?" 흠을 이야기 하면 "너는 그렇게 하지 않아야지"」(박용덕, 『금강산의 주인되라』, 원불교출판사, 2003, p.272).
「교무의 인격은 바르고 자비스러워야 한다. 사람마다 각기 다른 개성을 가지고 있지만 그 개성으로 인하여 인격에 모자람이나 흠이 생겨 다른 사람들의 비웃음을 사게 되면 지도력은 크게 손상되기 마련이다」(성도종 外, 『교당운영론』, 원불교 교화연구소,

1999년, p.23).
연구문제
1) 스승께 무슨 일이나 다 사뢰고 처리해야 하는가?
2) 지도인의 허물이 눈에 뜨일 때에는 어떻게 해야 하는가?

[응기편 32장] 부처와 원근친소
핵심주제
 부처와 원근친소
대의강령
 ◎ 부처에게도 원근친소가 있는가?
  1) 원근친소가 없지 않지만 일처리에 공변되고 치우침 없으며,
  2) 대종사도 공심 있고 착한 사람 보면 정이 더 건넨다 했다.
단어해석
 친소 : 인간관계에 있어서 친하고 소원한 사이를 親疎라 한다. 대인관계를 하다보면 친한 사이나 성긴 사이가 생기기 마련이지만, 두루 포용하는 마음으로 친소를 서로 친하게 한다면 너그러운 심법을 갖게 된다. 그렇다고 친하다는 것으로 인해 한 곳에 편착되면 안 된다.
 원근 : 사람들과의 관계에 있어 친소와 마찬가지로 멀고 가까운 사이를 遠近이라 한다. 사물이 멀리 있거나 가까이 있거나 하는 경우도 원근이라 한다. 멀리 있는 사람, 가까이 있는 사람에 구애되면 이 역시 원근친소에 구애된다. 크게 보면 균형 잡힌 원근감과 공변됨이 필요하다.
 공변 : ☞원리편 3장 참조.
관련법문
 「대종사 은족회에서 말씀하시었다. "나는 그대들에게 정통 법맥을 전할 때에는 재가출가 은족친족 원근친소를 막론하고 신성 있고 고락을 같이 한 사람으로 대수를 대어서 일반 후인에게 알릴 것이다」(대종경선외록, 12.은족법족장 1장).
 「비록 쓸모없는 사람이라도 먼저 버리지 아니해야 한다. 친소가 있되 친소가 없으며, 시비가 있되 시비가 없는 듯해야 큰 회상의 종주가 되는 것이다」(한울안 한이치에, 제8장 화합교단 75장).

보충해설

인간들은 상호작용을 통해서 삶의 가치를 공유하고 희로애락을 공감한다. 공유와 공감 속에서 원근친소가 나타나는 것은 당연한 현상이다. 하지만 공사의 윤리라든가, 판단작용에 있어 원근친소에 끌리는 생활은 상호작용을 성글게 할 수 있으며, 이것이 지나칠 경우 선연이 악연으로 바뀔 수 있다.『정전』법위등급의 출가위 조항에 원근친소와 자타의 국한을 벗어나서 일체 생령을 위하여 천신만고와 함지사지를 당하여도 여한이 없는 사람의 위라고 하였다. 원근친소를 초월하는 일은 이처럼 聖位에 오를 때 가능하며, 지도자로서 자타 국한을 벗어나는 일이 이와 관련된다.

주석주해

「원근친소와 희로애락이 없는 것으로만 알고 있으면 바보이다. 있되 끌리지 않아야 한다. 미인을 미인으로 알고 악인을 악인으로 알아보고, 아버지를 아버지로, 자녀를 자녀로 보아야지 악을 선으로 보는 것도 아직 먼 사람이다」(원불교사상연구원 편,『숭산논집』, 원광대학교 출판국, 1996, p.70).

「전음광은 '至切至忠하신 종사주 대봉공심을 뵈옵고' 라는 글에서 "혹 각자의 심중에 사마가 가리울 때는 종사주도 원근친소가 계시더라, 혹은 너무나 무정하시더라 하는 생각이 있다하더라도, 그것은 머리 위의 푸른 하늘을 보라. 하늘의 본색은 푸르고 푸르러서 여여자연하여 不換不變하건마는 검고 푸른 구름이 가릴 때는 우리가 그 하늘의 본 면목을 볼 수 없는 것과 같이 어연중에 사마의 구름이 일어날 때에는 공명정대하신 종사주는 볼 수 없다」(김성철,「혜산 전음광의 생애와 사상」, 원불교사상연구원 편,『원불교 인물과 사상』(Ⅰ), 원불교사상연구원, 2000, p.357).

연구문제

1) 부처님에게도 원근친소가 있는가?
2) 대종사, 공심 있고 착한 사람을 보면 정이 더 건넨다는 뜻은?

[응기편 33장] 안분의 의미

핵심주제
 안분의 의미
대의강령
 ◎안분은 전진이 없지 않느냐는 질문에 정산종사 답하였다.
　1)의욕이 없고 게으른 것이 안분이 아니며,
　2)순서를 바르게 잡아 태연히 행하는 것이 안분이니,
　3)자기의 정도에 맞추어 전진해야 한다.
단어해석
 안분 : 편안한 마음으로 제 분수를 지키는 것을 安分이라 한다. 어떠한 경계를 당하여 안절부절 하는 행위는 자성을 잃는 행위가 되고 만다.
 태연 : 침착하여 어떠한 상황에도 놀라거나 당황함이 없는 모습을 泰然하다고 한다. 경계를 당하여 본래 마음을 여의지 않고 또 자기의 분수를 지키며 혼연히 대하는 힘이 수양력인 것이다.
관련법문
 「안분을 하라 함은 곧 어떠한 방면으로든지 나의 분수에 편안하라는 말이니, 이미 받는 가난에 안심하지 못하고 이를 억지로 면하려 하면 마음만 더욱 초조하여 오히려 괴로움이 더하게 되므로, 이미 면할 수 없는 가난이면 다 태연히 감수하는 한편 미래의 혜복을 준비하는 것으로 낙을 삼으라는 것이니라」(대종경, 인도품 28장).
 「당한 고를 면하는 데는, 첫째 忍苦工夫니 일체의 고를 당할 때에 공부심으로 힘써 참고 이겨 나가는 공부요, 다음은 安苦工夫니 일체 고를 당할 때에 안분하고 편안히 받는 공부요」(대산종사 법문 2집, 제1부 교리, 고락에 대한 법문).
보충해설
 나이가 들수록 명예욕이 더욱 커지기 쉽다. 자신을 남이 알아주기를 바라는 것이 수자상이요 명예욕인 것이다. 여기에서 안분생활이 필요하다. 남이 알아주든, 몰라주든 이에 관여하지 않고 수도 정진하는 수도자상이 요구되는 것이다. 혹자는 안분을 하다보면 발분심이나 전진성이 부족하다고 할 수 있다. 그러나 정산종사는 그것은 참 안분이 아니요, 자기의 정도에 맞추어 전진해야 하며, 여기에서 안분이 모색된다고 했다. 소태산은 안분의 성자적 모습을 공자의 예로써 말한다. "나물 먹고 물마시고 팔을 베고 누웠을지라도 낙이 그 가운데 있으니, 의 아닌 부와 귀는 나에게는 뜬 구름 같다." 안분은 이처럼 천상락을 누리는 것으로 자신의 삶을 조급심 없이 여여하게 진급시켜 가는 방법이다.

주석주해

「만족할 수 없는 현재적 삶의 조건들에 대해 안분하라는 것은 그 가난을 억지로 면하려 할수록 더욱 초조하고 괴로움만 자초하기 때문인데, 이에 그치면 더 이상의 진급과 발전을 기대할 수 없게 된다. 이를 면하려는 노력은 반드시 필요하다」(박상권, 「소태산의 종교적 도덕론 연구-『대종경』인도품을 중심으로-」, 『원불교사상과 종교문화』 29집, 원불교사상연구원, 2005, p.75).

「소태산은 무엇이든지 부족한 것을 가난이라고 지적하고 이의 극복을 위해서 안분하면서 미래의 혜복을 준비하라고 하였다. 그것은 자성에 무궁한 묘리와 무궁한 보물과 무궁한 조화가 하나도 빠짐없이 갖추어 있기 때문이다」(김영민, 「원불교 성리의 활용방안」, 『원불교사상』 23집, 원불교사상연구원, 1999, pp.84-85).

연구문제

1) 안분을 하면 세상에 전진이 없지 않는가?
2) 안분이란 무엇인가?

[응기편 34장] 불의한 사람 대처법

핵심주제

불의한 사람 대처법

대의강령

◎끝내 불의한 사람을 어떻게 대처해야 하는가?

1) 불의한 사람을 타일러도 듣지 않으면 큰 경계를 써서 개과시키는 것이 자비이니,
2) 선악을 불고하는 자비는 참 자비가 아니라 죄고 방지시키는 것이 원불교의 자비이며,

3) 미워서 해할 마음이 있으면 자비가 아니다.
단어해석
불의 : 정의에 반대되는 것으로 옳은 일이 아니거나 의리를 벗어난 악행을 행하는 것을 不義라 한다. 그릇된 행위로서 비행도 불의에 속한다.
개과 : 과거에 지은 과실을 고치는 것을 改過라 한다. 개과천선은 과거의 잘못을 고치어 선을 실천하는 것을 말한다.
자비 : 부처의 대자대비를 慈悲라 한다. 자는 기쁠 때 함께 기뻐해주고, 비는 슬플 때 함께 슬퍼해주는 행동이다.
활불 : 법당에 모셔진 등상불이 아니라 살아서 대자대비행을 하는 부처를 活佛이라 한다. 중생들과 희로애락에 함께 하는 생불이 활불이다.

관련법문
「한 제자 성행이 거칠어서 출가한 지 여러 해가 되도록 전일의 악습을 도무지 고치지 못하므로, 제자들이 대종사께 사뢰기를 "그는 비록 백년을 법하에 두신다 하더라도 별 이익이 없을 듯 하오니, 일찍 돌려보내시어 도량의 풍기를 깨끗이 함이 좋을까 하나이다." 대종사 말씀하시기를 "그대들이 어찌 그런 말을 하는가. 그가 지금 도량 안에 있어서도 그와 같으니 사회에 내 보내면 그 장래가 더욱 어찌 되겠는가"」(대종경, 실시품 5장).
「정당한 일은 여러 사람이 방해하려 하여도 결국은 이루어질 날이 있고, 불의한 일은 여러 사람이 도우려 해도 결국 무너질 날이 있다」(대산종사법문 3집, 제7편 법훈 41/상).

보충해설
세상을 살다보면 고집이 세고 훈계를 잘 듣지 않는 사람이 있다. 그렇다고 해서 그를 지도하는 것을 쉽게 포기하는 것도 옳은 일은 아니다. 또 다른 구제의 방편을 써서 개과천선하도록 그를 돕는 일이 보다 큰 자비인 것이다. 더 큰 악을 미연에 방지할 수 있기 때문이다. 대각여래위는 천만 방편으로 수기응변하여 어느 누구든 감화를 통해 새로운 사람으로 거듭나게 할 능력이 있다. 곧 교단의 교칙을 어기는 제자를 추방하려 하자, 소태산은 그가 나를 버리고 갈지언정 내가 그를 버릴 수 없다(대종경, 실시품 6

장)며 타일러 나중에 그로 하여금 개과천선을 하게 한 것이다.

주석주해

「자비의 참 뜻은 '타인들의 괴로움을 나누다' 라는 것으로, 그것은 주로 타인들의 고뇌에 초점을 맞추고 있다」(R.K. Rana, 「영성과 평화-대승불교의 관점에서」, 원광대 개교60주년국제학술회의 『개벽시대 생명·평화의 길』, 원불교사상연구원·한국원불교학회 外, 2006.10.27, p.63).

「제자를 꾸짖을 때는 제자의 사심을 부수는 것은 파사이며 제자가 정심을 돌이켰을 때 그 마음을 감싸는 것은 현정인 것이다. 교화의 대상이 잘못했을 경우 그렇지 않도록 지도하는 것이 필요하다」(한종만, 『원불교 대종경 해의』(下), 도서출판 동아시아, 2001, p.350).

연구문제

끝내 불의한 사람을 어떻게 대처하는 것이 자비인가?

[응기편 35장] 자리이타의 방법

핵심주제

자리이타의 방법

대의강령

◎자리이타는 물질로만 하는 것인가?

"말과 행실을 잘하여 남의 수행에 모범이 되어주는 것도 훌륭한 자리이타가 되나니라."

단어해석

자리이타 : 사농공상 동포 간에 상생상화하는 것이 自利利他로, 나도 이롭고 남도 이롭게 하는 대승 수행을 말한다. 나만을 이롭게 하고 남에게 피해주는 것은 소승적 자리타해이다.

물질 : 관념이나 마음 혹은 정신에 상대되는 것으로, 내재하는 것이 아니라 외재하는 것으로서 형질이나 그 바탕이 物質이며, 이는 의식주를 포함한 수용 물품을 통틀어 말한다. 소태산 대종사는 개교의 동기에서 물질이 개벽되니 정신을 개벽하자고 하였다.

관련법문

「이 세상은 사농공상의 네 가지 생활강령이 있고, 사람들은 그 강령 직업 하에서 활동하여, 각자의 소득으로 천만 물질을 서로 교환할 때에 오직 자리이타로써 서로 도움이 되고 피은이 되었나니라」(정전, 제2 교의편, 제2장 사은, 제3절 동포은, 1.동포피은의 강령).

「언행이 일치하심이니, 부처님께서는 몸소 실천하시고 거짓 없는 진실과 일관하신 신의가 있으심으로 대중이 믿고 법 받는 것이다. 그러므로 우리도 거짓 없는 진실에 바탕하여 항상 하늘과 남과 자기를 속이지 않아 내외가 공명정대하고 일관하는 신의를 지켜 나가야 할 것이다」(대산종사법문 2집, 제4부 신년법문, 원기 59년 연두법문).

보충해설

원불교는 상생의 호혜적 관계로 자리이타를 추구하는 후천개벽의 정법교단이다. 상대방을 해롭게 하여 나를 이롭게 하는 것은 용납하지 않기 때문이다. 정산종사는 자리이타를 언행일치와 연관하여 말하기를, 말과 행실을 잘하여 남의 수행에 모범이 되는 것도 훌륭한 자리이타가 된다고 하였다. 소태산 대종사는 『정전』 「강자 약자의 진화상 요법」에서 강자와 약자가 상생적 관계로 자리이타를 촉구하고 있다. 또한 사은의 「동포은」에서도 자리이타의 도를 설명하여 사농공상이 자리이타의 상생적 관계를 맺도록 하였다. 주지하듯이 『불교정전』의 교리도에는 四要가 있지 않고, 「보은의 大要」가 있다. 여기에는 천지은에 응용무념의 道, 부모은에 무자력자 보호의 도, 동포은에 자리이타의 도, 법률은에 불의를 제거하고 정의를 세우는 도가 있는 것이다.

주석주해

「가장 큰 교화는 감화에서 나오며 교법에 대한 감화는 교무가 지행합일·언행일치의 실천을 보여줄 때 나온다. 그러므로 끊임없이 지행을 대조하여 거짓 없는 진실로 교법을 몸소 실천하고 현실 구현해가는 교무는 결복기 교운을 열어가는 교무상이 될 것이다」(최영돈, 「결복기 교운을 열어갈 교무상」,《원불교교무상의 다각적인 모색》, 원광대 원불교사상연구원, 2003.2.7, p.8).
「특히 교역자는 언행에 항상 유념해야 한다. 일반 교도들에게 함부로 말을 하여 불쾌감을 주지 않도록 해야 한다. 젊은 교역자는 나이든 교도들을 특히 잘 응접하면서 교화를 해나가야 한다」(박길진,『대종경강의』, 원광대출판국, 1980, pp.206-207).

연구문제
자리이타는 물질로만 하는 것인가?

[응기편 36장] 방원합도와 중정역행
핵심주제
방원합도와 중정역행
대의강령
◎정산종사, 제자들에게 글을 주었다.
　1)이은석·김정용에게 '方圓合道'라는 글을 주었다.
　　"모나고 둥글기를 도에 맞게 하라."
　2)이중정에게 '中正之道'라는 글을 주었다.
　　"중정의 길을 잡으라."
　3)시자에게 '力行不惑'이라는 글을 주었다.
　　"힘써 행하며 미혹되지 말라."
단어해석
방원 : 모나고 둥그런 모습을 方圓이라 한다.
중정 : ☞경의편 18장 참조.
역행 : 힘써 노력하는 것을 力行이라 한다. 무실역행이 이와 관련된다.
불혹 : 어떠한 경계에 유혹되어도 자성을 잃지 않는 것을 不惑이라 한다. 공자는 나이 40이 되면 인격적으로 불혹의 경지에 이른다고 하였다.
관련법문
「대종사께서 초창 당시에 몇몇 제자에게 글을 지으라 하시며 정산종사에게는 '一圓'이라는 제목을 주시매 '萬有和爲一 天地是大圓'이라 지으시니, 번역하면 '만유는 一로써 되고 천지는 크게 둥근 것'이라 하심이어라」(정산종사법어, 기연편 2장).
「박제권에게 글을 주시었다. '大人 浩而中正 和而不流.' 번역하면 '대인은 너그럽되 중정을 잡고 화하되 세속에 흐르지 않는다'」(한울안 한이치에, 제7장 기연따라 주신 말씀 14장).

보충해설

제자들에게 가르침을 베풀 때 정산종사는 한시 법어를 내리곤 하였다. 方圓合道라는 글을 주면서 매사를 도에 맞게 하라고 하였으며, 中正之道라는 글을 주면서 중정의 길을 가라고 하였다. 아울러 力行不惑이라는 글을 주면서 힘써 행하되 미혹되지 말라고 하였다. 이 모두가 여래의 자비방편으로 제자들을 훈도하는 보감법문이다. 대종사는 정산종사에게 一圓이라는 글을 주면서 글을 지으라 하자, 정산종사는 萬有和爲一, 天地是大圓이라 하였다. 이처럼 한시는 사자상승의 법음을 전하는 방편이 되고 있다. 각산 신도형 교무의 열반 후 2재를 마치고 인사차 내방한 유족들에게 대산종사는 '覺得無生法印 無漏智道通'이라는 친필을 내리며 도형은 이 자리를 깨치고 갔다(1973.3.12)고 하였다.

인물탐구

이은석 : ☞원리편 52장 참조.

김정용 : ☞원리편 52장 참조.

이중정 : ☞응기편 6장 참조.

주석주해

「대종사님께서 비뚤어진 일원상과 둥그신 일원상을 그려놓고 물었다. "어떤 일원상이 좋게 보이느냐?" "저 귀나고 삐뚤어져 모난 것은 좋지 않습니다." "그렇다. 우리 마음을 쓸 때에도 저 둥근 일원상처럼 쓸지언정 모난 일원상은 되지 않도록 유의하라"」(조전권 설교집, 『행복자는 누구인가』, 원불교출판사, 1979, p.165).
「색성향미촉법을 감수함에 있어서는 과불급이 없는 중정이 뒤따라야 하며 그의 기준이 다름 아닌 정의인 것이다」(이을호, 「원불교 교리상의 실학적 과제」, 『원불교사상』 8집, 원불교사상연구원, 1984, p.272).

연구문제
方圓合道, 中正之道, 力行不惑를 설명하시오.

[응기편 37장] 무저단하
핵심주제
무저단하
대의강령
◎시자가 꿈에 얻었다는 무저단하에 대해 정산종사 말했다.
1) 밖으로 대질리지 아니함은 화합의 근본이요,
2) 안으로 단정히 下心함은 양덕의 근본이라,
3) 너무 기승한 사람은 촉 없고 겸손한 공부에 힘써야 한다.
단어해석
무저단하 : 다른 사람과는 무저항으로 사랑하고(無抵) 스스로는 하심으로 임하는 것(端下)을 무저단하라 한다. 밖으로 화합하고 안으로 겸손하라는 뜻이다.
대질리다 : 대인관계에 있어 서로 성격상 맞지 않거나 오해로 인해 심신간 부딪치는 것을 대질린다고 한다(하단의「관련법문」참조).
하심 : 굴기하심할 때의 下心으로, 남에게 겸손히 대하는 것을 말한다.
양덕 : 안으로 수양하고 밖으로 보시하는 마음으로 덕성을 쌓는 것, 곧 덕을 기르는 것을 養德이라 한다.
기승 : 성격이 급하고 강하여 남에게 굽히지 않는 것을 氣勝이라 한다.
인화 : 사람들과 대립이나 갈등 없이 화목하는 것을 人和라 한다. 상생 상화의 선연을 맺어가는 것이 인화이다(하단의「보충해설」참조).
관련법문
「사람이나 물건이나 서로 멀리 나뉘어 있을 때에는 무슨 소리가 없는 것이나, 점점 가까워져서 서로 대질리는 곳에는 반드시 소리가 나나니, 쇠가 대질리면 쇠소리가 나고, 돌이 대질리면 돌소리가 나는 것 같이, 정당한 사람이 서로 만나면 정당한 소리가 날 것이요, 삿된 무리가 머리를 모으면 삿된 소리가 나나니라」(대종경, 교단품 5장).

「도인은 마땅히 마음을 단정히 하여 검박하고 곧은 마음으로써 근본을 삼아야 한다. 한 개의 표주박과 한 벌의 누더기 옷이면 어디를 가나 걸릴 것이 없다」(대산종사법문 5집, 2)선가구감 70).

보충해설

재주 중에서도 화합의 재주가 가장 큰 재주라고 하였다. 이에 정산종사는 밖으로 대질리지 아니함은 화합의 근본이 되고, 안으로 단정함은 양덕의 근본이라며, 시자가 꿈에서 얻은 무저단하 법문에 의미를 부여하고 있다. 정산종사의 삼동윤리는 이러한 화합의 게송과도 같다. 시방일가·시방오가라는 것도 화합 곧 인화의 극치이다. 일원상의 진리 속에 포용되지 않는 것은 하나도 없다. 둥그런 우주의 포태 속에 일원의 진리가 여실하기 때문이다. 대산종사의 종교연합 운동 역시 화합의 상징이다. 좌산종사의 맑고 밝고 훈훈한 세상도 화합하는 세상이다. 경산종법사의 도미덕풍 또한 인류가 하나로 화합하는 덕의 바람인 것이다.

주석주해

「이해하고 양보하라는 무저단하 법문으로 원만한 대중 생활법을 터득시켜 주신 일, 뜻을 넓히고 국한을 키워 세계주의가 몸에 배도록 알뜰히 챙기고 이끌어 주신 일 등을 피은의 대요로 명심하고 있다」(이공전, 『범범록』, 원불교출판사, 1987, p.25).

「보이지 않는 가운데 대질리는 것이 큰 문제인 것이다. 하지만 서로 수행을 하면 해결이 된다. 한 회상에서 살아가면 서로 **화합해야 하는 것이다**. 종교의 동지끼리 화합하는 것이 세계의 **경사가 되는 것이다**」(한종만, 『원불교 대종경 해의』(下), 도서출판 **동아시아**, 2001, p.409).

연구문제

1) 무저단하의 의미는?
2) 화합의 근본과 양덕의 근본이란 뜻은?

[응기편 38장] 수양과 금강성품
핵심주제

수양과 금강성품
대의강령
◎박장식에게 글을 주었다.
  1) 수양공부의 근본은 마음을 널리 씀이니(養性之本 運心蕩蕩),
  2) 넉넉하고 수월히 금강성품을 이루라(優優自在 鍊成金剛).
단어해석
양성 : 성품을 기르는 것이 養性이며, 예컨대 정신수양이 양성이다.
운심 : 마음을 사용하는 것이 運心이며, 운심처사를 잘 하자는 것이다.
우우 : 넉넉하고 넉넉한 심법이나 행동을 優優라 한다.
연성금강 : 금강성품을 단련한다는 의미가 鍊成金剛이다. 금강은 굳세고 맑은 자성이며, 이를 단련하여 이루는 것이 연성인 것이다.
관련법문
「수양에 세 가지 종류가 있으니 하나는 남에게 의지하고 자력이 없이 건성으로 이리저리 끌려 다니는 수양이요, 또 하나는 信은 좀 있으나 자주력 신이 완실치 못한 수양이며, 또 하나는 철석 같은 자주력이 뿌리박은 완전한 수양이라」(정산종사법설, 제8편 편편교리 20장).
「금강산의 주인은 금강산 같은 인품을 조성해야 할 것이니 닦아서 밝히면 그 광명을 얻으리라. 금강산 같이 되기로 하면 금강산 같이 순실하여 순연한 본래 면목을 잃지 말며, 금강산 같이 정중하여 각자의 본분사에 전일하여 금강산 같이 견고하여 신성과 의지를 변하지 말라」(대종경, 전망품 6장).
보충해설
  삼학 중에서 정신수양은 원불교 수양의 근간이다. 마음을 고요하고 안정되게 하는 것이 수양의 출발이기 때문이다. 기위 수양을 하되 넉넉한 금강자성의 성품을 회복하는 것이 필요하다. 금강자성을 회복하는 수양이 도가에서 얼마나 필요한가를 알 수 있다. 수양은 수기망념 양기진성이며, 無慮一心 금강자성인 것이다. 유불도 3교가 수양을 강조하는 것이 心學으로서, 고래로 망념의 마음을 맑히고 단련하고자 노력한다. 불가에서는 明心見性이요,

송대 이후 유가에서는 存心養性이요, 도가에서는 修心鍊性을 추구하였는데 하나같이 마음을 강조하는 심학이 중시된다.

인물탐구

박장식(1911-현재) : 常山 朴將植 교무는 1911년 1월 전북 남원군 수지면 호곡리에서 부친 박해창 선생과 모친 정형섭 여사의 2남 2녀 중 2남으로 출생하였다. 그의 가문은 죽산박씨로 명문가의 부유한 집에서 태어나 어려서부터 총명 민첩하였으며, 경성제일고등보통학교와 경성법학전문학교(현 서울대)를 졸업한 지식인이었다. 모친은 박사시화의 인도로 독실한 교도가 되어 있었는데, 상산종사는 모친의 인도로 원기 21년에 장식이란 법명을 받고 입교하였다. 이듬해는 모친 회갑이었는데, 모친은 회갑식을 총부에 가서 지내겠다고 하였다. 이는 모친이 상산종사를 대종사께 인연 맺어주기 위함이었다. 상산종사는 총부에 와서 대종사를 처음 뵈었다. 이어서 원기 23년에 남원교당 창설에 공헌하였고 초대 교도회장으로 교당발전에 노력하였으며, 원기 26년 전무출신을 하게 되었다. 출가하자 바로 총무부장의 중책을 맡아 대종사를 가까이에서 보필하였다. 때로는 대종사의 지방 행가에 수행하기도 하였고, 『불교정전』 편찬에도 참여하였다. 어려운 여건 속에서도 대종사는 상산종사에게 이런 당부를 하였다. "일원대도를 널리 전할 교단의 인재를 많이 양성해야 한다. 장식이는 광전이와 상의해서 전문교육기관 설립문제를 잘 연구해 보아라. 인재양성과 아울러서 창기와는 해외교화 문제도 모색해 보아라." 대종사가 열반하고 광복되자 상산종사는 공익부장의 직책으로 정산종사의 건국사업에 합력하였다. 원기 31년 4월에 유일학림이 설립되자 상산종사는 초대 학림장을 맡게 되었다. 후에 유일학림 중등부는 원광중·고등학교와 원광여자중·고등학교로 발전되었으니 상산종사는 원광중·고등학교 교장의 책임을 맡았다. 원기 47년 대산종법사가 취임하자 상산종사는 원광중·고등학교 교장과 총부 교정원장직을 겸임하였다. 교정원장으로서 각종 법규제정과 교단 행정체제 확립에 노력하였고, 대산종사를 보필하여 개교반백년 기념사업 추진에도 심혈을 다하였다. 원기 55년 12월에는 국민훈장 모란장을 받았다. 원기 56년에 상산종사는 서울출장소장이 되었고, 원기 60년에는 미국 주재 교령을 맡았다. 대종사께서 열반하기 전에 자신에게 부촉한 두 가지 일, 즉 인재양성 사업과 해외교화 사업에 정성을 다한 생애였다. 원기 73년 9월 제122회 수위단회에서는 2대말 성업의 결산기를 맞아 상산종사의 법위를 출가위로 서훈했다.

주석주해

「정신수양의 의의는 분별과 주착심이 없는 자리를 양성하고 지키자는 것이다. 이를 위하여 분별성과 주착성을 없애고 산란한 경계를 멀리한다. 즉 천지만엽을 하나로 모으고 타는 불을 꺼서 眞性을 밝히는데 있다」(원불교사상연구원 편, 『숭산논집』, 원광대학교 출판국, 1996, p.76).

「金剛如來處處在, 心源靈智時時露, 大圓正覺本無覺…」(신도형, 『如意』(각산문집Ⅱ), 원불교출판사, 1992, p.52).

연구문제

養性之本 運心蕩蕩 優優自在 鍊成金剛을 설명하시오.

[응기편 39장] 수도와 탄탄대로

핵심주제

수도와 탄탄대로

대의강령

◎이성신에게 말하였다.
  1)심량이 호대하면 모든 경계가 스스로 평온해지니 낙원이며,
  2)심량이 협소하면 모든 경계가 사면을 위협하니 고해라,
  3)고락이 다만 자신의 견지 여하에 있다.
◎이어서 '至誠修道德 坦坦前路開' 라는 글을 주었다.
  "지성으로 도덕 닦으면 탄탄한 앞길 열리리라."

단어해석

심량 : ☞권도편 53장 참조.

호대 : 넓고 큰 것을 浩大라 한다. 호대의 반대는 협소라고 한다.
고해 : ☞경의편 27장 참조.
탄탄 : 됨됨이나 생김새가 굳고 실한 것을 坦坦이라 한다.

관련법문
「오직 마음 사용하는 법의 조종 여하에 따라 이 세상을 좋게도 하고 낮게도 하나니, 마음을 바르게 사용하면 모든 문명이 다 낙원을 건설하는데 보조하는 기관이 되는 것이요, 마음을 바르지 못하게 사용하면 모든 문명이 도리어 도둑에게 무기를 주는 것과 같이 되나니라」(대종경, 교의품 30장).

「이 염불의 인연으로 심량이 광대하여 제불조사의 심인을 닮을 만한 대법기가 되어지이다. 나무아미타불」(대산종사법문 2집, 제1부 교리, 염불십송).

보충해설
도가에서는 근기가 호대하며 국량이 크면 대인으로 성장할 수 있다. 어떠한 마장이든 큰 국량에 의해 용해되어 마음이 편안해지기 때문이다. 하지만 국이 좁으면 경계마다 걸리고 넘어지기 쉬워 고통에서 헤어나기 어렵다. 이에 국량을 키우도록 마음공부를 지성으로 한다면 낙원의 기쁨을 누릴 것이다. 전종철 교무는 다음의 수행일기를 쓰고 있다. "조그마한 부대에는 큰 물건이 들어갈 수 없고, 짧은 줄은 깊은 물을 풀 수 없다"(전종철정사 유고집 『법신불 사은이시여!』, 원불교출판사, pp.45-46). 그릇이 작으면 많은 곡식을 담을 수 없듯이, 사람의 심량이 작으면 조그마한 경계에 헤매기 십상이다. 그릇 키우는 공부를 하는 것이 다름 아닌 심량 키우는 마음공부인 것이다.

인물탐구
이성신(1922-현재) : 聖陀圓 李聖信 교무는 1922년 3월 전남 영광군 묘량면 신천리에서 부친 도산 이동안 대봉도와 모친 관타원 전정관옥 법사의 5남 4녀 중 4녀로 출생하였다. 어린 시절 천성이 활달하고 총명하였다. 일산 대봉도를 비롯하여 부친과 숙부인 응산종사 등 많은 전무출신을 배출한 원불교 가정에서 성장하였다. 원기 12년에 신흥교당이 창립되자 대종사는 수차 내왕하여 뵈올 기회가 있던 중, 16세에 대종사로부터 전무출신의 권유를 받고 원기 24년 11월 총부에 와서 공동생활을 하였다. 원기 26년 총부 공양원으로 시작하여 서울교당과 좌포교당 교무를 거친 후 원기 31년 유일학림 1기생으로 입학하여 3년간 수학하였다. 유일학림을 마친 후 정읍교당 초대교무로 부임하였다. 성타원 종사는 원기 38년 정읍교당 부설 원광유치원을 설립하였다. 원기 39년부터 익산교당 교무와 총부 순교무, 원기 44년 광주교당 교무로 발령되었다. 광주교당에 재직하던 12년 동안 서광주 여수 구례 곡성 서귀포 순천 장성 나주 동광주 남광주 보성 문장교당을 설립하였다. 성타원 종사는 원기 56년 대구교당, 원기 62년 대전 교구장겸 대전교당 교감으로 부임한 후 동대전 서대전 서산 등의 연원교당을 설립하였다. 원기 71년에 군산 교구장 겸 군산교당 교감으로 부임하여 정성을 다했다. 성타원 종사의 인연으로 출가한 교무는 변극 선생을 비롯하여 20여명에 이르렀다. 원기 73년 9월 제124회 수위단회에서는 그 공덕을 기리며 대봉도의 법훈을 서훈하였고, 원기 76년 3월 제11회 수위단회에서는 소태산 대종사 탄생100주년 성업봉찬 기념대회를 맞아 법위를 출가위로 사정하고 종사의 법훈을 서훈했다.

주석주해
「소태산은 진리에 대한 안목이 열린 사람은 일정한 수준을 넘어서는 인식의 차원에 도달해야 한다고 말한다. 이를 소태산은 일원상 법어에서 시방세계가 다 오가의 소유인 것을 아는 것이라고 그 기준을 제시하고 있다」(김영민, 「원불교 성리의 활용방안」, 『원불교사상』 23집, 원불교사상연구원, 1999, p.80).
「곰곰이 생각해 보니 지어서 받는 고락이나 우연한 고락이나 결국은 자신의 마음으로부터 비롯된다는 것을 깊이 생각하게 된다」(박종락, 『목탁소리』, 원광문화사, 1999, p.16).

연구문제
1) 낙원과 고해의 길은?

2)至誠修道德 坦坦前路開를 설명하시오.

[응기편 40장] 동정법도와 正和
핵심주제
동정법도와 正和
대의강령
◎김정관에게 다음의 글을 주었다.
"동하고 정하기를 법도에 맞게 하라(動靜得度)."
◎이정화에게 다음의 글을 주었다.
　1)내 마음이 바르면 천하의 마음이 正으로 응하며(吾心正則天下之心 以正應之),
　2)내 마음이 화하면 천하의 마음이 和로 응한다(吾心和則 天下之心 以和應之).
단어해석
동정득도 : 동정간 흐트러짐 없이 법도에 맞는 것이 動靜得度이다.
정 : 불의한 일에 유혹되지 않고 바른 것을 正이라 하며, 이로부터 정법ㆍ정도ㆍ정의ㆍ정당이라는 용어가 파생되었다.
화 : 거슬림이 없이 상생의 기운에 따르는 것을 和라 하며, 여기에서 화동과 화합 등의 용어가 파생되었다. 화합이 큰 재주 중의 하나이다.
관련법문
「우리 공부인은 때의 동정과 일의 유무를 헤아릴 것 없이 이 삼학을 공부로 계속하는 까닭에 법대로 꾸준히만 계속한다면 반드시 큰 인격을 완성할 것이라」(대종경, 수행품 11장).
「"大人 浩而中正 和而不流" 번역하면 '대인은 너그럽되 중정을 잡고 화하되 세속에 흐르지 않는다'」(한울안 한이치에, 제7장 기연따라 주신 말씀 14장).
보충해설
　제자들에게 정산종사는 한시 법어를 전하며 근기에 맞게 공부하도록 독려하고 있다. 한 시자에게 '動靜得度'라는 글을 주어, 동정 간에 법도 있는 행동을 하라고 하였다. 또 한 제자에게 正心

을 갖도록 하여 천하의 마음이 화하게 하였다. 이 모두가 교역자로서 표준삼고 살아가야 할 처세훈인 것이다. 노자와 장자는 虛靜을 처세의 표준으로 삼도록 하였고, 맹자는 부동심을 처세의 표준으로 삼으라 했다. 석가모니는 팔정도를 실천하도록 하였다. 소태산은 동정간 삼대력 얻는 법을 갖고 처세하라 했으며, 정산종사도 같은 맥락에서 동정득도의 처세를 설했다.

인물탐구

이정화(1918-1984) : 達陀圓 李正和 교무는 1918년 7월 19일 경북 금릉군 구성면 상원리에서 부친 훈산 이춘풍 정사와 모친 경타원 정삼리화 정사의 8남매 중 막내딸로 출생하였다. 어린 시절부터 활발하고 효성이 지극하였다. 원불교와의 인연은 부친 이춘풍 정사의 고종사촌 동생인 정산종사와의 관계, 또 대종사가 영광과 변산을 왕래하며 이춘풍 사가를 유숙처로 삼은 것에 관련된다. 언니 항타원 종사가 8살, 달타원 대봉도가 5살 때 처음으로 대종사를 뵙고 인사를 올렸다. 부친이 원기 10년 봉래산 석두암으로 다시 이사를 하여 봉래정사를 수호하는 임무를 맡았다. 이때 대종사는 두 자매에게 법명을 내리니 항타원 종사는 경순이요, 달타원 대봉도는 정화였다. 원기 17년 출가를 위해 총부에 왔으나 총부의 어려운 형편 때문에 전주 제사공장에서 학비를 마련키 위해 고된 일을 하였다. 원기 21년 부친의 추천으로 비로소 전무출신을 서원하고 출가를 하였다. 원기 22년 영산공양원으로 임명되었고, 뒤이어 서울교당 서기, 대마교당 순교를 거쳐 신흥, 운봉, 수계, 마령, 종로, 서성, 봉덕, 교동교당 등 일선현장에서 36년 동안 공헌하였다. 대구지방에서 항타원 종사와 더불어 16년간 교화에 전념하면서 서성로교당과 봉덕교당을 신축하는 등 경북 교화의 터전을 튼튼히 하였다. 원기 52년부터 영산선원 교감으로서 정성을 다하였고 원기 64년부터 총부에서 영모원장과 감찰원장의 대임을 수행했다. 감찰원장의 대임을 수행하던 중 원기 69년 1월 예방감찰을 위해 전주교구 순방을 마치고, 이리교구 순방을 계획하다가 병환을 얻어 치료에 정성을 다하였으나, 효차를 보지 못하고 원기 69년 8월 23일 익산수도원에서 열반하였다. 원기 70년 3월 제103회 임시수위단회에서는 그의 높은 공덕을 추모하면서 대봉도의 법훈을 추서했다.

김정관(1931-현재) : 金正貫 교무는 속명이 호병으로 전남 영광문묘량면 삼학리 원성부락에서 태어났다. 원기 32년 5월 민천일옥의 연원으로 신흥교당에서 입교하였다. 교역생활의 경력은 16세에 공부해야겠다는 생각으로 총부 직속기관인 이흥과원에서 일을 시작했다. 한해 그곳에 있으며 겨울선을 마치고 당시 이흥과원 김형진 교무가 전무출신 서원서를 내고 이곳에서 살라고 하여 그 이듬해인 17세에 정식 출가하였는데 그때가 원기 32년 2월이다. 종법실 비서, 정화사 서무, 원광사 총무, 원광대학 주사, 원광대학 교양학부 과장, 원광대학 교양학부 서무과장, 대판교당 교감, 원광보건대학 교수와 학장, 정산종사탄백기념 사업회 상임지도위원, 교화부 순교감 등을 역임했다. 원기 61년 侍山이란 법호를 받았으며, 원기 70년 법강항마위에 승급하였고, 원기 91년 대봉도위에 서훈되었다.

주석주해

「원래 진리의 정체로 보면 동과 정이 따로 없고 주와 종이 둘이 아니기에, 하나 그대로만 행하고 보면 이것이 바로 동정일여가 되고 영육쌍전인 것이다」(이현도, 「길하나 찾아드는 진리공부」, 《원광》 374호, 월간원광사, 2005. p.92).

「거울은 있는 그대로 비쳐주듯이 진리도 개체가 작용한 그대로 나타내는 것이니 모두를 먼저 나의 책임으로 알고 달게 받고, 바르게 지어야 한다. … 정심을 살려 나가야 한다. 굳은 의지로서 정심을 살려나가는 사람은 진급하게 되고, 그렇지 못한 사람의 생활은 곧 강급의 생활이다」(박길진, 『대종경강의』, 원광대출판국, 1980, pp.258-259).

연구문제

1) 動靜得度를 해설하시오.

2) 吾心正則 天下之心 以正應之 吾心和則 天下之心 以和應之를

해설하시오.

[응기편 41장] 진실과 서원참회
핵심주제

진실과 서원참회

대의강령

◎범과한 학인들에게 대중과 불전에 참회하라며 글을 내렸다.
1)진실하여 스스로 속임이 없으며(眞實無自欺),
2)다시는 범과 않기로 서원하라(誓願不貳過).

단어해석

범과 : 잘못 곧 과실을 범하는 것을 犯過라 한다.
불전 : 불단에 모셔진 법신불이나 불상 앞을 佛前이라 한다.
서원 : ☞경륜편 22장 참조.

관련법문

「사람이 짓는 바 일체 선악은 아무리 은밀한 일이라도 다 속이지 못하며, 또는 그 보응을 항거하지 못하나니 이것이 모두 천지의 識이며 천지의 밝은 위력이니라」(대종경, 변의품 1장).
「지도자가 교화를 할 때에 서투른 방편을 함부로 쓰는 것이 아니니 방편을 잘못 쓰면 자타 간에 마음의 상처만 남는 것이니 오히려 진실과 성심만 못한 것이다」(한울안 한이치에, 제8장 화합교단 54장).

보충해설

교칙을 어기거나 불의한 행위를 한 학인들에게 정산종사는 대중과 불전에 참회하라고 하였다. 그러면서 '眞實無自欺 誓願不貳過' 라는 글을 내리며 진실하여 속이지 말고, 범과를 다시는 범하지 말라고 했다. 참회의 의미를 강하게 부각시킴으로써 새롭게 거듭나는 삶이 되라는 뜻이다. 불교에서는 포살로써 참회의 길을 밝히고, 기독교는 회개로써 참회의 길을 밝혔으며, 소태산은「참회문」을 통해서 회광반조하는 삶을 살도록 하였다. 참회는 자신의 거짓을 물리치고 진실을 드러내므로 眞實無自欺인 것이다.

주석주해
「사표가 될 교무는 더욱 진실하지 않고는 결코 존경받는 교무가 될 수 없다. 그러므로 대종사가 처음 교화를 시작할 때 믿고 따르는 사람 중에서 먼저 그 마음이 진실하고 신심 굳은 아홉 사람을 회상 창립의 표준제자로 택하였다」(이종진, 「원불교 교무론」, 『원불교사상시론』 1집, 수위단회사무처, 1982, pp.239-240).
「유쾌한 생활은 집착을 않는 데에서, 계문을 지키는 데에서, 과실을 번민하지 않는 데에서, 분노하지 않는 데에서, 증애에 끌리지 않는 데에서, 번뇌·부유난상을 않는 데에서 가능하다」(원불교사상연구원 편, 『숭산논집』, 원광대학교 출판국, 1996, p.63).

연구문제
1) 범과한 학인들에게 대중과 불전에 알뜰히 참회하라는 뜻은?
2) 眞實無自欺 誓願不貳過를 해설하시오.

[응기편 42장] 동정공부와 유무념
핵심주제
동정공부와 유무념
대의강령
◎유기현과 한정원에게 다음의 글을 주었다.
　1) 생각 생각이 생각 없음은 정할 때 공부요(念念無念 是靜時工夫),
　2) 일일이 일에 밝음은 동할 때 공부이다(事事明事 是動時工夫).
　3) 유념 무념이 뜻대로 되면 대도 탕탕하여 걸림 없다(有念無念各隨意 大道蕩蕩無所碍).

단어해석
유념·무념 : 방심하지 않고 육근 동작을 챙겨 대조하는 것을 有念 공부라 하고, 어떠한 번뇌 망상에 집착하지 않고 끌림이 없는 것을 無念 공부라 한다. 유념·무념 공부를 잘 해야 성불의 불과를 이룰 수 있다.
대도 : 일원상의 진리 곧 불생불멸과 인과보응의 이치를 담고 있는 정

법을 大道라 한다. 사은 사요, 삼학 팔조는 정법 대도인 것이다.

탕탕 : 넓고 큰 모습을 蕩蕩이라 한다. 호탕이라는 말이 이와 관련된다.

관련법문

「대학원에 진학하는 유기현에게 말씀하시기를 "도를 구하는 것과 학문을 하는 것이 둘이 아니니라. 서원을 굳게 세우고 도와 학을 겸비한 인물이 될지니라" 하시었다」(정산종사법설, 제5편 자비하신 스승님 80장).

「한정원에게 말씀하셨다. "앞 마음과 뒷 마음을 한결같이 청정히(前心後心 一如淸淨) 하라. 이대로 하면 법의 인가를 내리리라"」(한울안 한이치에, 제7장 기연따라 주신 말씀 20장).

보충해설

동할 때 공부와 정할 때 공부의 표준을 어떻게 잡아야 할 것인가? 정산종사는 念念無念은 靜時工夫요, 事事明事는 動時工夫라 했다. 풀어 말하면 동정간 생각 생각을 무념에 기반하라는 것이요, 사사에 밝게 일하라는 것이다. 소태산 대종사는 "動靜이 不二니 不二之門에 無不包含이라" (주산종사 수필, 법해적적)고 하였다. 동할 때와 정할 때가 현실의 삶에서는 분명히 구분되지만, 그 근원으로 돌아가면 동정이 둘 아니라는 것이다. 둘이 아니면서도 포함되지 않은 바가 없다고 했다. 따라서 염념무념과 사사명사는 동과 정의 두 표준 공부이면서도 하나로 볼 수 있는 지혜가 필요하다. 동정일여의 교리 표어가 이를 언급해주고 있다.

인물탐구

유기현(1930-2007) : 如山 柳基現 교무는 1930년 9월 2일 충남 서산군 팔봉면 금학리에서 부친 류한동 선생과 모친 학타원 이성교 여사 사이에 4남 1녀 중 막내로 출생하였다. 23세 되던 원기 37년 3월 1일 김서업의 연원으로 총부에서 입교한 후 원기 38년 대산종사의 추천으로 출가하였다. 원기 60년 원광대학교에서 「일원상 진리의 연구」로 철학박사 학위를 취득하였다. 여산종사는 정산종사께 "일원상 진리는 서양철학에서의 진리관과 어떻게 다릅니까?" 라는 물음과 "원불교는 장차 어떠한 종교가 될 것입니까?" 라는 질문을 하였다. 정산종사는 그에 대한 답을 하기보다 "네가 원불교에 입교할 마음이 있느냐?" 라고 물으시고 基現이라는 법명을 내려주었다. 여산종사는 『원불교와 한국사회』라는 책을 발간하여 일원상 연구의 성과를 한국사회 및 학계에 널리 전하는 역할을 하였다. 원기 43년 원광대학교에서 교수로 재직하며 종교문제연구소를 창설하여 한국종교 뿐만이 아니라 제종교에 대한 연구 성과를 학계에 발표하여 교단의 위상을 선양하였다. 또한 원불교학 뿐만 아니라 서양철학·인도철학·불교학 등을 강의하였고, 동학을 중심한 한국 자생종교들을 모두 유사종교로 취급하려는 풍토 속에서 원불교학을 연구하여 학문적 기초를 다져주었다. 원기59년 如山이란 법호를 받고, 원기 85년 9월 종사의 법훈을 수증하였다. 공부성적은 정식출가위(사업성적 정특 등 3호, 원성적 정특등)였다. 자녀로는 4남을 두었으며 명원은 아버지의 뒤를 이어 전무출신 하였다.

한정원(1933-현재) : 震山 韓正圓 교무는 충남 서산군 해미면에서 부친 성산 한성규 선생과 모친 숙타원 이기선행 여사의 2남 1녀의 막내로 출생하였다. 진산 대봉도가 서산 중학교에 다니던 당시, 어머니가 시국의 어려운 상황 속에서 자주 절에 들어가 불공을 올리며 진산 대봉도를 김서업 교무가 거처하는 절에 가서 피난 겸 있으라는 말씀에 그곳에 머물게 되었다. 진산 대봉도는 당시에 비몽사몽간에 얼굴이 둥글고, 흰 머리와 흰 수염을 한 원만한 어른이 넓고 큰 파란 책을 하나 주면서 "이 책은 아란이라는 책이니 갖고 가서 새 불법을 공부하도록 하라" 는 당부를 받았다. 진산 대봉도는 그 노인에게 "이 책을 저만 주시지 말고 친구인 류병덕에게도 주었으면 좋겠습니다" 라고 하니 "그 사람에게도 주라" 고 하여 한 권을 더 받는 꿈을 꾸었다. 9.28 수복이 된 뒤 여산과 홍성 고등학교에 제1기로 입학하게 되었고, 김서업 선생의 인도로 정산종사께 왔는데 큰 병풍을 펴고 앉으신 모습이 꿈에서 뵌 분이라는 직감을 하였다. 원기 45년 3월 원광대학교 교수요원이 되었으며, 무엇보다 20년에 걸친 서원관 지도교무 생활을 통해 예비교무 교육에 헌신하였다. 원불교학 정립에 지대한 공헌을 한 후 퇴임하자 미국 필라델피아 교당에서 본토인들을 대상으로 선과 교법 전수에 정성이었으며, 미주 선학대학원생들의 구전심수에 진력하였다. 원기 85년 9월 제111회 임시수위단회에서 원불교학의 토대 구축과 발전에 헌신한 공적을 기리며 대봉도 법훈을 서훈하였다.

주석주해
「사람이 사는 데에는 동정으로 산다. 활동하는 것이기 때문에 동시가 더 많다. 그런데 불법은 정을 주로 역설하니 사람들은 불법 공부하기 위해서는 인간생활을 떠나야 할 것으로 안다. 그러나 공부는 동할 때 사용하기 위한 것이다. 그래서 일상삼매, 일행삼매, 또는 동정불리선이라는 용어가 나왔다」(원불교사상연구원 편,『숭산논집』, 원광대출판국, 1996, p.46).

「처음 유무념을 시작할 때는 유념에는 숫자가 하나, 둘되었고 무념에만 수가 있었으나 지금은 무념 쪽의 숫자는 줄어들고 유념 쪽으로 숫자가 올라감을 본다. 어떻게 보면 작은 일이지만 나에게는 큰 일이 되어서 마음에 공부심을 갖고 챙기고 보니 공부하는 재미가 여간 아니다」(안효길,「묶었으면 푸는 방법도 있을 것이다」,『나는 조각사』, 출가교화단, 2000, p.79).

연구문제
1) 念念無念 是靜時工夫 事事明事 是動時工夫를 해설하시오.
2) 有念無念各隨意 大道蕩蕩無所碍를 해설하시오.

[응기편 43장] 일일신 우일신

핵심주제
일일신 우일신

대의강령
◎정산종사 정종희에게 글을 내렸다.
  1) 도를 닦고 덕을 기르되(修道養德),
  2) 날로 새롭고 또 날로 새로워라(日新又日新).

◎윤주현에게 글을 내렸다.
  1)먼저 수도에 힘써야(先務修道),
  2)천하가 이 도에 돌아오리라(天下歸道).

단어해석

수도양덕 : 도를 닦고 덕을 기르는 것을 修道養德이라 한다. 여기에서 도는 길이요, 덕은 도를 실천함으로써 나타나는 인품을 말한다. 다시 말해서 도는 진리라면 덕은 은혜가 되는 것이다.

일신 우일신 : ☞경의편 31장 참조.

관련법문

「물보다 공기가 부드럽고, 공기보다는 도덕이 더 부드럽다. 그러므로 도덕이 천하에서 제일 강한 것이다」(한울안 한이치에, 제1장 마음공부 17장).

「수도를 잘한 즉 육도세계에 항상 향상의 길을 밟게 되나니, 어떠한 악연을 만날지라도 나는 높고 그는 낮으므로 그 받는 것이 적을 것이며, 덕을 공중에 쌓은즉 어느 곳에 당하든지 항상 공중의 옹호를 받는지라」(대종경, 인과품 9장).

보충해설

도덕을 닦음에 있어 일일신우일신 하는 공부가 필요하다. 항상 새롭게 수도 적공을 할 때 우주 대도와 합일하는 것이다. 초기교서인『통치조단규약』의 속표지에 '日日新 又日新'이라는 표어가 있다. 오늘날 교리표어와 같은 역할을 한 것이 일일신 우일신 법문이다.『대학』2장에서 일일신 우일신을 강조한 것처럼, 날로 새롭고 또 날로 새롭게 하는 생활이 초기교단에서 매우 중시되었던 것이다. 도덕을 닦는 공동체로서 당연히 마음을 새롭게 하는 마음공부가 수도의 요체인 것이다.

인물탐구

정종희(1929-현재) : 堯陀圓 鄭宗喜 교무는 속명이 정숙으로 충남 대덕군 진잠면 남선리에서 태어났다. 이원리화의 연원으로 원기 29년 7월 연산교당에서 입교하였다. 출가는 원기 31년 2월이며, 원기 59년 4월 堯타원이란 법호를 수증하였으며, 법위는 정식 법강항마위이다.

원기 31년 총부에서 간사를 시작으로, 35년 정읍교당에서도 간사 생활을 하였고 원기 38년 수학을 하였다. 원기 41년 경남교당, 장수교당, 임실교당, 지곡교당, 진안교당, 수지교당, 고성교당, 함라교당, 서동교당에서 정성으로 교화 활동을 하였으며, 원기 81년 퇴임하였다.

윤주현(1924-현재) : 主陀圓 尹周現 교무는 1924년 2월 19일 전북 남원시 금동에서 부친 상암 윤상화 선생과 모친 고타원 강일신행 여사의 2남 3녀 중 막내로 출생하였다. 어려서부터 천성이 활달하고 대범한 성격으로 학교생활에서도 통솔력이 있던 주타원 종사는 서울 여자전문학교 간호학과에 입학한 후 다시 중앙대학 국문학과에 입학하였다. 그러나 인생의 바른길을 찾기 위해 고심하던 중 김지현 종사를 만나 원불교를 알게 되었다. 주타원 종사는 초등학교에서 교사로 6년을 봉직하면서 향타원 박은국 종사를 만나 입교를 하였다. 뒤이어 이운권 종사와 박장식 종사를 만나게 되어 교사직을 사퇴하고 원광대학 교학과에 입학하였다. 원기 40년 부산진교당 교무로 부임하여 청소년 법회의 성황을 이루었다. 이어서 해운대에 출장법회를 시작하여 곧 교당을 설립하였다. 부산진 교당으로 이사온 후 장학사업을 펼쳐 60여명에게 장학금을 주어 학업을 계속 하도록 하였다. 원기 58년 5월 영산선원 교감으로 근무를 시작, 원기 60년 영산선원 부원장을 거쳐 62년 원장의 중책을 맡게 되었다. 영산선원을 오늘의 영산선학대학으로 승격하는데 심혈을 기울여, 원기 74년 교육부로부터 대학인가를 받았다. 주타원 종사는 인재양성은 물론 성지장엄에도 힘을 기울였고, 영산대의 교무들에게 석사과정을 이수하게 하여 교수요원으로 양성했다. 원기 73년 9월 제124회 수위단회에서는 2대말 공부사업의 결산을 맞아 그 공덕을 기리며 대봉도의 법훈을 서훈하였다. 이어서 원기 76년 3월 제11회 수위단회에서는 성업봉찬 기념대회를 맞아 법위를 출가위로 사정하고 종사의 법훈을 서훈했다.

주석주해

「정산종사는 "지금은 정치인들이 주연이 되어 정치극을 벌이는 도중이나 그 막이 끝나면 도덕막이 오르나니 지금은 도덕가의 준비기라, 바쁘게 준비하라"고 말한 바 있다. … 물론 이때의 도덕은 진리의 길로서 道와 도에서 나오는 힘으로서의 덕이지 무슨 윤리적 계명에 따라 통일한다는 말은 아니다」(백낙청, 「통일시대 한국사회와 정신개벽」, 원광대 개교60주년 국제학술회의 『개벽시대 생명·평화의 길』, 원불교사상연구원·한국원불교학회 外, 2006.10.27, p.6).

「66쪽의 4×6판 통치조단규약은 속표지에 '日日新 又日新'이라는 표어를 내걸고, 단규 원칙 14장 54조와 공부 및 사업 방면에 있어서 단원들의 매일 일기 조사하는 세칙을 내놓았다」(박용덕, 『천하농판』, 도서출판 동남풍, 1999, p.184).

연구문제
1) 修道養德 日新又日新을 해설하시오.
2) 先務修道 天下歸道를 해설하시오.

[응기편 44장] 재가출가와 보살중생

핵심주제
재가출가와 보살중생

대의강령
◎문동현에게 글을 주었다.
  1) 재가와 출가가 마음에 있고 몸에 있지 않으며(在家出家在於心 不在於身),
  2) 보살과 중생이 마음에 있고 몸에 있지 아니하니(菩薩與衆生在於心 不在於身),
  3) 생각생각 보리심으로 걸음걸음 삼계를 뛰어나라(念念菩提心 步步超三界).

단어해석
재가출가 : 일반 교도로서 신앙생활을 하는 경우를 在家 혹 교도라 하고, 교역자를 직업으로 선택하여 살아가는 경우를 出家라 한다. 신앙생활과 수행적공을 부단히 연마한다면 재가출가에 따로 구애될 것이 없다.

보살 : ☞원리편 6장 참조.
보리심 : 무명을 벗어나 맑고 청정한 마음이 菩提心인 바, 불보살은 오욕번뇌를 떠나 자리이타로 생활하므로 보리심을 발한다고 볼 수 있다. 이를테면 위로는 보리를 구하고(上求菩提) 아래로는 중생을 제도하는(下化衆生) 불교 수행자의 마음이 보리심이다.

관련법문

「여자교도 한 사람이 대종사께 여쭙기를 "저도 전무출신들과 같이 깨끗이 재계하옵고 기도를 올리고 싶사오나 가정에 매이어 제 자유가 없는 몸이므로 그 뜻을 이루지 못하오니 어찌하면 좋겠나이까." 대종사 말씀하시기를 "마음 재계하는 것은 출가재가가 다를 것이 없나니, 그대의 마음만 깨끗이 재계하고 정성껏 기도를 올리라"」(대종경, 변의품 14장).

「중생은 자비 가득한 선지식의 법문을 듣고도 고개를 돌리고 불보살은 헌화잡담 속에서도 법문을 발견하여 값지게 활용한다」(좌산상사법문집 『교법의 현실구현』, 3.교법·교단, 28.중생과 불보살).

보충해설

종교에 있어 제도상의 재가와 출가의 구분이 있지만, 신앙 수행에 있어 그 구분은 큰 의미를 두지 않는다. 정산종사는 이에 재가와 출가가 마음에 있고 형식의 몸에 있지 않다고 하였다. 이를 구분해서 구체적으로 말한다면 불교는 출가자 구성으로 비구와 비구니가 중심이 된다. 재가로는 남자 신도인 우바새와 여자신도인 우바리를 합쳐서 4부대중이라 부르며 연소자가 도가에 살면 사미·사미니가 된다. 20세에 출가하여 10계를 받으면, 비구 또는 비구니가 된다. 그리고 보살이란 무엇인가. 보살의 생활이란 육바라밀의 수행생활을 말한다. 『大般若바라밀다경』을 보면 정토 건설은 보살이 국토의 정화와 인간의 완성으로 요약되는 큰 소망과 맹세를 지니고 육바라밀을 실천함으로써 이루어진다고 했다.

인물탐구

문동현(1909-2000) : 雲山 文東賢 대호법은 1909년 2월 26일 부산

시 동래구 복천동 475-2에서 부친 문정은 선생과 모친 추경연 여사의 3남 2녀 중 차남으로 출생했다. 천성이 정직하고 대의가 분명한 운산 대호법은 지혜 또한 총명하였다. 새 회상 원불교와 첫 인연을 맺은 것은 고향인 동래에서였다. 동래는 본래 불교가 성한 곳인데, 원기 40년 초대교무로 융타원 대봉도의 부임·활약으로 아내인 무타원 전공덕해 정사가 귀의하게 되었다. 부인의 여망에 따라 운산 대호법은 교당에 나가게 되었다. 입교하기 전에 동래교당을 신축했던 운산 대호법은 원기 41년 봄에 중앙총부를 찾아 정산종사를 뵙고부터 두터운 법연으로 새 회상의 주인 역할을 하였다. 운산 대호법의 손을 꼭 잡은 정산종사는 "장차 우리 교단의 큰 일꾼이 되어달라"며 당부하였다. 운산 대호법은 원기 42년 대산종사의 연원으로 입교했다. 운산 대호법의 노력으로 정관평 재방언 공사에 있어 당국의 허가를 얻음은 물론 총 공사비의 7할을 정부로부터 보조받았다. 운산 대호법은 중앙교의회 부의장과 광주교당 교도회장을 역임하였으며, 원기 45년에는 정산종사로부터 법호를 받았고, 원기 46년부터 원불교중앙교의회의장을 맡았다. 또 운산 대호법은 원불교육영 사업회를 창설, 원기 47년 회장직을 맡았다. 원기 63년부터 79년까지 수위단원에 피선, 재가교도를 대표하여 교정에 참여하여 교단 발전에 기여하였다. 원기 73년 9월 제124회 수위단회에서는 2대말 聖業의 결산기를 맞아 공덕을 기리며 대호법의 법훈을 서훈했다.

주석주해

「재가(거진출진)와 출가(전무출신) 양 켠이 대회상을 이끌어 나가는 큰 주동이 된다. 경성지부 회원이며 의사 부인인 성성원이 대종사께 여쭈었다. "가정과 남편을 버리고 출가 수도하여 전무출신하고 싶습니다." "불법이 생활이요 생활이 불법이다. 가정이 있고 난 뒤에야 사회와 국가가 있다. 재가출가가 서로 일심합력해야만 우리 회상이 크게 발전한다"」(성성원 전언)(박용덕, 『금강산의 주인되라』, 원불교출판사, 2003, p.102).

「마음을 알아 작용만 잘 하고 보면 부귀와 공명도 그 속에서 나오며 성현과 불보살도 그 속에서 나오는 것이요, 그 반면에 만일 작용을 잘못하여 죄업을 짓는다면 무진의 재앙과 고통이 중생 疊出하여 삼재와 팔난도 그 속에서 나오고 빈한과 병고도 그 속에서 나오며 지옥·아귀·축생보도 그 속에서 나오니…」(구타원종사 법문집 편집위원회 편,『인생과 수양』, 구타원종사기념사업회, 2007, p.51).

연구문제
1) 在家出家 在於心 不在於身 菩薩與衆生 在於心 不在於身을 해설하시오.
2) 생각생각 보리심으로 걸음걸음 삼계를 뛰어나라는 뜻은?

[응기편 45장] 천리지척과 지척천리

핵심주제
천리지척과 지척천리

대의강령
◎집에 돌아간 학인에게 글을 주었다.
1) 부처를 생각하며 닦아 행하면(念佛修行), 천리 밖에 있어도 서로 지척이요(千里咫尺),
2) 부처를 등지고 티끌에 합하면(背佛合塵), 지척 안에 있어도 천리 밖이다(咫尺千里).

단어해석
염불 : 부처를 생각하는 것을 念佛이라 한다. 여기에서는 정기일기 11 과목의 염불이 아니라 문자 그대로 부처를 생각하는 것을 말한다.
지척 : 멀리 떨어져 있지 않고 아주 가까이 있는 거리가 咫尺이다.
티끌 : 불교에서 자주 거론되는 오탁악세를 티끌세계라 한다. 세속이 삼독오욕에 물든 오탁악세로 비추어지기 때문에 티끌로 상징된다.

관련법문
「내가 오늘 조실에 앉았으니 노덕송옥의 얼굴이 완연히 눈앞에 나타나서 얼마동안 없어지지 아니하는 것을 보았노라. 그는 하늘에 사무치는 신성을 가진지라, 산하가 백여 리에 가로막혀 있으나 그 지극한 마음이 이와 같이 나타난 것이니라」(대종경, 신성품

15장).

「우리가 각각 임지가 달라 몸은 서로 떨어져 있지마는 마음은 매양 이 법회의 한 자리에서 만나고, 하는 일은 각각 다르지마는 뜻은 언제나 제생의세의 일념에 있을 것인 바…」(대산종사법문 2집, 제7부 교역자 훈련해제 법설, 제17회 교역자 훈련해제 법설).

보충해설

출가했다가 환속할 수도 있다. 개인의 부득이한 사정상 환속하는 것은 있을 수 있는 일이며, 출가동지로서 환속자를 무조건 미워하는 것은 중생의 심리이다. 이에 정산종사는 환속한 제자에게 수행의 고삐를 늦추지 않고 염불수행을 하면 천리도 지척이라 했다. 하지만 부처를 멀리하고 세속에 찌들면 자연 멀어질 수밖에 없다고 하였다. 부처를 섬기는 일은 공간적으로 떨어져 있어도 지성으로 불공하는 심경이면 가능하다. 불법시생활・생활시불법으로 살아간다면 사제관계는 천리도 지척인 셈이다. 이에 정산종사는 환속한 동지에게 모원회를 조직하라(경륜편 30장)고 하였다.

주석주해

「공간과 시간의 관념을 초월하여 하나의 근원된 세계를 볼 줄 알아야 한다. 성품은 시공을 초월해 존재한다」(박길진, 『대종경강의』, 원광대출판국, 1980, p.281).

「하루는 (경성지부에서) 내가 콩을 까고 있는데, 종사주께서 오셔서 같이 콩을 까셨다. 한참을 까시더니 느닷없는 말씀을 하신다. "아, 야야, 총부에 초상이 났다." "예?" "청춘이 엄마 설상화가 죽었구나." 나는 이해가 가지 않아 되물었다. "어떻게 그렇게 아십니까?" "다 아는 수가 있다." 아닌 게 아니라 나중에 알고 보니 시창 18년 9월 5일에 김설상화가 돌아가셨다」(김영신 전언)(박용덕, 『금강산의 주인되라』, 원불교출판사, 2003, p.128).

연구문제

부처를 생각하며 닦아 행하면 천리 밖에 있어도 지척이요, 부처를 등지고 살면 지척 안에 있어도 천리 밖이 되는 이유는?

[응기편 46장] 믿음과 화합·정성
핵심주제
 믿음과 화합·정성
대의강령
◎결혼하는 학인에게 글을 주었다.
  1)믿음은 모든 선의 근본이요(信爲萬善之本),
  2)화합은 모든 복의 근원이라(和爲萬福之源).
◎후일에 따로 한 귀를 더 써 주었다.
 "정성은 모든 덕의 조종이라(誠爲萬德之宗)."
단어해석
믿음 : 팔조에 있어 진행 4조의 하나로 만사를 이루려 하는 원동력이 믿음 곧 信이다. 종교 신앙은 믿음에서 시작된다.
만선 : 모든 선을 萬善이라 한다. 선연을 맺으려면 만선을 실천에 옮겨야 한다. 육근 동작 하나하나 선행을 지향할 때 실천 가능한 일이다.
만복 : 모든 복을 萬福이라 하며, 만선을 실천하여 나타나는 善果를 만복이라 한다. 심신의 편안함·여유로움으로 다복함을 추구해야 한다.
관련법문
「믿음이 엷은 사람은 시들 것이요, 믿음이 굳은 사람은 좋은 결실을 보리라. 나의 법은 신성 있고 공심 있는 사람이면 누구나 다 받아가도록 전하였나니, 법을 받지 못하였다고 후일에 한탄하지 말고, 하루 속히 이 정법을 마음대로 가져다가 그대들의 피가 되고 살이 되게 하라」(대종경, 부촉품 4장).
「피난처가 다른 데가 아니라 발아래가 피난처니라. 거기 교도들과 화합하고 살면 피난이다」(한울안 한이치에, 제6장 돌아오는 세상 51장).
보충해설
관혼상제는 종교의 의례활동에 있어 중심을 차지한다. 그중에서도 결혼이란 인생에 있어 매우 중요한 일이며, 종교가에서는 결혼 당사자들에게 깊은 관심을 가져야 할 것이다. 정산종사는 결혼하는 제자에게 '信爲萬善之本이요, 和爲萬福之源이라' 는 글을 주었으며, 후일에 '誠爲萬德之宗이라' 했다. 대산종사는 「부부의 도」로서 "서로 가까운 두 사이부터 신용을 잃지 말 것이요, 서로 오래갈수록 공경심을 놓지 말 것이요, 서로 근검하여 자력을 세울 것이니라"는 법문을 내리고 있다. 이심전심으로 통하는 성자의 가르침이므로 소중하기만 하다.

주석주해

「믿음은 종교인의 정신생활에 근본 뿌리인 동시에 교무의 생명선이요 전 인격의 기반이라고 할 수 있다. 그러므로 도가에서는 아무리 큰 능력을 가지고 있다 할지라도 신심이 없으면 죽은 나무와 같아 법기를 이룰 수 없다」(이종진, 「원불교 교무론」, 『원불교사상시론』 1집, 수위단회사무처, 1982, pp.242-243).

「국한을 터서 서로 융통한다는 것은 모든 인종과 생령의 근본은 다 같은 한 기운으로 연계된 동포이기 때문이다. 한 기운으로 연계되었기 때문에 세계의 모든 인종과 민족들과 한 권속을 이루어 서로 친선하고 화목하게 되는 것이다」(한종만, 「교전에서 본 삼동윤리의 근거」, 제21회 원불교사상연구 학술대회 《21세기와 원불교》, 원불교사상연구원, 2002.1, p.39).

연구문제

1) 학인에게 信爲萬善之本 和爲萬福之源의 글을 준 뜻은?
2) 誠爲萬德之宗이라는 의미는?

[응기편 47장] 직장생활의 도

핵심주제

직장생활의 도

대의강령

◎학인들을 서울 직장에 보내며 훈시하였다.
1) 인내하고 부지런하며,
2) 정직하고 관대하며,
3) 세속에 흐르지 않도록 조심하라.

단어해석

훈시 : ☞경륜편 4장 참조.
인내 : 세상을 살아감에 있어 순역 경계에서 다가오는 어떠한 어려움도 참고 견디어 내는 것을 忍耐라 한다. 수도자의 고행도 인내가 필요하다.
관대 : 마음이 너그럽고 큰 것을 寬大라고 한다.

관련법문

「우리가 시작하는 이 사업은 보통 사람이 다 하는 바가 아니며 보통 사람이 다 하지 못하는 바를 하기로 하면 반드시 특별한 인내와 특별한 노력이 있어야 할 것인 바, 우리의 현재생활이 모두 가난한 처지에 있는지라 모든 방면으로 특별한 절약과 근로가 아니면 사업의 토대를 세우기 어려운 터이니…」(대종경, 서품 7장).

「박제권에게 글을 주시었다. "大人 浩而中正 和而不流" 번역하면 "대인은 너그럽되 중정을 잡고 화하되 세속에 흐르지 않는다"」(한울안 한이치에, 제7장 기연따라 주신 말씀 14장).

보충해설

정산종사는 소태산 교조의 열반, 일제로부터의 압제, 해방 직후의 혼란함 등 암울했던 시대상황 속에서도 희망과 용기를 주며 건국사업과 원불교 재건에 정성을 기울였다. 초기교단으로서 어려운 경제적 상황 속에서 학인들이 학비를 마련하기 위해 서울 직장에 가려고 하자 그들을 보내며 훈시하였다. 인내하고 부지런하며, 정직하고 관대하며, 세속에 흐르지 않도록 조심하라는 것이다. 당시 서울로 직장을 찾아가는 고생뿐 아니라 다른 여학원생들은 학비를 마련하기 위하여 총부에 숙소를 두고 사와다(澤田)제사공장에 다녔으며, 야근이 있을 땐 밤 2시나 3시 되어서 들어올 때도 있었다. 이처럼 영육쌍전이나 불법시생활은 원불교가 생활불교임을 알리는 것이며, 당시 불법을 배우려는 학우들이 직장에 다니며 학비를 마련하느라 인내하고 감내하였다.

주석주해

「18세 되던 해 총회 때 총부로 올라왔다. … 정산종사는 여기서 모여 살면 좋지 않으니 6명을 선발하여 서울 동대문 부인병원으로 보내야겠다고 하였다. 나도 팔타원이 경영하는 이 병원에 선발되어 가게 되었다. 정산종사는 떠나는 우리들에게 "거기가 교화장소이고 전무출신할 장소이다" 라며 우리들을 격려해 주었다」(이용진, 「자비로운 어머니 같아」, 『우리회상의 법모』, 원불교신문사, 1994, pp.187-188).

「해외포교사 양성을 목적으로 몇 사람을 선발하여 서울지역 대학으로 진학시킬 때 나는 총부회의를 통해 공인을 받고 숙명여자전문학교 국문과에 진학했다. 이때 나는 퍼머를 하였다. 그런데 어느 날 정산종사께서 서울에 오셔서 내 머리를 보시고 "이게 뭐냐" 하셨다. … 총부로 내려가신 정산종사님은 바로 다음과 같은 글을 붓으로 써서 보내셨다. "鐵柱中心 石壁外面, 和而不流 永保其眞" 이때가 원기 31년 봄이었다」(정진숙, 「사업은 공부가 기초, 성리 연마해야」, 『우리회상의 법모』, 원불교신문사, 1994, p.260).

연구문제
학인들을 서울 직장에 보내며 훈시한 법어는?

[응기편 48장] 제생의세의 신조
핵심주제
제생의세의 신조
대의강령
◎동화병원 직원들에게 말하였다.
  1)의업 또한 제중의 성업이며,
  2)친절과 성의와 정직을 신조로 삼으라.
단어해석
동화병원 : 원불교 자선기관의 하나로서 1957년 10월에 발족되어 운영되다가 한동안 중단되었다. 그 뒤 1970년 9월에 확장 개원되었다. **동화병원**은 환자의 치료와 교역자의 후생을 위해 활동을 하였으며, 원광대 한의과대학이 생겼을 때 학생들의 실험대학으로 활용되기도 하였다. 동화병원은 1998년 5월 원광한의원으로 개원, 운영되고 있다.

의업 : 의료업을 醫業이라 한다. 원불교에서는 제생의세의 사업으로 보화당(1934년 개업)과 동화병원을 운영하여 왔고, 원의원·교립 원광대의

원광의료원 등이 있는데 이를 통틀어 의업이라고 한다.
제중 : 중생을 제도하는 것을 濟衆이라 한다. 성불제중이 이것이다.
성업 : 성스러운 직업을 聖業이라 한다. 일상적 개인의 부귀를 위한 직업이 아니라 시방일가 일체중생을 위하는 공익 추구가 성업인 것이다.
신조 : 신앙 내지 확신의 조항으로 삼는 것을 信條라 한다. 어떠한 목표를 설정하고 실천에 옮기는데 분명한 신조가 필요하다.

관련법문

「그대들이 선원에 입선하는 것은 마치 환자가 병원에 입원하는 것과 같나니, 사람의 육신에 병이 생기면 병원에서 의약으로 치료하게 되고, 마음에 병이 생기면 도가에서 도덕으로 치료하게 되는지라, 그러므로 부처님을 의왕이라 함과 같이 그 교법을 약재라 하고 그 교당을 병원이라 할 수 있나니라」(대종경, 수행품 56장).

「동화병원 개원식에 말씀하시기를 "앞으로 이 병원이 발전하기 위해서는 먼저 임직원 모두가 참된 인격을 갖추어야 하고, 시설이 구비되어야 하며, 환경이 좋아야 하고, 화합을 이루어야 하며, 환자를 내 몸 같이 아끼고 사랑해야 하나니라"」(정산종사법설, 제3편 도덕천하 16장).

보충해설

전무출신으로 출가한 목적은 여러 가지가 있을 것이다. 그중에서 가장 기본이 되는 것은 성불제중·제생의세이다. 제생의세의 활동 중에는 병원을 설립하여 환자들을 치유하는 것이 있다. 정산종사는 교단에서 운영하는 동화병원 직원들에게 의업 또한 제중의 성업이라며, 친절·성의·정직을 신조로 삼으라 했다. 참고로 신조란 여러 종류가 있다. 양도신 선진이 동선 해제를 하고 몇 가지 신조를 밝혔다. 사은의 보은행으로써 대종사께 보은하는 것, 공부와 사업을 병진하여 이 회상 만난 생활의 보람이 되는 것, 남의 잘못은 관대히 용서하고 나의 잘못은 추호도 용서치 않을 것, 항상 부지런하고 검박하며 절약할 것(원기 21년 2월6일) (대종사님 은혜속에, 원불교출판사, 1991, p.294) 등이다.

주석주해

「원불교는 하나의 종교로서 제생의세를 목적하는데 종지인 일원상의 진리를 믿고 깨치고 실행함으로써 성불제중할 수 있는 인격을 양성하려는 것이다」(정유성,「원불교 과학관」,『원불교사상시론』1집, 수위단회사무처, 1982, p.212).
「청렴하고 공심 있는 성격은 낙과 지위를 가져오는 운명이 될 것이요, 부드럽고 공손하고 명랑한 성격은 친절하고 화하는 운명을 가져오며, 침울하고 냉정한 성격은 촉이 많고 불화한 운명을 가져올 것이다」(조전권, 선진문집1 『행복자는 누구인가』, 원불교출판사, 1979, p.33).

연구문제
1) 동화병원 직원들에게 하신 말씀은?
2) 의업 또한 제중의 성업이라며 하신 말씀은?

[응기편 49장] 피난의 비결
핵심주제
피난의 비결
대의강령
◎해방 후 개성이 몇 개월 막혔을 때 이경순에게 글을 써 주며 외우고 심고하라 하였다.
　1) 법신 원래 청정이라 선미 또한 청정하다(法身元淸淨 禪味又淸淨).
　2) 개성 본래 걸림 없어 통달하면 무애로다(開城本無碍 通達便無碍).
　3) 公道 절로 탄탄하고 봉공 또한 탄탄하다(公道自坦坦 奉公亦坦坦).
◎송달준에게 말하였다.
　1) 대하는 곳마다 척 짓지 말고 저 고양이에게도 덕을 끼치며,
　2) 있어도 없는 듯, 알고도 모르는 듯 살라. 이것이 피란의 요결이다.

단어해석

개성 : 북한에 있는 지역으로 고려의 수도가 개성이다. 분단 이전 김영신・이경순 교무가 개성교당에서 교화하였으나 지금은 북한지역에 속해 있으며, 현재 남북한 합작으로 개성공단이 운영되고 있다. 교단이 금강산에 이어 개성을 북방교화의 교두보로 삼아야 하리라 본다.

법신 : 진여의 法身은 부처님의 본래면목이며, 곧 법신불 일원상을 의미한다. 불교에서는 삼신불의 하나가 법신불이다.

선미 : 좌선이나 참선을 통해 느끼는 적적성성의 선맛을 禪味라 한다.

무애 : 요달하고 통달하여 어디에도 걸림이 없는 것을 無碍라 한다.

봉공 : 사회, 국가, 세계, 교단 곧 공을 위하는 마음을 奉公이라 한다. 공중을 위해 헌신하는 자세가 종교인의 참 모습이다. 이는 이기주의를 벗어나 이타적 대승행을 하는 길이기도 하다.

피란 : 전쟁이나 내란으로 인해 난국을 피하여 있는 것을 避難이다.

관련법문

「정석현이 사뢰기를 "저는 환경에 고통스러울 일이 많사오나 법신불 전에 매일 심고 올리는 재미로 사나이다." 대종사 말씀하시기를 "석현이가 법신불의 공덕과 위력을 알아서 진정한 재미를 붙였는가는 알 수 없으나 그것이 곧 고 가운데 낙을 발견하는 한 방법이니…"」(대종경, 신성품 16장).

「(이경순에게) 꿈같이 개성을 다녀온 후, 바로 교통이 두절되어 소식 알지 못하여 여간 고심하던 차에 기철이 來便에 그간 소식 듣고 보니 반갑고 아차아차하던 마음 무어라고 형언할 수 없었다. 더욱이 천륜씨 댁이 그 위경을 무사 경과하셨다 하니 모두가 종사주의 음조이신가 한다」(시창 30년 9월 25일 從叔 謹書)(한울 안 한이치에, 제7편 感應道交).

보충해설

해방 후 개성이 몇 개월 막혔을 때 이경순에게 글을 써 주며 외우고 심고하라 하였고, 그곳에 함께 있던 고 백지명 교무의 모친 송달준에게는 대하는 곳마다 척짓지 말라며 피란의 요결을 주었다. 사실 해방 후 남한 땅이 6.25로 인해 북한 땅으로 편입된 곳이 개성이며, 원불교 개성교당이 북한으로 편입되어 있어 더욱 아쉽다. 개성시 덕암동의 개성교당 ㄷ자형집은 1975년도에 이미 헐려 지금은 개성시 인민병원이 설립되어 있고, 북안동의 교당자리도 오래전에 헐려 그 자취를 찾을 수가 없다. 통일이 되면 개성에서 교화가 부활되어야 할 것이다. 또 개성교당은 우리에게 시련의 교당으로 알려져 있다. 당시 불법연구회 회가에는 '전무후무 유일하신'이라든가 '구주' 또는 '천양무궁'이라는 구절이 있다. 이를 일본 경찰이 가만둘 리 없었으니, 이러한 이유로 트집을 잡은 교당의 하나가 개성교당이었다.

인물탐구

이경순(1915-1978) : 恒陀圓 李敬順 교무는 1915년 3월 경북 금릉군 구성면 상원리에서 부친 훈산 이춘풍 정사와 모친 경타원 정삼리화 여사의 1남 8녀 중 7녀로 출생하였다. 항타원 종사의 일가는 일찍부터 대종사와 법연이 깊었다. 정산종사와 주산종사는 항타원 종사의 고종숙이었고, 부친 훈산 이춘풍은 방언공사 중에 영산으로 와서 대종사를 만나 제자가 되었다. 원기 6년 항타원 종사의 일가는 친척 어른들의 반대에도 불구하고 전북 부안군 종곡리로 이사하였다. 원기 9년 대종사는 봉래정사에서 하산하여 익산총부를 건설하자, 이듬해 봄 항타원 종사의 일가는 봉래정사 수호의 책임을 맡고 봉래정사 아래로 이사하였다. 원기 14년에 이르러 15세에 전무출신을 서원하고 총부로 오자 대종사는 기뻐하였다. 당시 총부의 경제사정은 어려웠으므로 항타원 종사는 익산에 있는 제사공장에 다니며 학자금을 마련하였다. 원기 20년에 영산학원에 입학하여 5년간의 수학기간을 거쳐 원기 25년에 서울교당 부교무로 첫 부임하고 이듬해 개성교당 교무로 부임하였다. 원기 35년에는 부산의 초량교당으로 부임하였다. 초량교당에서 4년, 서면교당에서 2년간 봉직하면서 부산지방 교화의 중흥을 이루었다. 원기 41년에는 대구교당을 창설하여 15년에 걸쳐 대구, 서성로, 김천, 안동, 봉덕, 성주, 삼덕 등을 개척하기 시작하였다. 원기 56년 5월에는 대구를 떠나 다시 부산교당 교감 겸 교구장으로 부임하여 8년간 부산지방의 교세를 발전시켰다. 원기 63년 11월 4일 교정위원회의에서 항타원 종사는 당부하였다. "발전하는 교세에 대비해서 우리 교역자들의 훈련을 철저히 해야겠습니다. 훈련 제일주의의 정신으로 대종사께 크게 보은해야겠고, 교단의 장래를 튼튼한 반석위에 올려놓아야 겠습니다." 항타원 종사의 마지막 법문이었다. 원기 63년 11월 제78회 수위단회에서는 법위를 출가위로 사정하고 종사의 법훈을 추서했다.

송달준(1913-2006) : 拓陀圓 宋達俊 도무는 속명이 오준으로 출생지는 충남 서산군 서산읍 동문리이며, 고 백지명 교무는 친녀이다. 양형선을 연원으로 원기 31년 3월 개성교당에서 입교하였다. 개성으로 출가한 것이 기연이 되었다. 원기 55년 1월 김이현 교무의 추천으로 종로교당에서 출가하였다. 법호는 척타원으로 원기 46년 4월에 수증하였다. 척타원은 원기 55년 3월부터 56년 3월까지 중앙선원 서무, 원기 56년부터 62년까지 중앙훈련원 총무, 원기 65년-66년 수도원의 상임운영위원 등을 역임하면서, 교단 사업에 신심 공심으로 일관한 생애였다. 평소 강직하고 절도 있는 기상과 도량, 정확한 사무 처리로 후진들의 보감이 되었다. 송 원로도무는 원기 67년 퇴임, 중앙여자원로수도원에서 수양 정진하다 열반에 들어 전무출신 1좌위로 입묘되었다. 법위는 항마위(사업성적 정특등 1호, 원성적 정1등)이다. 좌산종법사는 "서원일념을 굳게 세우고, 청정일념으로 가셨다가 대종사님 받드는 동문 불보살이 되길 축원한다" 고 설법했다.

주석주해

「총부 상공에는 항상 유엔군 비행기가 떠다녔고 성탑 뒤 솔밭에는 인민군들이 대포와 말을 집중시켜 놓았다. 저녁이 되면 가끔 신호탄이 올라갔다. 정보원이 있어 아군에게 정보를 제공한 것이다. 그런데 이곳에 폭격을 안 한 것은 신기한 일이었다. 그 당시 종교도량이라고 봐주는 일이 없는 상황이었는데도 다행히 폭격을 맞지 않은 것은 대종사님 성령의 가호와 정산종사 기도 위력이 아닌가 생각된다」(박장식, 『평화의 염원』, 원불교출판사, 2005, p.116).

「이경순 종사는 개성교당에서 9년간의 근무를 마치고 초량교당으로 전임하던 해 6.25가 발발하였다. 부산으로 피난을 온 교도들에게 모든 편의를 제공하는 한편 … 전쟁이 아직 진행 중이어서 개인의 안전이 전혀 보장되지 않는 상황에도 불구하고 개성교당 교도들의 안전을 돌아보기 위해 단신으로 개성교당을 방문했다」 (한창민,「항타원 이경순의 생애와 사상」, 원불교사상연구원 편,『원불교 인물과 사상』(Ⅱ), 원불교사상연구원, 2001, pp.254-255).
연구문제
1) 法身元淸淨 禪味又淸淨 開城本無碍 通達便無碍 公道自坦坦 奉公亦坦坦을 해설하시오.
2) 송달준에게 설한 법어로 피란의 요결은?

[응기편 50장] 난경의 처사
핵심주제
난경의 처사
대의강령
◎동란 중 국민병으로 떠나는 총부 청년들에게 말하였다.
  1) 법신불과 대종사를 언제나 모시고 매사에 작용하며,
  2) 구내를 떠났으되 구내에 상주하는 심경으로 지내며,
  3) 난경에 부딪쳤을 때 온전한 심경으로 심고 후 처사하며,
  4) 잠시 나의 지도를 벗어났지만 지도 받는 심경으로 지내라.
단어해석
동란 : 난리가 일어난 것이 動亂으로 여기서는 6.25 동란을 말한다.
국민병 : 만 18세 이상의 적정 나이가 되면 국가의 군인으로 참여하는 것을 國民兵이라 한다. 남성으로서 4대 의무의 하나가 국방의무이다.
법신불 : ☞원리편 1장 참조.
구내 : 구역의 안을 區內라 하며, 여기에서는 익산시 북일면 신룡리 344-2번지 내의 중앙총부 구역 내를 말한다.
상주 : 항상 머무르는 것을 常住라 하며, 불법이 상주한다는 의미도 있다. 상주설법·상주불멸·상주선원 등이 이와 관련된다.
관련법문
「시국이 혼란한 만큼 첫째 당에 입참치 말 것이요, 둘째 의 아닌 재산을 구하지 말 것이며, 셋째 권리를 남용하지 말 것이요,

넷째 구업을 주의할 것이며, 다섯째 인심을 잃지 않도록 유의할 것이요, 여섯째 心祝하라」(정산종사법설, 제3편 도덕천하 34장).
「크고 작은 모든 전쟁도 그 근본을 추구해 본다면 다 이 사람의 마음 난리로 인하여 발단되는 것이니, 그러므로 마음 난리는 모든 난리의 근원인 동시에 제일 큰 난리가 되고, 이 마음 난리를 평정하는 법이 모든 법의 조종인 동시에 제일 큰 병법이 되나니라」(대종경, 수행품 58장).

보충해설
6.25 동란이 발발하자 총부의 상황은 어떠했을까? 인민군 호남철도 경비대가 총부에 한동안 머무르자 불안한 상황이었다. 6.25 초반에는 순경들이 총부 송대 쪽에 몰려 있었다. 하지만 갑자기 퇴각을 했고, 뒤이어 인민군들이 들이닥쳤다. 황등을 점령하고 진군해 오며 총부에 머무르는 상황이었다. 당시 국민병으로 떠나는 총부 청년들이 걱정되었던 정산종사는 그들에게 당부의 법어를 설하였다. 법신불과 대종사를 모시고 살며, 총부를 상주하는 심경으로 지내며, 어려움에 처했을 때 온전히 취사하며, 지도받는 심경을 가지라는 것이다. 전쟁의 위험 속에서도 정산종사의 원력으로 1951년 6월 원광중학교 설립, 1952년 신룡양로원 설립, 1953년 4월 제1대 성업봉찬대회, 동년 5월 이리보육원 인수, 동년 6월 대종사 성비건립 및 고등선원이 개원되었다.

주석주해
「나는 6.25를 총부에서 보냈다. … 처음 총부 식구들은 구조실 지하실에서 피난을 했다. 그러다 인민군 호남철도 경비대가 총부에 주둔하게 되어 정산종사는 정미소 방을 쓰시고, 대중은 대각전과 정미소에서 거처하며 인민군들이 추진하는 땅굴 파는 작업에 동원되었다. 총부는 격전지가 될 것 같은 불안 속에서 숨죽이고 있었다. 이때 정산종사는 낮이면 복숭아밭 원두막에 계시며 심고를 올리곤 하셨다. 어느 날 모두 모이라고 하시더니 함께 기도를 올렸다」(박장식, 『평화의 염원』, 원불교출판사, 2005, pp.115-116).
「인민군의 남침으로 수도가 피난을 가게 되었고 일대 혼란기에 접하여 … 당시 원불교 중앙총부를 인민군은 삼남 지방 총사령부로 삼아 교단 전부가 기위 마비된 상태로 빠졌을 때였지만 정산종사는 측근의 피난을 종용하는 말씀을 뿌리치고 총부 대각전을 떠나지 않고 기도 속에 안정을 지키며 내방객에게 용기와 힘을 넣어주었다」(한기두, 「소태산 대종사와 정산종사」, 『원불교사상』 24집, 원불교사상연구원, 2000, pp.28-29).

연구문제
동란 중 국민병으로 떠나는 총부 청년들에게 하신 법어는?

[응기편 51장] 동란법어

핵심주제
동란법어

대의강령
◎동란 중 대중에게 훈계하였다.
　1)척 없는 말을 하고 여진 있는 행을 하며,
　2)기한과 도탄에 빠진 동포들이 평화 안락하도록 기도하라.
◎조석으로 사심 없이 기도를 드리면?
　1)자기 마음이 대자대비한 부처님 심경을 이루어 자기에게 먼저 이익이 돌아오며,
　2)그 소원이 마침내 달성되어 대중에게 이익이 돌아간다.

단어해석
훈계 : 스승이 제자에게, 부모가 자녀에게, 선배가 후배에게, 동지간에 타일러 경계하는 것을 訓戒라 한다.
여진 : ☞국운편 29장 참조.
도탄 : 진흙 구덩이(塗)에 빠지고 타오르는 숯불(炭) 속에 떨어진다는 의미에서 塗炭이라 한다. 오늘날 도탄에 빠진 중생 구제가 급선무이다.
사심 : 사욕에 따라 자신을 앞세우는 마음으로, 공익보다는 사적인 이익을 앞세우는 등 공변되지 못하고 사사로운 마음을 私心이라 한다. 사심과 반대되는 용어는 공심이다.

관련법문

「사람이 밥 하나 먹고 말 한 마디 하는 데에도 공부가 있나니, 만일 너무 급히 먹거나 과식을 하면 병이 따라 들기 쉽고, 아니 할 말을 하거나 정도에 벗어난 말을 하면 재앙이 따라 붙기 쉬운 지라, 밥 하나 먹고 말 한 마디 하는 것은 작은 일이라 하여 어찌 방심하리요」(대종경, 수행품 32장).

「일심을 모아 기도를 올려서 모든 사람들의 마음을 순하게 함으로써 천지에 맺혀 있는 악한 기운, 탁한 기운, 원한의 기운을 다 풀어주어서 천지 기운도 막힘이 없이 다 통하게 하고, 신성 있는 사람이며 또는 일반 사람들까지라도 그 해를 입지 않게 하여 주라」(대종경선외록, 10.도운개벽장 10장).

보충해설

전쟁처럼 고통의 참화를 남기는 일은 없다. 6.25의 피해상황은 3년간 동족상잔으로 전 국토가 폐허로 변했으며, 남한은 전쟁 발발 15개월 만에 입은 재산피해가 20억 달러였다. 군인은 유엔군과 한국군을 포함하여 18만 명이 생명을 잃었고, 북한군 52만 명, 중공군 90만 명이 생명을 잃었다. 교단적으로도 희생이 있었다. 전무출신으로는 홍재완·박창기·조원선이 희생되었고 교도 중에는 차귀종(이리지부장), 이우경(금산부지부장), 이덕주화(도양부지부장), 오기열(전마령지부장), 강필국(팔타원의 子) 등이 희생되었다. 하여튼 정산종사는 동란 중 척짓는 말을 삼가고, 고통에 빠진 동포들이 평화를 얻도록 심고와 기도를 하라고 했다.

주석주해

「6.25 전쟁 당시 … 총부는 인민군이 점령해 있고 나는 산업부에서 살았다. 당시 정산종법사는 유일 정미소에 있다가 나중에는 송대에 있었다. 그 어른을 모시고 살았는데 그 어른은 새벽이면 반야심경을 독송하였다. 그때 "왜 서로가 죽이는 일이 일어납니까?" 라고 물으니 "서로가 과거에 죽였던 업의 기운이 이러한 것 같다" 라고 하였다」(한종만, 『원불교 대종경 해의』(上), 도서출판 동아시아, 2001, p.444).

「(대종사) "개들이 여러 마리가 모여 놀 때에는 서로 의좋게 놀지만, 명태 한 마리만 던져주어도 서로 빼앗아 먹으려고 으르렁거리고 싸운다. 부모도 형제도 자녀도 소용없다. 이것이 환장세계이다." 시창 24년 진안교무 송벽조의 필화사건으로 대종사가 하루 동안 이리경찰서에서 심문 당하고 와서 제자들에게 "억울하게 묻어둔 원한이 많은지라 앞으로 큰 전쟁이 한번 터질 것"이라고 예언하였다」(박용덕, 『금강산의 주인되라』, 원불교출판사, 2003, pp.174-175).

연구문제
1)동란 중 대중에게 훈계한 법어는?
2)동란 중 대중에게 조석으로 기도드리라는 두 가지 내용은?

[응기편 52장] 법연과 포용력

핵심주제

법연과 포용력

대의강령

◎동란 후 규율을 어기고 방종하는 무리가 있어 대중이 그의 조처를 진언하매 정산종사, 최해월 선생의 글을 인용하였다.
 1)내 혈괴가 아니거니 어찌 혈기가 없으며,
 2)오장육부가 있거니 어찌 감정이 없으리요,
 3)다만 그를 탓하지 아니함은 천심을 상할까 하노라.
◎이어서 정산종사 말하였다.
 1)나 또한 대의를 모르고 시비를 몰라서 말하지 않겠는가.
 2)오직 대종사가 키웠던 제자를 내가 어찌 법연을 끊으며,
 3)한 사람의 전정인들 내가 어찌 먼저 막으리요. 대종사는 일초일목도 먼저 버리지 않았다.

단어해석

진언 : 의견을 여쭈는 일을 進言이라 한다.
최해월 : 인간평등을 주장한 崔海月(1827-1898)은 동학의 2대 교주로 1861년 동학에 입문하여 최수운의 뒤를 이었다. 수운이 처형되자 해월 최시형은 숨어 다니며 포교에 힘썼으며 동학혁명이 실패하자 1898년 처

형되었다.
 혈괴 : 핏덩어리를 血塊라 한다.
 오장육부 : 내장의 총칭을 五臟六腑라 하는데, 폐·심장·비장·간장·신장의 다섯 가지를 오장이라 하며, 대장·소장·위·담·방광·삼초를 육부라 한다.
 천심 : ☞경륜편 25장 참조.
 전정 : ☞응기편 5장 참조.

관련법문
「한 제자 교칙에 크게 어그러진 바 있어 대중이 추방하기로 공사를 하는지라, 대종사 말씀하시기를 "너희가 어찌 차마 이러한 공사를 하느냐. 그는 나의 뜻이 아니로다. 나는 몇만 명 제자만이 나의 사람이 아니요, 몇만 평 시설만이 나의 도량이 아니라 온 세상 사람이 다 나의 사람이요, 온 세계 시설이 다 나의 도량이니, 나를 따르던 사람으로 제가 나를 버리고는 갈지언정 내가 먼저 저를 버리지는 아니하리라"」(대종경, 실시품 6장).
「한 제자 화가 나서 죽겠다고 몸살 하는 것을 보시고 말씀하셨다. "속에 무엇이 걸려서 그런다. 얼마나 답답하겠느냐? 허공같이 텅 비워 버려라. 허공을 동무 삼아야 한다. 그러면 네 마음이 편안할 것이다"」(한울안 한이치에, 제7장 기연따라 주신 말씀 56장).

보충해설
6.25동란 후에는 긴장이 풀어져 방심하기 쉽고 인심을 수습하기가 어려운 것이 사실이다. 이는 교단적으로도 마찬가지이다. 6.25가 끝나자 총부에서는 규율을 어기고 방종하는 무리가 있어 대중이 그의 조처를 진언하였다. 정산종사도 이를 알고 있었으나 그를 탓하지 않았다. 그리고 자신도 그 시비를 몰라서 말하지 않겠는가 라고 반문하며, 소태산 대종사가 키웠던 제자와의 법연을 끊을 수 없다며 대종사 신봉의 정신을 드러내었다. 여래는 자비방편으로 만유를 포용하며 시방일가로 삼기에 초목금수도 해롭게 하지 않는 것이다. 대종사 영산에 주석할 때 창부 몇 사람이 입교하여 내왕하자, 제자들이 청정 도량의 발전에 장애가 있을 것

을 우려하였다. 이에 소태산은 불법의 대의는 항상 대자대비의 정신으로 일체 중생을 두루 제도하는 데에 있다(대종경, 실시품 7장)며, 만유를 포용하는 여래의 무한 자비방편을 베풀었다.

주석주해

「동학사상은 한국에서 처음으로 되살아난 순수한 민중혼의 발로였다. 동학의 창시자 최제우나 그의 후계자 최시형은 그 당시 쓰러져가는 한국, 이 땅에서 민중을 구하고자 예수의 죽음과도 같은 희생을 감수했다. 말하자면 예수와 꼭 같은 죽음이 한국에서는 두 사람이나 나온 셈이다」(류병덕,『근·현대 한국 종교사상연구』, 마당기획, 2000, p.20).

「세상 사람들이 더럽게 여기는 창녀들도 법회에 나왔다. 선진포 술집의 창녀들이 예회에 참석하자 제자들이 못마땅하게 여겼다. "이 청정한 법석에 저러한 사람들이 내왕하면 남들이 빈정거리고 비웃을 뿐 아니라 우리 회상발전에 장애가 됩니다." 이에 "어찌 그런 쓸 데 없는 소리를 하느냐"며 제자들은 대종사께 매우 꾸중을 들었다. "부처님의 본의는 사람을 살려 쓰는 것이다" 라고 강조하였다」(박용덕,「대종사의 공동체 정신1」,《원광》제372호, 월간원광사, 2005.8, pp.87-88).

연구문제

1) 동란 후 혼란을 틈타 규율을 어기고 방종하는 무리가 있어 대중이 조처를 진언하매 정산종사가 설한 법어는?

2) "내 血塊가 아니거니 어찌 혈기가 없으며, 오장육부가 있거니 어찌 감정이 없으리요" 라는 최해월의 법문을 인용한 의도는?

[응기편 53장] 화합과 일심

핵심주제

화합과 일심

대의강령

◎한국보육원 10주년 기념식에서 축하법문을 보내었다.

1) 만인과 화합하여 원을 이루고(萬和成圓),

2)한결된 마음으로 하늘과 통하라(一心貫天).
단어해석
한국보육원 : 해방이 되자 전재동포구호사업을 서울에서 6개월 정도 거행하였으며, 해방의 해 11월부터 한남동의 일인 사찰 약초관음사에 18명의 고아를 수용하면서 보육사업이 시작되었다. 현재는 경기도 양주시 장흥면 삼상리에 소재해 있다(하단 「주석주해」 참조).
만화 : 주변의 모든 것들과 화합하는 것을 萬和라 한다. 인간들과 화하고 금수초목과도 화하는 마음이 곧 만화인 것이다.
관천 : 하늘을 꿰뚫어 통하는 것을 貫天이라 한다. 유교의 경우 천인합일의 경지가 곧 관천과 같다.
관련법문
「한 가정에 있어서는 조상을 숭배하고 부모에게 효도하며 형제 간에 우애하는 것이요, 우리 회상에 있어서는 대종사께 신성을 바치고 선진을 공경하며 동지 간에 화합하는 것이요」(한울안 한 이치에, 제1장 마음공부 36장).
「그대들의 마음은 곧 하늘의 마음이라, 마음이 한 번 전일하여 조금도 사가 없게 되면 곧 천지로 더불어 그 德을 합하여 모든 일이 다 그 마음을 따라 성공이 될 것…」(대종경, 서품 13장).
보충해설
정산종사는 화합이 모든 복의 근원이라(응기편 46장)고 하였다. 또한 하늘을 통하라는 것은 '天地與我同一體'(예도편 21장)라는 영주의 의미와 통한다. 이러한 심경을 갖는 것이 곧 하늘과 통하는 길이다. 어떻든 본 법어에 나오는 바, 원불교의 교화 교육 자선 3대사업에서 자선의 일환으로 한국보육원의 개원과 더불어 오늘날 그 정신이 이어져오고 있다. 예컨대 해방 후의 보화원 운영에는 개성지부 회원들의 적극적인 활동이 컸으며, 뒷날 보화원은 6.25동란을 겪으면서 한국보육원(양주)과 익산보화원(현 원광디지털대 부지)으로 발전하였고, 오늘날 원불교대학원대 옆에는 보육원이 자리하고 있다.
주석주해
「한남동 약초사는 정각사로 되었으며 여기에 수도원과 보화원이 함께 주재하기도 하였다. 이 보화원의 발족과 유지에는 팔타원 황정신행 법사의 공로가 컸다」(박장식, 『평화의 염원』, 원불교출판사, 2005, p.111).

「1945년 11월부터 한남동의 일인 사찰 약초관음사에 18명의 고아를 수용하게 되면서 보육사업이 시작되었다. 주산은 교단의 약업기관인 보화당의 이름을 따라 보육원 명칭으로 普和園이라 하였다. 보화원 운영에는 서울지부 황정신행 주무의 물심양면의 많은 도움이 컸다. 보화원 원장에 황정신행 주무가 선임되었다」(박용덕, 선진열전 1-『오, 사은이시여 나에게 힘을 주소서』, 원불교출판사, 1993, p.111).

연구문제
1) 한국보육원 10주년 기념식에 내린 축하법문은?
2) 萬和成圓 一心貫天을 해설하시오.

[응기편 54장] 渡美에 내린 글
핵심주제
渡美에 내린 글
대의강령
◎ 황정신행이 도미할 때 글을 주었다.
   1) 수륙공 수만리에(水陸空 數萬里),
   2) 가시기도 평안히, 오시기도 평안히(去平安 來平安).
◎ 박광전이 도미할 때 한 귀를 더하여 주었다.
   1) 기연따라 법광을 전하되(應機緣),
   2) 처음도 뜻같이 나중도 뜻같이(初如意 後如意).
단어해석
수륙공 : 외국을 가기 위해서는 바다와 육지와 하늘의 공간 등을 거쳐 간다는 면에서 水陸空이라 한다.

거평안래평안 : 감에 있어서도 평안히, 옴에 있어서도 평안히 라는 뜻에서 去平安來平安이라 한다. 멀리 여행갈 때 조심을 당부하는 글이다.

기연 : 機는 중생의 근기를 말한다면, 緣은 불법에 귀의하여 인도받을

인연을 말한다. 곧 대도정법에 귀의, 성불제중에 동참할 여러 인연이다.

법광 : 원불교 교법, 곧 일원상 진리의 지혜광명을 法光이라 한다. 원광이라는 의미도 이와 통하는 호칭이다.

여의 : 뜻대로, 뜻과 같이 되어달라는 의미가 如意이다. 여의주란 마음 속에 품은 그대로 소원을 다 해결해주는 신비로운 구슬의 의미이다.

관련법문

「길은 수륙공계에 연하지 않은 바가 없고, 도는 삼천대천세계에 통하지 아니한 바가 없나니라」(정산종사법설, 제3편 도덕천하 7장).

「淸風海外萬里來 明月雲中九天開(맑은 바람 해외 만리에서 오고, 밝은 달 구름 가운데 구천을 열도다)」(대산종사법문 5집, 14.금산사에서, 5)청풍해외만리).

보충해설

교단 초창기 도미하는 제자들에게 기연따라 법을 전하라며 정산종사는 환송의 글을 써주었으니, 초기교단의 소박한 국제교화의 열정이 담기어 있다. 격세지감으로 오늘날 국제교화자의 양성을 위해 미국 펜실베니아주에 미주선학대학원을 개교하여 해마다 졸업생을 배출하고 있으며, 또 국외총부 설립이 준비되고 있다. 보다 구체적으로 말하면 원기 83년 미주선학대학원 설립이 수위단회의 결의와 함께 추진된 이후 원기 86년 12월에 펜실베니아 교육청으로부터 학위수여 권한을 부여받을 수 있는 가능성이 열렸다. 그 뒤 원기 87년 9월 11일 좌산 종법사를 모시고 역사적인 개교식을 가졌던 것이다. 교포교화 중심에서 미국인 교화로 발돋움 할 수 있는 계기가 된 것이다.

인물탐구

황정신행 : ☞경륜편 20장 참조.

박광전(1915-1986) : 崇山 朴光田 교무는 1915년 8월 15일 전남 영광군 백수면 길룡리에서 부친 소태산 대종사와 모친 십타원 양하운 대사모의 4남매 중 장남으로 출생하였다. 7세에 한문사숙을 하다가 배재고등보통학교에서 수학하였으며 일본에 건너가 동양대학 철학과에 입학하였다. 과묵하고 사려가 깊었던 숭산종사는 동경유학생회장을 지낼 만큼 신망이 높았다. 원기 26년 3월 대학을 졸업한 숭산종사는 전무출신을 서원하고 총부 교무로 1년간 봉직한 후 이어 교무부장으로 활동했다. 원기 31년에는 유일학림의 학감으로 4년간 교역자양성에 심혈을 기울였다. 원기 35년에는 교정원장을 맡아 어려웠던 총부의 생활을 수습했다. 원기 36년에 유일학림이 대학으로 승격되면서 원광대학 초대학장에 취임했다. 원기 38년에는 수위단회 단원으로 피선되었으며 원기 47년에 수위단회 중앙단원을 맡아 수행했다. 대종사는 창립 초기에 숭산종사에게 신학문을 수용토록 함으로써 원불교 사상의 체계화를 도모했다. 『대종경강의』 저술과 「일원상과 인간과의 관계」 논문은 그의 주요 연구업적이다. 그는 평상심을 떠나지 않으면서 일생동안 정확한 시간생활을 하였으며, 그가 전하는 성리소식은 자성을 반조하는 계기를 주었다. 숙세의 불연이 깊어 대종사를 아버지로 모시고 회상 창립의 일원대도 대 불사에 참여하여 교육사업·인재육성과 같은 공덕을 쌓았던 숭산종사는 이 소성대와 근검절약과 불굴의 의지로 오늘의 원광대를 만들고 많은 교역자를 배출한 공로자였다. 원기 71년 12월 제111회 수위단회에서는 법위를 출가위로 사정하고 종사의 법훈을 추서했다.

주석주해

「원불교 국제교화는 원기 20년 일본 대판과 만주 목단강 교화를 시작으로 했지만 일본은 1년, 만주는 8년 만에 철수할 수밖에 없었다. 이후 해방과 6.25를 거치며 숭산 박광전 원광대학장이 원기 41년 구미와 동남아를 순방하게 된 것이 교단 국제교화의 단초가 된다. … 직접교화를 중심으로 한 원불교의 본격적인 국제교화는 원기 57년(1972) 이제성 교무의 도미와 이듬해 미국 LA에서 종교법인등록을 취득한 이후 30여년간에 이루어졌다고 보아야 한다. 교정원은 국제교화의 필요성이 점차 증대되자 원기 66년 3월 국제부를 설립했다」(유용진 외편, 『원불교 개교 100주년을 연다』, 원불교신문사, 2006, pp.29-30).

「처음 우리 미주교화의 현황은 이민 온 교포를 상대했다. 그들도 미국에서의 생활에 정착이 안 된 사람들이 많았기 때문에 그 어려운 사정은 이루 말할 수 없었지만 그런대로 한인교화로 문을 열었던 것이다」(박장식, 『평화의 염원』, 원불교출판사, 2005, p.151).

연구문제
1) 황정신행과 박광전이 도미할 때 내린 법어는?
2) 水陸空 數萬里 去平安 來平安과 應機緣 傳法光 初如意 後如意란?

[응기편 55장] 세속과 도가의 칠보
핵심주제
 세속과 도가의 칠보
대의강령
◎ 임칠보화의 회갑식에 법문을 보냈다.
 1) 세상에는 금·은·유리·호박·진주·자거·마노 등 일곱 가지를 칠보라 하고,
 2) 수도문중에서는 신심·분심·의심·성심·안정심·연마심·결단심 등 일곱 가지 마음으로 칠보를 삼으며,
 3) 삼세를 통하여 일곱 가지 마음 보배를 근본삼아 일체 혜복 소유하기를 기원한다.

단어해석
 회갑식 : ☞경륜편 27장 참조.
 호박 : 탄소·수소·산소의 화합물로 송진 등의 수지가 땅에 오랫동안 묻히어 변화된 광물로 누른빛을 띠며 장식품으로 쓰인다.
 자거 : 차거를 말하며, 조개껍질을 갈아 만든 보물이 硨磲이다.
 마노 : 단백석과 옥수가 섞인 차돌을 瑪瑙라 한다. 송진과 같이 광택이 있고 다른 물질이 스며들어 고운 빛을 내는 까닭에 칠보로 여겨진다.
 분심 : ☞경의편 66장 참조.
 연마심 : 도학과 과학, 곧 진리와 학문을 연마하는 마음이 硏磨心이다.
 영세 : 영원한 세월을 永世라 한다. 이를테면 세세생생이나 삼세·영겁이라는 용어가 이와 관련된다.

관련법문

「우리에게 큰 보물 하나가 있으니 그것은 곧 금강산이라, 이 나라는 반드시 금강산으로 인하여 세계에 드러날 것이요, 금강산은 반드시 그 주인으로 인하여 더욱 빛나서, 이 나라와 금강산과 그 주인은 서로 떠날 수 없는 인연으로 다 같이 세계의 빛이 되리라」(대종경, 전망품 6장).

「금과 옥이 보배가 아니라 양심이 보배(金玉非寶良心寶)요, 해와 달이 밝은 것이 아니라 성현의 지혜가 밝도다(日月不明聖智明)」(한울안 한이치에, 제1장 마음공부 81장).

보충해설

『금강경』에 삼천대천세계의 칠보보시도 무상보시만 못하다고 하였다. 『반야경』의 반야바라밀을 수지 독송하면 무량 복덕을 얻는다고 했으며, 그 복덕은 불사리를 공양하거나 불사리를 위해 칠보의 탑을 건립하는 공덕보다 훨씬 크다고 하였다. 여기에서 칠보는 불교에서 소중히 여기는 보물 7가지이다. 『무량수경』에서는 금・은・유리・파리・마노・차거・산호를 말한다. 또한 『법화경』에서는 금・은・유리・마노・차거・진주・매괴를 언급하였다. 전륜성왕이 7보를 가지고 있다고 알려지는 것으로는 윤보・상보・마보・여의보주・여보・장보・주장신보가 있다. 여기에 대해 칠보를 정산종사는 종교적으로 새롭게 해석하였다.

인물탐구

<u>임칠보화</u>(1896-1972) : 永陀圓 임칠보화 대호법은 1896년 2월 6일 경남 마산시 오동동에서 임국신 선생과 모친 권재화 여사의 9남매 중 5녀로 출생하였다. 원기 20년 8월 9일 입교하여 초량교당 주무, 초량교당 교도회장을 역임하였으며, 법위는 정식 법강항마위였다. 영타원 대호법은 성품이 온유 관대하였으며, 17세에 박국숙 선생과 결혼하여 화목한 가정생활을 하였으나 슬하에 자녀가 없었다. 영타원은 원기 19년 임기선의 연원으로 입교하여 신성으로 이 공부 이 사업 할 것을 서원하였다. 어느 날 대종사를 뵙고 "저의 집에 일차 왕림하여 주소서" 하거늘 "그대는 신심이

지극하나 그대의 부군은 아직 외인이라 가히 양해를 하겠는가" 하고 대종사가 염려하자 영타원 대호법은 부군과 함께 대종사를 초청하여 공양을 올리고 무량법문을 받들었다. 영타원 대호법은 김영신 대봉도를 자택에 상주토록 하며 결국 瓦家 1동으로 초량교당 법당을 준공하였다. 영타원은 원기 21년부터 초량교당의 유일한 주무를 맡았고, 원기 29년부터는 교도회장으로 10년간 활약하며 부산일대의 교당과 진영·밀양 교당에도 도움을 주었다. 원기 34년 고향인 마산에 교당 세우기를 염원하고 원기 37년에 전 재산 20만원을 희사하여 교당설립의 후원을 아끼지 않았다. 이에 초량·마산교당을 세웠으며 부군과 가족들도 입교하여 일원가정이 되었으니 그 공덕은 원기 38년 제1대 성업봉찬대회 때 공훈 1등이라는 영광을 안았다. 원기 48년 68세 되던 해, 말년의 수양생활을 위하여 중앙수양원에 입원하여 9년간 동지들과 낙도생활을 하였다. 영타원 대호법은 교단 제2대말 법위사정에서 정식 법강항마위로 추존되었으며, 원기 73년 제124회 수위단회에서 그의 공덕을 추모하면서 大護法의 법훈을 추서했다

주석주해

「금강경에 황하사 모래수와 같은 삼천대천세계의 가득한 칠보보시를 하여도 선을 지었다는 것에 집착하면 안 된다는 것이다. 한 예로 달마대사와 양무제의 만남을 들 수 있다. 양무제가 달마대사에게 조불 조탑을 많이 했는데 그 공덕이 어느 정도나 되느냐고 물었다. 달마대사가 조금도 공덕이 없다고 하였다」(한종만, 『원불교 대종경 해의』(下), 도서출판 동아시아, 2001, p.255).

「도행반야경 반야바라밀 공덕품에서는 "…반야바라밀을 수지, 독송, 공양, 공경하고, 존중하며, 찬탄하고, 예쁜 꽃·향 등으로 공양하면 무량무변의 복덕을 얻는다. 그 복덕은 불사리를 공양하건, 불사리를 위해 칠보의 탑을 건립하거나 예쁜 꽃, 향, 영락도 향으로 공경하고 공양하거나, 존중하고 찬탄하는 공덕보다 훨씬 크다" 고…」(정순일, 『인도불교사상사』, 운주사, 2005, pp.323-324).

연구문제

세상의 칠보와 수도문의 칠보를 열거하고 설명하시오.

[응기편 56장] 회갑기념의 내실
핵심주제
 회갑기념의 내실
대의강령
 ◎윤석인 회갑식에 설법하였다.
  1)천지에 우로가 있건마는 그 우로를 이용하여 농사짓는 사람이 복을 더 받는 것이며,
  2)세상에 좋은 법이 있건마는 그 법을 잘 이용하여 복을 짓는 사람이 복을 더 받으며,
  3)회갑기념도 무의미한 외화로 하루를 지내지 않고 우리 예법을 이용하여 새 법을 세우며 새 복을 지으면 영광이 더한다.
단어해석
 우로 : 비와 이슬이 雨露이며, 천지피은에서 풍운우로의 은혜를 말했다.
 외화 : 외관이 화려하거나 화사한 겉치레를 外華라 한다.
 우리 예법 : 우리 禮法이란 원불교의 신정의례에 기반한 『원불교예전』에 나온 의례 등을 말한다. 소태산은 조선예법을 혁신하여 원기 11년 신정예법과 기념예법을 발표, 원기 20년 예전을 발간하였다.
관련법문
「이용이란 낮은 이용이 아니라 좋은 이용으로 이 이용을 잘 하여 善導에 나아가리라는 것이니, 이용을 잘 하신 분은 부처님이나 성현님이며 이용을 잘못하면 중생이니라. 중생들은 육근으로써 이용을 잘못하여 해독을 입고 죄악의 구렁으로 들어가지만 부처님이나 성현님은 이 육근을 잘 이용하시기에 그 이용을 잘 하심으로 말미암아 일체가 복으로, 선으로 화하게 되나니라」(정산종사법설, 제3편 도덕천하 30장).
「공타원 조전권과 융타원 김영신 법사의 회갑 기념으로 글을 내리시니, 텅 비운 즉 도가 나고(空圓卽道生) 더불어 화합한 즉 덕이 나온다(融和卽德生)」(대산종사법문 3집, 제7편 법훈 143장).

보충해설

 과거 농경사회에서 장수란 회갑까지 살았는가에 대한 판단기준이었다. 그만큼 60고개를 넘기기가 쉽지 않았다는 뜻이다. 21세기는 회갑부터 인생의 시작이라는 말이 무색하지 않을 정도로 수명이 길어졌다. 한국인의 평균수명은 남자 74세, 여자 81세로 세계 장수국가에 해당한다. 과거에 비하면 격세지감이다. "나이가 40이 넘으면 죽어가는 보따리를 챙기기 시작하여야 죽어 갈 때에 바쁜 걸음을 치지 아니하리라" 는 소태산 대종사의 인생관은, 삶에 위기의식을 갖고 인생 중반부터 생전천도를 염원하며 열반할 시기가 되어서 편안히 열반에 임하도록 한 것이다. 대종사의 53세 열반과 정산종사의 63세의 열반은 회갑의 중요성을 인지하지 않을 수 없다. 이에 정산종사는 한 교도의 회갑식에서 설법하기를, 회갑 기념도 무의미한 낭비로 하루를 지내지 말고 우리 예법을 통해 새 복을 지으라고 하였다.

인물탐구

 윤석인(1898-1981) : 吉陀圓 尹碩仁 교도는 파평윤씨이며 속명은 차녀로서 부친 윤상진 선생과 모친 문성녀 여사 사이에서 태어났다. 고향은 전북 남원시 운봉읍 북천리이며, 오삼록 선생과 결혼하여 자녀 3남3녀를 두었다. 원기 36년 8월 이대기와의 연원으로 장수교당에서 입교하여 교당생활을 성실히 한 후 길타원이란 법호를 받았다. 원기 42년-46년까지 장수교당의 주무로 활동하였다. 길타원의 열반지는 정읍시 태인면 태창리이며, 소속교당은 태인교당이다. 열반 후 거진출진 4좌위에 입묘되었고, 법위는 정식법마상전급(사업성적 준4등, 원성적 정4등)으로 열반 후 원기 66년 3월 12일 예비법강항마위로 추존하였다.

주석주해

 「나의 어머니는 당신의 회갑잔치를 중지시키고 그 기념으로 남원에 교당을 창설하고자 하는 것이었다. 나는 이러한 어머님의 뜻을 따라 (남원) 향교리에 있는 4칸 기와집에 법당을 마련하여 1938년 3월 20일 출장소 간판을 걸게 되니 혜산 전음광, 의산 조갑종 등이 교대로 순회법회를 보았다」(박장식, 『평화의 염원』, 원불교출판사, 2005, pp.84-85).
「원기 11년 병인 2월에는 출생·성년·혼인·상장·제사의 신정가례를 발표하고 공동생일·공동명절·공동제사·공동환세의 4기념례를 발표하였으며, 동년 7월에는 서울 창신동에 경성교당의 간판을 달았다」(이공전, 「봉래제법과 익산총부 건설」, 『원불교70년 정신사』, 성업봉찬회, 1989, p.178).

연구문제
회갑 기념도 한갓 무의미한 외화로 지내지 말고 우리 교법으로 지내라 했는데 그 이유는?

[응기편 57장] 중생과 불보살의 업보

핵심주제
중생과 불보살의 업보

대의강령
◎김현관에게 편지하였다.
  1) 선악간 업을 지을 때 중생은 명예와 권리와 이욕으로 하며,
  2) 불보살은 신념과 의무와 자비로 하니,
  3) 불보살에게는 참된 명예와 권리와 이익이 돌아오며,
  4) 중생은 실상 없는 명예와 권리와 이욕에 방황한다.

출전근거
『원광』 31호(1959년) 「법어三題」 법설이다(김정관 수필).

단어해석
중생 : 우주에 존재하는 일체 생명체를 衆生이라 한다. 일체중생이라는 말을 사용하여 유정물 전체를 의미하지만, 좁게 보면 범부 중생의 인간에 한정하기도 한다. 제생의세의 대상은 이러한 일체의 중생들이다.
실상 : 진실 不虛한 만유의 본체로서 허망한 모습이 아닌 것을 實相이라 한다. 또는 형상 그대로의 모습을 실상이라 한다.

관련법문
「사람이 평소에 착 없는 공부를 많이 익히고 닦을지니 재색명리와 처자와 권속이며, 의식주 등에 착심이 많은 사람은 그것이 자

기 앞에서 없어지면 그 괴로움과 근심이 보통에 비하여 훨씬 더할 것이라」(대종경, 천도품 19장).

「부처님께서는 법을 구하는 데에 몸을 잊으시는데, 범부 중생은 재물 구하는 데에나 몸을 잊으며 여색 구하는 데에나 몸을 잊으며 명리 구하는 데에나 몸을 잊나니, 어느 겨를에 법이 구해지리요. 법을 구하러 온 그대들은 부처님의 권속인가를 잘 살피어 부처님 같은 위법망구로 법 구하는 데에 몸을 잊으라」(대종경선외록, 17.선원수훈장 11장).

보충해설

 스승으로서 제자에게 편지를 통해 안부를 묻고 삶의 보감을 전한다는 것은 구전심수의 돈독한 도가에서 있을 수 있는 아름다운 전통이다. 소태산 대종사는 편지를 받으면 매양 친히 읽어보고 바로 답장을 보내는 세정을 보이고 있다. 또한 보관할 편지는 보관함으로써 "편지는 저 사람의 정성이 든 것이라 함부로 두는 것은 예가 아니니라"(대종경, 실시품 23장)고 하였다. 정산종사도 제자를 훈도하는 편지에서 중생들처럼 실상 없는 재색명리에 매달리는 것보다는 불보살로서 신념과 의무와 자비로 살라고 부탁하였다. 당시 제자로서 정산종사로부터 편지를 받는 기쁨은 이루 말할 수 없었을 것이라 본다.

인물탐구

 김현관(1893-1963) : 恩山 金玄觀 대호법은 서기 1893년 9월 평안남도 중화군 해압면 음포리에서 부친 김규홍 선생과 모친 나인홍 여사의 4남매 중 둘째 아들로 출생하였다. 어려서부터 천성이 인후 강직하고 매사에 총명하였다. 은산 대호법은 7세에 한문 수학으로부터 15세에 이르기까지 학문을 수습하였으나 꿈을 품고 천하를 주유하였다. 그 후 노여사와 결혼한 후 23세까지 나날을 보내다가 가정과 1남 1녀를 뒤로하고 뜻을 이루려고 미국으로 출발하였다. 미국으로 출항도중 중국에서 정박하였을 때 친구 모씨의 딱한 사정을 듣고 즉석에서 자신의 배표를 양도하였다. 이에 은산 대호법은 이국에 머물면서 다음 선편을 기다렸는데 때

마침 세계 1차대전이 발발하여 미국의 선편이 중단됨으로써 초지는 좌절되었다. 그러나 북경 상해 등지를 중심으로 중국 전역을 종횡하면서 조국 독립의 선봉으로서 활약하다가 일본 헌병에 체포되어 갖은 고통을 겪었다. 1945년 9월에 조국으로 돌아와 목포에 정착하여 염전개발에 착수하여 염전왕의 칭호를 받았다. 한편 은산 대호법은 인생의 정로 모색에 고민하던 차, 순치황제 출가시에 감명을 받고 원기 42년에 원불교에 입교하였다. 은산 대호법은 목포교당을 신축하고 총부 육영사업에 착안하여 은산육영재단을 설립하고 인재양성 기금을 확립했다. 공부는 정식법마 상전급, 사업은 제2대내 정특등으로 원성적 준 1등의 호법 대공을 이루었다. 원기 76년 3월 제11회 수위단회에서는 성업봉찬 기념대회를 맞아 그의 공덕을 기리며 대호법의 법훈을 추서했다.

주석주해

「착은 재색명리와 처자 권속이다. 의식주에도 착심이 많은 사람이 있다. 의식주와 재색명리에 끌리면 현실의 지옥이 된다. 인간의 업력은 우주의 기운과 통하고 있다」(한종만, 『원불교 대종경 해의』(下), 도서출판 동아시아, 2001, p.176).

「부처와 중생에 대한 규정은 천도법문에서 자유를 기준으로 명료하게 설명되어 있다. 부처와 조사는 자성의 본래를 각득하여 마음의 자유를 얻어 무량한 낙을 수용하나 범부 중생은 마음의 자유를 얻지 못한 관계로 무량한 苦를 받게 된다는 것이다」(김기원, 「원불교 자유관」, 『원불교사상시론』 1집, 수위단회사무처, 1982, pp.156-157).

연구문제

사람이 선악간 업을 지을 때 중생과 불보살의 차이는?

[응기편 58장] 불리자성과 성불

핵심주제

불리자성과 성불

대의강령

◎송자명에게 편지하였다.
　1)몸은 산천의 격활에 있으나 마음은 법회의 一席에 있으며,
　2)일은 백천만 가지가 다르나 정신은 신성일념에 근원하여 부지런히 힘쓰면, 나를 떠나지 않는 공부요 부처에 오르는 도이다.
출전근거
『원광』 1호(1949년)의 「유일학림 제1회 졸업식 훈사」이다(이공전 수필).
단어해석
격활 : 상호 간격이 멀리 떨어져 있음을 隔濶이라 한다.
법회 : ☞권도편 18장 참조.
경계 : ☞원리편 38장 참조.
관련법문
「스승을 정하고 원근과 고금을 초월하여 그 지덕과 언행을 숭배하고 체받으면 이 분들과 인연이 맺어지는 동시에 제도를 받을 수 있고…」(한울안 한이치에, 제1장 마음공부 40장).
「공부인이 큰 서원과 신성을 발하여 전적으로 나에게 마음을 바치었다면 내가 무슨 말을 하고 어떠한 일을 맡겨도 의심과 트집이 없을 것이니, 이리 된 뒤에야 내 마음과 제 마음이 서로 연하여 나의 공들인 것과 저의 공들인 것이 헛되지 아니하리라」(대종경, 신성품 6장).
보충해설
　사제간의 돈독한 관계는 시공을 초월하여 심월상조하는 것이다. 소태산 대종사는 변산 봉래구곡에 머물면서 정산종사를 월명암으로 보내어 심월상조의 돈독한 사제관계를 이루었다. 정산종사는 한 제자에게 편지하면서, 몸은 산천의 격활에 있으나 마음은 한 법회석상에 있다고 하였다. 이는 사제가 심월상조하듯 하나 되는 관계요, 불도를 권면하는 길이다. 주지하듯이 소태산 대종사는 『대종경』 신성품 15장에서 "내가 오늘 조실에 앉았으니 노덕송옥의 얼굴이 완연히 눈앞에 나타나서 얼마동안 없어지지 아니하는 것을 보았노라. 그는 하늘에 사무치는 신성을 가진지라, 산하가

백여 리에 가로막혀 있으나 그 지극한 마음이 이와 같이 나타난 것이니라" 고 하였다.

인물탐구

송자명(1926-현재) : 濟陀圓 宋慈明 교무는 1926년 9월 7일 경남 거창군 안의면에서 부친 송중석 선생과 모친 차영칠화 여사의 2남 3녀 중 3녀로 출생하였다. 어려서 종교적 분위기에서 자랐던 제타원 대봉도는 할머니 때부터 증산교를 믿었던 관계로 3살 때 증산교 본부가 있는 전라도로 이주했다. 원기 22년 오빠를 따라 원평교당에서 개설한 야학을 다니면서 원불교를 알게 된 것이다. 원평교당 박대완 대봉도가 대판교당으로 부임을 위해 떠나고 후임으로 팔산 대봉도가 부임하여 전무출신을 권하기도 했다. 원기 25년 총회를 마치고 공타원 조전권 종사를 비롯한 오종태 대봉도가 교당에 왔는데 그 모습이 마치 하늘에서 온 천사처럼 보였다. 이때 사산 오창건 대봉도의 권장으로 전무출신을 서원하고 출가를 단행한 것이다. 동년 4월 중앙총부에서 처음 대종사를 뵈었다. 제타원 대봉도는 출가 후 첫 근무지로서 형타원 대봉도를 따라 부산 하단교당 공양원으로 3년간 근무했다. 원기 28년 3월 중앙총부에서 입선, 학원생활을 하던 중 몇몇 교무 등과 함께 팔타원 대봉도의 동대문 부인병원에서 보조간호원으로 조력하였다. 원기 30년 전주교당 감원으로 1년을 근무한 뒤 유일학림 1기생으로 수학을 마쳤다. 원기 34년에는 화해교당 부교무로 근무하였다. 원기 36년에는 초량교당 부교무로 근무 중 원평요양원 총무로 봉직했다. 원기 46년 정산종사가 서울대학병원에 입원했을 때 5개월 동안 간병하였고, 원기 48년부터 수계교당 교무, 뒤이어 공익부장으로 근무했다. 원기 59년부터 기장교당에서 봉직한 후 원기 66년 동래수양원 부원장, 그리고 68년 원장을 맡았다. 제타원 대봉도는 육신의 어려움에 처한 사람에게 간병에 열중하였으며, 공사에는 일호의 사심이 없는 공심가였다. 원기 73년 9월 제124회 수위단회에서는 2대말 聖業의 결산기를 맞아 그의 높은 공덕을 기리면서 대봉도의 법훈을 서훈했다.

주석주해

「몸은 산천의 격활에 있으나 마음은 법회의 일석에 있으며 … 정신은 신성 일념에 근원해서 부지런히 잘 힘쓰면 이것이 나를 떠나지 않는 공부요, 바로 부처의 경계에 오르는 도가 될 것이다. 아무쪼록 건전한 심신으로 在在處處에 부처님의 가호하심을 받아 눈부신 활동이 있기를 간절히 바라마지 않는다」(시창 34년 4월 7일, 정산종사의 유일학림 1회 졸업식 훈사)(이공전, 『범범록』, 원불교출판사, 1987, pp.55-56).

「도솔천이라는 천상과 왕궁이라는 지상이 둘이 아닌 경지이다. 태어나기 전의 전생과 중생제도를 하는 현생이 둘이 아니다. … 성리를 깨치고 체험하는 것은 시간과 공간을 초월하는 것이다.」(한종만, 『원불교 대종경 해의』(下), 도서출판 동아시아, 2001, pp.62-63).

연구문제

1) 몸은 산천의 격활에 있으나 마음은 법회 일석에 있다는 뜻은?
2) 나를 떠나지 않는 공부와 부처의 경계에 오르는 도는?

[응기편 59장] 육신병과 근본마음

핵심주제

육신병과 근본마음

대의강령

◎ 요양하는 시자에게 편지하였다.
1) 사람은 육신이 병들지언정 근본 마음은 병이 없으며,
2) 병듦이 없는 마음으로 육신을 치료하면 육신이 따라 건강을 얻을 수 있으니 간절히 공부하라.

단어해석

요양 : 건강 회복을 위해 치료, 수양하는 것을 療養이라 한다. 원불교에는 복지기관으로서 출가재가의 심신 요양을 위한 여러 요양원이 있다.

근본마음 : 육신에 상대되는 말로서 자성 내지 참 정신과도 같은 것을 근본마음이라 한다. 육신의 중심체가 되는 자성은 병이 없으나, 지수화

풍으로 흩어지는 육신은 생로병사를 겪음에 따라 병들게 된다.
관련법문
「육신병 환자가 의사에게 자기의 병증을 속임 없이 고백하여야 하는 것 같이 그대들도 지도인에게 마음병의 증세를 사실로 고백하여야 할 것이요」(대종경, 수행품 57장).

「육신병 뿐 아니라 우리가 성질을 쓸 때에도 무엇에나 과불급이 없도록 성질을 잘 골라서 한 편으로 치우치는 편성이 없어야만 우리의 공부를 해가는 중간에 변통이 적고, 이리 가나 저리 가나 쓸모 많은 사람이 되며…」(한울안 한이치에, 제2 평상심, 중도를 잡아라).

보충해설
 너무 열심히 살다보면 자신을 돌아볼 겨를이 없어서 심신간 지치기 마련이며, 이에 적절한 요양이 필요하다. 정산종사는 요양하는 시자에게 육신이 병들지언정 마음엔 병이 없으니, 맑은 마음으로 육신을 치료하면 건강을 얻을 수 있다며 간절히 적공하도록 하였다. 요양사업에 공로가 있는 육타원 이동진화 선진은 서울이 수복된 후 원기 36년부터 2년 동안 금산요양원장을 맡아 교단의 요양사업 수립에 헌신하였으며, 금산 요양원은 뒤에 동화병원·원광한의원 등으로 개편되어 교단병원 사업의 시초가 되었다. 참고로 교단의 요양대상은 전무출신으로서 요양을 원하는 사람과 예비전무출신으로서 요양심의위원회의 결의를 받은 자(전무출신 요양규칙 2조)이며, 요양범위는 모든 질병과 부상으로 인한 치료와 정양 그리고 예방인 것이다.

주석주해
「정신을 단련하는 수양의 깊은 경지에 도달하려면 육체도 건전하게 활용할 줄 알아야 한다. 정전이나 대종경에 전면적으로 흐르고 있는 정신은 영육쌍전이다. 마음병 치료를 강조한 것은 육신의 병만 치료할 줄 알고 마음병을 치료하지 못하는 어리석음을 깨우쳐 준 것이다」(한종만, 『원불교 대종경 해의』(上), 도서출판 동아시아, 2001, p.292).

「지금 우리는 모두 마음병 고치는 병원의사이다. 내가 공부한 것이 없으면 남을 가르칠 힘이 없으니 마음을 마음대로 쓸 수 있는 힘을 갖추고 나가야 한다」(성산종사문집간행위원회, 『성산종사문집』, 원불교출판사, 1992, p.175).

연구문제
사람의 육신이 병들지언정 근본 마음은 병이 없다는 뜻은?

[응기편 60장] 불생불멸과 불토극락
핵심주제
불생불멸과 불토극락
대의강령
◎병이 중한 김백련에게 편지하였다.
  1)나고 죽음 없고, 병들고 성함도 없으니(不生不滅 不垢不淨),
  2)스스로 안심공부로 불토에 길이 즐기라(修以自安 永樂佛土).
단어해석
불생불멸 : ☞경의편 42장 참조.
불구부정 : 더럽지도 않고 깨끗하지도 않은 것은 不垢不淨이라 한다. 본래의 성품은 더럽다, 깨끗하다는 분별이나 흔적이 없다. 한마음 밝으면 깨끗하고 한마음 어두우면 더럽게 되는 원리는 일체유심조이므로 청정함과 세속의 구별이 구차할 따름이다.
영락불토 : 영원한 낙원세계로서 불국토를 永樂佛土라 한다. 전반세계로서 광대무량한 낙원 건설이 원불교 개교의 동기인 것이다.
관련법문
「우주는 성주괴공으로 변화하고, 일월은 왕래하여 주야를 변화시키는 것과 같이 너의 육신 나고 죽는 것도 또한 변화는 될지언정 생사는 아니니라」(대종경, 천도품 5장).
「자성에 생사가 없는 줄을 모르는 사람은 죽음에 당하여 공포를 느끼나, 자성에 생사가 없는 것을 아는 사람은 죽음에 당하여도 안심을 얻는 것이다」(한울안 한이치에, 제3장 일원의 진리 30장).
보충해설

죽음에 임박한 환자는 심신간 지쳐있기 마련이다. 신앙의 힘이 없을 경우 말기암 환자에 있어 자포자기 하는 경우는 얼마든지 많은 것이다. 『의미와 무의미』(권혁면 옮김, 서광사)를 저술한 메를로 뽕띠는 죽기 한 달 전 그의 나이 67세(1906.9)에 다음의 글을 남기고 있다. "나는 매우 심한 정신적 동요 상태, 거대한 혼돈에 빠져 있어 한동안 내 약한 이성으로는 도저히 살아남지 못할 것 같은 두려움에 사로잡혔다." 따라서 무엇보다도 종교의 사명은 죽음에 임박한 사람들이 안심입명 하도록 곁에서 도와주는 일일 것이다. 정산종사는 병이 중한 제자에게 편지하기를, 불생불멸하니 안심공부로 극락에 머물라고 하였다.

인물탐구

김백련(1911-1961) : 復陀圓 金白蓮 교도는 속명이 순이요, 부산시 중구 창선동 2가 128번지에서 탄생하였다. 원기 40년 8월 부산교당에서 입교하였으며, 평소 넓은 심법으로 신심이 장하였으나 인생 후반기에 후두의 질병으로 말을 잘 하지 못하였다. 부산교당에서 원기 42년 주무 활동을 하였으며, 교단으로서 각종 경서편찬 및 인쇄를 앞두고 어려움이 많았는데 원기 41년 원광사에 값비싼 인쇄시설을 희사하는 등 보시심이 장하였다. 당시 우리 교단의 자영 인쇄시설이 열악한 원광사의 사정으로 볼 때 인쇄시설이 매우 필요한 상황이었고, 이는 교단의 기관지 『원광』을 발간하는 등 원불교 문화사업에서도 화급을 요하는 일이었다. 『원광』 21호에 「본사 공무실 인쇄착공에 제하여」라는 제목으로 김백련 교도가 원광사에 인쇄시설을 보시하였다는 기록과 그 의의가 기록되어 있어 주목된다. 복타원의 법위는 정식특신급(사업성적 정3등, 원성적 정4등)이었으며, 열반 후 영묘원에 거진출진 4좌위에 입묘되었다.

주석주해

「우리가 외우고 있는 주문은 생멸 없는 도와 불생불멸의 진리를 함축시킨 성주가 있어서 열반시에나 해탈을 위해서 송하고, 또 기도 시에는 우주기운과 내가 하나가 되어 만사형통을 염송하는 영주를 송하고, 자신의 업력과 죄액을 소멸시키기 위해서 청정주를 지극 일념으로 외운다」(전이창, 『죽음의 길을 어떻게 잘 다녀올까』, 도서출판 숨리, 1995, pp.195-196).
「인생이 안심을 얻지 못하니 종교가 필요하고 사회에 악인이 많으니 경찰력이 필요한데 안심을 얻어버리고 사회에 악인이 없어진다면 그것이 필요가 없어진다. 그와 같이 상대를 초월해서 절대의 경지를 일러 없다고 하는 無인 것이다」(원불교사상연구원 편,『숭산논집』, 원광대학교 출판국, 1996, p.54).

연구문제
不生不滅 不垢不淨 修以自安 永樂佛土를 해설하시오.

[응기편 61장] 구미와 道味
핵심주제
구미와 道味
대의강령
◎오랜 요양 중에 구미의 증감이 잦으니, 이에 말하였다.
1)구미가 있으면 소사채갱도 몸에 영양이 되고, 구미가 없으면 고량진미도 소화불량을 일으키며,
2)도가 있으면 역경도 복락을 수용하고, 도가 없으면 순경도 재앙의 밑천을 지으며,
3)세상 살기가 재미있고 재미없는 것이 밖의 경계에만 있는 것이 아니라 안으로 자기의 도력과 道味 유무에 있다.

출전근거
『원광』15호(1956년)의「潦霽任天」법설이다(이공전 수필).

단어해석
구미 : 입맛을 口味라 하며, 건강할 때나 젊을 때는 구미가 당기지만, 아프거나 노년기에 구미가 없어지는 것은 인간의 자연적 생리현상이다.
소사채갱 : 가난한 시절 쌀이 부족하여 나물 등과 섞어 먹는 밥으로 푸성귀 밥을 蔬食라 하며, 고깃국이 아닌 하찮은 나물국을 菜羹이라 한다. 과거 농경사회의 먹기 사납고 영양 없는 밥과 국이 소사채갱이다.
고량진미 : 기름진 고기와 좋은 곡식으로 만든 맛있는 음식을 膏粱珍味라 하며, 소사채갱과는 상대되는 말이다.

도력 : ☞예도편 10장 참조.
도미 : 도의 맛을 느끼는 것을 道味라 한다. 여기에서 道는 교법・일원상의 진리를 말한다. 경산종법사는 2006년 11월 종법사 즉위 대사식에서 道味德風이라는 친필을 취임법어로 전하였다.
관련법문
「도의 맛은 담담하기 물과 같은 것이라, 물이 비록 담담하여 별 맛이 없다 하나 구하던 자가 얻으면 즐겨할 것이다」(대종경선외록, 19.요언법훈장 15장).
「일산과 도산은 낙도하고 웃으며 사는지라 관상가가 보고 놀라면서 "무슨 좋은 일이 있습니까" 하며 活人相이라고 하더란다. 그분들은 대종사를 뵈온 재미, 대도 초창기를 만난 재미 등 누가 알아주나 몰라주나 속 깊은 재미가 있었기 때문이다」(한울안 한 이치에, 제8장 화합교단 77장).
보충해설
우리의 입맛은 간사하다고 할까, 아니면 솔직하다고 할까? 구미가 있으면 소사채갱도 달아서 몸에 영양이 되고, 구미가 없으면 고량진미도 맛이 없어지기 때문이다. 이를 道味와 비유한 정산종사는 세상 살기가 재미있고 재미없는 것은 경계에만 있는 것이 아니라 자기의 道味 유무에 있다고 하였다. 경산종법사는 2006년 11월 5일, 종법사 취임식에서 다음의 취임법어를 설하고 있다. "재가출가 호법동지 여러분들과 원불교를 아끼는 모든 분들이 다함께 대도를 닦아 도의 맛(道味)을 즐기며, 덕의 바람(德風)을 불려서 이 사바세계를 낙원세계로 인도하는 힘찬 역군이 되기를 심축한다." 도미덕풍이라는 용어가 이때부터 유행하였다.
주석주해
「불교는 이심전심으로 언어와 문자를 떠나서 진리를 가르치고자 한다. 그것이 공안이요 화두이다. 그러나 이 공안은 고원한 **이론**에서 진리를 구하는 것이 아니라 日常・目前之事・日用之事에서 진리를 구하며 체득시킨다. 사실 짜거나 매운 것을 아무리 **설명**해도 알 수가 없다. 직접 맛보는 것이 가장 적실하며 간단한 **방**

법이다」(원불교사상연구원 편, 『숭산논집』, 원광대학교 출판국, 1996, p.56).
「자신의 고통보다는 상대방의 즐거워하는 마음을 헤아리는 자비가 곧 정산종사의 모습이었다. 병이 들면 식욕이 없어진다. 정산종사의 경우도 예외는 아니었다. 그러나 "못 먹겠다" "안 먹겠다" 는 말을 아니했고, 못 먹을 경우는 "다음에 먹으련다" 고 하였다」(김일상, 『정산송규종사』, 월간원광사, 1987, p.145).

연구문제
 구미가 있으면 소사채갱도 몸에 영양이 있고, 구미가 없으면 고량진미도 소화불량이 된다며 설한 법어는?

제9 무 본 편

핵심주제
　선후 본말과 마음공부
대의강령
　1)선후 본말과 마음공부 법어로서 총 58장으로 구성되어 있다.
　2)도량생활과 공부심을 언급하고 있다.
　3)복혜수용과 작복에 대한 법설이다.
　4)성속일치와 인격완성을 강조하고 있다.

[무본편 1장] 근본과 말단
핵심주제
　근본과 말단
대의강령
　◎근본에 힘써야 끝이 잘 다스려진다.
　1)육근의 근본은 마음이고, 마음의 근본은 성품이며,
　2)처세의 근본은 신용이고, 권리·명예·이욕은 그 끝이다.
단어해석
　육근 : ☞응기편 29장 참조.
　성품 : ☞원리편 3장 참조.
　처세 : 세상을 탈 없이 살아가는 것을 處世라 한다. 공자는 중용을 처세 이념으로, 노자는 허정을 처세 이념으로 밝혔다. 소태산은 은혜의 상생으로 처세 이념을 삼았고, 구체적으로『대종경』인도품 34장에서 '急地 尙思緩'을 밝혀 급할수록 마음을 더욱 늦추라고 했다.
관련법문
　「각자의 마음 근본을 알고 그 마음을 마음대로 쓰게 되어야 의식주를 얻는 데에도 정당한 道가 실천될 것이며, 생로병사를 해탈하여 영생의 길을 얻고 인과의 이치를 알아 혜복을 구하게 될 것이니…」(대종경, 교의품 19장).

「사람은 만물의 주인이요 만물은 사람의 사용할 바이며, 인도는 인의가 주체요 권모술수는 그 끝이니, 사람의 정신이 능히 만물을 지배하고 인의의 대도가 세상에 서게 되는 것은 이치의 당연함이어늘, 근래에 그 주체가 위를 잃고 권모술수가 세상에 횡행하여 대도가 크게 어지러운지라」(대종경, 서품 5장).

보충해설

무슨 일이든 우선순위로 처리해야 할 일이 있고 나중에 해야 할 일이 있는 것이다. 수도꼭지가 고장나고 상수도관이 터졌을 경우, 터진 관을 먼저 고쳐야 하며 수도꼭지를 먼저 고치는 일은 우둔한 일이다. 매사의 일처리에 있어 근본이 우선이며, 지엽적인 것은 뒤이어 처리해도 된다. 정산종사는 근본에 힘써야 말단이 잘 다스려진다고 했다. 영육에 있어 근본은 마음이요, 처세에 있어 근본은 신용이라는 점을 고려할 때 마음에 병이 들고 신용을 상실하면 아무 일도 할 수 없다. 「불법연구회 창립총회 창립취지」를 보면 "만물의 근본과 끝을 알지 못한 우리, 만사의 시종과 선후를 알지 못한 우리, 선악 귀천의 근본을 알지 못하고 한탄과 원망에 그쳤던 우리"라 하여 성찰함이 주종 본말에 관련된다.

주석주해

「데카르트는 마음과 육체를 분리해서 생각하는 경향이었다. 헤겔은 정신이 더 중요하다는 경향으로 흐른다. 그러나 현대철학에서는 정신과 육체가 분리될 수 없다는 입장(러셀이나 화이트헤드)을 들 수 있다. 본말이라고 할 때도 무엇을 주체로 하느냐의 문제이고 주와 종도 마찬가지이다. 사람을 중심으로 보면 마음이 본이며 육신이 말이 되고, 세상을 중심으로 보면 도학이 주가 되고 과학이 종이 된다」(한종만, 『원불교 대종경 해의』(上), 도서출판 동아시아, 2001, p.319).

「교무는 신용을 어기어 큰 利를 본다 할지라도 지도받는 사람에게 대의와 신의의 정신적 신용과 행동의 신용을 잃지 않도록 각별히 유의해야 한다」(이종진, 「원불교 교무론」, 『원불교사상시론』 1집, 수위단회사무처, 1982, p.245).
연구문제
1)무엇이나 근본에 힘써야 끝이 잘 다스려진다는 뜻은?
2)육신의 근본, 마음의 근본, 처세의 근본은?

[무본편 2장] 마음공부와 일체유심조
핵심주제
 마음공부와 일체유심조
대의강령
◎정산종사 말하였다.
 1)마음의 본말을 알고, 마음 닦는 법을 알며, 마음 쓰는 법을 아는 것이 제일 근본 지혜이다.
 2)경에 말하길 "사람이 삼세의 일체사를 알려면 법계의 모든 일이 마음으로 된 줄 알라" 했다.
단어해석
 본말 : ☞국운편 17장 참조.
 삼세 : 보통의 경우 인간의 삶으로 일생만을 생각할 수 있으나 불교의 경우 과거 현재 미래, 혹은 전세 현세 내세를 三世라 한다. 삼세는 영원한 세상을 상징하는 불교 용어이다.
 법계 : ☞원리편 30장 참조.
관련법문
「세상에 있어서 도학은 주가 되고 과학은 종이 되는 바 이 본말과 주종을 분명히 알아야만 비로소 도를 아는 사람이라, 이러한 사람이라야 능히 천하사라도 바로잡을 수 있나니라」(대종경, 인도품 5장).
「마음에 탐진치가 사라지고 청정하고 밝고 자비로운 마음으로 지내는 날이 길일이요, 마음에 독소를 지니고 남에게 폐를 끼치고 손해를 입히는 날이 흉일이다」(한울안 한이치에, 제1장 마음공부 22장).

보충해설
　우리가 지혜롭다고 한다면 무엇을 두고 말하는가? 물질개벽도 지혜요, 정신개벽도 지혜이다. 이를 주종으로 본다면 우선 정신개벽일 것이다. 이에 정산종사는 마음의 본말을 알고, 마음 닦는 법을 알고, 마음 쓰는 법을 아는 것이 제일 근본 되는 지혜라고 하였다. 일체유심조이기 때문이다. 초기불교에 있어 제법연기의 원인은 마음에 있음을 밝힌다. 따라서 초기불교의 연기론에 의하면 마음이 모든 세상을 만든다고 하는 '心爲法本說'을 형성하였다. 곧 지혜를 찾을 때 마음의 지혜를 찾아가야 하는 것은 지당하다.

주석주해
　「애착 탐착에 요란해진 마음을 염불·좌선 등으로써 수양을 하여 자성에 定을 얻게 하고, 사리 간에 앎이 없어서 어리석던 마음을 법설·경전·성리 등으로써 연구의 자료를 삼아 자성의 慧를 얻게 하며, 자행자지로 악행하던 마음을 정기일기와 주의·조행 등으로써 취사공부를 익혀서 자성의 계를 얻게 하셨나니 … 나는 이 삼대력을 곧 보고의 열쇠라고 생각하는 바이다」(구타원종사 법문집 편집위원회 편, 『인생과 수양』, 구타원종사기념사업회, 2007, p.52).
　「현실 속에서 무명에 얽매이지 않고 해탈 성불한다면 진여법계에 합일하고 법계를 벗어나지 않는 일체의 행을 할 수 있으나 망념에 뒤덮인 생활을 한다면 바로 법계로부터 멀어진 생활이 되는 것이다」(김영두, 「禪에서 본 생명과 영성」, 제19회 국제불교문화학술회의《지식정보화사회에 있어서 불교-생명과 영성》, 원광대·일본불교대, 2005.9.9-10, p.55).

연구문제
　1)모든 지혜 중에 제일 근본 되는 지혜는?
　2)사람이 삼세의 일체사를 알려면 법계의 모든 일이 마음으로 된 줄 알라는 뜻은?

[무본편 3장] 일의 본말과 선후
핵심주제
일의 본말과 선후
대의강령
◎모든 일에 본말과 선후를 찾아 미리 준비해야 한다.
 1)눈앞의 이해에 얽매이지 말고, 장래 근본 되는 일에 힘쓰며,
 2)사람들이 일생을 산다고 하나 육신 하나 돌보는데 그치고,
 3)근본 되는 정신을 돌볼 줄 모르니 답답한 일이다.
단어해석
본말 : ☞국운편 17장 참조.
범상 : ☞권도편 1장 참조.
일생 : 인간의 생명은 대체로 7, 80평생이라 하는데, 현재의 이러한 생을 일생이라 한다. 불교의 경우 전생과 내생을 포함하여 삼세라고 한다.
관련법문
「모든 사업을 하는 데에 실패되는 원인이 세 가지가 있나니, 그 하나는 수고는 들이지 아니하고 급속히 큰 성공 얻기를 바람이요, 둘은 일의 본말과 선후 차서를 모르고 경솔하게 처사함이요」(대종경, 교단품 28장).
「우리의 육신 중 어느 부분이 선천적으로 잘못된데 대하여는 별 수가 없는 일이지마는 우리의 마음병은 우리가 고칠 성의만 있다면 얼마든지 고칠 수 있는 일이니, 우리는 도덕회상을 만난 기회에 자기의 마음병을 잘 발견하여 항상 불편불의·무과불급의 중도를 잡아 써야만 우리가 성불을 쉽게 할 줄 믿는다」(한울안 한 이치에, 제2편 평상심, 중도를 잡아라).
보충해설
본말·선후·주종의 개념은 주로 우선순위에 관련되는 것이다. 본말이 전도되었다든가, 선후가 뒤바뀌었다든가, 주종이 혼선을 빚었다는 말은 일의 해법을 찾아가는 순서 어긋났음을 의미하는 것이다. 하루의 일과에 있어 학생에게는 수업이 우선이며, 봄날의 농부에게는 파종이 우선인 것이다. 수도인에 있어 마음공부

가 우선인 것도 같은 맥락이다. 본말과 선후 주종이 어긋남은 눈 앞의 이익에 매달리는 경우라든가, 천리의 이법을 깨닫지 못할 경우에 나타난다. 다음의 화두를 던지고자 한다. 수레가 빨리 나아가려면 채찍으로 말을 채근해야 하겠는가, 수레를 채근해야 하겠는가? 이를 알면 주종 본말을 분명히 아는 셈이다.

주석주해

「밖으로 여러 가지 조건(권리·돈·명예)만 구하지 말고 안으로 정신을 잘 육성해야 한다. 이러한 안정된 정신에 바탕하여 얻은 외적 조건이라야 참되게 선용할 수도 있고 지속성도 있다. … 항상 먼저 본말을 알아 본에 힘쓰되 말도 소중히 알아야 한다. 말이 없으면 본도 그 가치가 나타나지 않게 된다」(박길진, 『대종경강의』, 원광대출판국, 1980, pp.183-184).

「원불교사상에서 사용된 정신과 물질의 상호관계를 간단히 정리하면 아래와 같다. 가)근원적으로는 정신과 물질은 둘이 아니며 일원의 대 진리에 근원해 있다. 나)차별적으로는 정신이 주체로서, 물질생활은 정신이 활용해야만 대상이다. 다)생활상으로는 모두 불가결하므로 두 방향은 아울러야 한다」(송천은, 종교와 원불교, 원광대출판국, 1979, p.335).

연구문제

모든 일에 본말과 선후를 찾아 미리 준비하라는 뜻은?

[무본편 4장] 영육의 본말

핵심주제

영육의 본말

대의강령

◎굶어 죽어가는 사람에게 법보다 밥이 더 중요한가?

1) 본말로 논하면 법이 근본이요 밥이 말이며,

2) 우리의 육신을 보호하는데 밥이 선이고 법은 후가 되나니, 그런 경우 밥을 먼저 먹어야 되고,

3) 일생 생활의 체를 잡는데 정신을 근본삼아 삼학으로 의식주

를 구해야 한다.
단어해석
 체 : 정산종사의 언급처럼 생활의 體를 잡는 면에서 체의 의미는 대체 혹은 본보기를 말한다. 그리고 진리 인식의 면에서 體用은 본체와 현상을 말한다.
 수양 연구 취사 : 원불교에 있어서 삼학을 정신수양 사리연구 작업취사라고 하는데 줄여서 수양·연구·취사라 한다. 정신을 바르게 수양하고 사리를 밝게 연구하며 작업을 옳게 취사하는 삼학병진이 요구된다.
관련법문
 「보통 사람들은 우리의 육신을 보전함에는 의식주가 절대적으로 필요함을 잘 알지만 우리의 정신도 육신의 의식주와 같이 일심과 지혜와 실행이 절대 필요함을 아는 사람이 적은 까닭에 삼학에 힘써서 우리의 정신을 實하게 할 줄 알지 못하나니라」(정산종사법설, 제9편 불교정전의해 4장).
 「의식주를 구하는데 세 가지 단계가 있으니, 하근기는 요행과 삿된 길로써 구하고, 중근기는 정당한 직업으로써 구하며, 상근기는 衆人을 위함으로써 돌아오게 한다」(한울안 한이치에, 제1장 마음공부 71장).
보충해설
 주종과 본말을 구분함에 있어 판단이 쉽지 않다. 하지만 곰곰이 들여다보면 일처리 순서에 있어 주종 본말이 있는 것이다. 굶어 죽어가는 사람에게 법보다 밥이 더 중요한가의 질문은 난해한 듯하다. 물론 종교의 입장에서 법이 본이요 밥이 말이지만, 의술의 입장에서 육신을 보호하는데 밥이 우선이고 법은 그 다음이다. 이처럼 주종 본말을 판단함에 있어 상황 따라 달라지는 경우가 있는 것이다. 같은 양식이라 해도 육신의 양식과 정신의 양식이 있는데, 생명보존의 측면에서는 육신의 양식을 먼저 구해야 하며, 정신교육의 측면에서는 정신의 양식이 소중하다. 불교에 있어 팔만장경이 보경이요, 기독교에 있어 성경이 보경이다. 어느 것이 더 보경이냐는 것은 종교 신앙인의 소속 차이에서 판별된다.

주석주해

「(유행경) 호심품과 참괴품에서는 비구 등 제자들을 재물보시도 좋지만 먼저 법보시를 행해야 한다고 하였다. … "언제나 법보시를 행하고 음식보시를 좋아하지 말라. 왜 그러냐 하면 너희들은 지금 과보의 도에 있어서 내 제자들로 하여금 법인 진리를 공경하고 이기적 利養을 탐내지 않게 하기 때문이다"」(조용길,「불교의 포교이념과 현대불교의 포교 경향」,《교화방법의 다각화 모색》, 원불교대학원대 실천교학연구원, 2006.11.10, pp.8-9).

「원불교 수행은 적극적인 활동을 하는 수행이 되어야 한다. … 분수에 맞게 의식주도 수용하라는 것이다. 사회를 떠나서 수행을 한다면 금욕주의로 수행을 할 수도 있다. 그러나 사회에서 활동을 하면서 하는 수행은 분수에 맞게 의식주도 수용하면서 적극적으로 수행을 해야 한다」(한종만,『원불교 대종경 해의』(上), 도서출판 동아시아, 2001, p.156).

연구문제

굶주려 죽어가는 사람에게 법보다 밥이 더 중요하지 않느냐는 학인의 질문에 정산종사의 법어는?

[무본편 5장] 마음과 물질의 선후

핵심주제

마음과 물질의 선후

대의강령

◎정산종사 말하였다.

1) 근본 되는 법을 체로 삼고, 선후를 가려 물질을 이용하라.
2) 마음의 조화가 큰 것이요, 물질의 소유가 큰 것이 아니다.

단어해석

물질 : ☞응기편 35장 참조.

선후 : 앞뒤를 先後라고 하는데, 물질과 정신의 위상에 있어 정신은 선이요, 물질은 후이다. 도가에서는 정신을 주체로 하고 물질을 활용의 대상으로 삼기 때문이다. 여타 도학과 과학의 경우에도 선후가 있으니, 어

떻든 선후 본말을 잘 판가름하는 것이 참 공부인의 태도이다.
 조화 : 신구의 삼업에 의해 악업을 짓는 행위로 모나지 않고 자타 또는 주위 상황과 원만하게 잘 어울리도록 하는 것을 調和라 한다.
관련법문
「우리의 마음 조화는 참으로 무섭나니 의복이 나오고, 밥이 나오고, 돈이 나오는 것이 다 마음의 수작으로, 훌륭한 사람이 되는 것도 마음, 대우를 받는 것도 마음, 고통을 받는 것도 오직 자기 마음의 조화이니라. 이것은 누가 시킨 것도 아니요, 하나님이 주신 것도 아니며, 부처님께서 주신 것도 아니니라」(정산종사법설, 제1편 마음공부 23장).
「오는 세상에는 위없는 도덕이 굉장히 발전되어 인류의 정신을 문명시키고 물질문명을 지배할 것이며 물질문명은 도덕 발전의 도움이 될 것이니, 멀지 않은 장래에 산에는 도둑이 없고 길에서는 흘린 것을 줍지 않는 참 문명세계를 보게 되리라」(대종경, 전망품 20장).
보충해설
 본말을 분명히 판단할 입지가 생기면 그는 일의 차서를 얻은 것이며, 공부에 있어서도 일취월장할 것이다. 교역자에 있어 도학과 과학의 본말을 인지하는 것은 도학을 우선하는 적공에 동기부여를 해주기 때문이다. 물질개벽에 따른 마음공부를 우선으로 하며, 궁극적으로 병진의 방향으로 나가야 할 것이다. 토인비는 종교란 근원적 해명이요 과학은 지말적 접근이지만 상호 보충적이어야 한다고 했다. 소태산 대종사도 영과 육, 동과 정, 불법과 생활, 공부와 사업 모두를 병행하되 그 근본이 무엇인가를 인지하도록 했으며, 정산종사는 본 법어에서 이를 확인해주었다.
주석주해
「때를 기다려야 되고, 아무리 급한 일이 있다 해도 선후 본말을 잘 생각해서 일을 잘 넘기면 나중에 가서 어려운 위기도 극복할 수 있으나, 거기에 당황해서 허둥지둥하면 안 된다. … 평온한 마음으로 쵸자리에 근본해서 극복해 나가야 한다」(박장식, 『평화의 염원』, 원불교출판사, 2005, pp.234-235).

「본말 주종 선후가 무엇인가를 연구하여 교화에 대한 관심과 실질적 투자가 배가될 때 인과의 이치에 따라 善 순환으로 전환될 것을 확신한다. 교화가 되면 교단의 모든 어려움들(인재·전무출신 복지·교단경제 등)이 가장 쉽고도 근본적으로 해결되어갈 수 있다」(김제원, 「교화 어떻게 할 것인가-청년 대학생 중심으로」, 《2030세대를 위한 교화전략》, 원불교 교화연구소, 2005년 5.26, p.35).

연구문제
마음의 조화가 큰 것이요 물질의 소유가 큰 것이 아니라는 뜻?

[무본편 6장] 근본공부와 근본기술
핵심주제
근본공부와 근본기술
대의강령
◎어떠한 공부가 제일 근본 되는 공부인가?
1)마음공부가 제일 근본 되는 공부이다.
2)마음공부는 모든 공부를 총섭하나니, 마음공부가 없으면 모든 공부가 바른 활용을 얻지 못한다.
◎어떤 기술이 제일 근본 되는 기술인가?
1)인화하는 기술이 제일 근본 되는 기술이다.
2)잘 화하는 기술은 모든 기술을 총섭하므로 인화 기술이 없으면 모든 기술이 활용되지 못한다.

출전근거
『원광』 2호(1949년)의 「법요사문」 법실이다(이공진 수필).

단어해석
마음공부 : ☞권도편 31장 참조.
총섭 : 두루 포함하는 것을 總攝이라 한다. 유무·이사·영육·동정·선악 등을 총섭하는 수도인의 넉넉한 심법이 필요하다.
활용 : 모든 것을 살려 쓰는 것을 活用이라 한다. 원불교의 경우 저축삼대력과 활용 삼대력(경의편 20장)이 있다.

인화 : ☞응기편 37장 참조.
관련법문
「옛 성인의 말씀에 "사흘의 마음공부는 천년의 보배요, 백년의 탐낸 물건은 하루아침 티끌이라" 하였건마는 범부는 이러한 이치를 알지 못하므로 자기의 몸만 귀히 알고 마음은 한 번도 찾지 아니하며, 도를 닦는 사람들은 이러한 이치를 알므로 마음을 찾기 위하여 몸을 잊나니라」(대종경, 불지품 16장).
「나의 정책이 인화 제일이라, 혹 구구스러운 점이 보일지 모르나 한 사람이라도 원한을 가져 대사에 마해가 되지 않게 하고자 하므로 어쩔 수 없다」(한울안 한이치에, 제8장 화합교단 46장).

보충해설
본말에 있어 근본이 무엇인가를 몇 가지 사례로 접근해 보자. 먼저 어떠한 공부가 제일 근본 되는 공부인가? 마음공부이다. 또 어떤 기술이 제일 근본 되는 기술인가? 인화기술이다. 어떤 사업이 제일 근본 되는 공부인가? 도덕사업이다. 도가에서 어떤 인연이 제일 근본 되는 인연인가? 불연이다. 교서 중에서 어떤 교서가 제일 근본 되는 교서인가? 정전이다. 교리 중에서 어떤 교리가 제일 근본 되는 교리인가? 일원상이다. 이처럼 여섯 가지 질문에 대한 한결같은 답변은 본연의 종교적 시각이다. 세상의 분야는 과학·문학·철학·예술·종교 등이 있지만, 인간 구원과 관련한 본질적 삶을 추구하는 분야는 종교이기 때문이다.

주석주해
「우리의 마음이라고 하는 것이 일원상·성품·본성과 같은 의미로서의 마음으로 인식이 되고 있기 때문에 원불교에서의 모든 공부와 수행의 방향은 바로 마음공부에로 직결이 된다」(김도공, 「원불교 교의에 나타난 일심사상」, 『원불교사상』 23집, 원불교사상연구원, 1999, p.107).
「우리는 일생동안 善 인연으로 돌리기 위하여 인화·기화가 되어야 한다. 소태산은 스스로 깨달은 순간 사은의 음조임을 체험했으며, 정산종사는 영기질 법문으로 '기철학'을 제시했다」(류병덕, 「21C의 원불교를 진단한다」, 제21회 원불교사상연구 학술대회《21세기와 원불교》, 원불교사상연구원, 2002.1, p.16).
고시문제
이 세상에서 제일 근본 되는 공부와 근본 되는 기술은?
연구문제
1)마음공부가 제일 근본 되는 공부라는 의미는?
2)인화하는 기술이 제일 근본 되는 기술이라는 뜻은?

[무본편 7장] 진화근본과 정신교육
핵심주제
진화근본과 정신교육
대의강령
◎정산종사 말하였다.
1)진화의 근본은 교육이요, 교육에서도 정신교육이 근본이며,
2)학문이나 기술은 필요하나 진실과 공심 위의 학문과 기술이 세상에 이익 주는 학술이다.
단어해석
진화 : ☞국운편 4장 참조.
정신교육 : 과학은 학술교육이라면, 도학은 정신교육이다. 정신교육의 경우 진실과 공심·공부심 등을 강조하는 성향이다.
공심 : ☞국운편 25장 참조.
학술 : 학문과 그 응용에 관련된 것을 學術이라 한다. 과학문명의 발달에 따른 제반 학문의 이론 정립과 응용과학이 이와 관련된다.
관련법문
「마음 닦는 공부를 주장하는 道가 아니면 그 진경을 다 발휘하지 못할 것이니, 그러므로 도학공부는 모든 학술의 주인이요, 모든 공부의 근본이 되는 줄을 명심하라」(대종경, 교의품 28장).
「바른 마음으로써 하는 학문은 옥을 비단으로 짜는 것과 같으나, 악한 마음으로써 하는 학문은 도적에게 칼을 주는 것과 같나니라」(정산종사법설, 제1편 마음공부 2장).

보충해설

 진급과 강급의 두 길 중에서 진급을 하고자 하는 것은 인간 본연의 욕구이다. 정산종사는 진화의 근본은 교육이며, 교육 중에서도 정신교육이 근본이라 하였다. 아울러 학문이나 기술이 필요하지만 진실과 공심 위의 학문과 기술이라야 세상에 도움이 된다고 했다. 이는 도학과 과학의 관계에 있어 도학이 그 근본이 된다는 논리이다. 도학은 정신문명이요 과학은 물질문명이기 때문이다. 이 두 가지를 병진하되 본말을 논하자면 도학이 우선시되어야 한다. 상산 박장식 교무는 원광중고등학교 교장으로 재임하면서 학교의 교훈을 '진실과 공심'으로 정하였으니, 정산종사가 진실과 공심 위의 학문과 기술을 촉구한 만고의 원리에 기반한다.

주석주해

「정산종사의 교육사상의 특징적인 점은 일차적으로 정신 우위의 입장이며 평생교육의 입장이라는 점에서 찾아야 할 것이다. 그는 과학교육과 도학교육의 병행을 주창하며 도학 부문이 바탕되어야 함을 강조한다」(강태중, 「정산종사의 교육사상」, 《원불교 교수협의회 하계세미나 요지》, 원불교 교수협의회, 2000년 7월, p.10).

「학문상의 전공이 무엇이건 간에 새 세상의 주인이 되기 위한 마음공부와 학문적인 탐구를 결합하는 것은 곧 대학의 이념을 달리 표현한 것일 터이며, 이러한 이념에 충실함으로써 시대가 요구하는 정신개벽의 인재들을 많이 길러내는 원광대학교가 되기를 충심으로 기원한다」(백낙청, 「통일시대 한국사회와 정신개벽」, 원광대 개교60주년국제학술회의 『개벽시대 생명·평화의 길』, 원불교사상연구원·한국원불교학회 外, 2006.10.27, p.2).

연구문제

 1) 진화의 근본은 교육이요, 교육에도 정신교육이 근본인 이유는?
 2) 세상에 이익 주는 학술은?

[무본편 8장] 도의교육의 근본

핵심주제

도의교육의 근본
대의강령
◎도의교육의 근본은 무엇인가?
1) 보본과 보은의 사상을 잘 배양함이 도의교육의 근본이며,
2) 도의교육을 잘 실현한 사회라야 새 세상의 대운을 탄다.

단어해석
도의교육 : 학문에는 과학과 도학이 있으며, 이에 교육에는 과학교육과 도학교육이 있다. 도학교육이 곧 道義敎育인 셈이다. 도의교육은 인간의 도덕성과 윤리강상을 강조하고, 인류적 상생의 보은사상을 촉구한다.

보본 : 이 세상에 태어남과 은혜 받음의 근본을 생각하여 부모와 스승 등에게 감사의 마음을 갖고 보은하는 것을 報本이라 한다.

배양 : 식물에게 적당한 거름을 주어 기르는 것을 培養이라 하며, 종교적으로는 적절한 교육을 통해 인재들을 육성하는 것을 말한다.

대운 : 큰 운수를 大運이라 하는데, 새 세상의 대운이란 1894년 갑오동학 이후, 또는 1924년 신룡전법으로서 선천시대가 지나고 후천의 개벽시대에 새 불교 원불교가 출현한 대운을 말한다.

관련법문
「이제는 우리가 배울 바도 부처님의 도덕이요, 후진을 가르칠 바도 부처님의 도덕이니, 그대들은 먼저 이 불법의 대의를 연구해서 그 진리를 깨치는 데에 노력하라」(대종경, 서품 15장).

「물은 근원이 있어야 대해 장강을 이루고 나무는 뿌리가 튼튼해야 무성한 것과 같이 가정이나 국가나 회상도 그 근본을 잊지 않고 추원보본의 정성을 드림으로써 영원한 발전을 하게 되는 것이다」(한울안 한이치에, 제4장 사자좌에서 7장).

보충해설
도가에서 중시할 교육으로는 도의교육이다. 그것은 보본과 보은 사상을 추구하기 때문이다. 과학 중심의 교육은 물질개벽의 길을 열 수 있으나, 도의교육을 배제한다면 맑고 훈훈한 세상의 건설은 어려울 것이다. 정산종사는 과학지식이 극하면 도덕을 찾을 것이라며, 원불교에서 세운 종립학교, 곧 유일학림이 "실질·도

덕·공도 이 3요소를 준비하여 세상 사람들의 선도자를 길러내는 오직 하나뿐인 학림의 존재가 되라"(정산종사법설, 제2편 공도의 주인 12장)고 하였다. 오늘날 도의교육 곧 도덕교육이 상실되거나 부족하여 생태계 파괴, 핵전쟁의 위협, 빈부격차, 인종차별, 인간소외, 도덕성의 타락, 인명경시 등의 문제들이 고통을 야기하고 있다.

주석주해

「도덕교육을 망각하거나 늦춘다면 곧 개인주의·이기주의 사상 의식이 자라날 수 있다. 지금 일부 사람들이 개혁 개방의 기회를 타서 개인의 사욕을 채우기 위해 국가의 이익, 집단의 이익, 다른 사람의 이익을 돌보지 않고…」(김경진, 「소태산 정신개벽사상과 그 조치 및 현실적 의의」, 원광대 개교60주년국제학술회의 『개벽시대 생명·평화의 길』, 원불교사상연구원, 2006.10.27, p.46).

「(원광대) 도의실천 인증 기준으로는 필수항목에 덕성훈련 기본과정(30시간), 선과 인격수련 학점 취득(2학점)과 선택항목(헌혈, 사회봉사 심화활동, 덕성훈련 심화과정 30시간, 선행 및 효행, 나눔의 실천, 화합운동, 도덕성 관련 수상실적), 기타 덕성관련 사항 중 보통은 2점, 특별은 4점과 마지막 최종면접을 거쳐 가부를 결정한다」(김귀성, 「불교계대학에서 종교교육의 문제」, 제18회 국제불교문화학술회의 『불교와 대학-21세기에 있어서 전망과 과제』, 일본 불교대학, 2003.10.28-29, pp.157-158).

연구문제

도의교육의 근본은 무엇인가?

[무본편 9장] 마음공부와 인격

핵심주제

마음공부와 인격

대의강령

◎정산종사 말하였다.
1)과수는 뿌리에 거름을 주어야 잘 자라고 결실을 보며,
2)사람의 뿌리는 마음이라, 무엇보다 마음공부에 힘써야 훌륭

한 인격을 이룬다.
단어해석
 과수 : 과일나무를 果樹라고 하며 과수를 길러 의식주의 수단으로 삼는 곳을 과수원이라 한다. 원불교의 경우 삼례과원이 있다. 소태산은 교단 초창기 자력생활을 위해 산업부, 삼례과원, 보화당을 창설했다.
 헤복 : ☞권도편 18장 참조.
관련법문
「보시를 하는 것이 비하건대 과수에 거름을 하는 것과 같나니 유상보시는 거름을 위에다가 흩어주는 것 같고 무상보시는 거름을 한 후에 묻어주는 것 같나니라」(대종경, 변의품 28장).
「사람의 뿌리는 靈이기 때문에 靈光이요, 중심은 심장이므로 裡里다. 심장에서 지배한다」(한울안 한이치에, 제6장 돌아오는 세상 59장).
보충해설
 인재를 양성하는 것과 나무를 기르는 것에는 유사점이 있다. 둘 다 영양분을 충분히 제공해 주어야 하기 때문이다. 나무에 있어 영양분은 거름이고, 사람에 있어 영양분은 교육이다. 모두 영양이 충분히 공급되어야 큰 결실을 이룬다는 뜻이다. 중요한 것은 나무뿌리를 통해 거름이 제공되듯, 사람의 뿌리인 마음공부를 통해서 훌륭한 인격을 이룬다는 점이다. 따라서 지엽이 아니라 근본을 치유하는 방법론이 필요하다. 노자가 말하는 歸根靜(도덕경16)은 뿌리로 돌아감(歸根)은 고요함(靜)이라는 것으로, 이를 유추하면 인간의 뿌리인 마음공부로 귀결됨은 고요한 자성의 회복이다.
주석주해
「씨는 뿌린 자만이 거둬 드린다는 진리를 믿고 청년회·학생회·유년회를 전담하여 나름대로 정성스럽게 거름을 주고 가꾸어서 아름다운 열매를 거두며 가슴 벅찬 시절을 회상하며 혼자 빙그레 미소를 지어본다」(김혜천, 「가슴 벅찬 기억으로 남는 그때 그 시절」, 『원불교남중교당 삼십년사』, 원불교남중교당, 2002, p.95).

「소태산 대종사는 인간 도덕성을 한 마음의 전개로 보고 있으며 선과 악의 근본을 마음에 두고 있다. … 여기에서 말하는 한 마음이란 인간 도덕성을 말하는 것이다」(김경진,「소태산 대종사 인성론 종합고찰」,『원불교사상』 17·18합집, 원불교사상연구원, 1994, p.191).

연구문제
사람의 뿌리는 마음이라며 마음공부에 힘쓰라는 뜻은?

[무본편 10장] 복혜 구하는 도
핵심주제
복혜 구하는 도
대의강령
◎정산종사 말하였다.
1)우리가 구하려는 것은 복과 혜 두 가지로, 세상은 복의 밭이요 우주는 진리의 덩치이며,
2)우리는 부처님과 같이 복과 혜를 얻을 수 있는 요소가 갊아 있으므로 구하는데 노력해야 하며,
3)구하려도 안 되는 일은 진리에 어긋나게 구하기 때문이며,
4)원하거든 먼저 구해야 하며, 구하되 진리로써 구해야 한다.
단어해석
진리 : ☞원리편 42장 참조.
덩치 : 몸의 부피로서 덩어리를 덩치라 한다. 우주가 진리의 덩치란 의미는 우주 자체의 작용 및 존재가 진리라는 뜻이다.
갊아 있다 : 옛글을 감춘다는 의미이며, 또한 함장한다는 뜻도 있다.
관련법문
「참으로 영원한 나의 소유는 정법에 대한 서원과 그것을 수행한 마음의 힘이니, 서원과 마음공부에 끊임없는 공을 쌓아야 한없는 세상에 혜복의 주인공이 되나니라」(대종경, 천도품 17장).
「믿음에 두 가지가 있으니, 첫째 선 뒤에는 반드시 복이 오고 악 뒤에는 반드시 죄가 오는 진리를 믿는 것이요, 둘째 끝까지

하면 반드시 이루어지는 진리를 믿는 것이다」(한울안 한이치에, 제2장 심은대로 거둠 4장).

보충해설

세상을 살아가면서 우리가 추구하고자 하는 것은 심신의 행복과 지혜와 좋은 인연 등일 것이다. 정산종사는 세상이 행복의 밭이라며 복혜를 구하도록 하였다. 이를 위해서는 불보살의 인품을 닮아가야 하며 진리에 맞게 구하라 하였다. 진리를 벗어나는 목적은 참다운 성취로 볼 수 없기 때문이다. 대산종사는 "보은하지 않는 것은 복 나오는 구멍을 막는 것과 같다"며, 대종사께서 "복혜가 깨알 쏟아지듯 나오게 한 요술방망이가 바로 교전이다"(대산종사법문3집, 제2편 교법 2장)고 하였다. 보은을 통해 복을 추구하되, 진리의 서적인 교전을 통해 구하라는 것이다. 이에 복혜가 나오는 원인을 모르면 등에 업은 아기를 찾는 것과 같고, 손에 쥐고 있는 수저 찾는 것처럼 헛수고만 한다고 했다.

주석주해

「모든 교법 중에서도 불법이라야 인간 교화의 주인 역할을 한다고 본 소태산의 미래회상에 대한 견해를 요약해 본다면 … 일체중생의 혜복 양로를 열어주는 가르침이 되어야 한다는 점 등이다」(류병덕, 「21C의 원불교를 진단한다」, 제21회 원불교사상연구 학술대회《21세기와 원불교》, 원불교사상연구원, 2002.1, p.11).

「부지런한 성격을 가진 사람은 복과 혜를 가져오는 운명이 될 것이요, 게으른 성격을 가진 사람은 가난과 무지를 가져오는 운명이 될 것이다」(조전권, 선진문집1 『행복자는 누구인가』, 원불교출판사, 1979, p.33).

연구문제

1) 우리가 세상에서 구하고자 하는 복혜란 무엇인가?
2) 아무리 구하여도 되지 않는 이유는?

[무본편 11장] 신심 공심 자비심

핵심주제

신심 공심 자비심
대의강령
◎물에 근원이 있고 나무에 뿌리가 있어야 물과 나무가 마르지 않는다.
1)현재 복락을 누리는 것보다 그 用性에 복덕의 종자가 있어야 그 복락이 유여하며,
2)자기 마음에 어떤 싹이 트는가를 살피어 좋은 싹을 기르기에 힘쓰라.
3)복덕의 종자, 복덕의 싹은 신심과 공심과 자비심이다.

단어해석
복락 : ☞응기편 22장 참조.
용성 : 어떠한 물질이나 생명체의 유용성이나 활용성 등을 간직하고 있는 것을 用性이라 한다.
유여 : ☞권도편 30장 참조.
신심·공심·자비심 : 신심은 신앙심으로 진리와 법과 스승과 회상에 대한 신성이요, 공심은 개인보다 공익을 우선하는 마음이요, 자비심은 부처의 대자대비, 곧 기쁨과 슬픔을 함께하는 마음이다. 도가에서 이 세 가지는 복덕을 장만하는 가장 요긴한 요소이다.

관련법문
「저 큰 나무도 작은 싹이 썩지 않고 여러 해 큰 결과요, 불보살도 처음 발원을 퇴전하지 않고 오래오래 공을 쌓은 결과이니라」(대종경, 요훈품 10장).
「종교의 생명은 신심이요, 사업의 동력은 공심이다. 이 두 가지만 실행하면 법의 집에 적자가 되고, 공의 집에 알뜰한 주인이 될 것이다」(한울안 한이치에, 제8장 화합교단 3장).

보충해설
나무가 잘 자라기 위해서는 물이 있어야 하고 뿌리가 튼튼해야 한다. 인간이 복락을 누리기 위해서는 불연의 종자를 만나서 마음의 싹을 잘 틔워야 한다. 불연의 종자는 다름 아닌 신심과 공심·자비심이다. 좌산종사는 "교화를 통해서 신심이 나고 공심이

나고 공부심이 나고 자비심·보시심이 나므로 교화 받는 이의 소득이 한이 없다"(출가교화단보 제159호, 2005.7.1)며, 이것이 스스로 성자행으로서 제생의세를 하는 것이라 했다. 원불교를 신앙하는 재가출가로서 간직해야 할 마음이 신심·공심·공부심 혹은 자비심일 것이다. 신심이 살아나야 공심이 생기고, 공심이 생기면 공부심이 지속되며, 이러한 공부심에서 자비심이 발휘된다는 면에서 서로의 관계는 유기적이다.

주석주해

「우리도 살면서 일상성에 빠져 또는 습관에 무디어져 또는 감당할 수 없는 경계를 당하여 삶의 참 의미가 희미해져갈 때가 있다. 하지만 저 어린 싹들을 보며 어느 구석이라도 신심과 서원의 싹, 공심의 싹이 죽지만 않고 있다면 어느 봄기운에라도 발아할 수 있다」(최순철, 「생명의 신비」, 『나는 조각사』, 출가교화단, 2000, p.27).

「부처님은 보살들을 뜨거운 자비심으로 진급시켜 간다. 부모님의 자녀사랑은 자녀에 대한 집착 때문에 교육효과가 적지만, 부처님은 제자에 대하여 집착심이 없이 바르게 보고 적절한 가르침을 베풀기에 더욱 교육의 효과가 있다고 생각한다」(장응철 역해, 『생활속의 금강경』, 도서출판 동남풍, 2000, pp.19-20).

연구문제

1) 현재에 복락을 누리는 것보다 그 用性에 복덕의 종자가 박혀 있어야 그 복락이 유여하다는 뜻은?
2) 복덕의 종자와 복덕의 싹은 무엇인가?

[무본편 12장] 죄복의 수용법

핵심주제

죄복의 수용법

대의강령

◎정산종사 말하였다.

1) 복 받기를 원하거든 형상 없는 마음에 복의 싹을 길러내고,

2) 죄 받기를 싫어하거든 형상 없는 마음 가운데 죄의 뿌리를 없애라.

단어해석

형상 : ☞원리편 18장 참조.

복덕 : 인과의 법칙에 따라 선업을 지으면 선과를 받는 복과 덕을 福德이라 한다. 또는 별개로 행복과 공덕이기도 하다.

관련법문

「이 우주만유 전체가 죄복을 직접 내려주는 사실적 권능이 있는 것을 알아서 진리적으로 믿어 나아가는 대상을 삼을 것이니, 이러한 진리를 아는 사람은 일원상을 대할 때마다 마치 부모의 사진 같이 숭배할 것이니라」(대종경, 교의품 8장).

「허공법계는 무심하지 아니하여 호리도 틀림없이 죄복을 보응한다는 것을 알게 되면 사람들은 양심에 가책되는 일은 아니할 것이요」(한울안 한이치에, 제2장 심은대로 거둠 55장).

보충해설

우리가 복을 받는다는 것은 보람 있는 일이다. 복은 상생의 선연을 맺음으로 인해 나타나는 결과이다. 이 복이 영원한 복이 되려면 형상 없는 마음에 복의 싹을 키우라고 했다. 죄 받기를 싫어할 경우도 형상 없는 마음에 죄의 싹을 버려야 함은 지당한 일이다. 허공법계에 복의 싹을 키워간다면 진리의 감응으로 무한한 복락을 장만할 것이다. 무상보시·무념보시·응용무념의 도를 실천한다면 형상 없는 마음에 복의 싹을 키우는 지름길이 된다. 『금강경』에 "사람에게 보시를 행할 때에 그 마음에 바라는 바가 없이 즉 무념공덕을 쓰고 보면 그 받는 바의 복덕은 시방 허공과 같아서 가히 측량할 수 없다"고 하였다.

주석주해

「돈과 권위를 당연히 쓸 곳을 찾아 쓴다면 물론 복이 되는 것이지마는 그것이 있고 보면 당연과 부당을 취사할 겨를이 없이 생각내키는 대로 행하기가 쉬운 까닭이라고 한 심절한 警辭가 더욱 새롭게 느껴졌다」(구타원종사 법문집 편집위원회 편, 『인생과 수양』, 구타원종사기념사업회, 2007, p.85).

「나쁜 습관은 죄와 고의 결과를, 좋은 습관은 복과 낙의 결과를 가져오는 것이다. 누구나 나면서부터 악인과 선인, 지자와 우자의 구별이 된 것이 아니라, 나서 살아가는 가운데 좋은 습관과 나쁜 습관을 길들이고, 배우고 안 배운 습관에서 선악과 지우의 차별을 이루게 된 것이다」(조전권, 선진문집1 『행복자는 누구인가』, 원불교출판사, 1979, p.34).

연구문제
복 받기를 원하고, 죄 받기를 싫어하거든 어떻게 해야 하는가?

[무본편 13장] 마음공부와 제도사업

핵심주제
마음공부와 제도사업

대의강령
◎측량하는 사람이 기점 잡음이 중요하듯이, 우리의 공부사업에도 기점 잡음이 중요하다.
1) 공부의 기점은 자신 마음공부에 두고, 제도의 기점은 자신의 제도에 두어야 하며,
2) 그러나 자신을 제도한 후에 남을 제도하라는 말은 아니며,
3) 마음공부에 근본하여 모든 학술을 공부하고, 자신 제도에 힘쓰면서 제도사업에 힘을 쓰라.

단어해석
측량 : 제반 대상(물건·전답·건물 등)의 외형에 있어, 크기·위치·방향을 수학적으로 재는 것을 測量이라 한다. 또는 인간의 마음을 측량한다고 할 수 있는데 심법의 국량을 재는 것이 이와 관련된다.
기점 : 사물의 첫머리 또는 시작하는 곳을 起點 혹 출발점이라 한다.
공부 사업 : ☞경륜편 20장과 권도편 29장 참조.

관련법문
「문정규 여쭙기를 "경계를 당할 때에 무엇으로 취사하는 대중을 삼으오리까." 대종사 말씀하시기를 "세 가지 생각으로 취사하는

대중을 삼나니, 첫째는 자기의 본래 서원을 생각하는 것이요, 둘째는 스승이 가르치는 본의를 생각하는 것이요, 셋째는 당시의 형편을 살펴서 한 편에 치우침이 없는가를 생각하는 것이라"」(대종경, 수행품 33장).

「바른 마음은 일만 선의 근본이니 바른 마음에 바탕한 학문은 구슬을 비단으로 싼 것과 같고, 그른 마음으로 하는 학문은 도둑에게 칼을 잡힌 것과 같다」(한울안 한이치에, 제1장 마음공부 21장).

보충해설

기점을 잡는다는 것은 표준을 세운다거나 대중을 잡는다는 것이다. 기준을 정하는 것도 기점을 잡는다는 것과 같은 뜻이다. 따라서 공부와 사업에 기점을 잡는다는 것은 공부와 사업에 대중을 잡는다는 것, 기준을 정하는 것을 말한다. 공부의 기점은 자신의 마음공부에 기준을 두는 것이 필요하다. 공부의 요도 삼학팔조와 인생의 요도 사은사요는 수행과 신앙의 기점이다. 사리문의 돌째 귀도 어쩌면 문을 여닫는 기점이 된다. 출가자의 수행 기점은 계율이며, 보살도를 닦아나가는 기점은 육바라밀인 것이다. 수행자의 근기 정도에 따라 기점을 다르게 잡을 수도 있다. 물론 체계적인 기점이 없을 때 우리에게 전달되는 방대한 양의 정보는 우리를 스쳐 지나가버리기 쉽다고 존 나이스비트는 『메가트렌드 2000』(한국경제신문사, p.13)에서 지적했으니 참고할 일이다.

주석주해

「전무출신을 해가지고 자기 소질대로 활동을 해나가면서도 근본 공부를 놓아서는 안 된다. 어느 분야에서 무엇을 하든지 간에 마음공부는 그곳 그곳의 일 속에서 계속해야 한다」(박길진, 『대종경강의』, 원광대출판국, 1980, pp.116-117).

「(동양인에 있어) 마음은 가장 중요한 것이다. 그것은 모든 것을 속속들이 꿰뚫고 있는 氣息·불성이다. 그것은 불심·일심·법신이다」(카알 구스타브 융 저, 김성관 역, 『융심리학과 동양종교』, 1995, pp.11-12).

연구문제
1) 우리의 공부 사업에 기점을 잡음이 중요한 이유는?
2) 공부의 기점과 제도의 기점은 어디에 두는가?

[무본편 14장] 전재동포구호사업
핵심주제
전재동포구호사업
대의강령
◎ 전재동포구호사업에는 구호사업과 제도사업의 두 뜻이 있다.
 1) 전재동포에게 구호사업이 시급하나, 거기에 그치지 말고 제도사업을 아울러야 하며,
 2) 물질과 무력으로 어찌 행복과 평화를 이룰 수 있으리요,
 3) 오직 심지를 바르게 제도해야 참다운 행복과 평화가 온다.
단어해석
전재동포구호사업 : ☞하단의 「보충해설」 참조.
제도사업 : 번뇌에 불타는 중생을 온갖 고통에서 낙원으로 구원하는 제생의세의 활동을 제중사업 내지 濟度事業이라 한다.
심지 : 마음에 지니는 의지를 心志라 한다. 심지를 굳게 세운다고 할 때의 심지이다. 또한 心地가 있는데 이는 일상수행의 요법처럼 마음의 본 바탕으로 원래 요란함과 어리석음과 그름이 없는 것이다.
쌍전 : ☞경의편 9장 참조.
관련법문
「무릇 인생의 가치는 그 사람의 덕화가 얼마나 미쳤느냐에 따라 있다고 할 것이니, 그 사업의 종류를 들어보고자 하노라. 첫째 구호사업이라. 곤경에 헤매는 모든 동포를 안락하게, 또는 위경에서 안전지대로, 시간과 처소를 막론하고 물질로나 육신으로나 기술로써 후원하고 구제하는 사업이니라. … 둘째 제도사업이라. 이는 종교의 구경 목적이며 불보살들의 직업이니라」(정산종사법설, 제4편 하나의 세계 12장).
「인격을 완성하자는 것은 다 같으나 그 길이 다른 것이니 종교

는 신앙이 위주이고, 윤리와 도덕은 실천이 위주이며, 철학은 앎이 위주가 되는 것이나 종교에는 윤리·도덕·철학이 다 들어 있어야 원만한 종교라 할 수 있다」(한울안 한이치에, 제5장 지혜단련 1장).

보충해설

해방 후 국가 재건을 위한 건국사업의 일환으로 펼쳐진 교단의 대외봉사활동이 전재동포구호사업이다. 전재동포원호회의 설립취지서를 보면 "우리 조선에서 자유해방의 날이 왔다. 조선독립의 커다란 외침이 한 번 전하게 되자 … 각지 동덕은 이에 진심으로 찬동하시와 열렬한 성원 力助가 있기를 바라서 마지않는 바이다" 라고 하여 발기인에 유허일 최병제 송도성 황정신행 외 5명이 참여하였다. 아무튼 외국에서 귀환하는 전재동포들을 구원하기 위해 1945년 9월 익산역과 서울역(서울특별시 중구 남대문로 5가 9-2번지 도로)에「귀환전재동포구호소」를 설치하고 익산에서는 13개월 반, 서울에서는 6개월 반, 전주에서는 5개월, 부산에서는 3개월 반 동안 전재동포들에게 식사·의복·숙소·응급치료·분만보조·사망자 장례 등을 도왔으며, 구호 받은 전재동포의 연인원이 80만 명에 이른다. 일선교당은 20여개 교당이 협력하였다. 이때 학도병을 위한 사상강연회, 국민을 상대한 계몽운동 등을 펼쳐 높은 평가를 받았다. 그 결과 서울수도원, 서울교당, 부산교당, 동산훈련원 등의 대지를 불하받을 수 있었다. 아쉽지만 구호사업 도중 주산 송도성 종사가 병환으로 순직하였다.

주석주해

「8.15 광복을 맞이한 교단은 전재동포구호사업을 벌이기로 하였다. 이는 건국사업의 하나로 중국, 시베리아, 일본을 비롯하여 해외에서 귀환하는 전재동포와 고아들을 구호하는 일이었다. 1945년 9월부터 서울 전주 이리 부산역에서 구호사업이 전개되었다. 교단적으로 본격적인 사회사업의 시초가 되었다」(박장식, 『평화의 염원』, 원불교출판사, 2005, p.111).

「정산종사는 소태산 대종사를 보필하여 원불교 창업의 터전을 튼튼하게 닦았으며 법통을 이어 교단의 토대를 다진 분이다. 일제의 극심한 탄압 속에서 교단을 유지하면서 8.15 해방 후 사회 구제를 위한 전제동포구호사업을 전개하는 등 민족과 민중들을 위해 헌신해 온 분이다」(송월주, 「정탄백 기념대회 축사-민족과 인류의 희망」,《원광》315호, 월간원광사, 2000년 11월호, p.36).

연구문제
1) 전재동포구제사업을 하도록 하며 **정산종사가 설한 법어는?**
2) 이 세상 모든 사업 중에 가장 큰 사업은 무엇이며 그 이유는?

[무본편 15장] 발원과 선악종자
핵심주제
발원과 선악종자
대의강령
◎정산종사 말하였다.
　1) 남에게 이익을 주는 길이 많으나 바른 발원 하나 일어나게 하는 것에 더함이 없고,
　2) 남에게 해독을 주는 길이 많으나 나쁜 발원 하나 일어나게 하는 것에 더함이 없으며,
　3) 발원은 그 사람의 영생에 선악의 종자가 되는 까닭이다.
출전근거
『원광』12호(1955년)의 「法說三題」 법설이다(이공전 수필).
단어해석
발원 : ☞권도편 8장 참조.
승함 : 보다 나음, 보다 뛰어남을 勝함이라 한다.
해독 : 삼독 오욕으로 인해 입는 고통스런 피해를 害毒이라 하며, 일원상서원문에 강급이 되고 해독은 입지 아니한다고 하였다.
관련법문
「저 큰 나무도 작은 싹이 썩지 않고 여러 해 큰 결과요, 불보살도 처음 발원을 퇴전하지 않고 오래오래 공을 쌓은 결과이니라」(대종경, 요훈품 10장).
「남에게 해독을 주는 일이 많이 있으나 물질로써 주는 해독은 회생할

길도 있고 각자 마음에 따라 채울 수도 있으나 나쁜 종자를 일으키는 것은 영생의 악종자가 되어 한없는 재화의 종자를 심어주는 것이 될 것이므로 이는 해독 중에 가장 큰 해독이 되는 것이니라」(정산종사법설, 제2편 공도의 주인 9장).

보충해설

상대방에게 베푸는 도움에 있어 보다 근원적인 도움이 더 좋을 것이다. 바른 마음을 갖도록 하는 것이 돈 얼마 주는 것보다 좋다는 뜻이다. 자신의 자녀가 사회에서 출세하도록 하는 것이 좋지만 자녀를 출가시켜 일자출가에 구족이 생천하도록 하는 것도 더없이 좋은 일이라 본다. 『월말통신』 3호에 게재되어 있듯이 「인재양성 기성연합단 취지서」를 보면, 본 단이 미력하므로 우리의 영원한 사업을 성취함에 일조가 된다면 더없이 행복할 것이라 (시창13년, 2.26)고 하였다. 영원한 공부, 영원한 사업에 도움을 주는 것이란 성불제중을 할 수 있는 발원에 도움을 주는 일이다.

주석주해

「여러분은 이 공가에서 이 밥을 먹고 여기서 거주하며 살고 이 일을 하면서 다른 것을 생각하면 안 된다. 오직 우리가 생각한 그 목적, 서원이 굳어져야 된다. 갈수록 굳어져야 된다」(성정철, 원기62년 2월 21일 예비교역자 동계훈련법문)(성산종사문집간행위원회, 『성산종사문집』, 원불교출판사, 1992, p.175).

「불법을 믿는 여러분 혹은 다른 종교를 믿는 분이라도 좀 더 진지하게 그 종교의 진리에 접근하여 나도 저(부처)처럼 참으로 잘 살아 보아야겠다. 나도 고통을 벗어난 삶을 살아 보아야겠다고 마음을 내야 한다」(장응철 역해, 『생활속의 금강경』, 도서출판 동남풍, 2000, p.22).

연구문제

1) 남에게 이익 줌도 필요하지만 바른 발원 하나 일어나게 하는 것에 승함이 없다는 뜻은?
2) 발원은 그 사람의 영생에 선악의 종자가 되는 이유는?

[무본편 16장] 교당과 기관설립의 공
핵심주제
 교당과 기관설립의 공
대의강령
◎정산종사 교당설립의 공에 대하여 말하였다.
　1)교당이 생기는 것은 지방에 복 있는 사람이 많아야 하며,
　2)교당 설립하는 것이 다른 물질보시보다 공이 훨씬 더하다.
◎공익기관이 설립되어야 한다.
　1)흉년에 기민을 위하는 것도 좋지만 사업기관을 벌여 여러 사람이 생활하게 한다면 그 공이 더 크며,
　2)한때 물질적 이익을 주는 것보다 학교를 설립하여 인재가 배우거나, 연구로 편리를 도와준다면 그 공이 더 크며,
　3)도학의 기관으로 교당을 세우고 도덕을 가르쳐 사람들이 선인이 되게 한다면 이보다 큰 복이 없다.
단어해석
 교당 : 원불교 신앙인들이 모여 의식집행 내지 정례법회를 보고 훈련을 받으며, 또 교무의 지도를 받는 곳을 敎堂이라 한다. 초창기에는 지부라 했는데 이 지부의 호칭이 교당으로 바뀐 것은 원기 62년 1월 10일로, 새 교헌의 시행에 의해 지부가 교당으로 바뀐 것이다. 소태산은 『정전』에서 「교당내왕시 주의사항」 6조를 밝히고 있다.
 기민 : 기아 등으로 인해 굶주린 국민을 饑民이라 한다.
 도학 : ☞경륜편 14장 참조.
관련법문
「사람의 육신에 병이 생기면 병원에서 의약으로 치료하게 되고, 마음에 병이 생기면 도가에서 도덕으로 치료하게 되는지라, 그러므로 부처님을 의왕이라 함과 같이 그 교법을 약재라 하고 그 교당을 병원이라 할 수 있나니라」(대종경, 수행품 56장).
「본교의 설립 동기는 과학의 문명에 반대하는 것이 아니라, 모든 물질문명을 선용하기 위하여 그 구하는 정신과 사용하는 정신을 바로 세우자는 것이니라」(정산종사법어, 경의편 2장).

보충해설

교당이란 원불교를 신앙하는 출가 재가가 의례 집행의 도량, 안심 위로의 도량, 수행 정진의 도량, 법연들과 불연 맺는 도량으로 활용된다. 이에 교당은 그 역할의 면에서 다양하며 또한 소중하다. 따라서 정산종사는 교당이 생기는 것은 지방에 복 있는 사람이 많아야 한다고 했으며, 교당 설립의 공은 다른 공보다 훨씬 크다고 하였다. 교당에서 도학을 가르치고 영생 복락의 길을 안내하기 때문이다. 정산종사는 초량교당 법당에 써붙이길 '四恩相生地, 三寶定位所'(국운편 2장)라 하였다. 교당은 법신불 사은의 도움으로 은혜 충만한 곳이요, 불법승 신봉의 장소라는 것이다.

주석주해

「교역자들은 혈혈단신으로 먹는 것, 입는 것 아끼면서 주야로 생각생각 오직 교단창립과 발전 뿐, 옆도 뒤도 돌아볼 겨를이 없이 개미처럼 일하고 꿀벌처럼 많은 일을 이루어냈다. 마치 꿀벌이 꿀을 모으듯이 교무님들은 가는 곳마다 교당을 이루어 내어 교단 창립기에 참여한 몫을 훌륭히 해냈다」(전이창, 『죽음의 길을 어떻게 잘 다녀올까』, 도서출판 솝리, 1995, p.85).

「조실에 가끔 들르면 정산종사는 "시골에서 사는 교무는 사업하려고 힘쓰지 말고 인재 배출하는 것이 급선무니 이 일에 힘을 쓰라"고 말씀하셨다. 이 말씀은 내가 금평에서 전무출신들을 배출했던 계기가 되었다」(정윤재, 「마음공부 잘하라는 말씀 늘 간직」, 『우리회상의 법모』, 원불교신문사, 1994, p.271).

연구문제

교당 하나 설립하는 것이 다른 물질의 보시보다 공이 훨씬 더하고 큰 복이 되는 까닭은?

[무본편 17장] 부처님 포부와 사업

핵심주제

부처님 포부와 사업

대의강령

◎정산종사 말하였다.
  1)불보살은 허공법계를 내 집안 삼고 시방 복록을 수용하며,
  2)크다 하여도 국한 없는 부처님 포부보다 크며, 넓다 하여도 국한 없는 부처님 곡간보다 넓으리요.

단어해석
허공법계 : ☞원리편 31장 참조.
복록 : ☞경륜편 13장 참조.
세세생생 : 인간이 태어나면 죽고, 또 태어나는 것이 불교의 삼세 인과론이다. 곧 일생만이 아니라 영생을 두고 생사거래를 하는 세월을 世世生生이라 한다.『예전』열반기념제 축원문에 '생생에 사람의 몸을 잃지 아니하고 세세에 도덕의 인연을 떠나지 아니하오며' 라 했다.
포부 : 가슴속에 품고 있는 생각이나 계획을 抱負라 한다. 소태산 대종사의 포부와 경륜이 성불제중이라는 것을 잘 알 수 있다.
곡간 : 곡식을 간직하여 보관해 두는 창고를 穀間이라 한다.

관련법문
「우리는 현실적으로 국한된 소유물 밖에 자기의 소유가 아니요, 현실적으로 국한된 집 밖에 자기의 권속이 아닌데, 부처님께서는 우주만유가 다 부처님의 소유요 시방세계가 다 부처님의 집이요 일체중생이 다 부처님의 권속이라」(대종경, 서품 17장).
「크다는 것은 바로 막힘이 없는 것이다. 한정 있는 국가주의나 민족주의를 초월하여야 제일 큰 부처님 주의가 되고, 국한 있는 착심과 편심을 벗어나야 심량이 광대한 큰 사람이 된다」(한울안 한이치에, 제1장 마음공부 8장).

보충해설
사람들이 부자라고 하는 것은 부동산을 많이 소유하는 것에 초점을 맞추어왔다. 이는 세속사람들이 재색명리의 소유를 행복으로 보는 사실 때문이다. 하지만 불보살은 허공법계를 내 집안 삼고 시방세계의 복록을 수용한다는 것이다. 농촌에서는 논밭을 이전 등기하는 것도 필요하지만, 도가에서는 천지허공을 이전등기하는 사람이 필요하다. 소태산 대종사는『대종경』성리품 26장에

서 누가 허공법계를 완전히 자신의 소유로 이전 등기를 했느냐고 반문하고 있다. 국한 없는 허공의 소유자가 참 부자인 것이다.

주석주해

「소태산은 진리에 대한 안목이 열린 사람은 일정한 수준을 넘어서는 인식의 차원에 도달해야 한다고 말한다. 이를 소태산은 일원상 법어에서 시방세계가 다 오가의 소유인 것을 아는 것이라고 그 기준을 제시하고 있다」(김영민, 「원불교 성리의 활용방안」, 『원불교사상』 23집, 원불교사상연구원, 1999, p.80).

「나에게 無名唯一의 진기한 寶庫 하나가 있으니, 그 庫內에는 무량의 혜복이 산적하여 있다. 나의 무기는 그 慧福庫에 침입하는 외적을 방지하는 무기이다. … 곡간의 진실한 명칭과 적실한 위치는 대체 어떠한 것인가. 즉 우리의 정신과 육신 양개 부분으로써 구성된 영보도국을 이름이다」(김기천, 「나의 무기는 인내다」, 월말통신 제4호, 시창 13년 음 6월 말일(원불교교고총간 제1권, pp.29-30).

연구문제

크다 하여도 국한 없는 부처님 포부보다 더 크며, 넓다 하여도 국한 없는 부처님 곡간보다 더 넓겠는가에 대하여 설명하시오.

[무본편 18장] 공덕을 짓는 방법

핵심주제

공덕을 짓는 방법

대의강령

◎공덕을 짓는 데에 세 가지 법이 있다.

1)심공덕이라, 남을 위하고 세상을 구원할 마음으로 대중을 위해 기도하고 정성들이는 것이며,

2)행공덕이라, 자기의 육근작용으로 덕을 베풀고 자기 소유로 보시를 행하여 실행으로 남에게 이익 줌이며,

3)법공덕이라, 대도정법의 혜명을 이어 그 법륜을 시방삼세에 굴리며, 정신 육신 물질로 도덕회상을 발전시키는 공덕이다.

단어해석

심공덕 : 마음 속으로 자신은 물론 중생 제도를 염원하고 국가사회의 발전을 위해 심고와 기도를 간절히 올리는 공덕을 心功德이라 한다.

행공덕 : 자신의 육근작용을 따라 몸소 실행으로 이웃과 인류를 위해 이익을 베풀며 공헌하는 공덕을 行功德이라 한다.

법공덕 : 원불교 교법을 세상에 전파하고, 법륜을 굴리는 것을 法功德이라 한다. 정전 이해와 교법 전파를 통한 인류 구원이 이것이다.

혜명 : 지혜의 중요성을 강조하기 위해 생명과 연결시키는 것을 慧命이라 한다. 교법의 명맥이 지속적으로 이어진다는 의미를 보면, 원불교 성가의 가사에 '우리는 대종사님 혜명의 등불' 이라는 말과 통한다.

법륜 : ☞기연편 15장 참조.

관련법문

「심공덕과 행공덕은 개인사업과 같고 법공덕은 주식회사와 같나니, 같은 노력에도 개인 사업은 1백 원을 벌면 주식회사는 1만 원을 벌게 되는 경우처럼 법공덕은 무루의 복전을 만남과 같나니라」(정산종사법설, 제3편 도덕천하 42장).

「도덕문명은 원래 형상 없는 사람의 마음을 단련하는 것이므로 그 공효가 더디기는 하나 그 공덕에 국한이 없나니, 제생의세 하는 위대한 힘이 어찌 물질문명에 비할 것이며, 그 광명이 어찌 한 세상에 그치고 말 것이리요」(대종경, 교의품 32장).

보충해설

공덕을 짓는 방법에는 여러 가지가 있을 것이다. 이에 정산종사는 세 가지를 제시하고 있다. 그것은 심공덕·행공덕·법공덕이다. 마음으로 공덕을 짓고, 행동으로 공덕을 지으며, 정법으로 공덕을 짓는 것이 이것이다. 불가에서의 공덕은 어떻게 이해되는가? 대승초기의 경전인 『반야경』에서는 "반야경을 공양한다면 이 때문에 얻는 공덕이 불탑을 공양하여 얻는 공덕과 비교할 수 없을 만큼 크다" 고 하였다. 불법의 정수를 담고 있는 법보경전을 공양하는 공덕이 현상의 물질보시로서 불탑을 공양하는 것보다 크다는 것이다. 정산종사가 심공덕·행공덕·법공덕에서 법공덕이 소중함을 제시하고 있는 것과 상통한다.
주석주해
「진리는 공이 없는 일을 주지 않는 것이요, 작은 데로부터 커지도록 되어 있는지라, 반드시 공을 들이고 작은 힘을 쌓아 놓으면 스스로 공을 이룰 것이며…」(구타원종사 법문집 편집위원회 편, 『인생과 수양』, 구타원종사기념사업회, 2007, p.37).
「저 고기가 물에 살지마는 물의 은혜를 모른다. 우리가 볼 때는 물이 없으면 당장에 죽는다. 그렇듯이 우리가 이 법을 믿고 이 법에 의지해서 살 것 같으면 이 법의 공덕을 철저히 알아야 한다」(성산종사문집간행위원회, 『성산종사문집』, 원불교출판사, 1992, pp.175-176).
고시문제
공덕을 짓는 세 가지 방법은?
연구문제
1)공덕에 있어 심공덕과 행공덕이란 무엇인가?
2)공덕에 있어 법공덕이란 무엇인가?

[무본편 19장] 도량생활과 마음공부
핵심주제
도량생활과 마음공부
대의강령
◎도량에 사는 것이 근본에 있어 마음공부를 하기 위함이다.
　1)공부를 하려함에 의식을 준비하게 되며,
　2)여러 대중이 같이 일하고 사업하고 기관도 벌였으며,
　3)공부인 가운데 근본을 잊고 욕심과 영화에 마음을 흘려보내는 이 적지 않으니 본말을 전도한 전정이 근심이다.
단어해석
　도량 : ☞경륜편 15장 참조.
　영화 : ☞권도편 46장 참조.
　전도 : 엎어져서 거꾸로 넘어짐을 顚倒라 한다.

전정 : ☞응기편 5장 참조.
관련법문
「우리의 마음을 자주 살피지 아니하면 잡념 일어나는 것이 마치 이 도량을 조금만 불고하면 어느 틈에 잡초가 무성하는 것과 같아서 마음공부와 제초작업이 그 뜻이 서로 통함을 알리어, 제초하는 것으로 마음공부를 대조하게 하고 마음공부 하는 것으로 제초를 하게 하여 도량과 심전을 다 같이 깨끗하게 하라는 것이라」
(대종경, 실시품 15장).
「대종사님의 정신을 구현하는 표준 도량이 되도록 함으로써 범교단이 교화와 아울러서 수도하는 교단, 교육하는 교단, 생산하는 교단, 훈련하는 교단, 봉공하는 교단의 틀을 굳혀나가야 하겠다」
(대산종사법문 2집, 제3부 종법사취임법설, 회상의 뿌리 세 가지).

보충해설
출가자로서 도량에 사는 목적이 무엇일까? 매우 본질적인 질문이다. 당연히 성불제중이요, 요약해서 말하면 마음공부를 위함이기도 하다. 그러나 출가를 하여 살다보면 근본을 잊고 욕심과 영화에 유혹되지 않는가를 반조해 본다면 주종 본말을 분명히 하는 삶이 요구된다. 일생동안 재색명리의 낙을 이 공부 이 사업으로 바꾸고 보면 영생의 복락은 이루 말할 수 없다는『전무출신의 도』 7조가 주종 본말을 분명히 하는 기준이 될 것이다. 주종 본말을 분명히 함은 공인으로서 공부심과 대의명분이 세워졌을 때 용이해진다.

주석주해
「도가·도문·수도문중 등의 표현은 교단의 수행단체적 성격을 나타낸다. 즉 원불교 교단은 다른 어떤 목적에 앞서서 도덕을 중심으로 하여 그것을 닦고 가르치는 활동을 일차적인 목적으로 삼는다」(신명교, 「원불교 교단관」,『원불교사상시론』 1집, 수위단회 사무처, 1982, pp.20-21).
「진리를 깨닫지 못하고 받은 모든 부귀영화는 풀끝의 이슬 같고 허공의 구름 같고 떠다놓은 물과 같은 것이다. 아무리 떠다놓은 물이 많다 해도 그 물은 쓰면 다할 날이 있다. 그러나 우리가 생수구멍을 발견해서 생수를 얻었다면 조그만 옹달샘이라도 아무리 퍼써도 다할 날이 없을 것이다. 그러기 때문에 우리는 진리를 깨쳐서 진리를 알고 받는 그 행복을 우리가 구해야 한다」(조전권, 선진문집1 『행복자는 누구인가』, 원불교출판사, 1979, p.20).

연구문제
1) 도량에 사는 근본은 마음공부를 하기 위함이라 한 뜻은?
2) 도량에 살면서 본말을 전도한 그 전정이 근심된다는 의미는?

[무본편 20장] 마음공부의 근기

핵심주제
마음공부의 근기

대의강령
◎한 도량에 같이 생활해도 사람의 마음 뽑히는 형상이 다르다.
1) 생각, 소원이 공부와 사업에 오롯이 집중된 사람이 있으며,
2) 혹 다른 데에 마음이 뽑히나 반조하여 바로 본원에 돌아오는 사람도 있으며,
3) 상당히 많이 뽑히나 스승과 동지의 말을 듣고 다시 본분을 챙기는 사람도 있으며,
4) 뽑히는 마음이 행동으로 나타나 대중의 시비를 듣되 반성이 없고 스승 동지의 충고를 듣지 않고 일을 그르치는 사람도 있다.

단어해석
형상 : ☞원리편 18장 참조.
반조 : 유혹에 끌리는 마음 경계를 맑고 청정한 자성에 돌이켜 보는 것을 返照라 한다. 출가한 서원을 돌이켜보는 서원반조, 출가한 목적을 돌이켜 보는 목적반조를 통해 궁극적으로 회광반조하는 자아의 본래면목을 찾을 수 있을 것이다.
본분 : 사람들이 저마다 갖고 있는 본래의 신분, 마땅히 해야 할 직분, 맑은 마음에 간직된 본래심이 本分이다. 여기에서는 후자에 속한다.

관련법문

「근래 공부인 가운데에는 이 법문에 찾아와서도 외학을 더 숭상하는 사람이 있으며, 외지를 구하기 위하여 도리어 도문을 등지는 사람도 간혹 있나니 어찌 한탄스럽지 아니하리요. 그런즉 그대들은 각기 그 본원을 더욱 굳게 하기 위하여 이 공부에 끝까지 정진할 서약들을 다시 하라」(대종경, 부촉품 8장).

「우리가 일을 처리하는 데에도 끌리는 바가 없어야 바르게 보고 옳게 처리할 수 있는 것이다. 남의 시비에는 밝으면서 자기의 시비에 어두운 것은 가리고 편벽되기 때문이다」(한울안 한이치에, 제3장 일원의 진리 31장).

보충해설

출가를 하여 공동체 생활을 할 경우 도반들과 영생의 고락을 함께 한다. 이 공동체란 교당의 교무와 부교무가 함께 사는 경우가 있고, 기관에서 함께 근무하는 경우가 있으며, 총부에서 업무를 함께 보는 경우가 있다. 공동체 생활 속에서 살다보니 각자의 개성이 다르고 심법도 다르게 나타나는 경우가 많아 시비가 따른다. 시비가 따르다 보면 주위 인연으로부터 충고를 듣고 개선하거나 오히려 거스르는 경우도 있을 것이다. 정산종사는 이를 마음 뽑히는 현상이라 했다. 육근작용에 나타나는 소소영령한 마음 작용이 이것이다. 대산종사는 "일만 시비가 쯔하여 한 경지가 솟은 자리가 존야기이다" (대산종사법문 5집, 2.제가수행의 요지, 1. 정신수양의 요제)라고 하였다. 시비를 초월하고 원근친소를 극복하면 마음의 본분에 충실하여 선연 선과 그대로이다.

주석주해

「유허일은 "이론적 종교를 떠나서 반드시 일용행사에 극락세계를 맛볼 수 있는 실천 실행의 종교라야만 이것이 곧 현대생활에 적합한 종교" 라 하였다. 또한 "삼천만이 모두 형식적 신앙자가 되라는 것이 아니라 서로서로 자기 본분만 잘 지킨다면 무엇이 혼란되고 무엇이 복잡하겠냐" 고 하였다」(원불교사상연구원 편, 『원불교 인물과 사상』(Ⅰ), 원불교사상연구원, 2000, p.204).

「양심에 바탕해서 악을 행하지 아니하며 대중의 충고를 달게 받아 악행을 선행으로 바꾸며 지극히 공변되고 지극히 밝은 인과의 현묘한 진리에 따라 지공무사한 인과법칙에 일치해야 한다」(한종만, 『원불교 대종경 해의』(上), 도서출판 동아시아, 2001, p.462).
연구문제
한 도량에 같이 생활하여도 사람들의 마음 뽑히는 형상이 각각 다른 사례들을 언급하시오.

[무본편 21장] 공부심 없는 사람
핵심주제
공부심 없는 사람
대의강령
◎구내에 살면서 공부심을 놓아버리고 사는 사람을 보면?
1) 그 사람의 과거업장이 얼마나 두터운가 민망스런 생각이며,
2) 생사 이치와 죄복 이치를 생각할 때 깜짝 놀랄 일이며,
3) 이 법문에 들어와서도 아무 생각 없이 생활하는 것을 보면 오직 불쌍할 따름이다.
단어해석
구내 : ☞응기편 50장 참조.
공부심 : ☞응기편 23장 참조.
민망 : 답답하고 딱하여 심히 걱정스러운 것을 憫惘이라 한다.
법문 : 진리를 깨친 사람의 가르침을 法門이라고 하며, 또는 법을 전하는 도가의 문을 법문이라고도 한다. '이 법문에 들어와서' 라는 본 언급은 '이 도가의 문에 들어와서' 라는 의미이다.
관련법문
「천하의 진리가 어느 것 하나라도 그대로 머물러 있는 것이 없는지라, 불퇴전 위에 오르신 부처님께서도 공부심은 여전히 계속되어야 어떠한 순역 경계와 천마외도라도 그 마음을 물러나게 하지 못할지라, 이것이 이른바 불퇴전이니라」(대종경, 변의품 39장).
「만일 북풍이 조금 불다가 남풍이 불어버리면 다시 녹아 버리는 것처럼, 삼대력을 얻으려는 사람은 언제나 공부심을 가지고 살아

야 할 것이요, 만일 공부심을 놓고 보면 다시 후퇴하게 된다」(한 울안 한이치에, 제1장 마음공부 46장).
보충해설
 재가출가 수행자에게 신심·공심·공부심 혹은 자비심이란 반드시 갖추어야 할 심법이다. 이중에서 구도를 통해 도락을 즐기려면 공부심을 갖고 살아야 한다. 공부심이 없으면 방심하기 쉬우며 그로 인해 자행자지하게 된다. 소태산 대종사가 1943년 5월 하순 병환이 심중하자 공산 송혜환 선진이 전주와 군산에서 의사 몇 명을 불렀다. 이러한 경황 중에 대종사는 말하였다. "급한 때일수록 공부심을 놓지 말아라. 뭣 하러 의사를 2-3명씩이나 부르느냐?" 며 조급심을 갖지 말 것이며, 어떠한 난관에도 공부심을 놓지 말고 취사를 온전히 하라고 하였다. 항상 공부심을 갖고 사는 도인은 진급은 물론 주위의 감동과 깨우침을 주는 것이다.
주석주해
「일속에 있으되 초연하고, 혈심을 다하지만 일에 빠져 버리지 않고, 조용한 가운데 흔적 없이 해야 한다. 일을 잡아야 할 때가 되면 잡고, 놓아야 할 때가 되면 일을 놓는 集·放 자재하는 공부심으로 일을 해야 한다」(전이창, 『죽음의 길을 어떻게 잘 다녀올까』, 도서출판 솝리, 1995, p.86).
「공부심을 성취하는 네 가지 방법 : 첫째 관찰이다. … 둘째 분석이다. … 셋째 취함이다. … 넷째 버림이다」(조정근, 『일원화를 피우소서』, 원불교출판사, 2005, pp.131-132).
연구문제
 이 구내(총부)에 살면서도 공부심은 다 놓아버리고 사는 사람들에게 정산종사가 설한 법어는?

[무본편 22장] 공사와 정사의 대조
핵심주제
 공사와 정사의 대조
대의강령

◎한 마음이 일어날 때 公私와 正邪를 대조하여 공변되게 하라.

1) 바늘구멍으로 소바람 들어온다는 말이 있듯이 삿된 마음이 들어오면 본원에 반조하여 바른 마음으로 돌려야 후회 없으며,

2) 도량에서 공부 없이 시일만 보내면 회상 등지고 타락하며, 공가에서 짓는 죄가 사가보다 중한 보응을 받게 되며,

3) 본원에 반조하는 마음이 부처와 가까워지는 마음이니 수도인은 도만 생각하고 부처만 그리워하라.

단어해석

공사·정사 : 공중과 개인을 公·私라 하고, 정법과 사도를 正·邪라 한다. 수도인은 위공망사의 공을 우선하고 사를 극복하는 심법이 필요하고, 정법대도를 선양하고 사도를 멀리하는 공부심을 갖춰야 한다.

공변 : ☞원리편 3장 참조.

본원 : ☞경륜편 30장 참조.

관련법문

「정녀교무들에게 말씀하시기를 "바늘구멍으로 황소바람이 들어오는 것이라, 조그만 욕심이 사자나 코끼리보다 무서운 업의 뭉치가 되나니라. 그러므로 너희들은 일생동안 안 난 폭 잡고 열생만 정녀로 살면 저절로 성불하고 불지에 오를 것이니라"」(정산종사법설, 제5편 자비하신 스승님 77장).

「대종사 대중을 통솔하심에 네 가지의 엄한 경계가 있으시니, 하나는 공물을 사유로 내는 것이요, 둘은 출가한 사람으로서 사가에 돌아가 이유 없이 오래 머무르거나 또는 私事를 경영하는 것이요, 셋은 자기의 안일을 도모하여 공중사에 협력하지 않는 것이요, 넷은 삼학병진의 대도를 닦지 아니하고 편벽되이 定靜만 익혀서 신통을 희망하는 것이니라」(대종경, 실시품 37장).

보충해설

세상에 살아가면서 공부심을 갖지 않고 살다보면 원근친소와 시비이해에 얽히기 쉽다. 이에 공변된 마음으로 公私와 正邪를 대조하며 사는 것이 수도인이다. 자칫 방심하여 삿된 마음이 침입하면 서원이 어그러지기 쉽다. 양하운 대사모가 총부에서 농사로

많은 고생을 하였다. 일반 교도들이 이를 죄송스럽게 여겨 거교적으로 성금을 모아 도움을 주려 했다. 대종사는 "이만한 큰 회상을 창립하는데 그 사람도 직접 나서서 창립의 큰 인물은 못 될지언정 도리어 대중의 도움을 받아서야 되겠는가. 자력이 없어서 할 수 없는 처지라면 모르거니와 자신의 힘으로 살 수 있다면 그것이 떳떳하고 행복한 생활이니라"(대종경, 실시품 25장)며 완곡히 반대했다. 친소를 초탈, 공사를 분명히 한 소태산 대종사이다.

주석주해
「결과가 아무리 좋아도 절차와 과정에 잘못이 있으면 안 된다는 점, 주어진 임무의 범위를 벗어난 공심도 문제가 될 수 있다는 점 등은 공중사 하는 사람들의 公私 구분에 관한 어려움으로 여겨진다」(신명국, 「公事의 公私 구분」, 『마음은 어디서 쉬는가』, 출가교화단, 1997, p.58).
「인생관의 正·邪는 우리 인류의 행·불행을 결정하며 우리 일생 선악에 뚜렷한 분기점이 됨을 자각하지 아니하면 아니 될 것이다」(청하문총간행회, 『묵산정사문집』, 원불교출판사, 1985, p.27).

연구문제
1)한 마음이 일어날 때 公私와 正邪를 대조하여 마음의 시작부터 공변되고 바르게 하라는 뜻은?
2)공가에서 짓는 죄가 사가에서 짓는 죄보다 훨씬 중한 이유는?

[무본편 23장] 주심과 객심
핵심주제
주심과 객심
대의강령
◎도량에서 생활하는 가운데 주심과 객심을 분간해야 한다.
1)우리가 도량에 와서 생활하므로 주심은 돈·권리·명예·향락을 구함이 아니라 성불제중이며,
2)성불이 주심이요 제중하고자 함이 주심인 바, 주심을 놓고 객심에 사로잡혀 주객이 바뀐 생활을 하면 우리의 전도는 어찌

될 것인가?

　3)주심을 견고히 하고 객심을 이용할지언정 객심으로 인해 주심을 지배 말아야 근본이 확립된다.

단어해석

　주심 : 출가인으로서 성불제중을 염원하는 초발심을 갖고 사는 것을 主心이라 한다. 따라서 수도인으로서 본원을 반조하는 주체적 마음을 갖고 사는 주심을 놓아서는 안 될 것이다.

　객심 : 본래의 서원을 잊어버리고 불평불만이 생겨나며, 삼독오욕의 번뇌가 치성한 마음을 客心이라 한다. 주인의 마음이 아니라 지나가는 객의 마음으로 건성건성 생각하는 것도 객심의 일종이다.

　전도 : ☞경륜편 6장 참조.

관련법문

　「정산종사 야회에서 말씀하시기를 "사람이 세간생활을 하는 가운데에는 반드시 주심과 객심이 있어야 하나니 우리의 주심은 과연 무엇인가. 우리가 이곳에 와서 사는 것이 돈을 얻고자 함인가, 명예를 얻고자 함인가. 그 아무것도 아니니라. 성불제중을 목적한 우리들이 만약 주심을 놓고 객심에 사로잡혀 주객이 바뀌게 된다면 그 앞길은 어찌될 것인가"」(정산종사법설, 제2편 공도의 주인 28장).

　「사람에 있어서 마음은 근본이 되고 육신은 끝이 되며, 세상에 있어서 도학은 주가 되고 과학은 종이 되는 바 이 본말과 주종을 분명히 알아야만 비로소 도를 아는 사람이라」(대종경, 인도품 5장).

보충해설

　본 장은 정산종사가 야회에서 언급한 법어이다. 그는 주심과 객심에 대한 법설을 한 후에 다음을 언급한다. 곧 세상에서 제일 중요한 것은 재색명리의 향유가 아니라 고해에서 고통 받는 인류를 구원하는 '교화의 대기술'(정산종사법설, 제2편 28장)이라는 것이다. 정산종사의 언급처럼 우리가 도량에 입문하여 생활하면서 본래 마음이 돈·권리·명예·향락에 흐르는 것이 객심이며, 이를 극복하고 인류 구원을 향한 성불제중의 길이 주심인 것이다. 돌이켜 보면 재색명리는 삼독오욕에 물든 과객의 마음(客心)처럼 홀림과도 같다.
주석주해
「인간이 사상을 위해 존재하는 것은 아니다. 그런데도 때로는 인간이 사상을 위해 존재하는 것처럼 착각한 사례가 없지 않다. 이것은 주와 객의 전도요, 본말의 바뀜으로 여기에 수반되는 부작용은 대단하다」(이광정, 『주세불의 자비경륜』, 원불교출판사, 1994, p.8).
「세상이 우리를 따르도록 해야 하고 우리가 세상을 따라서는 안 될 일이다. 자칫하면 주객이 전도될 수 있고 그 책임을 실천하는 데 더딜 수 있다」(동산문집편찬위원회, 동산문집 Ⅱ 『진리는 하나 세계도 하나』, 원불교출판사, 1994, p.59).
연구문제
도량생활에서 주심과 객심은 무엇인가?

[무본편 24장] 성불제중과 목적반조
핵심주제
성불제중과 목적반조
대의강령
◎정산종사 말하였다.
1) 성불제중의 서원은 소원 중 제일 높고 제일 큰 서원이며,
2) 성불제중을 위해 모여 사는 곳은 제일 신성하고 귀중하며,
3) 우리의 의무가 얼마나 중하며 우리 생활이 얼마나 귀한가.
◎경계에 부딪치고 시국과 생활의 어려움을 따라 도량에서도 방심하면 본분을 매각할 염려가 있다.
1) 크게 주의하여 시간을 지낼 때마다 경계를 당할 때마다 본래 목적에 대조하기를 잊지 말며,
2) 이 공부가 오래 순숙되면 반조할 것 없이 목적에 적중될 것이요, 세계가 불국으로 화한다.
출전근거
『원광』 4호(1950년)의 「회광반조하라(1)」 법설이다(이은석 수필).

단어해석
　부지불식 : 전혀 알지 못하고 있는 것을 不知不識이라 한다. 공부심 없이 방심하고 살다보면 자신이 부지불식간 세속 유혹의 경계에 떨어져 악도윤회를 할 수 있으니 매사에 성찰하는 지혜가 필요하다.
　본래목적 : 수도인 본래의 의무로서 성불제중과 제생의세를 서원하고 이를 실천하려는 목적을 本來目的이라 한다.
　순숙 : 완전히 익거나 익숙해짐을 純熟이라 한다.
　불국 : 자의적으로는 부처님이 사는 나라를 佛國이라 한다. 불국정토로서 불가에서 추구하는 이상세계를 말한다. 불국 세계는 소태산이 「전망품」에 밝혔듯이 청정도량으로서 전반세계·낙원세계·미륵불 세계이다.

관련법문
　「도문에 들어와 공부와 사업을 할 때에 맨 처음의 발심과 입지와 서원이 굳어야 그 목적을 달성할 수 있을 것이니 그러한 굳은 서원이 없이는 중생이 변해서 부처가 될 수 없나니라. 여기에 모인 여러분들은 성불제중의 큰 서원과 목적을 세웠으니 처음 발심부터 굳게 맹세하고 굳게 매진하여, 영원무궁토록 성불제중의 원과 목적을 달성하기 바라노라」(정산종사법설, 제7편 불법대해 5장).
　「선한 습관을 들이기 위하여 공부하는 중에도 조금만 방심하면 알지 못하는 가운데 악한 경계에 흘러가서 처음 목적한 바와는 반대로 되기 쉽나니 이 점에 늘 주의하여야 착한 인품을 이루게 되리라」(대종경, 수행품 30장).

보충해설
　우리가 출가한 목적은 한마디로 말해서 성불제중이다. 목적을 다른 말로 말하면 서원이기도 하다. 정산종사는 성불제중이란 인류의 서원가운데 가장 큰 서원이라 했다. 이 서원을 키워가기 위해서는 어떠한 경계에도 잘 극복하고 살아가야 하며, 또 경계를 당할 때마다 본래 목적에 대조한다면 우리의 목적이자 서원을 이루어 낙원세계가 전개될 것이다. 성불제중이란 일원상의 진리를 신봉하며, 돈독한 신앙 수행으로 부처를 이루어 중생을 낙원으로 인도하려는 모두의 서원이다. "바쁘다. 스님이 항상 바쁘다고 한 말은 거짓말이 아닐 것이다. 제군도 성불제중을 원하거든 동정간에 게을리 말지어다"(월간교화 157호, 2006.5, pp.89-90). 동정간 불리선법이란 대종사의 법문을 구타원 이공주가 수필한 것이다. 동정간 정진 적공의 길이 멀리 있지 않다고 본다.

주석주해

「우리는 각자 맡은 바 책임은 다르나 한 가지 성불제중의 서원 아래 일원대도를 널리 선양하여 대종사의 정법을 실천궁행하는데 몸과 마음을 바친 사람들이다」(구타원종사 법문집 편집위원회 편, 『인생과 수양』, 구타원종사기념사업회, 2007, pp.36-37).

「나는 고향에서 초등학교 선생을 하다 출가를 했다. "희망이 뭣인가?" 평소 늘 생각해 왔던 것이라 서슴없이 "한국 여성운동을 하고 싶습니다"라고 말씀드렸다. "그래, 삼천만 민족 중 일천오백만 여성을 위해 일하겠다고?" 나는 당돌하게 정산종사께 되물었다. "종법사님의 원은 무엇입니까?" "내 원은 인류, 시방세계 육도사생을 제도하는 것이다"」(윤주현, 「희망적인 말씀에 큰 힘 얻어」, 『우리회상의 법모』, 원불교신문사, 1994, p.156).

연구문제

1) 인류의 소원 가운데 제일 높고 제일 큰 서원이란?
2) 방심하면 부지불식간에 본분을 매각할 염려가 있다는 뜻은?

[무본편 25장] 신훈경례

핵심주제

신훈경례

대의강령

◎신훈경계는 근본을 사모하는 예요, 마음 챙기는 시간이다.

1) 심신의 권태에 끌려 등한한 생각이 나거든 본래 목적에 반조하여 새 정신으로 힘써 행할 것이며,
2) 새벽 좌선은 천진면목을 찾아보는 좋은 시간이니 본래 목적에 반조하여 시간을 지킬 것이며,
3) 예회나 야회는 정신의 양식을 장만하는 특수한 날이니, 본

래 목적에 반조하여 정성으로 참석할 것이며,

　4)계율은 수행자의 생명이요 성불의 사다리니, 본래 목적에 반조하여 죽기로써 실행할 것이며,

　5)경전은 우리의 전도를 바로 인도하는 광명의 등불이니, 본래 목적에 반조하여 연습에 힘쓸 것이다.

출전근거

『원광』4호(1950년)의「회광반조하라(1)」법설이다(이은석 수필).

단어해석

신혼경례 : 새벽과 저녁에 심고를 올리고 경례하는 일을 晨昏敬禮라 한다. 새벽과 저녁(晨昏)에 의례의 공경으로 예를 표하는 것이다. 교도의 의무로 조석심고가 그것이며, 넓게 새벽 좌선과 저녁 염불도 포함된다.

권태 : 나태하여 무기력해짐을 倦怠라 한다.

천진면목 : 천진한 본래면복(원리편 34장 참조)을 天眞面目이라 한다.

예회 : ☞권도편 18장 '법회' 참조.

야회 : 저녁에 갖는 정례법회를 夜會라 한다. 화요일·수요일·목요일 등 교당의 사정에 따라 특정한 요일을 정하여 야회법회를 본다.

관련법문

「교도는 매일 취침 전과 기침 후에 일정한 정성으로 신혼경례를 올리되, 일정한 신호나 각자의 대중에 의하여, 일어나 마음을 바루고 1분간 심고한 후 삼세의 제불제성과 삼세의 부모 조상에게 각각 한 번씩 경례하며, 봉불이 된 실내에서는 불단을 향하여 서서 하고, 그 밖의 경우에는 각각 본래의 방향대로 서서 할 것이니라」(원불교예전, 제3 교례편, 제2장 봉불, 제4절 불전배례 및 신혼경례).

「공부인에게 상시로 수행을 훈련시키기 위하여 상시응용주의사항 6조와 교당내왕시주의사항 6조를 정하였나니라」(정전, 제3 수행편, 제2장 정기훈련과 상시훈련, 제2절 상시훈련법).

보충해설

신혼경례란 용어는 좀 어려운 용어이다. 신혼이 갖는 다의적 의미 때문이다. 신혼은 新婚이 아닌 晨昏으로 새벽과 저녁을 말한

다. 따라서 신혼경례란 새벽 좌선을 통해 천진면목을 찾아보는 시간이며, 저녁 염불이나 야회를 통해 정신을 맑히는 오롯한 시간이다. 기도나 심고 역시 신혼경례에 속하는 종교의례이다. 우리는 법신불의 위력을 얻고 체성에 합하려면 신혼경례에 경건히 참여해야 한다. 이에 소태산은 『대종경』 교의품 17장에서 "심고의 감응은 심고하는 사람의 정성에 따라 무위자연한 가운데 상상하지 못할 위력을 얻게 되는 것이라" 고 하였다.

주석주해
「상시일기는 유무념 공부와 계문을 기재하여 작업취사를 반조하는 것이다. 주의는 하기로 한 일과 안하기로 한 일에 대해서 경우에 따라 잊어버리지 않고 실행하는 마음을 이른 것이다」(원불교사상연구원 편, 『숭산논집』, 원광대학교 출판국, 1996, p.81).

「심고를 모실 때는 두 가지 뜻이 있다. 첫째 사은신앙의 뜻이 있고, 둘째 신혼경계로서 아침저녁으로 하는 인사이다. 삼세 제불 제성 전에 1배하고 삼세 모든 부모에게 1배하는 것이다」(한종만, 『원불교 대종경 해의』(上), 도서출판 동아시아, 2001, p.520).

연구문제
신혼경례에서 목적반조를 위해 행해야 할 것들은 무엇인가?

[무본편 26장] 헌규의 생명선
핵심주제
헌규의 생명선
대의강령
◎헌규는 대중을 총섭하는 생명선이다.

1)개인의 사의와 편견으로 위반할 생각이 나거든 본래 목적에 반조하여 公法을 생명같이 보호할 것이며,

2)개인의 명예와 권리에 편착되거든 본래 목적에 반조하여 전체의 명예와 권리를 얻도록 할 것이며,

3)개인의 안일과 이욕에 치우쳐 대중의 안위와 전체의 이해를 불고하거든 본래 목적에 반조하여 무아봉공을 할 것이며,

4)복잡한 外典에 치우쳐 도학의 원경을 가벼이 알거든 본래 목적에 반조하여 주종의 대의를 잃지 말 것이며,

5)번화한 욕심에 끌려 수도인의 생활에 부질없는 생각이 나거든 본래 목적에 반조하여 큰 경륜을 매각하지 말라.

출전근거
『원광』4호(1950년)의「회광반조하라(1)」법설이다(이은석 수필).

단어해석
헌규 : 교단의 법통과 질서 유지의 측면에서 제정된 교헌·교규·교령을 통칭하는 말이 憲規이다. 교헌은 교단의 기본 헌장이며, 교규와 교령은 시행규칙과 시행령을 말한다. 주지하듯이 교령은 교규나 교헌에 저촉될 수 없고, 교규는 교헌에 저촉될 수 없다.

총섭 : ☞무본편 6장 참조.

사의 : 개인의 뜻이나 의사를 私意라 한다.

편견 : 사물·현상·인간 등을 한쪽 면만을 바라보아 치우친 견해를 갖는 것을 偏見이라 한다. 편견은 팔정도의 하나인 正見과 달리 왜곡된 실상으로 전개된다.

공법 : 개인이 아닌 사회·국가·교단 등 공중의 질서를 위한 법규를 公法이라 한다. 원불교의 경우 교헌·교규 등이 있다.

안위 : ☞권도편 46장 참조.

무아봉공 : ☞국운편 27장 참조.

외전 : 자기가 믿는 종교의 경전 외의 경전을 外典이라 한다. 원불교의 경우 원불교전서 이외의 것이 외전이고, 불교의 경우 기독교나 다른 종교의 경전이 외전이다.

원경 : 가장 근본이 되는 경전을 元經이라 한다. 원불교의 경우『정전』이 원경이며,『대종경』은 통경이다.

심락 : 대도정법과 주세불을 만나 마음공부에 희열을 갖는 것을 心樂이라 한다. 육체적 쾌락이 신락이라면, 마음의 법열은 심락인 것이다.

번화 : 번성하고 화려함을 繁華라 한다. 저녁 네온사인이 반짝이는 도심을 번화가라 한다.

관련법문

「우리 회상은 전만고 후만고에 찾아보기 어려운 대 회상으로서 그 골자인 진리와 교법이 존속한 이상 영원무궁하도록 모든 중생들이 불연을 맺고 불과를 얻게 될 것이니 이 사업이 커감에 따라 창립의 공도 한이 없을 것이다」(한울안 한이치에, 제8장 화합교단 19장).

「사은의 크신 은혜를 알면서도 그 은혜를 보답하지 못하므로 가정 사회 국가 세계에 배은이 되는 연고라, 이 말을 들을 때에 혹 과하게 생각할 사람이 있을지도 모르나 실에 있어서는 과한 말이 아니니, 그대들은 때때로 반성하여 본래 목적한 바 어긋남이 없게 하기를 바라노라」(대종경, 교단품 9장).

보충해설

불법연구회는 1948년 4월 27일, 그동안 불법연구회라고 하던 임시 교명을 원불교로 선포하고 원불교교헌과 원불교내규를 공포하였다. 당시 감찰기관은 교규·교령의 위헌 여부, 교헌·교규·교령의 시행 여부를 점검하는 것으로 하였다. 돌이켜 보면 원불교교헌과 원불교 내규는 1924년에 제정한 『불법연구회규약』, 1931년에 제정한 『불법연구회통치조단규약』, 1934년에 1차 개정한 『불법연구회규약』, 1942년에 2차 개정한 『불법연구회규약(불법연구회회규)』 등을 종합한 법규로, 원불교라는 정식 교명과 함께 법규를 새롭게 제정한 것이다. 원불교에서는 『교헌』을 중시하여 원불교 기본교서로 삼았으니, 『원불교 교전』(1962), 『불조요경』(1965), 『예전·성가』(1968), 『정산종사법어』(1972), 『원불교교사』(1975), 『원불교교헌』(1976) 등이 차례로 세상에 선보였다.

주석주해

「우리 교단에도 교헌을 비롯한 많은 법규가 제정되어 있다. 물론 교단의 이념을 제시하고 그 이념을 이 세상에 효과적으로 실현시키기 위해 제정된 법규이다. 그리고 이들 법규들은 교단의 행정질서 확립과 원불교라는 종교가의 특유한 생활 질서를 유지하기 위한 것들이다」(간행위원회 편, 담산이성은정사 유작집 『개벽시대의 종교지성』, 원불교출판사, 1999, p.241).

「1948년 4월 26일에 제정된 『원불교교헌』의 모태는 1924년에 발행한 『불법연구회규약』임은 재론의 여지가 없다. 아울러 『불법연구회통치조단규약』(1931), 『불법연구회규약』(1934), 『불법연구회회규』(1934) 등과 같이 개정의 정도를 넘어 『원불교교헌』을 제정한 것은 임시교명을 정식교명으로 확정하는 한편, 교단을 중흥시키고 재 창립한다는 강한 의지가 나타나 있다」(고시용,「정전의 결집과 교리의 체계화」, 『원불교학』 제9집, 한국원불교학회, 2003.6, p.248).

연구문제
헌규는 대중을 총섭하는 생명선이라 했는데 그 이유는?

[무본편 27장] 목적반조와 자성반조
핵심주제
목적반조와 자성반조
대의강령
◎목적반조와 자성반조를 아울러 공부해야 한다.
1) 참다운 자성반조 공부는 견성을 해야 하며,
2) 견성을 못한 이라도 신성 있는 공부인은 부처님 법문에 의지하여 반조하는 공부를 할 수 있다.
◎자성반조의 요령은 일상수행의 요법을 표준삼아 경계에 **자성**의 계정혜를 찾는 것인데, 그 실례를 들면?
1) 자타의 분별이 일어나 일에 공정하지 못하면 자성반조**하여** 자타 없는 일원의 자리를 생각할 것이며,
2) 차별이 일어나 아랫사람을 업신여기는 생각이 나거든 자성에 반조하여 차별 없는 평등한 자리를 생각할 것이며,
3) 번뇌가 치성하여 안정되지 못하거든 자성에 반조하여 **번뇌** 없는 청정한 자리를 생각할 것이며,
4) 증애에 치우쳐 착심이 일어나거든 자성에 반조하여 증애 **없**는 지선한 자리를 생각할 것이며,
5) 있는 데에 집착하여 물욕을 끊기 어렵거든 자성에 반조**하여** 있지 않은 진공의 자리를 생각할 것이며,

6)없는 데에 집착하여 일에 허망한 생각이 일어나거든 자성에 반조하여 묘유의 자리를 생각할 것이며,

7)삶의 애착과 죽음의 공포가 일어나거든 자성에 반조하여 생멸 없는 법신 자리를 생각할 것이며,

8)법상이 일어나서 대중과 동화를 못하거든 자성에 반조하여 법상 없는 자리를 생각하라.

출전근거
『원광』 4호(1950년)의 「회광반조하라(2)」 법설이다(이은석 수필).

단어해석
목적반조 : 자신의 근본 목적을 반조하는 것이다. 원불교에 입문한 목적, 성직생활의 목적이 무엇인지를 근본적으로 돌이켜 보는 것이 目的返照이다. 목적반조를 통해서 초발심과 본연의 자세를 돌이켜 볼 수 있다.

自性返照 : 본래 분별심이나 번뇌망상, 그리고 사량망상을 없애고 본연 청정한 자성을 돌이켜 보는 것을 自性返照라 한다. 심지는 원래 요란함·어리석음·그름이 없는 진여자성을 회광반조할 필요가 있다.

일상수행의 요법 : 교강 9조를 말하며 하루하루 일상생활을 성찰 반조하는 요법이다. 日常修行의 要法을 암송하여 중생에서 불보살로 오르는 법위의 향상으로 이어져야 할 것이다(권도편 30장 「보충해설」 참조).

정혜계 : 삼학에 있어 정신수양은 定, 사리연구는 慧, 작업취사는 戒를 말한다. 불교에서는 계정혜를 순서로 하지만 원불교에서는 정혜계를 순서로 하며, 일상수행의 요법 1-3조가 정혜계와 관련된다.

업수이 여기다 : 상대방을 업신여긴다는 의미를 업수이 여긴다고 한다.

번뇌 : 온갖 고통으로 인해 망념이 발동하고 미혹이나 잡념이 심신을 요란하게 하는 것을 煩惱라 한다. 곧 삼독 오욕에 끌려 다니며 심신이 지치고 피폐해지는 현상을 번뇌라 한다. 번뇌의 극복이 보리심이다.

물욕 : ☞경의편 51장 참조.

법상 : ☞경의편 42장 참조.

관련법문
「경계를 당할 때마다 목적과 자성에 반조하기를 잊지 말 것이요」(한울안 한이치에, 제8장 화합교단 2장).

「악과를 받을 때에도 마음 가운데 항상 죄업이 돈공한 자성을 반조하면서 옛 빚을 청산하는 생각으로 모든 업연을 풀어 간다면 그러한 심경에는 천만 죄고가 화로에 눈 녹듯 할 것이니, 이것은 다 마음으로 그 정업을 소멸시키는 길이요」(대종경, 인과품 9장).

보충해설
반조공부는 종교인으로서 매우 중요한 공부이다. 나름대로 잘 산다고 하지만 자신을 꼼꼼히 들여다보면 무념으로 살아가는 경우를 종종 발견하는 경우가 있기 때문이다. 따라서 목적반조를 통해 나의 출가서원을 돌이켜 보고, 자성이 공한 이치를 알아서 청정 자성을 반조할 수 있도록 해야 한다. 자성반조의 요령은 일상수행의 요법을 표준삼아 경계에 자성의 계정혜를 찾는 것이다. 번뇌나 증애·차별심·물욕의 집착·유무 집착·애착·법상 등이 일어나면 자성반조의 공부가 필요하다. 성산종사는 "지루한 마음을 늘 반조하여 서원심과 서원일념에 그쳐야 된다. 내 마음이 자나 깨나 서원일념에 그쳐야 한다"(성산종사문집, 원불교출판사, 1992, p.178)라고 하였다.

주석주해
「이 마음의 병을 없애기 위해 일원상을 대조하고 이 일원상을 닮아가는 길로서 목적반조와 자성반조의 공부가 마음의 대조를 하는 능력을 기르는 길이라고 본 것이다」(한기두, 「소태산 대종사와 정산종사」,『원불교사상』 24집, 원불교사상연구원, 2000, p.32).
「달력 한 장만이 남아있다. 우리는 이에 자성반조와 목적반조를 해야 한다. 우리의 목적은 성불제중인 것이다」(김형철, 「회광반조의 공부」,《총부예회보》 제304호, 원불교상주선원, 1998년 12월 6일, 1면 참조).

연구문제
목적반조와 자성반조의 공부에 대하여 설명하시오.

[무본편 28장] 영육의 사농공상
핵심주제

영육의 사농공상
대의강령
◎사람의 육신생활에 직업강령으로 사농공상이 있으며, 정신생활에도 사농공상이 있다.
1) 선비는 도덕을 배우고 가르치는 도학의 선비가 제일이며,
2) 농사는 인재를 기르는 사람농사가 제일가는 농사이며,
3) 공장은 마음을 개조시키는 마음공장이 제일가는 공장이며,
4) 장사는 정법을 받들어 세상에 전파하는 법장사가 제일이다.

출전근거
『원광』21호(1958년)「사농공상」법설이다(이성신 수필).

단어해석
강령 : ☞경의편 30장 참조.
도학 : ☞경륜편 14장 참조.
선비 : 조선조의 선비상을 생각할 수 있는데, 청렴결백하며 불의에 타협하지 않는 것이 이것이며, 여기에서 선비(士)란 학식과 학덕을 두루 갖추어 어질고 실천력이 있는 도학의 지도자를 비유한 말이다.
마음공장 : 원불교 수행 곧 마음공부를 하는 곳으로 마음을 개조시키는 현장으로서 도량이나 훈련원 등이 마음공장이다.

관련법문
「나는 영육쌍전의 견지에서 육신에 관한 의식주 삼건과 정신에 관한 일심・알음알이・실행의 삼건을 합하여 육대강령이라고도 하나니, 이 육대강령은 서로 떠날 수 없는 관계를 가지고 한 가지 우리의 생명선이 되나니라」(대종경, 교의품 18장).
「우리는 사업을 하되 도덕 선비가 되고, 농사를 짓되 인농을 하고, 공장을 하되 마음 다스리는 공장을 하고, 장사를 하되 법장사를 하면 영원불멸의 업으로 세세생생에 무량한 복을 수용하게 될 것이니라」(정산종사법설, 제2편 공도의 주인 20장).

보충해설
소태산 대종사는『정전』동포은의「동포피은의 강령」에서 이 세상은 사농공상의 네 가지 생활강령이 있고, 사람들은 그 직업 속

에서 자리이타로 서로 도움이 되고 피은이 된다고 하였다. 이에 사람의 육신생활에는 직업강령으로 사농공상이 있는데, 정산종사는 정신생활에도 사농공상이 있다고 하였다. 이를테면 선비는 도학의 선비, 농사는 사람농사, 공장은 마음개조 공장, 장사는 법장사라고 하였다. 육신의 의식주와 정신의 의식주 육대강령이 있음을 밝힌 소태산 대종사의 법어(대종경, 교의품 18장)를 응용한 내용이 이것이다. 육대강령은 서로 떠날 수 없는 관계를 가지고 한 가지 우리의 생명선이 되는 것처럼 사농공상도 육신의 직업강령과 정신의 직업강령이 공존하는 관계이다.

주석주해
「원불교 開宗 당시 시대적 요청도 없지 않겠으나 사농공상의 네 가지 업별에 따라 제각기 다른 강령 직업 하에서 자리이타의 원불교정신을 넓게 함양하라는 것이다」(이동엽, 「원불교의 윤리와 자연법」, 『원불교사상』 4집, 원불교사상연구원, 1980, p.167).
「상업을 하면서 불법을 가르치기도 하고 농사를 하면서 불법을 가르쳐야 하지만 글만 전문으로 가르치는 선생도 있어야 한다. 우리는 단지 과거의 승려같이 생활해서는 안 된다」(박길진, 『대종경강의』, 원광대출판국, 1980, p.21).

연구문제
육신의 사농공상이 있듯이 정신의 사농공상은?

[무본편 29장] 삼대력과 영생준비
핵심주제
삼대력과 영생준비
대의강령
◎정산종사 말하였다.
1)물질은 일상생활에 보조물 밖에 되지 않으며 끝까지 놓을 수 없는 것은 우리의 마음이며,
2)마음에 삼대력을 쌓아 영원한 세상을 위해 미리 준비하라.
단어해석

물질 : ☞응기편 35장 참조.
보조물 : 주된 것에 대하여 보조로 도와주는 것을 補助物이라 한다. 인간의 경우 정신이 주체라면 물질은 보조물인 셈이다.
삼대력 : ☞기연편 9장 참조.

관련법문
「우리는 공부와 일을 둘로 보지 아니하고 공부를 잘하면 일이 잘되고 일을 잘하면 공부가 잘되어 동과 정 두 사이에 계속적으로 삼대력 얻는 법을 말하였나니, 그대들은 이 동과 정에 간단이 없는 큰 공부에 힘쓸지어다」(대종경, 수행품 3장).
「대세의 움직임을 범부 중생은 모르나 기틀을 움직이고 세상을 안정시킬 수 있는 것은 오직 부처님의 위력이요, 삼대력을 갖춘 그 마음이 곧 우주를 움직이는 마음과 하나이다」(한울안 한이치에, 제1장 마음공부 28장).

보충해설
인간이란 마음과 육신이 상호 작용하듯이 문명을 수용함에 있어 물질문명과 정신문명은 모두 필요하다. 하지만 만물의 영장으로서 물질은 일상생활의 보조물이며, 정신은 삶의 중심으로 자리한다. 따라서 정신을 온전히 하기 위해서는 신앙 수행을 오롯이 하는 것이 필요하다. 정신과 물질의 관계는 널리 보면 천과 지의 관계이며, 심과 신의 관계이다. 어느 하나 소홀히 할 수 없지만 주종의 면에서 보면 분명히 정신이 주가 되므로 육신을 통어할 정신세력을 확대하는 것이 정신개벽인 것이다. 물질이 개벽되니 정신을 개벽하자는 「개교의 동기」가 주종을 분명히 하고 있다.

주석주해
「소태산이 전망하는 미래는 후천시대 또는 양시대로써 서구 물질문명이 인류 종말을 불러오리라는 과학문명에 대한 부정적 관점과는 달리, 정신문명의 발달로 물질문명을 선용하여 물질·정신이 쌍전한, 영과 육이 함께 잘 사는 큰 문명세계를 특징으로 하고 있다」(김복인, 「미래의 종교-소태산의 전망에 근거한 고찰」, 『원불교와 21세기』, 원불교사상연구원, 2002, p.456).

「삼대력은 교무의 정신적인 의식주요 지도력으로서 이 힘이 아니면 자신은 물론이요 대중을 법으로 지도할 수 없다. 그러므로 교무는 삼학을 수행하여 삼대력을 양성하는데 정진해야 한다」(이종진, 「원불교 교무론」, 『원불교사상시론』 1집, 수위단회사무처, 1982, p.245).

연구문제
물질이란 우리의 일상생활에 보조물 밖에 되지 않으며, 끝까지 놓을 수 없는 것은 우리의 마음이란 뜻은?

[무본편 30장] 진리의 창고
핵심주제
진리의 창고
대의강령
◎정산종사 말하였다.
1) 형상 있는 창고만 채우지 말고 무형한 진리 창고를 채워라.
2) 수도인이 세속을 부러워하고 거기에 마음을 집착시키면 내세에 세욕을 이루나 수양이 매하여 타락하기 쉽다.
단어해석
진리세계 : 유형한 현상세계와 대비되는 무형한 眞理世界란 허공법계의 세계를 말한다. 소태산의 대각과 더불어 정법 교리의 토대가 된 불생불멸과 인과보응의 원리로서 법신불 일원상이 곧 진리세계이다.
세욕 : 세상의 현상에 대한 욕심으로 세간락·물질락을 世欲이라 한다. 이를테면 재색명리가 세욕의 대상이 되는 것이다.
수양 : 분별성과 주착심이 없도록 온전한 마음을 간직하는 것을 修養이라 한다. 원불교에서는 염불이나 좌선이라는 방법에 의거, 정신수양을 함으로써 산란하고 요란한 마음을 맑게 가다듬는다.
관련법문
「이 생에 선업을 많이 지은 사람은 소가 되어도 부잣집 소로 태어나고 쥐가 되더라도 있는 집 창고에서 먹고 사는 것이다. 그러므로 우리가 선업을 짓는 것도 중요하지만 그것을 인도에 태어나 잘 수용하려면 착을 떼고 생사에 자유하는 힘을 얻어야 할 것이다」(한울안 한이치에, 제2장 심은대로 거둠 28장).
「수도인이 작은 먼지나 약한 나뭇잎처럼 삼대력을 얻지 못하여 정신수양에 있어서 마음이 중후하지 못하고 경박하다거나, 사리연구에 있어서 마음이 밝지 못하고 어둡다거나, 작업취사에 있어서 실행에 실천력이 없는 사람은 조그마한 경계만 당하여도 이기지 못하여 그 경계의 바람에 날리게 되나니라」(정산종사법설, 제2편 공도의 주인 51장).

보충해설
창고란 곡식을 넣어두는 곳이요, 보물을 넣어두는 곳이다. 우리는 이를 곡간이라고 한다. 세상 사람들은 보물과 곡식을 창고에 저장하기 위해 심신을 애태우며 돈벌기에 분주하다. 물욕을 채우는데 한계가 있음에도 불구하고 창고를 채우려 하는 것이다. 하지만 정산종사는 형상 있는 창고만 채우지 말고 무형한 진리 창고를 채우라고 하였다. 소태산은 『대종경』 성리품 26장에서 중생들은 형상 있는 것을 소유하려고 탐착하지만, 불보살들은 보이지 않는 허공법계를 수용한다고 하였다. 이에 보이지 않는 허공법계를 넣어둘 창고를 만드는 것을 영생의 과제로 삼아야 한다.

주석주해
「인류 각각 이러한 寶庫가 있음에 반하여 그의 반면에는 각각 그 보고를 파괴하고 혜복을 소멸하는 원수의 적이 있으니 내부로부터 일어나는 食·色·財·수면·遺逸·명예·오욕과 외면에 나열한 8만4천 마군이 즉 이것이다」(김기천씨 講道-나의 무기는 인내다)(월말통신 제4호, 시창 13년 陰 6월 末日).
「대지도론에 이르기를 "선정은 금강의 갑옷이니, 능히 번뇌의 화살을 막네, 선정은 지혜를 지키는 창고지기이며, 온갖 공덕의 복 밭이로다"」(경허선사 편, 이철교 역, 「고려국 보조선사 勸修定慧結社文」, 『선문촬요』 하권, 민족사, 2005, pp.318-319).

연구문제
형상 있는 창고만 채우려 말고 무형한 진리세계의 창고를 채우라 하는 의도는?

[무본편 31장] 인생의 참다운 보물
핵심주제
인생의 참다운 보물
대의강령
◎ 정산종사 말하였다.

1) 세상 사람들은 금은보패를 보물이라 하나, 실은 모든 相 있는 것이 다 허망한 것이며,

2) 인생의 참다운 보물 두 가지가 있다.

　(1) 영원불멸하여 참 나의 주인공 되는 우리의 참 마음이며,

　(2) 우리의 참 마음을 찾아 참다운 혜복을 얻는 바른 법이다.

단어해석
금은보패 : 세상에서 보물로 삼는 것이 金銀寶貝이다. 『금강경』에서 칠보를 언급하였는데, 이러한 것들이 세상의 보물이다. 소태산 대종사는 계문에서 금은보패 구하는데 정신을 빼앗기지 말라(특신급 3조)고 하였다. 이처럼 참다운 보물은 금은보패가 아니라 맑고 청정한 자성이다.

참 마음 : 번뇌망상이나 삼독오욕에 물들지 않은 청정한 자성 내지 본래의 성품을 참 마음이라 한다. 지속적인 적공을 통해 참 마음을 회복할 수 있다.

세세생생 : ☞무본편 17장 참조.

바른 법 : 소태산 대종사의 대각과 더불어 천명한 교법으로, 공부의 요도와 인생의 요도를 두루 갖춘 인도정의의 대도 정법이 바른 법이다.

관련법문
「세상의 보물이 무엇인가. 학문이 많아도 보물이요, 기술이 있어도 보물이며, 금은이 많아도 보물이요, 재산이 많아도 보물이지만 그러나 제일의 보물이 되는 것은 마음을 잘 쓰는 것이니라」(정산종사법설, 제1편 마음공부 16장).

「땅에 일원상을 그려 보이시며 말씀하시기를 "이것이 곧 큰 우주의 본가이니 이 가운데에는 무궁한 묘리와 무궁한 보물과 무궁한 조화가 하나도 빠짐없이 갖추어 있나니라"」(대종경, 불지품 20장).

보충해설

우리가 영원히 간직하고 싶은 것이 보물이다. 그런데 보물 중에서도 크게 두 가지로 그 성격을 구분 지을 수 있다. 세상 사람들이 좋아하는 금은보패가 하나요, 수도인에 있어 나의 본연을 지켜주는 참 마음이 둘이다. 이들 두 가지의 차이로는 전자의 경우 형상 있는 것이라면 후자의 경우 형상 없는 보물이다. 이에 한계가 있는 보물보다 무한한 보물을 간직하도록 하는 것이 정산종사의 가르침이다. 또한 영생의 보물 네 가지가 있으니, 첫째는 덕이요, 둘째는 청정심이요, 셋째는 불변의 신이요, 넷째는 대공심이라(정산종사법설, 제1편 마음공부 1장)고 하였다.

주석주해

「지금도 가슴깊이 새기고 있는 말씀은 무본편 31장에 나오는 인생의 참다운 보물 두 가지에 대한 법문과 허공의 주인이 되라, 상없는 음덕을 쌓으라, 여유 있는 행동, 진급의 도, 처세의 비결 등이다」(오희원, 「기운으로 업장 녹이는 명상담자」, 『우리회상의 법모』, 원불교신문사, 1994, p.149).

「삼일 수신은 천년 보배요. 백년 탐물은 하루아침 티끌이라. 3일만 수신을 한다 하더라도 참 효과가 있다 이거여. 천년의 보배가 된다. 오늘 여러분들이 8일만 선을 잘 날 것 같으면, 아니 3일만 수도해도 천년의 보배가 된다」(성산종사문집간행위원회, 『성산종사문집』, 원불교출판사, 1992, p.174).

연구문제

1) 금은보패가 보물이나 실은 모든 상 있는 것이 허망한 이유는?
2) 인생의 참다운 보물 두 가지를 언급하시오.

[무본편 32장] 큰 보배

핵심주제

큰 보배

대의강령

◎학인에게 글을 써주었다.

1) 큰 보배 있다, 옥으로도 못 견줄, 금으로도 못 견줄(有大寶 焉 玉不可比也 金不可比也),
   2) 무슨 보밴고, 평생 닦은 덕이요, 최후일념 맑은 것이라(此何 寶 一生所修之德是也 最後一念淸淨是也).

단어해석

대보 : 큰 보배를 大寶라 하는 바, 신앙과 수행을 통해 쌓여진 덕이요, 청정일념이 큰 보배이다.

최후일념 : 열반을 앞둔 상황에서 일생동안 선악의 인연 따라 있어온 애착 탐착을 놓고 청정한 마음을 챙기어 죽음을 맞이하는 것이 最後一 念이다. 고통의 악도에서 윤회하지 않고 영생의 열반락을 누리기 위해서 는 최후일념을 챙기는 자세가 필요하다. 이에 대해 최초일념은 인간의 몸으로 태어날 때 첫 마음, 또는 무언가 처음 시작할 때의 생각이다.

관련법문

「물화의 보배는 허망하기 뜬 구름 같고 위태하기 누석 같으며, 명리의 보배는 밖으로는 영광스러운 듯 하나 안으로 진실이 없으 며, 신의의 보배는 도로 더불어 합일한지라, 그 수한이 한없고 안 과 밖이 통철하여 명리와 물화가 함께 하나니라」(정산종사법어, 근실편 21장).

「무릇 한 생각 최후일념을 잘 가지는 것이 내생 종자이요 습관이 되는 줄을 알아야 하나니, 그러나 최후일념 청정이 별 수고 없이 누구나 다 마음대로 되는 것이 아니라 평소부터 부단한 노력의 적공이 쌓이고 쌓 여야 하나니라」(정산종사법설, 제1편 마음공부 33장).

보충해설

본 무본편 32장의 교훈으로 큰 보배란 금은이 아니라 덕이요 맑 은 일념이라 했다. 종교가치를 세속가치에 차별화하여 비유하였 으며, 이에 덕을 쌓고 맑은 심성을 간직하라 했다. 석가모니는 다 섯 가지 보배를 설하고 있다. "첫째 여래가 세상에 나타나는 보 배이고, 둘째 여래의 바른 법을 다른 사람에게 전법하는 보배이 며, 셋째 여래가 말씀하신 진리인 법을 믿어 알고 실천하는 보배 이고, 넷째 여래가 가르쳐 주신 진리를 능히 성취 해탈 열반하는 것이며, 다섯째 위험에 빠진 사람들을 그 육도윤회의 재앙에서 구원 구제하기를 싫어하지 않는 보배이니 이는 이 세상에서 얻기 어려운 다섯 가지 보배이니라"(장아함, 제6권 소연경).

주석주해
「하나하나가 다 보물임을 깨달은 사람은 누구나 만나는 사람마다 대하는 것마다 다 귀중하게 여기지 않을 수 없는 것이다. 이 금강보주를 알아가는 일이 인간으로서 삶의 보람을 찾을 수 있는 길이다」(박장식,『평화의 염원』, 원불교출판사, 2005, p.217).
「정산종사에 따르면 외정정은 서원과 신심에 바탕하여 천만경계에 부동심을 얻는 공부를, 내정정은 마음속의 번뇌를 가라앉히고 청정일념을 지니는 공부이다」(이성전,「定靜의 유·도통합적 성격」,『원불교사상과 종교문화』31집, 원불교사상연구원, 2005.12, p.75).

연구문제
1)有大寶焉 玉不可比也 金不可比也 此何寶 一生所修之德是也 最後一念淸淨是也를 해설하시오.
2)큰 보배란 무엇인가.

[무본편 33장] 무위와 망아
핵심주제
무위와 망아
대의강령
◎정산종사 말하였다.
 1)불보살은 함 없음에 근원하여 함 있음을 이루게 되고(有爲爲無爲),
 2)상 없는 자리에서 오롯한 상을 얻게 되며(無相相固全),
 3)나를 잊은 자리에서 참된 나를 나타내고(忘我眞我現),
 4)공을 위하는 데서 자기를 이룬다(爲公反自成).
출전근거
『원광』31호(1959년)「법어三題」법설이다(김정관 수필).

단어해석

유위 : 무엇인가에 몰두하여 가치 지향적 행함이 있음을 有爲라 한다. 정산종사는 유위 개념을 긍정적으로 사용하였으나 노장철학에 있어서 유위는 인위적인 것으로 간주된다. 이에 대해 무위는 긍정적으로 접근된다. 세속가치를 떠나 자연 그대로 받아들이는 것이 무위이기 때문이다.

무상 : ☞예도편 3장 참조.

망아 : 거짓된 나 곧 번뇌망상과 삼독오욕에 물들고 가식의 나에 사로잡히는 것이 나라고 할진대 이를 잊는 것이 忘我이다. 이러한 망아의 경지가 될 때 참된 나로서 진아가 회복된다.

관련법문

「불보살들은 이 천지를 편안히 살고 가는 안주처를 삼기도 하고, 일을 하고 가는 사업장을 삼기도 하며, 유유 자재하게 놀고 가는 유희장을 삼기도 하나니라」(대종경, 불지품 23장).

「불보살들은 시방세계를 자기의 일터로 삼고 육도사생을 자기의 권속으로 삼아서 그들을 제도하는 것으로 자신의 복락을 삼으시는 것이다. 어찌 넓고 크지 아니하냐. 이것이 곧 세상을 참으로 크게 즐기는 길이 되는 것이다」(대종경선외록, 7.교화기연장 1장).

보충해설

불보살은 무위에 근원하여 유위를 이루고, 無相에 근원하여 相을 얻으며, 忘我에 근원하여 진아를 드러내고, 爲公에서 自成에 이르는 경지를 누린다. 무위·무상·망아·위공이야 말로 성불제중의 참 경지를 맛보게 해주는 것들이다. 여기에서 忘我에 대하여 언급해 보자. 장자도 망아의 사람이야말로 하늘의 경지에 들어간 자(『莊子』「天地」, 忘己之人, 是之謂入於天)라고 했다. 좌산 종법사는 원기 91년 대각개교절 법문으로 망아를 설명하면서 정당망아란 大我忘我와 일심망아 그리고 입정망아라고 했다.

주석주해

「아만심에 얽매여 큰 공부를 못하는 것이다. 아상은 큰 공부할 수 있는 길을 끊는 것이다. 40여년 전 정산종사가 『금강경』을 해석할 때 나라는 상이 있으면 인상·중생상·수자상이 모두 일어나게 된다고 하였다」(한종만,『원불교 대종경 해의』(下), 도서출판 동아시아, 2001, pp.263-264).
「진리에 맞는 것은 아견을 갖지 않고 거기에 절대복종한다. 무아주의이다. 큰 인물이란 무아주의자이다. … 세상사가 한 때의 허망한 것을 알아야 한다. 오온개공의 이치를 알면서 불멸한 것을 알라」(원불교사상연구원 편,『숭산논집』, 원광대학교 출판국, 1996, pp.70-71).

연구문제
有爲爲無爲 無相相固全 忘我眞我現 爲公反自成을 해설하시오.

[무본편 34장] 불리자성과 응용무념
핵심주제
불리자성과 응용무념
대의강령
◎자성을 떠나지 않는 것이 가장 큰 공부요, 응용에 무념하는 것이 가장 큰 덕이라는 대종사의 고경 인용에 정산종사 말했다.
  1)상에 주착한 공덕은 죄해의 근원이 되기 쉬우며,
  2)자식을 기르되 부모에게 상이 없으므로 큰 은혜가 되듯, 복을 짓되 상이 없어야 큰 공덕이다.
단어해석
자성을 떠나지 않는 것 : 육조대사는 '不離自性曰工'을 말하여 공부(工)의 정의를 내리고 있으며, 소태산은 이를 인용하였다.
응용에 무념하는 것 : 육조대사는 '應用無念曰德'을 말하여 덕의 정의를 내리고 있다. 하단의「보충해설」을 참조할 것.
주착 :☞경의편 45장 참조.
죄해 :☞응기편 4장 참조.
관련법문
「대종사, 육조대사의 법문을 인거하여 말씀하시었다. "자성을 떠나지 아니하는 공부가 간단없는 큰 공부요, 응하여 써도 상을 내지 않는 덕이 무루의 큰 공덕이 되는 것이다"」(대종경선외록, 8.

일심적공장 12장).

「상이 없이 내외가 공한 마음으로써 법을 구하여 그 마음에 바탕하여 일체 지식을 갖춘다면 복혜 양족의 주인공이 되는 동시에 중생 제도하는 자비불이 될 것이다」(대종경선외록, 17.선원수훈장 7장).

보충해설

우리가 자주 듣는 법문으로 "자성을 떠나지 않는 것이 가장 큰 공부요, 응용에 무념하는 것이 가장 큰 덕이다" 라는 법문이다. 이는 대종사가 인용한 법어를 정산종사가 재해석하고 있다. 소태산 대종사는 석두암장본 「회성곡」 속표지의 뒷면에 '不離自性曰工 應用無念曰德' 이라는 글을 넣고 있다. 또한 『규약』1(시창 12년판)에서 '不離自性曰工 應用無念曰德' 이라 했고, 『규약』2(시창 19년판)에서 '不離自性曰工 應用無念曰德' 이라 했다. 만약 자성을 떠나고 응용에 유념을 해버린다면 그것은 형상 있는 한계에 봉착하여 무루의 복덕을 잃는다. 유한한 인간락이 아니라 무한한 천상락을 수용하도록 자성을 떠나지 말고 천지은처럼 응용에 무념해야 한다. 흔적 없는 허공의 세계가 이와 관련된다.

주석주해

「정산종사 말하기를 '應用無念曰德이요, 不離自性曰工이라' 하였다. 즉 응용에 무념하는 덕이 최상의 덕이 되고, 자성을 떠나지 않는 공부가 최상의 공부가 된다는 말씀으로 相을 경계하여 해주신 법문이라고 할 수 있다」(남궁성, 「유상보시와 무상보시」,《원광》제372호, 월간원광사, 2005.8, p.97).

「내가 알고 있는 것은 다 잊어버려라. 이 교당에 들어오면 다 잊어버려라. 그리고 평소에도 "내가 세상을 위해서 이웃을 위해서 형제간을 위해서 부모를 위해서 동네를 위해서 이렇게 했는데 나를 대접을 안 해줘" 이런 생각을 잊어버려야 살지 그렇지 않으면 지옥생활을 하는 것이다」(심익순, 『이 밖에서 구하지 말게』, 원불교출판사, 2003, p.38).

연구문제

1) 가장 큰 공부와 가장 큰 덕은?
2) 상에 주착한 공덕이 죄해의 근원이 되는 이유는?

[무본편 35장] 무진장의 보고
핵심주제
　무진장의 보고
대의강령
◎ 무진장의 보고가 다른 것이 아니다.
　1) 안으로 삼대력이요 밖으로 무념공덕이다.
　2) 이 두 가지가 무궁한 복락의 원천이다.
단어해석
　무진장의 보고 : 다함이 없이 많은 것을 無盡藏이라 하며, 귀중한 보배 창고를 寶庫라 한다. 보물이 쏟아져 나오는 것이 이것으로 재력가에는 재화, 수도인에게는 삼대력이 무진장의 보고가 된다.
　무념공덕 : 무엇인가를 했다고 하는 상념을 벗어나 공덕을 베푸는 것이 無念功德이다. 숨은 공덕으로 은덕이 이와 관련된다.
관련법문
「무진장의 보고에는 두 가지가 있으니, 하나는 안으로 삼대력을 갖추는 것이요, 둘은 밖으로 무념 공덕을 쌓는 일이라. 안으로 삼대력 즉 일심과 알음알이와 실행력을 얻으면 생사의 자유와 죄복의 자유와 육도에 자유를 얻게 되나니 이밖에 다시 구할 것이 무엇이며 … 또한 밖으로 무념 공덕을 쌓으면 세상이 덕으로써 화하여 그 덕이 화피초목 뇌급만방할지니, 가는 곳마다 은혜의 꽃이요 은혜 속에서 서로 사랑하고 서로 위하는 지상 천국이 될 것이라」(정산종사법설, 제1편 마음공부 9장).
「삼대력을 갖춘 그 마음이 곧 우주를 움직이는 마음과 하나이다」(한울안 한이치에, 제1장 마음공부 28장).
보충해설
　무한한 보물, 무진장의 보고란 무엇일까? 정산종사는 안으로 삼대력이요 밖으로 무념공덕이라 했다. 이 둘은 복락의 원천이기 때문이라는 것이다. 삼대력은 나의 수행을 통해 성불의 길로 나아가게 하는 것이요, 무념공덕이란 제중의 길로 인도하는 것이므로 무진장의 보고이다. 이러한 보고를 영보도국·자가보장·해인·여의주라고 하는 진귀의 寶庫인 것이니 "과연 그 보고는 그 어느 곳에 있으며 또한 어떠한 작용을 가졌는가. 이에 한 번 알아보기로 하자. 그는 번설을 불요하고 가장 간명히 말하자면 우리의 마음이니, 이 마음의 본래 이치를 잘 알고 보면 천변만화의 무쌍한 조화가 다 그 속에 있다"(회보 54호, 회설)고 했다.

주석주해
「현실에 있어 내 자신 하나가 어떻게 사는가를 살펴보면, 밖으로는 사은의 은혜 가운데 그 은혜를 입고 있으며, 안으로는 삼대력으로써 심신작용을 잘 해야 산다는 것을 알고 있다」(박장식,『평화의 염원』, 원불교출판사, 2005, p.235).
「모든 선행을 베푼 후에 내가 착한 일을 했다는 생각조차, 상조차 다 끊어지고 무념행을 하여서 끊임없이 선행을 베푸는 사람이 영원한 행복자라고 생각한다」(조전권, 선진문집1『행복자는 누구인가』, 원불교출판사, 1979, pp.19-20).

연구문제
무진장의 보고는 무엇이며 그 이유는?

[무본편 36장] 화복의 활용

핵심주제
화복의 활용

대의강령
◎정산종사 말하였다.
1)도인은 복 받는 가운데 계속 복을 닦아 한없는 복을 얻고,
2)범부는 조금 지은 복을 받으면 거기에 탐착하거나 오만하여 타락하는 수가 많으며,
3)복도 잘못 이용하면 재앙의 밑천이 되고, 재앙도 잘 이용하면 복의 밑천이 된다.

단어해석

도인 : 도를 닦아 마음공부를 하면서 깨달음을 체득하는 수도인을 道人이라 하며 곧 도인군자가 되는 것이다. 도인과 상대되는 말이 범부이다.
범부 : ☞원리편 47장 참조.
오만 : 거만하여 태도가 방정맞음을 傲慢이라 한다.
재앙 : 천재지변이나 인간이 저지른 온갖 불행을 災殃이라 한다.

관련법문
「어리석은 사람들은 고난을 억지로 면하려 하나, 지혜 있는 사람은 이미 지어 놓은 죄복은 다 편안히 받으면서 미래의 복락을 위하여 꾸준히 노력을 계속하는 것이며, 같은 복을 짓는 중에도 국한 없는 공덕을 공중에 심어서 어느 때 어느 곳에서나 복록의 원천이 마르지 않게 하나니라」(대종경, 인과품 15장).
「보은하지 않는 것은 복 나오는 구멍을 막는 것과 같다. 천하에 제일 쉬운 일인데 욕심가려 못하게 된다」(대산종사법문 3집, 제2편 교법, 2)배은은 복 구멍을 막는 것).

보충해설
복 많이 받으라고 인사하는 것이 우리들의 보통 인사법이다. 그러면 어떻게 하는 것이 복을 많이 받는 길인가. 복을 지어야 복을 많이 받는다. 복을 어떻게 지어야 할 것인가. 복을 받는 이상의 복을 지어야 한다. 복을 조금밖에 짓지 않고 복을 많이 받으려는 것은 인과를 거스르는 행위이기 때문이다. 범부들은 복을 조금 짓고, 또 지은 복에 지었다는 상을 내는 경우가 많은데 이는 자칫 재앙의 밑천이 될 수 있다. 하여튼 복을 짓는데 있어 정산종사는 정신·육신·물질 3방면으로 공덕을 심으면 몇 배 더 큰 복이 돌아온다(정산종사법설, 제3편 도덕천하 42장)고 하였다.

주석주해
「무념보시를 실천하는 것이 바로 경전에 밝혀 주신 말씀을 실천하는 것이다. 응용무념의 도가 다른 것이 아니고, 내가 남을 도와주었다는 상을 없애고 남의 세정을 알고 도와줄 줄 아는 것이다. 도움을 받고 바로 갚는 것이 무념보시가 아니라 다른 사람이 도움을 필요로 할 때 적절히 도움을 주는 것이 바로 무념보시이다」

(박장식,『평화의 염원』, 원불교출판사, 2005, p.228).

「인간관계에서 좋은 인연을 오래 유지하거나 새로운 좋은 인연을 맺어가는 방법에 있어서 유념할 자리에 유념하고 무념할 자리에 무념하는 것이 최고 최상의 방법이다. 이에 대해 소태산은 달마와 노자의 말씀에 맥을 대면서 결코 새로운 것이 아님을 언급하였다」(박상권,「소태산의 종교적 도덕론 연구-『대종경』인도품을 중심으로-」,『원불교사상과 종교문화』 29집, 원불교사상연구원, 2005, p.69).

연구문제
1) 도인은 끊임없이 복을 받고, 범부는 조금 지은 복을 받으면 오히려 타락하는 이유는?
2) 복도 잘못 이용하면 재앙의 밑천이 되고, 재앙도 잘 이용하면 도리어 복의 밑천이 되는 까닭은?

[무본편 37장] 오는 복을 아껴라
핵심주제
오는 복을 아껴라
대의강령
◎복을 지으면서 알아주지 않는다고 한탄 말라.
1) 복을 짓고 칭찬을 받아버리면 그 복의 반을 받아버린다.
2) 내가 복 지음이 부족함을 생각할지언정 당장 복 받지 못함을 한탄 말라.
3) 오는 복을 아끼면 길이 복을 받는다.
단어해석
복 : 선인을 지어 선과를 얻는 것을 福이라 한다. 무념보시·무상보시가 큰 복을 짓는 지름길인 바, 사은에 보은하는 것이 참다운 복을 얻는 길이다. 세속에서 말하는 복으로는 오복(장수·부귀·강녕·유호덕·고종명)이 있다. 이 오복을 수용하는 것은 삶의 만족으로 행복이라 한다.
한탄 : 후회함이 있거나 원통함이 있을 경우 탄식하는 것이 恨歎이다. 남이 나를 알아주지 않는다고 분해하는 것도 한탄에 해당된다.

관련법문

「범상한 사람들은 남에게 약간의 은혜를 베풀어 놓고는 그 관념과 상을 놓지 못하므로 저 은혜 입은 사람이 혹 그 은혜를 몰라주거나 배은망덕을 할 때에는 그 미워하고 원망하는 마음이 몇 배나 더하여 지극히 사랑하는 데에서 도리어 지극한 미움을 일어내고…」(대종경, 인도품 17장).

「내적으로 받는 죄복은 음해하면 죄가 오고 음덕을 쌓으면 복이 오는 것이다」(한울안 한이치에, 제3장 일원의 진리 9장).

보충해설

천지는 우주 만물에 생명의 은혜를 베풀고 그 베풀었다는 상이 없다. 그야말로 응용무념의 덕을 베푸는 것이 천지의 도이다. 하지만 중생들은 조그마한 복을 짓고 그것을 알아주지 않는다고 한탄하는 경우가 있다. 유루의 복보다 무루의 복이 더 큰 줄 모르기 때문이다. 따라서 불보살은 무루의 복을 짓되, 돌아오는 복마저 아껴 받는다면 더할 나위 없는 복덕을 쌓는 길이다. 오는 복을 아끼라는 뜻은 무엇인가? 소태산은 말하기를 "한꺼번에 복 수용을 너무나 다 해버리면 나중에 받을 것이 없다. 그러므로 물이나 나무나 곡식이나 다 아껴 써야 한다"(박용덕, 『금강산의 주인되라』, p.299)고 하였는데, 이를 두고 복을 아낀다고 한다. 어떻든 불타는 32相 80種好를 갖추었으니 지혜와 자비와 복덕의 상징이며, 대자대비가 이러한 복덕의 상징으로 나타난 것이다.

주석주해

「인간의 가장 큰 욕구 중 하나가 인정받고 싶어하는 것이다. 다른 사람의 사랑과 칭찬을 받기를 고대한다. 상대의 관심과 사랑이 있으면 행복하고, 무관심하거나 무시당하면 불행을 느낀다. … 이런 경우는 마음속에 깊은 열등의식이 있음을 나타낸다」(권도갑, 『우리시대의 마음공부』, 열음사, 2007, p.103).

「전무출신을 하면 영원한 세계에 무루의 복을 짓는 것이다. 무루의 복이라는 것은 많은 복을 지으면서도 상이 없는 응용무념의 도를 실천하는 것이다. 보살은 이타행을 하는 사람이다」(한종만,

『원불교 대종경 해의』(下), 도서출판 동아시아, 2001, p.412).
연구문제
1) 복을 지으면서 알아주지 않는다고 한탄 말라는 의도는?
2) 오는 복을 아끼면 길이 복을 받는다는 뜻은?

[무본편 38장] 범부와 성인의 수
핵심주제
　범부와 성인의 수
대의강령
　◎장기와 바둑에만 수가 있지 않고 세상만사에도 수가 있다.
　1) 범부는 눈앞의 한 수밖에 보지 못하고, 성인은 몇 백수 앞을 보며,
　2) 범부는 목전 이익과 금생 안락만 위하여 죄고를 쌓지만, 성인은 영원한 혜복을 위해 안빈낙도・마음공부・공도사업을 한다.
단어해석
　수 : 무엇이든 전개함에 있어 지략이나 술수가 있는 바, 이를테면 장기나 바둑을 둘 때에 술수를 數라고 한다.
　혜복 : ☞권도편 18장 참조.
　안빈낙도 : ☞하단의「보충해설」참조.
　공도사업 : ☞경의편 12장 참조.
관련법문
「범부와 중생들은 형상 있는 것만을 자기 소유로 내려고 탐착하므로 그것이 영구히 제 소유가 되지도 못할 뿐 아니라 아까운 세월만 허송하고 마나니, 이 어찌 허망한 일이 아니리요」(대종경, 성리품 26장).
「범부의 마음은 물질을 대하면 욕심으로 인하여 싫어하고 만족할 때가 없어서 얻음이 있을수록 더욱 많이 구하여 죄악을 증장하나니, 그러므로 보살은 항상 만족함을 생각하여 가난을 편히 하고 도를 지키며 오직 지혜 밝히는 것이 본래의 직분인 줄을 깨쳐야 할 것이요」(정산종사 번역,『팔대인각경』, 시창 21년 회보 23

호).
보충해설
 자신의 구차함과 가난함 속에서도 오히려 도를 즐기며 분수에 편안히 하는 것을 안빈낙도라 한다. 중국 진나라 때 죽림칠현이 안빈낙도의 생활을 하고자 하였다. 유교의 선비들이 안빈낙도의 생활을 하였는데, 원불교 수도인으로서 구도의 희열심으로 도락을 즐기는 것이 안빈낙도라 본다. 소태산 대종사는 『대종경』 불지품 15장에서 옛날에 공자가 "나물 먹고 물마시고 팔을 베고 누웠을지라도 낙이 그 가운데 있으니, 의 아닌 부와 귀는 나에게는 뜬 구름 같다" 한 말씀은 색신을 가지고도 천상락을 수용하는 천인의 말씀이라고 하였다. 이처럼 안빈낙도는 인간락에도 필요하지만 천상락을 즐기는 성인 불보살의 넉넉한 도락이요 심법인 것이다.

주석주해
「세상 사람들 돈으로 안 되는 일 없지 하네, 구름도 미인도 만들고 지어 부처도 만들지, 부처님 마음은 돈으로는 만리나 멀어라, 지금 이 마음인데 두리번거리네 쯧쯧」(장응철 역해, 『생활속의 금강경』, 도서출판 동남풍, 2000, p.25).
「본래 부처이나 한 생각이 어두워 중생이 된 것이다. 그렇다고 해서 부처의 성품이 없어진 것이 아니다. 한 번 보고 한 번 듣는 속에 부처의 경지가 있으니 어찌 범부니 성인이니 하는 분별을 내겠는가」(송천은, 『열린시대의 종교사상』, 원광대학교 출판국, 1992, p.168).

연구문제
 1)장기와 바둑에만 수가 있는 것이 아니라 세상만사에 수가 있다는 뜻은?
 2)범부는 무수한 죄고를 쌓고 성인은 영원한 혜복을 쌓는 이유?

[무본편 39장] 참된 이익의 조건
핵심주제
 참된 이익의 조건

대의강령

◎정산종사 말하였다.

1) 성인들은 현재의 작은 이익을 취하지 않고 오히려 해를 입어가며 무궁한 참 이익을 얻으며,

2) 범부들은 작은 이익을 구하다가 죄를 범하여 해를 얻으며,

3) 참된 이익은 오직 정의에 입각하고 대의에 맞아야 얻는다.

단어해석

성인 : ☞권도편 27장 참조.

영원무궁 : 인과와 불멸의 진리 작용을 永遠無窮이라 한다. 중생과 같은 소아를 버리고 불보살과 같은 대아를 취하여 개인보다는 공중을 위하는 마음으로 살아갈 때 영원무궁한 복락을 수용하게 된다.

입각 : 의거 내지 근거로 삼는 것을 立脚이라 한다.

대의 : ☞국운편 19장 참조.

관련법문

「부처님과 중생이 利害를 가리는 것이 차이가 있나니 부처님께서는 순리로써 이해를 취하시고 중생은 역리로써 취하는 것이 다르나니, 보라 부처님께서는 자신의 명예를 위해서는 조금도 힘쓰신 바가 없건마는 그분에게 모든 중생이 옹호와 우대를 하며 대복전이 돌아오게 되었나니 이것이 진리니라」(정산종사법설, 제3편 도덕천하 39장).

「범부들은 인간락에만 탐착하므로 그 낙이 오래가지 못하지마는 불보살들은 형상 없는 천상락을 수용하시므로 인간락도 아울러 받을 수 있나니, 천상락이라 함은 곧 도로써 즐기는 마음락을 이름이요, 인간락이라 함은 곧 형상 있는 세간의 오욕락을 이름이라」(대종경, 불지품 15장).

보충해설

자신 눈앞의 이익을 쫓다가 오히려 피해를 보는 경우가 많다. 근시안적으로 생각하다 보니 졸속한 행동을 함으로 인해 나타나는 현상들 때문이다. 재색명리에 탐하다가 심신을 상하고, 또 죄악을 범하여 맑은 마음을 놓치면 고통이 쌓이게 된다. 이에 성인

들은 현재의 작은 이익을 취하지 않고 무궁한 참 이익을 얻는다. 본연의 청정자성을 추구하는 삶이기 때문이다. 물욕에 치닫다 보면 정신기운이 황폐해져 바람직하지 않은 삶일 뿐이다. 따라서 눈앞의 물욕보다는 영생의 행복을 추구하는 삶이 요구된다. 불법연구회 회가(원불교성가 120장)를 보면 "물욕 충만 이 세상에 위기 따라서, 구주이신 대종사님 탄생하시사" 라고 했다.

주석주해

「중생이 제 일만 하는 것은 자기만 이롭게 하는 것이다. 남을 해롭게 해서라도 나만 이롭게 하는 것이다. 나 혼자만 산다면 모르지만 남과 더불어 살 때는 남에게 해가 없어야 한다. … 동포은의 자리이타는 나도 이롭고 다른 사람도 이롭게 하라는 것이다」(한종만, 『원불교 대종경 해의』(下), 도서출판 동아시아, 2001, p.276).

「이욕에 현혹되어 염치없이 정의를 짓밟고 있는 것이 시대인심이니 스스로 사리사욕을 없이하고 매사를 대의명분에 입각하여 대중을 이롭게 하는 생활에 앞장서야 할 것이다」(구타원종사 법문집 편집위원회 편, 『인생과 수양』, 구타원종사기념사업회, 2007, p.37).

연구문제

1) 성인은 작은 이익을 취하지 않고, 범부는 작은 이익을 취하면?
2) 참된 이익을 얻는 길은?

[무본편 40장] 명리와 지위의 수용자세

핵심주제

명리와 지위의 수용자세

대의강령

◎ 정산종사 말하였다.

1) 명예 지위 권리를 道로 구하면 죄도 짓지 않고 복을 더 짓게 되며,
2) 내가 응당 수용할만해도 사양하고 수용치 않으면 이것이 숨은 복으로 쌓이며,

3)복을 받음은 소모요, 안 받고 베푸는 것은 식리이다.
◎이어 말하였다.
　1)도인도 위를 얻지 못하면 경륜 포부를 다 실현하지 못하며,
　2)위가 나쁜 것이 아니고 필요한 것이나 처지를 살피고 대의에 따라 위를 얻으며,
　3)얻은 후에 권리를 독차지하지 않고 아껴야 위를 안보한다.
단어해석
　식리 : 이익을 소모하지 않고 증식하는 것을 殖利라 한다.
　경륜 : 천하를 다스리고 일체 중생을 교법으로 제도하는 것을 經綸이라 한다. 또한 일을 크게 계획적으로 작성하는 것도 경륜이다.
　포부 : ☞무본편 17장 참조.
　안보 : 안전하게 보전하는 것을 安保라 한다.
관련법문
「그대들이 한 생 동안만 재색명리를 놓고 세상과 교단을 위하여 고결하고 오롯하게 활동하고 가더라도, 저 세속에서 한 가정을 위하여 몇 생을 살고 간 것에 비길 바가 아니니, 한 생의 공덕으로 많은 세상에 무루의 복락과 명예를 얻을 것이요」(대종경, 교단품 17장).
「교단의 지도자들은 교세가 왕성하면 왕성할수록 추호라도 세력을 부리거나 교만하는 일이 없게 하며, 자신들도 앎이 있을수록 더욱 하심하고 지위가 높을수록 더욱 겸손하여 영원히 병들지 않는 교단이 되게 하라」(정산종사법어, 공도편 58장).
보충해설
　정당한 방법으로 명예 지위 권리를 구하면 그것은 복을 더 짓게 되며, 그 복을 받더라도 다 받지 말고 숨겨두는 것은 그것이 곧 은덕이다. 도인으로서 위를 얻으면 그 위를 독차지하지 않는 것도 참 도인의 길이다. 위를 독차지 하지 않는 마음이 은덕을 쌓는 길이기 때문이다. 소태산은 천지에 우로의 덕을 우자는 모르고 성자의 덕을 범부들이 모르지만, 천지가 가물거나 성인이 떠난 뒤에 그 은덕을 알게 된다(대종경, 부촉품 13장)고 하였다. 이

처럼 천지의 은덕, 성자의 은덕은 응용무념으로 베풀기 때문에 덕이 더욱 커지게 된다. 명예와 위상이 커지더라도 양보하는 마음으로, 또 공유하는 마음으로 임하자는 것이다.

주석주해

「덕도 음덕을 쌓아야 나중에 그 보수가 커지게 된다. 그때그때 받아버린다면 결국 아무것도 남지 않게 된다」(박길진, 『대종경강의』, 원광대출판국, 1980, p.244).

「지위가 높아서 모든 사람의 존대를 받고 사는 사람이 행복한 사람인가. 그렇지 않으면 권리가 높아서 천하를 호령하고 내 마음대로 많은 사람을 부려 쓰고 사는 사람이 행복한 사람인가」(조전권, 선진문집1『행복자는 누구인가』, 원불교출판사, 1979, p.19).

연구문제

1)명예・지위・권리를 도로써 구하게 되면?

2)도인이 위를 얻지 못할 경우, 혹 위를 얻을 경우 어떻게 해야 하는가?

[무본편 41장] 불보살과 범부의 차이

핵심주제

불보살과 범부의 차이

대의강령

◎불보살과 범부에 있어 좋은 것은 좋아하고 낮은 것은 싫어함은 같다.

1)불보살은 좋아도 의리에 부당하면 취하지 않고 범부는 의리에 부당해도 취하는 점이 다르며,

2)불보살은 희로애락에 당하여도 증애에 착심이 없으나, 범부는 좋고 낮은데 집착하는 점이 다르다.

◎세상에서 위를 얻어야 각자의 포부를 실현함은 같다.

1)범부는 지위 권리 재물을 죄의 도구로 사용하는 수가 많고,

2)불보살은 이것을 세인들에게 이익 주어 복을 수용토록 하여 복록을 끼치는 점이 다르다.

단어해석

의리 : ☞예도편 18장 참조.

희로애락 : ☞경의편 42장 참조.

증애 : ☞원리편 23장 참조.

포부 : ☞무본편 17장 참조.

관련법문

「부처님께서는 법을 구하는 데에 몸을 잊으시는데, 범부 중생은 재물 구하는 데에나 몸을 잊으며 여색 구하는 데에나 몸을 잊으며 명리 구하는 데에나 몸을 잊나니, 어느 겨를에 법이 구해지리요」(대종경선외록, 17.선원수훈장 11장).

「대저 지식과 재물과 얼굴·부귀가 많으면 불보살이 되기 어렵나니, 그러나 이러한 환경에서 발심이 나는 사람은 전세에 깊은 인연을 맺은 불보살이니라」(정산종사법설, 제2편 공도의 주인 1장).

보충해설

인간의 호감도가 달라서 같은 대상이라도 어떤 사람은 좋아하고 어떤 사람은 싫어한다. 개성이 각기 다르기 때문이기도 하다. 아울러 인간이 오감을 가지고 있는 한 심신에 유익하면 좋아하고 해로우면 싫어하는 성향이다. 좋은 것은 취하고 싶은 것이 인간인데, 불보살은 좋아도 의리에 부당하면 취하지 않고 범부는 부당해도 취하는 경우가 있어 서로 다른 심법이다. 재색명리의 경우가 그것으로 중생들은 탐진치로 재색명리를 취하려 하고, 불보살들은 악업의 윤회를 해탈하고자 한다. 정산종사가 번역한 『팔대인각경』(시창 21년 회보 23호)에서는 "범부의 마음은 물질을 대하면 욕심으로 인하여 싫어하고 만족할 때가 없어서 얻음이 있을수록 더욱 많이 구하여 죄악을 증장한다" 고 하였다.

주석주해

「권모술수는 도학가에도 있을 수 있다. 의무와 도리, 그리고 은혜와 의리를 생각해서 행동하지 않고 그때그때 자기의 이익만 생각하는데서 문제가 생긴다」(박길진, 『대종경강의』, 원광대출판국, 1980, p.11).

「보살은 내면적인 희로애락의 감정에 초월하여 자신이나 남이나 해를 입지 않는 경지이다. 또 보살은 천도에 잘 순응하는 경지로 묘사되어 있다」(김기원, 「원불교 자유관」, 『원불교사상시론』 1집, 수위단회사무처, 1982, pp.158-159).

연구문제
1) 불보살과 범부의 취득에 있어 의리에 부당하면 희로애락의 경계를 당해서 어떻게 취사하는가?
2) 불보살과 범부가 지위 권리 재물을 얻었을 때 취사하는 법은?

[무본편 42장] 대우와 공로

핵심주제
대우와 공로

대의강령
◎정산종사 말하였다.
1) 자기가 자기를 대우하지 못하고 남이 대우함이 자기 대우가 되며,
2) 자기의 공을 자기가 드러내지 못하며 남의 공을 잘 드러내줌이 자기의 공을 드러냄이다.

단어해석
대우 : 신분에 맞게 예를 갖추어 대접하는 것을 待遇라 한다. 대접할만한 일을 하였을 경우 대우해주는 것이 예인 것이다.
공 : 개인과 가정, 사회나 국가 세계 등에 끼친 공로를 功이라 한다.

관련법문
「남의 대접을 구하는 법은 어느 방면으로든지 먼저 그만한 대접이 돌아올 실적을 세상에 나타내는 것이니, 그러한다면 그 실적의 정도에 따라 모든 사람이 다 예를 갖추게 되리라. 그러나 불보살의 심경은 위를 얻은 뒤에도 위라는 생각이 마음 가운데 머물러 있지 아니 하나니라」(대종경, 실시품 13장).
「공로가 있어도 공로를 잊고, 능함이 있어도 능함을 잊으며, 어질되 어짊을 잊고, 알되 앎을 잊으며, 크되 큼을 잊고, 비었으되

비었음을 잊으며, 위에 올랐으되 위를 잊고, 권력을 가졌으되 권력을 잊으며, 깨달았으되 깨달았음을 잊어야 한다」(한울안 한이치에, 제1장 마음공부 77장).

보충해설

누구나 대우받고 살아간다는 것은 그다지 싫은 일은 아니다. 남으로부터 존경을 받고 살고자 하는 것이 인간의 심리이기 때문이다. 하지만 자기 스스로를 대우하지 못하며, 남이 진정으로 대우해줌이 참 대우가 되는 것이다. 이러한 원리에 따라 자신의 공을 자기가 드러내는 것보다 남이 드러내줌이 더욱 바람직하다. 예수는 말하기를 "네가 무엇이든지 남에게 대접을 받고자 하는 대로 너도 남을 대접하라"(마태복음 7:12)고 하였다. 이에 대우받을 일을 함에도 불구하고 대우받겠다는 상념도 놓을 일이다.

주석주해

「누가 나를 몰라주고 대우 없음을 근심하거나 원망하지 않으며 천만 사람이 비평하고 조소한다 할지라도 그 뜻이 굽히지 않고 오직 이 몸과 마음을 다 바쳐 영생을 통해서 성불하고 제중할 것을 허공법계와 대중에게 맹세해야 한다」(이종진, 「원불교 교무론」, 『원불교사상시론』 1집, 수위단회사무처, 1982, p.243).

「중생은 남에게 약간의 보시를 하고서 그 공덕이나 대우가 돌아오기를 기대하다가 상대방이 그런 기대에 미치지 못하면 그 사람을 원망하고 미운 마음까지 내기 쉽다. 그래서 그 미운 마음이 심해지면 오히려 보시가 상극의 인연을 맺는 원인이 될 수도 있기 때문에 유상보시를 경계한 것이다」(남궁성, 「유상보시와 무상보시」, 《원광》 제372호, 월간원광사, 2005.8, p.97).

연구문제

자기 스스로 대우 못하고, 자기 공을 드러내지 못하는 이유는?

[무본편 43장] 작복과 불방심

핵심주제

작복과 불방심

대의강령

◎하루 품삯은 곧 나오나 일년 농사는 가을에 수확한다.

1) 큰 이익은 늦게 얻어지고 큰 공부는 오래 걸리며,
2) 복을 조금 지어놓고 안돌아온다 하여 조급증을 내지 말고 계속하여 지으며,
3) 죄를 지어놓고 안돌아온다고 안심하지 말고 참회개과 하라.
4) 한도가 차면 돌아오므로 방심하지 말고 공을 쌓으라.

단어해석

조급증 : 참을 수 없이 급한 증상이 躁急症이다. 급한 사람은 멈추는 공부를 통해서 재차 생각해 볼 수 있는 여유를 갖는 것이 필요하다.

참회개과 : 자신의 지난날의 악업을 참회하면서 자신이 범한 과실을 고치고자 하는 것을 懺悔改過라 한다. 참회에는 이참과 사참이 있으며, 사참의 경우가 지난 과실을 성찰하여 선업을 짓고자 반조하는 일이다.

관련법문

「모든 사업을 하는 데에 실패되는 원인이 세 가지가 있나니, 그 하나는 수고는 들이지 아니하고 급속히 큰 성공 얻기를 바람이요, 둘은 일의 본말과 선후 차서를 모르고 경솔하게 처사함이요, 셋은 일의 완성을 보기 전에 소소한 실패나 이익에 구애되어 결국 큰 실패를 장만함이니, 모든 사업을 경영하는 사람은 이 세 가지 점을 항상 조심하여야 되나니라」(대종경, 교단품 28장).

「믿음에 두 가지가 있으니, 첫째 선 뒤에는 반드시 복이 오고 악 뒤에는 반드시 죄가 오는 진리를 믿는 것이요, 둘째 끝까지 하면 반드시 이루어지는 진리를 믿는 것이다」(한울안 한이치에, 제2장 심은대로 거둠 4장).

보충해설

대기만성이라는 말이 있다. 큰 그릇은 늦게 이루어진다는 뜻으로 도인은 오랜 적공을 통해 더욱 큰 도인으로 거듭나는 것이다. 같은 맥락에서 보면 소태산 대종사는 김기천 선진을 견성 인가한 후, 정산종사에 대하여 말하기를 "집을 짓는데 큰 집과 작은 집을 다 같이 착수는 하였으나, 한 달에 끝날 집도 있고 혹은 일년

혹은 수년을 걸려야 끝날 집도 있듯이 정산은 시일이 좀 걸리리라"(대종경, 성리품 22장)고 하였다. 정산종사는 큰 이익은 늦게 얻어지고 큰 공부는 오래 걸린다고 하였다. 조급증을 내지 말고 지속적인 적공을 하자는 뜻이다.

주석주해
「논어에는 三十而立이라 했고 일본인 直本은 35세에 立이라 했다. 30까지도 아무 가늠 없이 살고 보면 불안하다. 인체의 발육도 30까지 하고 퇴보단계에 들기 시작하는데, 대기만성이라고 하나 三十而立은 해야 안정된다」(박길진, 『대종경강의』, 원광대출판국, 1980, p.215).

「깊은 신앙심으로 본래 죄성이 공한 자리를 알고 마음속의 탐진치와 삼독심을 녹이는 공부를 해야 한다. 참회에는 피보다 진한 눈물과 노력이 필요하다」(안정진, 『아름다운 42년』, 원불교출판사, 2003, p.39).

연구문제
1) 복을 지어놓고 안돌아온다 하여 조급증을 내지 말라는 뜻은?
2) 죄를 지어놓고 안돌아온다고 안심하지 말라는 뜻은?

[무본편 44장] 일생과 영생

핵심주제
일생과 영생

대의강령
◎ 하루살이는 하루만 보아 한 달을 모르고, 버마재비는 한 달만 보므로 일 년을 모른다.
 1) 범부는 일생만 보므로 영생을 모르며,
 2) 불보살은 영생을 보므로 계획을 세우고 근본 일에 힘쏜다.

단어해석
하루살이 : 몸길이가 7-8mm이며, 앞날개는 몸길이와 같고 뒷날개는 없는 곤충을 말한다. 유충은 물속에 있으며, 여름저녁에 떼를 지어 다닌다. 하루를 살다 죽는다 하여 하루살이라 한다.

버마재비 : 벌레를 잡아먹고 살아가며 농업이나 임업에 유익한 곤충이다. 몸이 길쭉하며 초록색 또는 황갈색을 띠며 수명은 한 달을 산다.

관련법문
「한 제자 여쭙기를 "저는 아직 생사에 대한 의심이 해결되지 못하와 저의 사는 것이 하루살이 같은 느낌이 있사오며, 이 세상이 모두 허망하게만 보이오니 어찌하여야 하오리까." 대종사 말씀하시기를 "옛 글에 '대개 그 변하는 것으로 보면 천지도 한 때를 그대로 있지 아니하고, 그 불변하는 것으로 보면 만물과 내가 다 다함이 없다' 한 귀절이 있나니 이 뜻을 많이 연구하여 보라"」(대종경, 천도품 14장).

「우리가 대종사와 정산종사 같은 영생의 부모를 못 만났으면 世人과 조금도 다름없이 허망하게 살고 갈 터인데 이 얼마나 큰 은혜이냐」(대산종사법문 3집, 제1편 신성 30장).

보충해설
육도사생의 작용으로 우주 만유는 생명의 현상을 변화시켜 간다. 일례로 하루살이는 하루만 보아 한 달을 모르며, 버마재비는 한달만 보므로 일년을 모른다. 범부는 일생만 알고 영생을 모르지만 불보살은 영생사를 환히 안다는 것이다. 장자는 다음과 같이 말한다. "우물 안의 개구리는 공간의 제한으로 말미암아 바다를 말할 수 없고, 여름날의 벌레는 시간의 제한으로 말미암아 얼음을 말할 수 없으며, 시골 선비는 禮敎에 구속되어 있기 때문에 道를 논하지 못한다"(추수편). 유한함에 구애되면 무한함을 모르듯 예절에 구애된 선비는 참 도의 진수를 모른다. 하루살이가 한 달을 모르듯, 중생이 불보살의 영원한 경지를 모르는 것과 같다.

주석주해
「100년 미만의 짧은 삶을 살아가는 인간의 일생은 한여름 하루살이의 삶에 비길 수조차 없는 짧은 생의 길일 것이며, 무엇을 안다, 가졌다, 부 명예 권력을 서로 가지려고 온갖 방법으로 싸우고 헐뜯고 해서 얻은 것들은 권력을 잡은 개인과 그들 집단의 이익을 위해 그릇되게 사용하여…」(황근창, 「물리학과 일원상의 진리」, 창립10주년기념 추계학술회의《원불교 교의해석과 그 적용》, 한국원불교학회, 2005년 11월 25일, p.44).

「문득 "하루살이는 하루만 보고 살고, 버마제비는 한달만 보고 살고, 중생은 일생만 보고 살지만 불보살들은 영생을 보고 산다" 는 정산종사법어 말씀이 생각이 났다. … 하루를 위해 바쁜 것일까, 일생을 위해 바쁜 것일까? 진정 영생을 위해 바삐 생활하는 것일까?」(김석원, 「가장 급한 일」, 『마음은 어디서 쉬는가』, 출가교화단, 1997, p.267).

연구문제
1) 하루살이와 버마재비를 비유, 범부와 불보살에 대한 법어는?
2) 일생과 영생의 시각에 있어 범부와 불보살의 차이는?

[무본편 45장] 세간락과 출세간락

핵심주제

세간락과 출세간락

대의강령

◎ 정산종사 말하였다.
1) 중생은 무상 변천하는 세간락으로 복이 다하면 타락하며,
2) 불보살은 무형 불변하는 출세간락으로 극락을 수용하며,
3) 그대들은 일시적 향락과 영화에 집착 말고 담박하고 영원한 복락과 영화를 수용하라.

단어해석

무상변천 : 세월이 흐르면 무상하게 변화하는 모습을 無常變遷이라 한다. 권리나 명예 등은 영원하지 않고 무상하게 사라지는 것을 상징한 것이다. 세속의 물욕에 물들지 않고 사는 것이 무상함의 극복이다.

세간락 : 세속에서 육근작용으로 욕심에 따라 자신의 본능을 즐기며 사는 낙으로 재색명리의 낙을 世間樂이라 한다.

무형불변 : 형상이 없으나 영원히 변하지 않는 진리 본체의 모습을 無形不變이라 한다. 세속 초탈, 곧 변함없는 형이상학적 영원성을 말한다.

출세간락 : 진리생활을 통해 얻는 도락이 出世間樂이다. 세간락은 오욕

을 충족시키는 재색명리의 낙이라면, 출세간락은 무상한 부귀영화의 욕심을 극복하고 무위안락한 생활을 하며 초탈적 법열을 느끼는 낙이다.

극락 : ☞경의편 16장 참조.

영화 : ☞권도편 46장 참조.

관련법문

「범부들은 인간락에만 탐착하므로 그 낙이 오래가지 못하지마는 불보살들은 형상 없는 천상락을 수용하시므로 인간락도 아울러 받을 수 있나니, 천상락이라 함은 곧 도로써 즐기는 마음락을 이름이요, 인간락이라 함은 곧 형상 있는 세간의 오욕락을 이름이라」(대종경, 불지품 15장).

「작은 탐착을 놓아야 큰 것을 이룩하나니 일신의 세간락을 돌려 전 생령의 혜복 문로를 열어주고 한 가정의 영화를 돌려 전 세계의 복지를 마련하자」(대산종사법문 2집, 제9부 행사치사, 정화단 선서식 법설).

보충해설

기쁨을 누리며 행복하고자 하는 것은 인지상정이다. 그러나 그 기쁨에는 종류가 있다. 쉽게 말해서 세속의 세간락이 있다면, 도가의 출세간락이 있는 것이다. 정산종사는 중생들이 세간락으로 타락하기 쉽고 불보살들은 출세간락으로 극락을 수용한다며, 일시적 향락에 머물지 말라고 하였다. 석가모니의 위대한 점은 세간락을 충분히 누릴 수 있는 왕자로 태어났음에도 불구하고 출가수도를 단행하여 6년 설산 고행을 겪으며 수하 항마한 결과 삼계의 성자로 거듭났다는 점이다. 파스칼은 『팡세』에서 인간은 불안과 허무감을 극복하기 위해 향락에 정신을 판 나머지 인간의 방향을 잃어버린다고 하였으니 고금 성철들의 말을 새길 일이다.

주석주해

「한 생 동안만 재색명리를 놓고 세상과 교단을 위하여 활동하면 많은 세상에 무루의 복락을 얻는다고 하였다. 작은 탐욕을 놓고 큰 것을 이룩하며 일신의 세간락을 돌려 전 생령의 복혜 문로를 여는 것이다」(한종만, 『원불교 대종경 해의』(下), 도서출판 동아시아, 2001, p.433).

「오늘보다 내일을 바라보는 꿈 행복 희망으로 우리가 아끼고 아껴서 저축을 하듯이 지금보다 다음을 위하여 현생의 복락 뿐 아니라 내생의 복락을 위하여 우리는 미리 준비를 해야 하는 것이다」(안정진,『아름다운 42년』, 원불교출판사, 2003, p.35).

연구문제
1) 세간락과 출세간락에 대하여 언급하시오.
2) 낙수용에 있어 범부와 불보살의 차이는?

[무본편 46장] 길일의 종류

핵심주제
길일의 종류

대의강령
◎길일양신이 일진에 있는 것이 아니라 각자의 마음과 행동 가짐에 있는데, 특별한 길일은?
 1) 진정한 지도인을 만나는 날이며,
 2) 진정한 법에 결정심을 세우는 날이며,
 3) 자성의 원리를 깨치는 날이다.
◎보통 길일은?
 1) 계문을 잘 지키고 사심을 방지하며,
 2) 욕됨을 참고 안심하며,
 3) 전과를 뉘우치고 죄를 짓지 않은 날이며,
 4) 이타행으로 복을 지으며,
 5) 우연한 고를 극복하여 묵은 빚을 갚는 날이다.

단어해석
길일양신 : 운이 좋은 날을 吉日이라 하고, 모든 일들이 잘 되어가는 좋은 시절을 良辰이라 한다. 주지하듯이 전통의 풍속에 길일양신을 선택하여 일을 하는 경우가 있다. 국가대사를 치루거나 개인이 이사를 하거나, 결혼을 할 때 길일양신을 택하는 것이다. 그러나 이에 지나치면 운명론에 떨어지는 경우가 있으니 주의해야 한다.

일진 : 그날의 운세를 日辰이라 한다. 무언가를 하고자 할 때 그날의 일진이 좋을 때 한다는 것이 이와 관련된다.

결정심 : 교법을 이해하고 실행에 옮기겠다는 굳은 다짐과 결심을 하는 것을 決定心이라 한다. 보조국사는 결사운동을 했는데, 이러한 결정심들이 쌓이면 궁극적으로 대결사 운동을 할 수 있게 된다.

전과 : 이전에 지은 과실이라든가, 전생의 지은 악업을 前過라 한다.『정전』참회문에서 전심작악은 구름이 해를 가린 것과 같으며 후심기선은 밝은 불이 어둠을 파함과 같다 했고, 세상에 전과를 뉘우치는 사람은 많으나 후과를 범하지 않는 사람이 적다고 했다.

이타행 : 남을 우선으로 위하는 행동을 利他行이라 한다. 자리이타의 행동을 말하며 이기주의에 상대되는 말이다.

관련법문

「한 제자가 여쭈었다. "길일양신은 마음에 있는 것이니, 그것을 가리는 것은 소용없는 일입니까?" "그것 다 사람이 만든 것이니 별 것 없다." "집터 가리는 것도 소용없습니까?" "소용없으나, 대개 보아서 산천 정기가 빠지지 않고 응해준 곳이 좋다." "궁합을 보니 좋지 않은데, 본인은 결혼을 하려고 하니 어쩌면 좋겠습니까?" "서로 좋아하는 것은 궁합이 맞아서 그러니 결혼하도록 하라"」(한울안 한이치에, 제5장 지혜단련 14장).

「원기 31년 새 아침에 말씀하셨다. "세상 사람들은 오늘을 맞이하여 재앙을 물리치고 복을 비는 길일이라 하나, 길일이 따로 있는 것이 아니라 각자의 마음에 있는 것이다"」(한울안 한이치에, 제1장 마음공부 22장).

보충해설

길일양신은 보통 일진에 있다고 생각한다. 그날 하루의 운세가 어떻게 되느냐에 따라 운명론적으로 다가서는 것이 보통사람들이다. 정산종사가 본 길일양신은 진정한 지도인을 만나는 날이요, 법에 결정심을 세우는 날이요, 자성의 원리를 깨치는 날이라 했다. 복점이나 점성술·풍수에 의한 길일과 흉일의 선택은 고대와 중세를 통하여 서양은 물론 한중일 3국에 전해진 것이다. 구한말

탄생한 원불교는 길일양신의 이러한 전통적 운세론에 대한 혁신을 가하고자 하였다. 불교의 혁신뿐 아니라 무교·유교와 도교의 혁신적 의미가 원불교의 교법정신에 나타나 있다.

주석주해

「원리성을 외면한 믿음 일변도, 즉 맹신 맹종주의는 인간의 합리적인 지각기능을 마비하여 바보 인간으로 전락시키고 만다. 우리 인간의 길흉화복을 부적이나 면죄부에 의존했던 사실이 바로 그 한 대표적 사례이다」(이광정, 『주세불의 자비경륜』, 원불교출판사, 1994, p.40).

「소태산은 천지기운은 사람이 들지 아니하면 아무 변동과 조화가 나타나지 않는다고 했다. 또는 인심이 곧 천심이라 하여 역사적 세계의 주체는 곧 인간임을 설명하였다. 고대사회의 인간은 자연환경의 변화를 절대적인 것으로 생각하고 그 위력을 통하여 인간사회의 길흉과 죄복을 주재하는 것으로 이해하였다」(신명국, 「소태산 역사의식」, 『원불교사상시론』 제Ⅱ집, 수위단회 사무처, 1993년, pp.120-121).

연구문제

1) 길일양신은 일진에 있는 것이 아니라 각자의 마음과 행동에 있다는 뜻은?
2) 보통길일과 특별한 길일이란 무엇인가?

[무본편 47장] 육신과 마음의 생일

핵심주제

육신과 마음의 생일

대의강령

◎수도인에게 육신의 생일보다 마음의 생일이 더 중요하다.
 1) 우리 마음이 불생불멸의 대도에 큰 서원을 발한 날이 곧 마음의 큰 생일이며,
 2) 수도하는 가운데 퇴굴하는 마음을 추어 잡아서 새로운 마음을 분발하는 날이 마음의 생일이며,

3) 경계를 따라 한 생각 밝은 마음과 한 생각 좋은 마음이 일어나는 날이 마음의 생일이다.

◎日日是好日이라는 말이 있듯이 우리는 日日是生日로 지내야 할 것이다.

1) 날로 달로 세운 바 본원을 반조하여 좋은 생각을 내어서 세상에 빛나는 삶을 누리며,

2) 영원토록 너른 세상을 이익 주는 큰 인물이 되라.

출전근거
『원광』 23호(1958년) 「일일시생일」 법설이다(김정관 수필).

단어해석
불생불멸 : ☞경의편 42장 참조.
대도 : ☞응기편 42장 참조.
퇴굴 : 용기나 의분 없이 그저 물러서고 굽히는 것을 退屈이라 한다. 퇴굴에 반대되는 것이 분발이다.
일일시호일 : 날마다 좋은 날을 日日是好日이라 한다.
일일시생일 : 날마다 생일을 日日是生日이라 한다.

관련법문
「영겁을 놓고 보면 어느 날 생일 아닌 날이 없을 것이나 그러나 현실 나타난 바로써는 육신의 생일이 있고 마음의 생일이 있나니, 육신의 생일은 육신이 태어난 날이요 마음의 생일은 대도에 발심이 나서 입교한 날이며, 타락했던 마음과 들뜬 마음이 다시 향상의 길로 살아날 때이니라」(정산종사법설, 제1편 마음공부 14장).

「54회 탄신일을 맞이하여 … 교도들이 합석하여 경축 여흥회를 베풀었는데 이에 말씀하셨다. "내 생전 처음 일이다. 우리는 개교 축하일에 공동으로 생일을 챙기고 있으며 다른 동지들의 생일을 낱낱이 챙겨주지 못하는 형편에 나만 잔치를 받고 보니 퍽 미안하다. 앞으로는 이런 일을 하지 말라"」(한울안 한이치에, 제9장 오직한길 41장).

보충해설
생일이란 개인적으로 가장 기쁜 날이다. 부모로부터 자신의 생

명을 선사받은 날로서 이보다 중요한 날은 없기 때문이다. 인간은 두 번 태어난다고 한다. 한 번은 부모로부터 육신을 받고 태어남이요, 다른 한 번은 종교를 신앙하면서 새 정신이 태어남이다. 이에 사회인에게는 육신의 생일이 중요하지만 종교인에게는 새 마음의 생일도 중요하다. 원불교에서는 소태산 대종사의 대각일이자 원불교 열린 날(1916.4.28)을 공동생일 기념일로 정하였다. 석가모니 탄신일이나 예수 탄신일은 육신의 탄생을 기준으로 하여 축제를 맞이하고 있지만, 원불교는 소태산 대종사의 깨달음 즉 정신 탄생일을 축제로 한다는 것이 큰 차이점이다.

주석주해

「제자들이 대각개교 기념일을 축하하자고 하였으나 대종사님은 공동생일 기념일로 하자고 하였다. 대종사의 공동체 정신은 당신 대각의 기쁨을 일체생령들과 더불어 같이 하는 것이다. 그러자면 일체생령을 대각시키는 방법 외에 다른 도리가 없다」(박용덕,「대종사의 공동체 정신2」,《원광》제373호, 월간원광사, 2005.9, p.91).

「좌선과 수양공부를 20년, 30년 한다고 해온 공부인이 막상 경계에 부딪치면 진심만 내고, 또한 아만심이 가득하다면 교단은 물론 본인을 위해서도 불행한 일이니 크게 반성해 볼 일이다」(박길진,『대종경강의』, 원광대출판국, 1980, pp.156-157).

연구문제

수도인에게 육신생일보다 마음의 생일이 더 중요한 이유는?

[무본편 48장] 세간과 출세간의 오복

핵심주제

세간과 출세간의 오복

대의강령

◎세간 오복과 출세간 오복의 기준은?
1)서전 홍범에는 수・부・강녕・유호덕・고종명이 오복이며,
2)세상에는 수와 부와 귀와 강녕과 다남자를 오복이라 한다.
◎범부와 수도인의 오복은?

1) 범부는 오래 사는 것만으로 壽를 삼으나 수도인은 생멸 없는 진리를 깨닫는 것으로 수를 삼으며,

2) 범부는 자기 소유 재산이 많은 것을 富로 삼으나 수도인은 시방세계 오가의 소유임을 아는 것으로 부를 삼으며,

3) 범부는 명예와 벼슬 얻는 것으로 貴를 삼으나 수도인은 행동이 법도에 맞아서 최령의 가치를 다하는 것으로 귀를 삼으며,

4) 범부는 몸에 병 없는 것으로 강녕을 삼으나 수도인은 마음에 번뇌 착심이 없는 것으로 강녕을 삼으며,

5) 범부는 생자녀가 많은 것으로 多子孫을 삼으나 수도인은 시방세계 일체중생을 다자손을 삼나니, 세간과 출세간의 오복을 아울러 수용하라.

출전근거

『원광』 29호(1959년) 「세속인의 오복과 수도인의 오복」 법설이다(김정관 수필).

단어해석

오복 : ☞하단의 「보충해설」 참조.

서전홍범 : 유교 삼경의 하나인 『서경』「홍범편」을 書傳洪範이라 한다. 홍범구주라고도 하며, 중국 상고시대에 우왕이 정한 정치와 도덕의 아홉 가지 원칙을 말한다. 이를테면 五行・五事・八政・五紀・皇極・三德・稽疑・庶徵・五福六極의 아홉 가지 법칙이 이것이다.

수 : 인간의 수명은 壽를 의미한다. 장수라는 말이 여기에서 파생된다.

강녕 : 심신의 건강을 康寧이라 한다. 인사말에 강녕이 사용된다.

유호덕 : 남에게 덕을 베풀기를 좋아하는 것을 攸好德이라 한다.

고종명 : 제 명대로 살다가 편안히 죽는 것을 考終命이라 한다.

다남자 : 자녀를 많이 두는 것이 오복이며 이를 多男子라고 한다.

오가의 소유 : 시방세계가 吾家의 所有라는 말은 우주를 한 집안 삼는 불보살의 심법으로서 시방삼계를 자신의 소유로 삼는 것을 말한다.

최령 : 인간은 이성적 동물로서 만물의 영장이라 하는데 이러한 인간을 最靈하다고 한다. 인간이 만물 가운데 가장 영장적인 존재임을 표명한 것은 『순자』 王制편에 있다.

출세간 : 삼독오욕 및 부귀영화의 경계가 많은 티끌 번뇌의 세간생활을 벗어나 출가하여 도락과 해탈 추구의 세상을 出世間이라 한다.

관련법문

「오복은 보통 수·부·귀·강녕·다남자를 말하는데 인간의 수로 말하면 1백세 미만이요, 부로 말하면 몇 만석·몇 천석의 국한이 있으며, 귀로 말하여도 면장이나 군수나 도지사나 총독이나 한 나라의 황제가 제일 귀하며, 강녕으로 말하여도 일평생 무병으로만 살 수가 없으며, 다남자로 말하여도 자녀 2십여 명을 두기가 어렵나니, 그러므로 이를 우리 공부인들의 입장에서 바꾸어 생각해 보아야 하겠노라」(정산종사법설, 제3편 도덕천하 22장).

「壽로 말하여도 생사의 진리를 오득하여 불생불멸하는 것이 무량수라 할 것이요, 富로 말하여도 부족함이 없는 부처님께서 왕궁의 부귀를 버리시고 七家食을 통해 온갖 만행을 닦으실 뿐 아쉬울 것이 전혀 없는 심경이 無盡富라 할 것이며, 貴로 말하여도 일체생령에게 받는 귀가 제일 큰 귀이기에 삼천년 전 석가모니 부처님으로 말하면 경치 좋은 데에는 다 부처님의 법당이요, 존숭을 받아도 제일 귀한 분은 부처님이며, 강녕으로 보면 일체의 번뇌와 착심에서 비롯되는 심병을 물리치시어 무루의 강녕을 누리셨으며, 다남자로 말하여도 태난습화 4생이 다 부처님의 자손이라, 육도사생을 한 집안 한 권속을 삼으셨나니라」(정산종사법설, 제3편 도덕천하 22장).

보충해설

인간으로서 행복의 항목 다섯 가지를 五福이라 하는 바, 수·부·강녕·유호덕·고종명을 말한다. 수란 장수를 말하며, 강녕은 심신의 편안함과 건강함을 말한다. 그리고 유호덕은 남에게 덕을 베풀기를 좋아하는 것이며, 고종명은 제 명대로 살다가 죽음을 말한다. 오복이란『尙書』「홍범」에서 유래된다. 다른 경전이나 문헌에도 인생에서 온갖 복을 갖추었다고 말할 때 이 오복이란 말을 자주 사용해 왔다. 우리는 인생을 살아가면서 행복한 삶의 표준을 언급할 때 오복을 갖추었다고 한다. 또한 새로 집을 건축하고 상량을 할 때 대들보에 연월일시를 쓰고 그 밑에

"하늘의 세 가지 빛에 응하여 인간세계엔 오복을 갖춘다(應天上之三光 備人間之五福)"고 쓰는 것이 관례가 되었다. 한편 치아의 중요성을 강조하여 '이는 오복에 들었다'고 말한다. 「통속편」에 나오는 오복은 『상서』와 다소 차이를 보인다. 수·부·귀·강녕·子孫衆多로 되어 있어 두 가지가 다른데, 서민층이 바라는 오복은 오히려 이 통속편의 오복이다. 남에게 덕을 베푼다는 유호덕보다는 貴가 낫고, 자기 수명대로 사는 고종명보다는 자손이 많은 것을 원하기 때문이다.

주석주해
「인생에 있어서 오복을 갖추면 행복의 표상이 되고 밝은 지혜를 갖추면 존경을 받는다. 결국 우리가 구하는 복과 지혜는 두 가지 길을 통해 얻게 되는데, 그것이 바로 인생의 요도와 공부의 요도 두 가지 길이다」(이원조, 『마음소 길들이기』, 한국방송출판, 2002, p.64).

「어떤 분은 성인이 되어 전 인류에게 유익을 주는데 어떤 이는 제 몸 하나도 건지지 못하고 죄고에서 허덕이다가 결국은 악도에 떨어지게 되니 과연 그 원인과 허물은 어디에 있겠습니까? 즉 제불제성은 수양의 적공과 정의도덕을 몸소 실천하였기 때문이요, 중생은 사심잡념으로 정신 소모만 시키고 불의악행을 감행하였기 때문이다」(구타원종사 법문집 편집위원회 편, 『인생과 수양』, 구타원종사기념사업회, 2007, pp.26-27).

연구문제
1) 세간의 오복과 출세간의 오복을 설명하시오.
2) 출세간의 오복만 갖추면 세간의 오복은 자연 돌아오는 이치가 있다는 뜻은?

[무본편 49장] 성속의 수지대조
핵심주제
성속의 수지대조
대의강령
◎현실생활의 예산 결산과 수도생활의 예산 결산은 다르다.

1)현실생활은 수입이 많아야 생활이 윤택하고 편안하며,
　2)진리에는 현실적 손실을 볼지라도 진리저축이 많아야 하며,
　3)우자는 사람을 속여 수입만 취하므로 채무가 쌓이며,
　4)여러분은 자리이타의 도로 수지를 맞추고 말과 행으로 유익을 주며,
　5)날마다 참다운 수지대조로 한량없는 복전을 개척해야 한다.

출전근거
『원광』22호(1958년)「수도인의 예산과 결산」법설이다(박정훈 수필).

단어해석
유족 : 모자람이 없이 넉넉함을 有足이라 한다.
술책 : 어떠한 일을 교묘히 전개하려는 술수 책략을 術策이라 한다.
구렁 : 구렁은 깊이 페인 곳으로, 여기에 빠지면 벗어나기 힘든 험악한 상황을 비유한 말이다.
자리이타 : ☞응기편 35장 참조.

관련법문
「복을 지어도 상을 내거나 당장에 그 대가를 받아버리면 그 뒤의 복이 남지 않나니, 그대들은 행을 하되 여유 있는 행을 할 것이요 복을 짓되 음덕을 많이 쌓으라. 돈도 저축하여 두면 시일이 오래 될수록 이자가 많아지는 것 같이 지은 복도 남이 알아주지 않는 가운데 그 복이 더 커지는 것이며…」(정산종사법어, 원리편 28장).
「물건을 사고 팔 때 서로 자리이타로 해야 한다. 사는 사람이 너무 싸게 사고, 파는 사람이 너무 비싸게 팔면 이것이 다 빚이 되기 때문이다」(한울안 한이치에, 제2장 심은대로 거둠 39장).

보충해설
　저축을 하며 살아간다는 것은 의식주를 절약하며 미래의 행복을 장만하려는 인간의 알뜰한 삶에서 비롯된다. 이에 저축은 지출보다 수입이 많아야 가능하며, 저축이 많아질수록 미래의 풍요로움이 보장된다. 경제적 저축으로 육신의 삼강령은 그렇다고 해도

정신의 삼강령을 마련하는 것은 진리의 저축이 있어야 한다. 저축이 없이 정신의 소모만 있으면 정신의 세력은 쇠약해지기 때문이다. 이에 정산종사는 영육의 참다운 수지대조로 한량없는 복전을 개척하라 했다. 기독교 캘빈이즘은 직업을 합리적으로 수행하면서 계율에 따른 금욕적 절약(진리의 저축)과 소비절약에 의해 발전하였으며, 이것이 서구에 자본주의가 발달하게 된 기연이다.

주석주해

「원기 16년 불법연구회통치조단규약이 제정되면서 훈련원의 내용은 더욱 다양해지고 구체화되었다. 일기조사 기재법을 제정하고 수지대조를 할 수 있도록 하였으며, 연말에는 이 교리·이 제도로 훈련을 받은 결과 기질변화는 어느 정도까지 되었는가에 대한 대조를 위하여 신분검사를 하도록 하였다」(이성은,「조직제도 변천사」,『원불교70년정신사』, 성업봉찬회, 1989, p.431).

「소태산 대종사가 제기한 자리이타, 공경의 원칙과 규범은 착취계급의 自社自利의 원칙과 규범에 대하여 말한다면 도덕상의 혁명인 것이다」(김경진,「소태산 정신개벽사상과 그 조치 및 현실적 의의」, 원광대 개교60주년국제학술회『개벽시대 생명·평화의 길』, 원불교사상연구원·한국원불교학회 外, 2006.10.27, p.45).

연구문제

1) 현실생활의 예산 결산과 수도생활의 예산 결산의 다른 면은?
2) 진리의 저축이 많아야 영원한 세상에 복록이 유족한 뜻은?

[무본편 50장] 인작과 천작

핵심주제

인작과 천작

대의강령

◎ 인작과 천작의 두 벼슬이 있다.

1) 인작은 사람이 주므로 빼앗을 수 있으나, 천작은 진리가 주므로 빼앗을 수 없으며,

2) 불보살은 천작을 중시하여 삼대력으로 영화 삼으며,

3) 천작만 잘 닦으면 인작은 저절로 돌아오게 된다.
단어해석
　인작 : 벼슬의 한 종류로서 사람이 주는 벼슬을 人爵이라 한다. 인작은 도지사·군수 등으로 위정자가 마음만 먹으면 빼앗을 수 있는 벼슬이다.
　천작 : 인작에 비유되는 것으로 천심을 갖고 사는 사람에게 하늘이 주는 벼슬을 天爵이라 한다. 천작은 진리가 주는 벼슬이므로 인위적으로 빼앗을 수 없다. 진리가 주는 벼슬이란 삼대력을 갖추어 품행과 덕망·보은행이 뛰어나므로 얻게 되는 벼슬이다.
　영화 : ☞권도편 46장 참조.
관련법문
「인작은 현실의 관리 등이니 이는 사람이 들어서 주는 것이기에 사람이 다시 빼앗을 수도 있는 것이며, 또한 유한의 것이기에 다할 날이 있으나, 천작은 하늘이 들어서 주는 작으로 곧 진리가 들어서 주는 작이라, 안으로 인의예지의 사덕을 갖춤이요 우리의 삼대력을 갖춤이니라」(정산종사법설, 제3편 도덕천하 41장).
「인작은 … 사람이 정해주는 것이기에 몇 해를 한다든지, 몇 십년을 한다든지, 평생 동안 한다든지 하는 한도가 있나니라. 그러나 천작이라 하는 것은 계문을 잘 지켜도 다생겁래의 천작이요, 삼강령 중에서도 정신수양을 잘 하여 일심을 얻어도 천작이요, 사리연구 공부를 해서 대소유무나 시비이해를 알아도 천작이요, 작업취사 공부를 해서 불의와 정의를 분석하여 판단력이 있는 것도 천작이라」(정산종사법설, 제3편 도덕천하 41장).
보충해설
　출세를 한다는 것은 세상에서 큰 벼슬을 하고, 이에 따라 부귀영화를 누리는 것을 말한다. 벼슬에는 두 가지가 있다. 하나는 사람이 주는 벼슬(인작)이며, 다른 하나는 진리가 주는 벼슬(천작)이다. 정산종사에 의하면 사람이 주는 벼슬은 빼앗을 수 있으나 진리가 주는 벼슬은 빼앗을 수 없다고 하였다. 그리고 불보살은 진리의 벼슬을 중시하며 부귀영화가 아닌 삼대력으로 영화를 삼는다고 하였다. 중국의 도연명은 세속의 권세와 부귀영화 등의 벼슬을 다 버리고 홀연히 순박한 마음으로 고향에 돌아와 天命을 즐기며 천작을 즐겼다. 조선조 퇴계는 칠십 평생 79번이나 관직을 사양할 정도였으며, 후학을 기르는데 정성을 쏟음으로써 인작보다 천작을 소중히 여긴 것이다. 또 과거와 벼슬을 마다하고 스스로 낮은 데로 임해 民本을 실천하려 한 실학자가 있었는데 반계 유형원이었다. 이들은 진리의 벼슬을 즐긴 자들이다.

주석주해

「조송광은 「自樂」(회보 제2호, 원기 18년 9월)에서 "현묘하다 삼강령 팔조목을 대명동방 거러노니 혼몽중에 생각없이 살든 사람 천복이 자연 내리도다…" 라 하여 삼강령 팔조목과 사은사요를 제대로 수용하게 되면 심불을 보게 될 것이라는 암시를 하고 있다」(정순일, 「일원상 신앙 성립사의 제문제」, 제21회 원불교사상연구 학술대회《21세기와 원불교》, 원불교사상연구원, 2002.1, p.94). 「대종사는 … '오직 실력을 갖추어라' 당부하며 큰 사람이 되도록 격려하였다. "여러분은 오직 실력을 갖추어라. 정신수양 사리연구 작업취사 3대력만 갖추면 나중에 하늘처럼 여러분을 모시고 대접할 것이다"」(박용덕, 『금강산의 주인되라』, 원불교출판사, 2003, p.318).

연구문제

1) 벼슬의 두 가지를 들고 이를 설명하시오.
2) 천작을 얻으려면?

[무본편 51장] 새해의 독경해액

핵심주제

새해의 독경해액

대의강령

◎새해에 재래습관에 따른 해액은?
 1) 승려·장님을 청해 행한 독경해액은 증거가 확실치 않으며,
 2) 경을 입으로만 읽고 그 본의를 모르면 미신에 흐른다.
◎해액의 방법은?

1)다른 이를 시켜 하룻밤 읽고 마는 경이 아니라 각자 매일 읽는 경으로 액을 풀며,
   2)소리로 읽는 경이 아니라 묵묵히 읽는 경으로 액을 풀며,
   3)책상에서의 독경이 아니라 동정간 읽는 것으로 액을 풀며,
   4)경전을 숙독하면서도 현실의 실지경전을 읽고 활용하라.

단어해석
 독경해액 : 재래 풍속에 따라 정초가 되면 스님이나 장님을 초청하여 독경을 하며 한해의 액운을 푸는 연중에 한 번 있는 행사를 讀經解厄이라 한다. 그러나 일련의 행사가 형식에 치우친다면 미신으로 전락되니 동정 간의 경계를 염두에 두어 간절한 독경으로 액을 풀어야 한다.
 축원 : ☞기연편 9장 참조.
 벽두 : 글의 첫머리나 일의 시작머리를 劈頭라 한다.
 묵묵 : 잠잠하여 말이 없는 것을 黙黙이라 한다. 묵묵부답이라는 말이 이와 관련된다.
 숙독 : 자세히 익숙하도록 글이나 책을 읽는 것을 熟讀이라 한다.
 재액 : 온갖 불행·재앙과 액운을 災厄이라 한다.

관련법문
「이 경전 가운데 시비선악의 많은 일들을 잘 보아서 옳고 이로운 일을 취하여 행하고 그르고 해 될 일은 놓으며, 또는 대소유무의 모든 이치를 잘 보아서 그 근본에 깨침이 있어야 할 것이니, 그런다면 이것이 산 경전이 아니고 무엇이리요. 그러므로 나는 그대들에게 많고 번거한 모든 경전을 읽기 전에 먼저 이 현실로 나타나 있는 큰 경전을 잘 읽도록 부탁하노라」(대종경, 수행품 23장).
「과거에는 종교의 경전 내용이나 의식에 장엄이 많았고 세간에도 허장성세와 권모술수로써 처세하였으나, 앞으로는 참되고 실답고 공변된 정신으로 살아가게 되리라는 것을 뜻함이니, 여러분은 이러한 시기를 맞이하여 모든 면에 근실하여 미륵불 시대의 새 기운을 잘 받을 수 있는 인물이 되라」(한울안 한이치에, 제5장 지혜단련 9장).

보충해설

상단의 「단어해석」에서도 언급하였듯이 독경해액이란 재래 풍속에 따라 정초가 되면 스님이나 장님을 초청하여 독경을 하며 한해의 액운을 푸는 연중행사를 말한다. 하지만 정산종사는 승려나 장님을 청하여 하는 독경해액은 증거가 확실치 않아 미신에 흐르기 쉽다고 했다. 따라서 참다운 독경해액의 방법은 연중 한 번의 행사로 그칠 것이 아니라 매일 독경을 하고, 또 동정간 독경으로 액을 풀도록 한 것이다. 소태산은 『대종경』 수행품 23장에서 사서삼경이나 팔만장경만 경전인 줄 알고 읽지만, 현실로 나타난 큰 경전은 읽지 못한다며 현실의 큰 경전을 읽으라고 하였다.

주석주해

「주문이 아닌 독경도 위력을 낸다. 일원상서원문과 천도법문과 청정주를 주야로 외우면 양잿물에 묵은 때가 빠지듯 날이 다르게 마음 세탁이 된다. 나의 마음을 잡념이나 착념에 빼앗겨 버리지 말고, 주송으로 일념을 계속하여 마침내 일념마저 사라진 무념처에 이르면 능히 업력을 녹일 수 있다」(전이창, 『죽음의 길을 어떻게 잘 다녀올까』, 도서출판 솝리, 1995, p.196).

「가부좌를 틀고 앉아서 마음을 고요히 하는 것이 참선이긴 하지만, 한편으로는 지속적으로 바른 생각에 익숙해지는 것도 참선이라 할 수 있다. 우리가 경전과 기도문을 늘 읽고 암송하는 이유도 거기에 있다」(달라이 라마 著, 공경희 譯, 『마음을 비우면 세상이 보인다』, 문이당, 2000, p.9).

연구문제

1) 새해의 독경해액으로 설한 법어의 대체는?
2) 독경해액이란 무엇인가?

[무본편 52장] 경전의 종류

핵심주제

경전의 종류

대의강령

◎부처님은 근기에 따른 세 가지 경전을 설하였다.

   1)지묵으로 기록된 경전들이며,

   2)삼라만상으로 나열되어 있는 현실경전이며,

   3)우리 자성에 본래 구족한 무형의 경전이며,

   4)지묵경전보다 현실경전이 더 크고, 현실경전보다 무형의 경전이 더 근본이다.

◎정산종사 또 말하였다.

   1)성인이 나기 전에는 도가 천지에 있으며,

   2)성인이 나신 후에는 도가 성인에게 있으며,

   3)성인이 가신 후에는 도가 경전에 있다 하였으니, 우연 자연한 천지의 도가 가장 큰 경전이다.

단어해석

경전 : ☞권도편 34장 참조.

지묵 : 종이와 먹을 紙墨이라 한다. 경전이나 책의 글을 만드는데 필요한 기본 도구가 지묵인 것이다.

구족 : ☞원리편 19장 참조.

우연자연 : 인위적인 것이 아니라 뜻밖에 저절로 되는 것을 偶然이라 하며, 인위 계교가 없는 것이 自然이다. 우연자연은 저절로 자연스럽게 되는 것으로 이해하면 좋을 것이다.

관련법문

「도가 경전에 있을 때에는 광막한 敎海에 향할 바를 모르는지라, 지각의 힘이 약한 사람으로서는 희망하는 저 피안의 언덕에 도달하지 못할 것이나, 오직 도가 성인에게 있을 때에는 가장 쉽고 간단한 교법과 편리한 방침으로써 진리의 앞길을 열어 주시고 어두운 정신을 일깨워 주시나니, 어느 시대를 막론하고 성인 在世를 만나서 직접 구전심수로써 대도의 훈련을 받게 되는 사람들은 참으로 행복하다 하리라」(정산종사법설, 제2편 공도의 주인 33장).

「옛 경전은 비유하여 말하자면, 이미 지어 놓은 옷과 같아서 모든 사람의 몸에 고루 다 맞기가 어려우나 직접 구전심수로 배우는 것은 그 몸에 맞추어 새 옷을 지어 입는 것과 같아서 옷이 각각 그에 맞는 법으로 마음 기틀을 계발하는 공부가 어찌 저 고정한 경전만으로 하는 공부에 비할 바이리요」(대종경, 교의품 24장).

보충해설

보통 경전이란 지묵으로 된 경전을 말한다. 이를테면 유교의 주역과 사서, 불교의 팔만장경, 도교의 도장경 등이 3교의 대표적 경전인 것이다. 소태산 대종사는 1916년 4월 28일 대각을 이루고, 기성종교의 경전류인 『금강경』『옥추경』『성경』 등의 경전을 열람하였는데 그 뜻이 환히 해석되었다. 원불교 기본 교서로는 그가 친감한 『정전』이 있으며 그의 사후 편집된 언행록으로 『대종경』이 있다. 어떻든 정산종사는 우리가 접하는 지묵의 경전뿐만 아니라 삼라만상으로 나열되어 있는 현실경전, 자성에 본래 구족한 무형의 경전을 읽으라 했다. 또 성인이 나신 후에 도가 성인에게 있고, 성인이 가신 후에 도가 경전에 있다 하였으니, 우연자연한 천지의 도가 가장 큰 경전이다.

주석주해

「참된 의미의 경전은 단지 문자화된 경전에 그치는 것이 아니라 객관적 자연과 인간의 모든 삶의 장인 그대로 큰 경전으로 이해될 수 있다. 이를 산 경전이라고 부른다. 이 산 경전 속에 살면서 이치와 일을 분석하여 그 진상을 파악하는 것이 진정한 경전해석의 길이 되는 셈이다」(김낙필, 「원불교학의 동양해석학적 접근」, 『원불교사상』 12집, 원불교사상연구원, 1988, pp.95-96).

「모든 경전을 배우고 익혀나가니 그 중에서 삼대력만 얻고 보면 곧 이것이 인간 이상의 최대권위와 능력을 얻은 것이요, 수도인의 안심처라 하리로다」(구타원종사 법문집 편집위원회 편, 『인생과 수양』, 구타원종사기념사업회, 2007, p.55).

연구문제

1) 근기에 따라 읽는 세 가지 경전을 밝히시오.
2) 성인이 나기 전에 도가 천지에 있고, 나신 후에 성인에 있고, 가신 후에 경전에 있다는 뜻은?

[무본편 53장] 수도인의 세 스승
핵심주제
 수도인의 세 스승
대의강령
 ◎수도인에게 세 가지 스승이 있다.
  1)말로나 글로나 행동으로 나를 가르쳐 주는 사람스승이며,
  2)눈앞에 있는 무언의 실재로 나를 깨우치는 우주스승이며,
  3)스스로 자기를 일깨워주는 양심스승이다.
단어해석
 스승 : 자기를 바르게 가르쳐 보다 나은 방향으로 인도하고 교화하는 사람을 스승 또는 선생이라 한다. 우리는 누구나 지도자가 되면 스승의 자격을 갖추게 된다.
 무언 : 말없는 것을 無言이라 한다. 노자는 無言之敎라 하여 말없는 가르침을 강조하고 있다.
 실재 : ☞경륜편 1장 참조.
관련법문
 「기술을 배우는 사람은 그 스승에게 기술의 감정을 받아야 할 것이요, 도학을 배우는 사람은 그 스승에게 시비의 감정을 받아야 하나니, … 도학을 배우는 사람이 시비의 감정을 받지 아니하면 그 공부는 요령 있는 공부가 되지 못하리라」(대종경, 수행품 49장).
 「스승의 날을 맞이하여 학생들에게 물으시기를 "사제지간에 갖추어야 할 두 가지 심법이 무엇이냐?" 사뢰기를 "하나는 신의이며 또 하나는 정의입니다." 말씀하시기를 "맞았다. 사제지간에 이 두 가지만 있으면 모든 일은 끝나는 것이다"」(대산종사법문 3집, 제1편 신성 51장).
보충해설
 무명에서 지혜의 깨우침을 주고, 무지에서 정보의 지식을 주는 주인공이 있다면 그는 곧 스승이다. 전자의 경우 종교의 스승이고 후자의 경우 학교의 스승인 셈이다. 특히 수도인에게 세 스승

이 있다고 말한 정산종사는 첫째 말과 글 그리고 행동으로 가르치는 사람 스승, 둘째 무언의 실재로 깨우치는 우주 스승, 셋째 스스로 자신을 깨우치는 양심 스승을 밝힌다. 소태산 대종사는 스승이라는 말보다는 지도자를 선호한다. 『정전』 「지도인으로서 준비할 요법」에서 4가지를 밝혔다. 곧 지도받는 사람 이상의 지식을 가지고, 지도받는 사람에게 신용을 잃지 말며, 지도받는 사람에게 사리를 취하지 말며, 일을 당할 때 지행을 대조할 것이다.

주석주해
「마음공부하는 사람은 호념과 부촉을 하여 주시는 스승이 반드시 있어야 하며, 또한 의심 없이 호념과 부촉을 수용하여야만 공부의 진척이 훨씬 빠르다는 것을 명심해야 한다」(장응철 역해, 『생활속의 금강경』, 도서출판 동남풍, 2000, p.20).
「스승의 지도를 철저히 받지 아니한 사람은 현생만 보고 지도를 받는 사람이다. 스승은 영생을 보고 지도하는 것이다. 여기 7가지 (교단품20장) 마음의 비루가 걸린 사람은 현생만 보는 사람이다. 영원한 생명을 알아야 한다. 그리고 참되게 지도를 받는 사람은 스스로 깨우칠 수 있도록 하는 것이다」(한종만, 『원불교 대종경 해의』(下), 도서출판 동아시아, 2001, pp.437-438).

고시문제
수도인의 세 가지 스승은 무엇이며, 평소에 그 스승을 어떻게 모시고 사는지를 써보시오.

연구문제
사람스승 · 우주스승 · 양심스승과 정산종사의 스승관은?

[무본편 54장] 부처와 중생의 복전
핵심주제
부처와 중생의 복전
대의강령
◎정산종사 말하였다.
1)사은이 우리 복전이로되 불보살은 국한 없는 세계의 공변된

밭에 교화의 종자를 심어 사생의 자부요 삼계의 도사가 되며,

2) 범부는 국한 있는 사사로운 밭에 이욕의 종자를 심어 골몰하되 별 공효가 남지 않으며,

3) 불보살은 형상 없는 마음밭 농사에 공을 들이어 영원히 무루의 복과 무량한 혜를 얻으며,

4) 범부는 재색명리 등 형상 있는 일에만 공을 들이므로 공을 들일 때에 실효가 있는 듯 하나 떠날 때는 허망하다.

단어해석

복전 : ☞경륜편 21장 참조.

공변 : ☞원리편 3장 참조.

사생 : 모든 유정의 생명체를 출생의 틀에 따라 네 가지로 분류하는 것을 四生이라 한다. 태생·난생·습생·화생이 이것이다. 태생은 모태를 통해 태어나는 포유류(인간 및 축생), 난생은 알로 태어나는 것(새와 물고기), 습생은 습한 곳에서 태어나는 것(곤충과 벌레), 화생(나비와 매미 등)은 형태를 변화하여 태어나는 것을 말한다.

자부 : 자비로운 스승을 아버지로 상징화하여 慈父라 한다. 소태산 대종사와 석가모니 등이 이와 관련된다.

도사 : 道 곧 진리를 깨달아 삼대력을 갖추어 고통의 중생을 바르게 인도해줄 수 있는 스승을 道師라 한다.

공효 : 공들인 효과를 功效라 한다.

무루 : ☞원리편 27장 참조.

무량 : 한량없는 것을 無量이라 한다. 무량한 혜란 한없는 지혜이다.

재색명리 : 인간의 본능적 욕심을 불러일으키는 4가지 대상을 財色名利라 한다. 예컨대 재물욕·색욕·명예욕·이욕이 그것이다. 중생들은 재색명리를 항복받기가 어렵고 불보살은 능히 항복받아 도락을 즐긴다.

관련법문

「범부와 중생들은 형상 있는 것만을 자기 소유로 내려고 탐착하므로 그것이 영구히 제 소유가 되지도 못할 뿐 아니라 아까운 세월만 허송하고 마나니, 이 어찌 허망한 일이 아니리요」(대종경, 성리품 26장).

「범부는 주야로 소아를 위하여 노력하고 있으나 부처님은 대아에 입각하여 노력하시니 이것이 범부와 부처의 다른 점이다」(한울안 한이치에, 제3장 일원의 진리 5장).

보충해설

복전이라든가 心田이라는 말은 원불교에서 자주 사용하는 말이다. 밭이란 터전을 일구어서 그곳에 종자를 심어 잘 가꾸는 것을 의미하는 바, 도가에서는 농사짓는 밭에 비유하여 마음을 잘 가꾸는 심전이라는 말을 사용한다. 이에 심전계발을 통해 복전을 잘 가꾸는 것을 마음공부라 하며, 불보살은 이를 주업으로 삼는다. 소태산 대종사는 『대종경』 불지품 3장에서 복전과 심전을 잘 가꾸는 부처는 삼계의 대도사요 사생의 자부라 했는데, 정산종사 역시 불보살은 심전농사를 잘하여 복전을 장만하는 성자로서 삼계의 도사요 사생의 자부라 했던 것이다.

주석주해

「우리는 지옥길이 많이 났는가, 극락길이 많이 났는가 조사해 보아야겠다. 그리하여 지옥길은 묵혀 버리고, 극락길은 마음밭은 잘 매고, 마음그릇을 잘 닦고, 마음칼은 잘 사용하는 것이라 하겠고 지옥길은 30계문 범과하는 것이다」(조전권, 선진문집1 『행복자는 누구인가』, 원불교출판사, 1979, p.34).

「심전계발은 형상 없는 마음세계의 계발이기 때문에 견성 양성 솔성으로 진행되며 이러한 계발은 수련과 훈련을 통해서 일어나는 마음혁명을 전제한다」(이성택, 「원불교 수행론」, 『원불교사상시론』 1집, 수위단회사무처, 1982, p.30).

연구문제

1) 국한 없는 세계의 공변된 밭과 국한 있는 사사로운 밭이란?

2) 불보살과 범부들이 공을 들임에 있어 전자는 복락을 수용하지만, 후자의 경우 실효가 없게 되는 이유는?

[무본편 55장] 서원과 법연

핵심주제

서원과 법연
대의강령
◎정산종사 말하였다.
1) 영겁을 통해 공부하는데 중요한 조건은 서원과 법연이며,
2) 서원은 우리의 방향을 결정해 주고,
3) 법연은 우리의 서원을 이끌어주며 북돋아 준다.

단어해석
영겁 : ☞권도편 8장 참조.
서원 : ☞경륜편 22장 참조.
법연 : ☞원리편 58장 참조.

관련법문
「참으로 영원한 나의 소유는 정법에 대한 서원과 그것을 수행한 마음의 힘이니, 서원과 마음공부에 끊임없는 공을 쌓아야 한없는 세상에 혜복의 주인공이 되나니라」(대종경, 천도품 17장).
「박은국이 여쭈었다. "세세생생 스승님 여의지 않고 이 회상을 드나들려면 혈연으로 온 것이 좋겠습니까?" "혈연과 법연을 겸하면 좋으나 혈연만은 변할 우려가 있으니 법연으로 와야 영원히 헤어지지 않고 다닐 수 있다"」(한울안 한이치에, 제7장 기연따라 주신 말씀 33장).

보충해설
성불제중을 실현해 가는데 있어 무엇보다 중요한 것은 서원과 법연이다. 서원은 우리의 목적을 실현하는데 이정표가 되고, 법연은 목적을 이루는데 있어 서로 격려의 힘을 불어넣어주는 것이다. 서원이 분명하면 철주의 중심이 되고 석벽의 외면이 되어 방향을 상실하지 않는다. 또 법연은 낙원공동체를 이끌어가는 도반이자 동지로서 희로애락을 함께하는 영생의 동반자가 되는 것이다. 인연 중에서 가장 소중한 인연이 불연이요 법연이다. 낙원공동체에 이르도록 성불제중을 독려하는 법동지는 일상적 친구들과 달리 소중하게 다가오며, 대산종사의 법어처럼 창자라도 잇는 심경이 될 것이다. "제생의세 주장하는 우리 동지들, 결함 없는 양

대 요소 정진하여서" 라는 불법연구회 회가를 상기할 일이다.
주석주해
「숙겁을 이어온 서원이라면 이 한생 남김없이 모두를 바치리라는 굳은 결심으로 출가의 길에 들어섰다. 천만다행으로 이 회상의 창립기에 대종사님 같은 어른을 가까이에서 모시고 그 뜻을 만분의 일이라도 받들 수 있었음은 내 생애를 통해 영광된 세월이 아닐 수 없다」(박장식, 『평화의 염원』, 원불교출판사, 2005, p.95).

「법연으로 교류하면서 자신을 되돌아보고 교역자로서 품위 유지를 가능하게 하는 교역자 공동체의 연대감을 형성하고 있다」(황민정, 「교역자 공동체 생활 모색」, 2000학년도 《학술발표회요지》, 원불교대학원대학교, 2000년 12월, p.80).
연구문제
우리가 영겁을 통하여 공부하는데 가장 중요한 조건은?

[무본편 56장] 인격완성의 요소
핵심주제
인격완성의 요소
대의강령
◎정산종사 조전권에게 말하였다.
 1)과수도 종자가 좋으며,
 2)땅을 잘 만나며,
 3)우로지택이 고르며,
 4)사람의 적공이 잘 들어야 훌륭한 결실을 보는 것이다.
◎훌륭한 인격을 완성함에 네 가지 요소를 갖추어야 한다.
 1)사람은 습관성이 종자가 된다.
  (1)사람들이 마음도 다르고 행동도 다르게 태어나는 것은 익힌 바, 습관의 종자가 다른 까닭이며,
  (2)각자 좋은 습관을 들여 좋은 종자를 장만하라.
 2)사람의 땅은 부모 형제 사우 등과 회상의 인연이다.

(1)인연을 잘 만나야 훌륭한 인물이 될 수 있을 것이며,
　　(2)잘못 만나 바른 지도를 받지 못하면 좋은 싹을 발하지 못하니, 좋은 인연을 맺는 데에 전력하라.
　3)사람의 우로는 법의 우로이다.
　　(1)자주 성경현전을 보고 이상 사우의 법설도 들어야 마음의 좋은 싹이 잘 자라서 진보할 수 있을 것이며,
　　(2)그대들은 종종 법의 우로를 잘 받으라.
　4)인격 완성에 있어 人功이란 곧 자기의 공력이다.
　　(1)사람의 좋은 습관, 좋은 인연, 좋은 법설을 접하더라도 적공을 들이지 않고는 훌륭한 인격을 이룰 수 없으며,
　　(2)범부가 변하여 부처될 때까지 하나하나 실지의 공을 쌓아야 성불제중하는 큰 인격체를 이룬다.

출전근거
『원광』 14호(1956년)의 「인격양성의 네 가지 요소」법설이다(조전권 수필).

단어해석
우로지택 : 생명의 원동력인 물이나 이슬의 은혜를 雨露之澤이라 한다. 천지피은의 조목에 풍운우로를 언급하고 있다.

적공 : 오랜 기도와 수행 정진의 공을 쌓는 것을 積功이라 한다. 성불제중을 향한 간절한 적공은 불과를 얻는 감응력이 된다.

사우 : ☞권도편 7장 참조.

정법회상 : 신통묘술이나 사도를 멀리하고 진리적이고 사실적인 일원상 진리의 대도정법을 믿고 받드는 교단을 正法會上이라 한다. 곧 편벽된 신앙 수행을 멀리하며 원만한 교리로 인도정의를 실현하는 회상이다.

성경현전 : 인류의 생활에 보감이 되도록 소중한 법문이 기록되어 있는 성스럽고 현명한 경전을 聖經賢典이라 한다.

인공 : 정성을 들여 노력한 공을 人功이라 한다.

관련법문
「인격에는 두 가지가 있나니, 첫째 외적 인격이요 둘째 내적 인격이라. 외적 인격은 외형에 나타난 인물과 학벌이며 知情을 말

함이니 이는 사회적 인격이요, 내적 인격은 외적으로 나투지 않은 무형한 것이니, 설사 그 인물이라든지 학식이나 학벌은 없다 할지라도 안으로 양심에 부끄러움이 없는 순일무사한 양심만 양성한다면 그 사람은 영원히 불멸하는 自家의 인격을 소요할 것이니라」(정산종사법설, 제3편 도덕천하 27장).

「그대들은 한 번 들은 법을 듣고 또 듣는다 하여 거기에 쉬운 생각을 내지도 말며, 아는 그대로 바로 실행이 다 되지 못한다 하여 스스로 타락심을 내지도 말고, 듣고 또 들으며 행하고 또 행하면 마침내 지행이 겸전한 완전한 인격을 이루리라」(대종경, 수행품 61장).

보충해설

도가에는 자연의 생명현상을 비유로 하여 수도인을 깨우치는 내용의 표현법이 자주 등장한다. 이를테면 과수의 풍요로운 수확을 위해서는 종자와 땅・우로・공들임이 필요하듯이 인격을 함양함에 있어서 사람도 도종・인연・정법회상・적공이 요구된다는 것이다. 인간이 자연현상을 통해 배우는 것이 많다. 『마태복음』(5・8-20)에서는 좋은 과일을 맺지 못하는 나무는 모두 베어져 불 속에 던져진다며, 예수를 따르지 않는 자의 운명도 이와 같다고 하였다. 물론 예수 만능주의를 그대로 다 수용하기 어렵다고 해도 자연을 대상으로 한 신앙적 교훈은 새겨볼만한 일이다.

인물탐구

조전권(1910-1976) : 弆陀圓 曺專權 교무는 1910년 1월 4일 전북 김제군 금산면 구월리 어유동에서 경산 조송광 정사와 모친 최형엽 여사의 5남 6녀 중 넷째로 출생하였다. 7세에 어머니의 열반으로 새 어머니를 정성으로 모셔 효녀심청이라 소문이 났다. 기독교 집안이었기 때문에 여전도사가 되어 전조선 여성을 기독교로 개화시켜야겠다는 꿈을 가졌다. 16세에는 미션스쿨인 전주 기전여학교에 입학하였는데, 이때 예수교 장로였던 부친은 대종사의 제자가 되었다. 기전여학교 3학년 재학 중이던 공타원 종사는 부친의 개종이 마귀의 사교를 신앙한다며, 부친을 구하기 위해 원기 12년 익산총부에 왔으나 대종사를 뵙고 바로 제자가 되었다. 대종사로부터 "세계 대권을 잡고 일체 중생의 어머니가 되어 최령한 가치를 발휘하라"는 뜻으로 專權이라는 법명을 받았다. 원기 13년 3월 전무출신을 서원하고 농공부 공양원을 시작하여 동년 7월부터 서울교당 공양원으로서 4년 동안 근무하였으며 대종사와 은부모시자녀 결의를 맺었다. 공타원 종사의 지극한 신심을 두고 대종사는 "전권이는 눈, 귀, 코 이쁜 데도 미운 데도 없으니 원만한 미스 불법연구회다"라고 칭찬하였다. 원기 20년 12월 남부민, 원기 23년 초량, 원기 24년 부산교당에서 교화를 하였다. 원기 35년에는 14년간의 부산교화를 마치고 교정원 교무부장으로 봉직하였으며, 원기 38년부터 순교감으로 전임하여 지방 교리강습에 나섰다. 원기 47년 총부 중앙선원 부원장직에 1년간 머물렀다가, 원기 48년 동산선원장직을 명받고 8년간 재직하였다. 공타원 종사는 방학이 되면 지방교당을 순회하며 강습을 났다. 여기서 받은 강의료는 선원 유지비로 수입을 잡고, 교도로부터 들어오는 시봉금도 선원유지비로 내놓았다. 공타원 종사는 대종사에 대한 추모의 정이 각별했다. 열반 일주일을 앞두고 이렇게 추모했다. "나는 대종사를 뵈옵고 이 공부 이 사업을 했기 때문에 이렇게 행복하고 다행할 수가 없네. 자녀 천명을 두고 만명을 둔들 이렇게 행복할 수가 있겠는가." 공타원 종사는 원기 61년 5월 24일 중앙총부 금강원에서 파안미소를 머금은 채 고요히 열반하였다. 원기 61년 5월 제64회 수위단회에서는 법위를 출가위로 사정하고 종사의 법훈을 추서했다.

주석주해

「과실도 네 가지 요소를 갖춰야 훌륭한 결실을 맺는다. 좋은 종자와 좋은 땅, 알맞은 우로, 人功이다. 사람도 인격을 양성하는데 네 가지 요소를 갖춰야 훌륭한 사람이 될 수 있다. 1)종자-습관이 천성을 만듦, 2)땅-인연, 3)雨露-법문 들음, 4)人功-적공」(안정진, 『아름다운 42년』, 원불교출판사, 2003, pp.23-24).

「수행이라는 말은 일반적으로 사람으로서 사람됨의 행실을 닦아서 인격을 형성해 나가는 것을 의미한다. 그러므로 수행은 일차적으로 인간에게만 적용되는 개념이다. 수행은 사람됨의 행실을 갖추는 길이며 인간으로 성장하기 위해서 필요한 과정이다」(이성택, 「원불교 수행론」, 『원불교사상시론』 1집, 수위단회사무처, 1982, p.29).

연구문제
 과수의 결실에 종자・땅・우로지택・사람의 공력이 필요하듯 사람이 훌륭한 인격을 완성함에 필요한 네 가지 요소란?

[무본편 57장] 복혜수용의 근기
핵심주제
 복혜수용의 근기
대의강령
 ◎한 사람이 세 딸을 출가시키며 벼 한말씩을 주어 보냈다.
　1)한 딸은 바로 식량으로 소비하고 가난하게 살며,
　2)한 딸은 기념 삼아 달아매어 두고 그대로 살며,
　3)한 딸은 그것으로 종자를 삼아 많은 농사를 지어 잘 살더라는 이야기가 있다.
 ◎사람사람이 세상에 나올 때 복혜 종자를 가지고 나왔다.
　1)과거에 지어놓은 복혜를 소비하여 없애버리고 빈천 무식하게 사는 사람이 있으며,
　2)근신하여 방탕은 않지만 새로운 복혜는 닦을 줄 모르고 늘 한 모양으로 사는 사람도 있으며,
　3)끊임없이 복혜를 장만, 삼대력을 키우며 복도 일부만 수용하고 대부분을 정당한 사업에 써서 복이 쌓이게 하는 자도 있다.
 ◎자기가 타고난 복이라도 남용을 하거나 허비만 하면?
　1)복을 덜어 앞길이 볼 것 없는 것이며,
　2)심신의 수고와 재물을 아끼지 아니하고 공부사업에 힘쓰는 이는 혜복이 항상 유여하다.
단어해석
 출가 : 딸을 결혼시키는 것을 出嫁라 한다. 곧 처녀가 시집가는 것이다.

복혜 : 복족족 혜족족이라는 말이 있듯이 수도인으로서 공중을 향한 복덕을 많이 쌓고, 진리의 깨달음을 위해 지혜 연마를 해야 하는데, 이 두 가지를 福慧라 한다.
근신 : 삼가 언행을 조심하는 것을 謹愼이라 한다.
남용 : 함부로 마구 쓰는 것을 濫用이라 한다. 약을 남용하지 말라는 말을 자주 사용한다. 복을 남용하는 것은 복을 짓는 것보다는 허비하는 것에 정신을 쏟는 것을 말한다.
유의 : ☞권도편 30장 참조.

관련법문
「여래의 설법도 그와 같아서 무량한 지혜의 광명은 차별없이 나투건마는 각자의 근기에 따라서 그 법을 먼저 알기도 하고 뒤에 알기도 하나니 한 자리에서 같은 법문을 들을지라도 보살들이 먼저 알아듣고, 그 다음에 연각, 성문, 결정선근자가 알아듣고…」(대종경, 전망품 15장).
「인과와 불생불멸의 도에 의혹을 품게 하여 여러 사람의 복혜 兩田을 파괴하거나, 대중에게 신심과 공심을 장려하지 못하고 은근히 형식과 외화로 흐르게 하면 공가와 법계에 중죄가 되나니, 중죄를 짓지 말지니라」(정산종사법어, 공도편 21장).

보충해설
좋은 종자를 가지고 파종을 하며 수확을 하는 것은 농사에 있어 하나의 과정이다. 정산종사는 벼 한말씩을 출가하는 세 딸에게 주었는데, 한 딸은 식량으로 바로 소비했고, 다른 딸은 기념으로 달아매어 두고, 또 한 딸은 종자를 농사지어 잘 살고 있다고 했는데, 매우 풍자적 비유법으로 종자의 선용과 활용이 중요함을 밝힌 것이다. 우리가 세상에 출현하여 '나' 라는 종자를 어떻게 가꾸어 가는가를 반조해보자는 것이다. 정산종사는 "有實無實梧桐實이요, 有絲無絲楊柳絲라" 는 고대 한시를 인용하며 종자의 결실 없음을 지적하였으며, 이에 비견하여 유명무실한 사람이 되지 말자고 하였다. 또 명대실소 후무가관이라며, 종자만 간직하고 활용을 못하거나 이름만 크고 실속이 없으면 볼 것이 없다고 했다. 아무튼 정법회상 만난 불연들은 선연의 부처 종자를 잘 길러 활용하자는 것이다.
주석주해
「천지만물을 잘 활용하면 많은 돈을 만들 수 있다. 맑은 물을 활용하여 인간 생활에 직접적으로 쓰기도 하고 농사를 지어 곡식을 수확한다. 땅을 개간하여 농토를 만들고 돌도 잘 활용하면 인간생활에 큰 도움이 된다. 현재의 처지에 안분하면서 적극적으로 노력하여 천지 만물을 활용해야 한다」(한종만, 『원불교 대종경 해의』(下), 도서출판 동아시아, 2001, p.133).
「소태산은 견성을 목수가 잣대와 먹물을 얻은 것과 같다(성리품 21)고 비유하였다. 목수의 재능은 건축 현장에서 진가가 발휘되는 것이며, 그 재능은 잣대와 먹물을 도구삼아 발휘되는 것이다. 그러나 활용하지 않고 소유하기만 하는 먹물과 잣대는 아무런 효용이 없다」(박상권, 「소태산 성리해석의 지향성 연구」, 『원불교사상과 종교문화』 32집, 원불교사상연구원, 2006.2, p.102).
연구문제
 한 사람이 세 딸을 출가시키며 벼 한 말씩 주어 보냈다는 예화를 통해 정산종사는 어떠한 교훈을 전하고 있는가?

[무본편 58장] 신통은 말변지사
핵심주제
 신통은 말변지사
대의강령
 ◎정산종사 말하였다.
  1)신통은 지엽 같고 견성성불은 근본이니, 근본에 힘쓴즉 지엽은 무성하지만 지엽에 힘쓴즉 근본은 자연 말라버리며,
  2)신통은 성현의 말변지사이므로 대종사도 회상을 공개한 후 이를 엄금하였으며,
  3)인도상 요법을 주체삼아 중생을 제도하되 일용범절과 평범한 도로써 하였다.
단어해석

신통 : ☞응기편 28장 참조.
지엽 : ☞원리편 4장 참조.
말변지사 : ☞응기편 28장 참조.
엄금 : 엄격히 금하는 것을 嚴禁이라 한다.
인도상 요법 : ☞기연편 11장 참조.
일용범절 : 일상에 사용되는 일 또는 그 절차를 日用凡節이라 한다.
무상대도 : ☞경의편 42장 참조.

관련법문
「무릇 법이란 인도상 당연의 도요 궤철이니 법은 많을수록 더욱 좋은 것이요, 비법인즉 백해무익한 것일 뿐이다. 그러므로 법이 아니면 구하지 말고 법이 아니면 보지 말고 법이 아니면 듣지 말고 법이 아니면 말하지 말고 법이 아니면 행하지 말고 법이 아니면 생각하지 말아서…」(좌산상사법문집 『교법의 현실구현』, 3.교법・교단, 11.법이란).

「정법 회상에서 신통을 귀하게 알지 않는 것은 신통이 세상을 제도하는 데에 실다운 이익이 없을 뿐 아니라, 도리어 폐해가 되는 까닭이니, 어찌하여 그런가하면 신통을 원하는 사람은 대개 세속을 피하여 산중에 들며 인도를 떠나 허무에 집착하여 주문이나 진언 등으로 일생을 보내는 것이 예사이니…」(대종경, 수행품 42장).

보충해설
영통 도통 법통에 있어 영통은 지엽이라고 했으며, 법통을 하지 못하고 대원정각을 할 수 없다(응기편 28)고 했다. 영통은 신통과 같은 것이며, 본 법어에서도 신통은 지엽이라 했다. 그보다 근본적인 것은 견성성불이라 했으니, 이 견성성불은 도통과 법통으로 이어진다. 소태산이 신통을 멀리한 것은 정법회상으로서 인도상 요법을 주체 삼았기 때문이다. 『수심결』에서도 신통은 말변의 일이라 했으며, 보조국사는 「정혜결사문」에서 "어찌 자기 마음을 관찰하지 않고 진실과 허망을 분별하지 않으며 깨끗한 업을 쌓지 않고서 먼저 신통과 도력을 찾을 수 있겠는가? 이는 마치 배를 채 부릴 줄도 모르면서 그 물굽이를 탓하는 사람과 같다" 했다.
주석주해
「옛날에는 그러한 신통조화를 많이 기대하고 또 그것을 많이 원하고 공부하는 미신과 사교가 많았으며 일반 민중도 이러한 것을 원했다. … 정법을 공부하게 되면 떳떳한 생활과 연관되며, 설사 대성은 못한다 해도 그 도중이나 그만큼의 결과대로 세상에서 유익하게 활용할 수가 있는 것이다」(박길진, 『대종경강의』, 원광대출판국, 1980, p.142).
「법의대전은 대종사가 대각 후 靈의 기운이 열린 영통의 경지를 밝힌 것이다. 초기에는 이것으로 제자들의 신성을 돈독히 하였지만 대종사는 인도상의 요법을 주체로 하므로 영통 신통을 중요하게 생각하지 않았다. 사람이 세상을 바르게 살아가는 법을 중요시하였다. 그래서 인도상의 요법을 주체로 하였다」(한종만, 『원불교 대종경 해의』(下), 도서출판 동아시아, 2001, p.484).
연구문제
1) 근본에 힘쓰거나 지엽에 힘쓸 경우를 예를 들어 설명하시오.
2) 신통과 견성성불을 본말의 측면에서 설명하시오.

제10 근실편

핵심주제
성찰공부와 실력 갖춘 도인

대의강령
1) 행동의 勤實과 관련한 법어로서 총 33장으로 구성되어 있다.
2) 재색명리의 극복과 성찰 공부를 거론하고 있다.
3) 진위 판단과 실행력을 갖춘 인품이 요구되고 있다.
4) 미륵불 세상과 미래 세상에 대한 법어이다.
5) 법연의 소중성과 정산종사의 풍모를 엿볼 수 있다.

[근실편 1장] 허영과 이욕의 죄업

핵심주제
허영과 이욕의 죄업

대의강령
◎ 이 세상 사람들은 대체로 다음 죄업의 구렁에 빠진다.
1) 나타난 것은 믿으나 나타나지 않은 것은 믿지 않으며,
2) 외부의 영화는 몰두하나 내면의 진실은 찾지 않으며,
3) 당장의 이해는 추호를 살피나 장래의 죄복은 생각 못하므로 허영과 이욕으로 죄업에 빠진다.

출전근거
『원광』2호(1949년)의 「실력을 양성하라」법설이다(이은석 수필).

단어해석
영화 : ☞권도편 46장 참조.
매양 : 항상 그 모양을 每樣이라 한다.
허영 : 분수에 넘치거나 겉치레의 영화를 虛榮이라 한다.
포수 : 총을 쏘아서 짐승을 잡는 사냥꾼을 砲手라 한다.

우화 : 풍자적인 내용으로 짤막하게 만든 서사적 문학, 혹 물건이나 동물을 비유하여 교훈을 담은 이야기를 寓話라 한다.

관련법문

「이생에 악으로써 남을 해하여 자기의 이욕만 채우는 사람은 전생에 지은 바 복으로 혹 이생에는 그대로 지낸다 할지라도 그 지은 바 복이 다하면 죄업의 구렁에 빠지게 되리라」(한울안 한이치에, 제2장 심은대로 거둠 15장).

「나날이 신구의 삼업으로 지을 때 잘 지어야 되고 혹 삼세에 알고도 짓고 모르고도 지은 일체 죄업을 늘 진심으로 참회하는 동시에 자성문에 비추어 업의 뿌리를 녹여버리는 공을 끊임없이 쌓아야 할 것이다」(대산종사법문 1집, 수신강요2, 18.안과의 진리 8장).

보충해설

죄업에 떨어지는 사람들은 어떠한 사람들인가. 삼독 오욕에 구애되어 벗어나지 못할 경우일 것이다. 또는 악행을 범하여 선업을 멀리할 경우이다. 죄업이란 여러 가지로 거론될 수 있다. 은현 자재를 믿지 않는 사람, 외화는 몰두하지만 내면의 진실은 찾지 않는 사람, 당장의 이해는 살피나 장래 죄복은 생각 못하는 사람이 그들이다. 이 죄업을 벗어나기 위해서 소태산 대종사는 『정전』 참회문에서 밝힌 바, 죄상이 원래 공함을 알고 이참을 해야 할 것이며, 이미 범과한 죄업은 사참을 통해 반성하되 다시 범과하지 않겠다는 다짐을 해야 한다. 하여튼 기독교는 인류 모두가 죄인이라 했는데, 원불교는 모두가 처처불상이라 했으니 은혜의 상생 기운을 전해야 한다.

주석주해

「항타원 종사는 "인생은 허망하다"는 말을 많이 하였다. "인간사도 바로 무슨 큰 일이나 하는 듯이 활동이 굉장하지마는 결국은 허망한 일이 얼마나 많나?" "말·글·직위·권위·처자·부귀 모두가 이 목숨 갈 때에는 한갓 꿈에 불과한 것"이라는 점을 강조하였다」(한창민, 「항타원 이경순의 생애와 사상」, 원불교사상연구원 편, 『원불교 인물과 사상』(Ⅱ), 원불교사상연구원, 2001, p.272).

「불법연구회 청년동맹의 이름으로 교강 9조를 요약한 '새 조선에 새 생활건설'이라는 전단을 서울 거리에 배포하였다. …「새 조선에 새 생활건설」 1)허영의 생활을 안분의 생활로 돌리자. 2) 원망의 생활을 감사의 생활로 돌리자…」(박용덕, 『천하농판』, 도서출판 동남풍, 1999, p.197).

연구문제
1)외부의 영화에 몰두하나 내면의 진실은 찾지 아니할 경우 어떠한 결과가 오는가?
2)제 뿔만 사랑하고 잘못 생긴 다리는 미워하던 사슴이 포수에 쫓기다 살아난 예화를 통해 정산종사가 밝힌 우화의 교훈은?

[근실편 2장] 재색명리와 삼대력
핵심주제
재색명리와 삼대력
대의강령
◎물질문명의 이기를 소유하고 수용할 경우?
 1)명예와 권리와 재산이 필요하므로 인심이 이에 휩쓸리며,
 2)다소 구하는 바를 얻고 보면 스스로 거만하고 자부하며,
 3)얻지 못한 이는 욕망을 채우려 죄과의 종자를 심으며,
 4)위험할 때 경황망조하다가 그 위경을 피하려 하나 평소 실력이 없어 돌파하기 어려우며,
 5)죽을 때에 명예나 권리 재보 등이 소용이 없으나 그로 인해 애착에 얽혀 선도의 인연에 방해되며,
 6)이를 명념, 언제나 마음실력을 대조하여 삼대력을 양성하라.
출전근거
『원광』 2호(1949년)의 「실력을 양성하라」법설이다(이은석 수필).
단어해석
현하 : ☞경의편 58장 참조.

기묘 : 기이하고 오묘한 것을 奇妙라 한다.
문명이기 : 지혜가 열리고 물질이 발달하여 인간의 생활에 유익하고 실용적인 기계 및 수용품들을 文明利器라 한다.
죄과 : 신구의 삼업에 의하여 악업을 짓는 범죄나 과실을 罪過라 한다.
경황망조 : 놀랍고 두려운 나머지 허둥지둥하며 어찌할 바를 모르는 것을 驚惶罔措라 한다.
사지 : 죽음으로 몰아가는 처지 및 죽음의 구렁텅이를 死地라 한다.
재보 : 보배스런 재물을 財寶라 한다.
애착 : 사랑하는 사람이나 물건에 집착하는 것을 애착이라 한다. 수도인은 애착 탐착을 벗어나야 본래 청정한 자성에 합류할 수 있다.

관련법문

「사람이 평소에 착 없는 공부를 많이 익히고 닦을지니 재색명리와 처자와 권속이며, 의식주 등에 착심이 많은 사람은 그것이 자기 앞에서 없어지면 그 괴로움과 근심이 보통에 비하여 훨씬 더 할 것이라, 곧 현실의 지옥생활이며 죽어갈 때에도 또한 그 착심에 끌리어 자유를 얻지 못하고 죄업의 바다에 빠지게 되나니 어찌 조심할 바 아니리요」(대종경, 천도품 19장).

「부처님께서는 법을 구하는 데에 몸을 잊으시는데, 범부 중생은 재물 구하는 데에나 몸을 잊으며 여색 구하는 데에나 몸을 잊으며 명리 구하는 데에나 몸을 잊나니, 어느 겨를에 법이 구해지리요」(대종경선외록, 17.선원수훈장 11장).

보충해설

물질에 집착하는 것은 물욕을 채우기 위함이다. 재색명리도 이러한 물욕의 하나라고 본다. 현상에 집착하는 유혹의 요소들은 때에 따라 우리를 경황망조하게 한다. 죽음에 임박했을 때 명예나 권리 재산 등이 소용이 없으나 그로 인해 애착하는 현상들을 얼마든지 발견할 수 있다. 이에 심신을 온전히 하는 삼대력 양성이 필요한 것이다. 따라서 소태산은 『대종경』 교단품 17장에서 "한 생 동안만 재색명리를 놓고 세상과 교단을 위하여 고결하고 오롯하게 활동하고 가더라도 저 세속에서 한 가정을 위하여 몇

생을 살고 간 것에 비길 바가 아니다"고 하였다.
주석주해
「인간의 대립은 종종 명성·쾌락·재물·정치적 권력 그리고 경제적 지배에 대한 인간의 집착으로부터 일어난다. 이러한 이유로 인해 불교에서는 이 세계를 욕망 또는 감각적 만족의 세계를 의미하는 色界라고 부른다」(R.K. Rana, 「영성과 평화-대승불교의 관점에서」, 원광대 개교60주년국제학술회의『개벽시대 생명·평화의 길』, 원불교사상연구원·한국원불교학회 外, 2006.10.27, p.62).
「내가 비록 모든 면이 부족하나 지극한 원을 세우고 신분의성의 무기만 가진다면 삼강령 공부가 잘 되어 삼대력을 얻어 꼭 성불하겠구나. … 동정간 삼강령 공부에 더욱 힘쓰기로 작정하고 삼대력 얻기에 더욱 고심하며 살고 있다」(양도신,『대종사님 은혜속에』, 원불교출판사, 1991, p.293).
연구문제
1) 물질문명이 발달함에 따라 명예 권리 재산 등이 도리어 영혼의 자유가 구속되고 선도의 인연에 방해되는 이유?
2) 어느 때 어느 사물을 당하든지 마음실력을 대조하며 삼대력을 양성하는데 정성을 다해야 하는 이유는?

[근실편 3장] 성찰과 참 공부법
핵심주제
성찰과 참 공부법
대의강령
◎그대들이 일일시시로 잘 살피지 못할 경우?
 1) 모르는 사이에 외화에 끌리기 쉬우며,
 2) 수행 중 학식과 문장, 변론에 능하면 그것으로 자부하며,
 3) 칭찬과 대우를 받을 때 무슨 대과나 얻듯 자만하기 쉽다.
◎참 공부라 하는 것은?
 1) 언어 문자에 있는 것이 아니라 정신의 자유를 얻어 육도사생을 임의로 할만한 능력에 있으며,

2)사리근원을 깨달아 허실사정에 의혹이 없는 능력에 있으며,
3)취사에 법도가 맞아 계율이 지켜질 만한 능력에 있으니, 신근과 마음공부가 있으면 큰 법기가 된다.

출전근거
『원광』 2호(1949년)의 「실력을 양성하라」법설이다(이은석 수필).

단어해석
수도문중 : 수도 도량의 내부 또는 안을 修道門中이라 한다. 이처럼 수도 도량에 입문한 것을 수도문중에 들어왔다고 한다.
외화 : ☞응기편 56장 참조.
대과 : 큰 열매 내지 큰 성과를 大果라 한다.
육도사생 : 원리편 2장 참조.
허실사정 : 헛됨과 실속, 그리고 삿됨과 정법을 虛實邪正이라 한다. 공부인이라면 허실을 잘 분간하고 정사를 잘 판단해야 한다.
구변 : 언변 내지 변론을 口辯이라 한다.
법기 : 수도문에 들어와서 대도정법을 수행할만한 역량을 가진 사람을 法器라 한다. 대서원으로 정진적공하면 큰 법기로서 대도를 성취한다.

관련법문
「현 세상은 현실문명이 주장되어 外華가 심하나니, 좋은 거처 등을 구하지 않으면 아니 된다고 야단들이나 마음먹은 대로 구할 수 없고 일이 잘못되면 남을 원망하고 전후좌우로 원망과 불평과 분노로써 사람들을 대하니 걱정이 아닐 수 없도다. 그러므로 허영만 찾고 구하는 데에서 앞으로는 내적 문명자라야 되나니, 예의와 체면 그 무엇보다 실을 주장하는 자라야 문명인이라 할 수 있나니라」(정산종사법설, 제4편 하나의 세계 4장).
「도인들의 생사를 자유하고 육도를 초월하며 중생을 제도하는 도학과 조화가 있으니, 여러분은 이 두 가지를 두루 갖추어서 내외가 겸비한 사람이 되라」(한울안 한이치에, 제6장 돌아오는 세상 68장).

보충해설
공부심을 가지고 날마다 성찰하며 살아가는 것이 반야지의 획득

이다. 성찰을 하지 못하면 방심하여 외화에 끌리기 쉽고, 학식에 자만하기 쉽다. 외부적 학식이 많다고 해도 내면적 정신의 자유를 얻지 못하면 그는 진급생활을 하지 못한다. 이에 무명을 벗어나고 마음공부를 통해서 맑은 반야지를 얻어야 할 것이다. 다만 날마다 성찰해야 반야지 획득으로 나아가는 실마리가 된다. 성찰은 외부적 학식보다는 종교적 반야지를 발견하는 것으로 이어진다. 반야지로서 종교적 지식이란 아리스토텔레스의 지식에 이르는 세 방법으로 데오리아(theoria), 프락시스(praxis), 푀이에시스(poeiesis) 중에 프락시스적 지식이다. 관상적이고 비참여적인 데오리아적 지식이 아니라 행동과 성찰에 의한 깨달음인 것이다.

주석주해

「예전은 그 총서에서 "예의 작법은 대개 대인접물하는 외경에 많이 관련되는지라. 예의 근본을 모르는 사람으로서는 한갓 형식에 흐르고 외화를 꾸며서 무슨 방면으로든지 그 때와 장소를 따라 외경만 잘 맞추면 이를 예의 전체로 알기 쉽나니 마땅히 그 근본을 찾아서 안으로 닦는 공부를 잘 하여야 할 것" 이라 하여, 예에 대한 內修의 공부를 강조하고…」(이공전, 『범범록』, 원불교출판사, 1987, p.129).

「구하는 정신을 개벽시킨다는 것은 사리연구를 통해 순리와 합리를 체득시키고 정신수양을 통해 물질에 끌리지 않는 주체를 확립시키며 작업취사를 통해 정당한 보은행을 함으로써 정당하게 구하자는 것으로, 삼학공부로 요약된다」(김낙필, 「정신 개념의 연원과 특성」, 『원불교수행론연구』, 원광대출판국, 1996, pp.100-101).

연구문제

1) 학식·문장·변론에 능할 때 그것으로 공부의 실력이나 있듯이 자부하는 이유는?

2) 참 공부는 언어와 문자에 있는 것이 아니라는 것은?

[근실편 4장] 마음공부와 실력

핵심주제

마음공부와 실력
대의강령
◎마음공부는 한 번 실력을 얻고 보면?
1)우주만유를 지배할 수 있고 명예와 재보와 학식을 참되게 사용할 수 있으며,
2)실력 있는 외화는 근원에서 흐르는 물 같고 실체에 나타난 그림자 같아 물과 그림자가 참으로 화한다.
◎예로부터 불보살 성현의 명예와 권위를 누가 헐고 앗으리오?
1)세월이 지날수록 찬란해지고 인간이 깨달을수록 높아져 욕심 없는 자리에서 큰 욕심을 이루게 되며,
2)그대들은 욕심 없는 경계를 닦고 형상 없는 실력을 양성하여 대종사의 정신개벽 공사에 일꾼이 되라.

출전근거
『원광』2호(1949년)의 「실력을 양성하라」법설이다(이은석 수필).

단어해석
재보 : ☞근실편 2장 참조.
장엄 : 수도인으로서 법력을 갖춘다는 뜻에서 莊嚴이라 한다. 곧 법당의 불상을 꾸미고 장식하여 신앙적 정서를 키우는 것이 장엄이다.
정신개벽 : 소태산 대종사는 물질문명이 발달하여 정신의 세력이 위축된 현하의 시국을 알고 물질과 정신의 균형을 병행하기 위해 개교의 동기에서 精神開闢을 강조하였다. 물질문명의 황금만능·기계적 사고에 대한 정신문명의 도의교육 곧 마음공부를 통해 낙원세계가 건설된다.

관련법문
「큰 공부는 먼저 자성의 원리를 연구하여 원래 착이 없는 그 자리를 알고 실생활에 나아가서는 착이 없는 행을 하는 것이니, 이 길을 잡은 사람은 가히 날을 기약하고 큰 실력을 얻으리라」(대종경, 수행품 9장).
「삼십 팔억 인류가 다 욕심으로 낳아서 욕심으로 살다가 욕심으로 죽는데 부처님들은 도로 나, 도로 살다가, 도로 가시기 때문에 영생의 복전이 열린다. 그러니 그 욕심을 극복하고 절제할 줄 알

아야 한다」(대산종사법문 3집, 제2편 교법 90장).
보충해설
　원불교는 어떤 종교인가? 필자는 원광대 대학생들에게 「종교와 원불교」(교양필수)의 수업시간에 원불교의 특징을 생활불교라 함과 더불어 정신개벽의 종교, 곧 마음공부 하는 종교라 소개하곤 한다. 마음공부는 과학에 대비한 도학이며, 마음공부에 관심을 갖고 보면 원불교가 추구하는 바의 큰 도인이 되기 때문이다. 여기에서 도인이란 불보살과 성인을 말한다. 아무튼 젊은 청년들에게 육신의 양식 마련도 필요하지만 인격 성숙이라는 정신의 양식이 더 필요하며, 참 지도자는 마음공부 즉 정신개벽의 선봉이 되는 것이다. 정신개벽은 도덕적 정신을 개벽시키는 과업을 의미하므로(교고총간 3권, 전음광, 「도덕학을 공부함에 대하여」, p.168), 정신의 개벽에 있어 도덕성 부활의 선봉이 되자는 뜻이다.
주석주해
　「대욕은 무욕이라고 했다. 욕심을 없애라고만 하지 말고 적은 욕심을 돌려 대욕으로 갖도록 하고 크게 자기를 살려 나가도록 해야 한다. 소욕은 사사로운 욕심·오욕 등이라 하겠는데, 이러한 소욕에 얽매여 일생을 지내는 사람들을 어찌 장한 일생이라 하겠는가」(박길진, 『대종경강의』, 원광대출판국, 1980, p.132).
　「마음공부 하는 사람은 '지금 나의 마음을 어떻게 밝게 먹을까'에 유념한다. 복을 받으려면 마음이 먼저 복되어야 하며 지금 내가 복이 많다고 생각한다」(권도갑, 「나는 지금 인과를 믿고 있는가」, 《원광》 325호, 월간원광사, 2001년 9월호, p.111).
연구문제
　1)불보살 성현의 명예는 세월이 지날수록 찬란해지는 이유는?
　2)욕심 없는 경계를 잘 닦고 형상 없는 실력을 양성하려면?

[근실편 5장] 명상과 실상
핵심주제
　명상과 실상

대의강령

◎정산종사, 名實에 대하여 말하였다.

1) 사람이 한 때의 이름 드러내기는 쉬우나 그 실을 충실히 쌓기는 어려우며,

2) 나타난 명상 알기는 쉬우나 그 실상의 진리를 투득하기는 어려우며,

3) 일시 드러나는 선행은 쉬우나, 근본적 선근을 배양하기는 어려우며,

4) 명상은 그림자요 실상이 참 소득이요 참 명예이다.

단어해석

명실 : 이름과 실질을 名實이라 한다. 형식적 명예와 실질적 실력이 공히 조화를 이루어야 명실 공히 큰 인물이 되는 것이다.

명상 : ☞원리편 2장 참조.

실상 : ☞응기편 57장 참조.

투득 : 환하게 깨닫는 것을 透得이라 한다.

선근 : 인과보응의 원리에 따라 상생은 선연으로, 상극은 악연으로 과보가 맺어지므로 선한 업의 종자를 善根이라 한다.

관련법문

「형식신앙이라 함은 모든 사람들이 이치의 신명함을 알지 못하고 그 신앙이 항상 명상에 구속되어 어떠한 명호나 어떠한 물상을 의지하기 전에는 스스로 그 신앙력을 세우지 못한 것을 이름인 바…」(한울안 한이치에, 일원상에 대하여, 3.일원상 신앙하는 법).

「성품이라 하는 것은 허공에 달과 같이 참 달은 허공에 홀로 있건마는 그 그림자 달은 일천 강에 비치는 것과 같이, 이 우주와 만물도 또한 그 근본은 본연 청정한 성품자리로 한 이름도 없고, 한 형상도 없고…」(대종경, 천도품 5장).

보충해설

우리들의 일상사에서 추구하는 일 가운데 어려움과 쉬움 즉 난이가 있다. 일을 해결하는데 자신의 운세·습관·역량·취향이

다르게 나타나기 때문이다. 정산종사는 사람이 한 때의 이름 드러내기는 쉬우나 그 실을 충실히 쌓기는 어렵다며 명실의 문제를 거론하였다. 또한 일시 선심은 베풀기 쉬우나 근본적 선근을 배양하기는 어렵다고 했다. 그러다보면 명실의 문제에 있어 허상인 명상에 매달리고, 실상은 놓치기 쉽다. 그래서 명대실소 후무가관이라 한 것이다. 장자는 '名者實之賓也'(소요유)라고 하여 名이란 實의 찾아온 손님에 불과하다고 하였다. 따라서 명실에 있어 名은 實에 비추어 볼 때 허상이요 우연적이며 비본질적인 것이다. 외형의 명과 내면의 실이 일치하는 삶이 보다 바람직하다.

주석주해
「마이산이란 명칭과 같이 馬耳가 분명코나. … 어느 사이에 숫마이산 약수터를 당도하였다. 청정한 석간수를 일배씩 取飮하니, 香泉의 涼味야말로 이산이 아니고는 얻어 보기 어려운 바이다. 날은 점점 기울어져서 서산에 걸렸다. 우리는 마이산의 풍경을 하나도 남김없이 홈속 짚어지고 황혼을 따라 산에 내렸다」(마이산 行感 송도성)(월말통신 제6호, 시창 13년 陰 8월 末日, 불법연구회, 원불교교고총간 제1권, pp.40-42).
「보석상 진열장에서 커다란 진주를 구경하는 것보다도 쓰레기통 속에서 작은 진주를 찾아내는 것이 훨씬 유쾌한 일이다」(동산문집편찬위원회, 동산문집 Ⅱ 『진리는 하나 세계도 하나』, 원불교출판사, 1994, p.497).

연구문제
  명상은 그림자요 실상이 서야 참 소득이요 참 명예인 이유는?

[근실편 6장] 교만과 진실
핵심주제
  교만과 진실
대의강령
  ◎정산종사 말하였다.
  1)교만이 많으면 사람을 잃고 외식이 많으면 진실을 잃으며,

2)사람 잃으면 세상을 버리고 진실 잃으면 자기를 버리며,
3)이 두 가지를 잃고 도를 구함은 종자 잃고 결실 구함이다.

단어해석

교만 : 잘난 채 하고 겸손함이 없으며, 또한 아만심이 많아 남을 업신여기며 오만한 것을 驕慢이라 한다.

외식 : 내면보다는 외부를 꾸며서 외면치례하는 것이 外飾이다.

관련법문

「근기가 낮은 사람은 약간의 지혜가 생김으로써 큰 공부를 하는데 성의가 없어지고 작은 지혜에 만족하기 쉬우며, 약간의 권리가 생김으로써 사욕이 동하고 교만이 나게 되어 더 전진을 보지 못하는 까닭이라. 공부와 사업하는 사람이 이런 때를 조심하지 못하고 보면 스스로 한없는 구렁에 빠지게 되나니라」(대종경, 수행품 38장).

「우리가 공부할 때 외부와 저쪽에서만 구하지 말고 영대를 안으로 돌려 자성이 부처인 것을 깨치면 그 경지에서 항마도 되고 출가도 되고 여래도 될 수 있다」(대산종사법문 3집, 제2편 교법 125장).

보충해설

주위에 친근감이 가는 사람이 있는가 하면, 접근하기에 어려운 사람이 있다. 그것은 여러 요인이 작용하겠지만 교만하거나 가식이 있을 경우 나타나는 현상이다. 이에 정산종사는 교만이 많으면 사람을 잃고 외식이 많으면 진실을 잃는다고 했다. 이에 보조국사는 "지혜로운 사람에 의지하여 자기 교만을 꺾고 공경하는 마음이 철저해야 한다"(정혜결사문)며, 과거 성인의 가르침이 이러했거늘 어찌 경솔하게 함부로 할 수 있겠는가라고 세인들을 비판하였다. 누구나 겸손과 진실만이 처세의 비법임을 알아야 한다.

주석주해

「우리는 성자, 특히 주세성자의 가르침 앞에 겸손해야 한다. 그저 우리의 아는 것이 얼마나 대단하다고 똑똑하다 못해 안하무인이 되어 오만불손할 수 있겠는가. 이것은 아무리 똑똑한 척 할지

라도 결코 지혜로운 일이 아니요, 오히려 크게 어리석은 모습이다」(이광정, 『주세불의 자비경륜』, 원불교출판사, 1994, p.32).
「진실은 한 인간으로서 갖추어야 할 공통적인 미덕이다. 그러나 모든 사람의 사표가 될 교무는 더욱 진실하지 않고는 결코 존경받는 교무가 될 수 없다. … 모든 것이 다 갖추어졌다 할지라도 진실을 잃게 되면 교무의 전 인격이 붕괴되고 말 것이다」(이종진, 「원불교 교무론」, 『원불교사상시론』 1집, 수위단회사무처, 1982, pp.239-240).

연구문제
1) 교만이나 외식이 많으면 그 결과는?
2) 사람을 잃고 진실을 잃으면 그 결과는?

[근실편 7장] 소인과 군자
핵심주제
소인과 군자
대의강령
◎소인의 선악은?
 1) 소인의 선은 잘 묻히고 악은 잘 드러나며,
 2) 이에 부정한 것을 비단으로 싸도 냄새가 밖으로 풍김을 막을 수 없는 것이다.
◎군자의 선악은?
 1) 군자의 허물은 잘 묻히고 선은 더욱 드러나며,
 2) 이에 누더기 속에 금옥을 싸도 금옥의 가치는 같으며,
 3) 군자는 외식에 힘쓰지 않고 內修를 철저히 하며, 실력을 충실히 기른다.

단어해석
소인 : 소인배로서 심법에 도가 없고 도량이 좁아 덕이 부족한 사람을 小人이라 한다. 이에 상반되는 개념으로 대인과 군자 등이 있다.
금옥 : ☞권도편 9장 참조.
외식 : ☞근실편 6장 참조.

내수 : 외부장식에 치우치지 않고 내면을 돌이켜 수양하는 것을 內修라 한다. 외수양이 외식이라면, 내수양(경의편 65장)이 내수인 셈이다.

관련법문

「그 일을 먼저하고 먹기를 뒤에 하는 사람은 군자요, 그 일을 뒤에 하고 먹기를 먼저 하는 사람은 소인이니라」(대종경, 요훈품 18장).

「군자의 교제는 담담하기가 물맛 같고 소인의 교제는 달기가 단술 같다는 것이 그 물맛은 변함이 없고 단술 맛은 변함이 있는 것을 지적하여 오직 변함이 없는 물 같은 마음을 쓰라는 것이니, 이것은 그 교제에 나타난 평상심을 이름이요」(한울안 한이치에, 제2편 평상심, 평상심).

보충해설

굴비를 포장해 둔 종이와 향을 포장해 둔 종이는 나중에 어떠한 냄새를 풍길 것인가는 누구나 잘 알 것이다. 전자는 비린내가 날 것이요 후자는 향내가 나는 것은 당연하기 때문이다. 소인들이 저지른 악행은 숨기려 하나 악취가 날 것이요, 군자가 은덕을 베풀어 흔적 없이 하려 하나 향내가 날 것이다. 이는 외부의 화려한 치장이 중요한 것이 아니라 내면의 맑은 수양이 바람직하다는 면에서 도가에서 자주 인용되는 우화이다. 불단에 향을 사르고 청수를 떠놓아 기도드리는 것은 사심 잡념을 녹이고 수도인의 맑은 수양과 더불어 부처의 감응을 얻게 하는 촉매제이다.

주석주해

「현상으로 보면 불편불의 무과불급의 상태이지만 군자 중용, 소인 반중용과 같이 중용지덕이란 실행의 덕목인 것이며, 그 실행은 天地位 萬物育의 지선한 세계를 이룩하고자 하는 것이다」(오종일, 「정산종사의 유교인식과 종교적 승화」, 제19회 원불교사상연구 학술대회《정산종사의 신앙과 수행》, 원광대 원불교사상연구원, 2000년 1월 28일, p.14).

「군자가 방안에 앉아서 착한 말을 하면 그 기운이 천리 밖에까지 응한다. 반대로 군자가 방안에 앉아서 나쁜 말을 하면 천리 밖에까지 기운이 미친다(주역 계사상). 이것이 인과보응의 진리이다」(한종만, 『원불교 대종경 해의』(上), 도서출판 동아시아, 2001, pp.434-435).
연구문제
소인과 군자의 선악과 허물의 차이를 언급하시오.

[근실편 8장] 쇠망의 근본
핵심주제
 쇠망의 근본
대의강령
 ◎정산종사 말하였다.
  1)매사에 허식을 즐기지 말라.
  2)겉으로 화려하고 안으로 보잘 것 없는 것은 개인 가정 사회 국가를 쇠망케 하는 근본이다.
단어해석
 허식 : 실속 없이 외면 장식만 번드르한 것을 虛飾이라 한다.
 쇠망 : 쇠퇴하고 멸망하는 것을 衰亡이라 한다.
관련법문
「지금 대중 가운데 이 뜻을 온전히 받아갈 사람이 그리 많지 못한듯 하니 그 원인은, 첫째는 그 정신이 재와 색으로 흐르고, 둘째는 명예와 허식으로 흘러서 일심 집중이 못되는 연고라」(대종경, 부촉품 7장).
「사치하고 화려함을 좋아하는 사람은 큰 죄악이고, 순박하고 곧은 것은 사람의 큰 덕이다」(대산종사법문 5집, 2.제가수행 요지, 1)유가귀감).
보충해설
 가식을 즐기는 사람은 세상사의 진실을 외면한다. 가식이 그들의 본능을 자극하다보면 진실은 점차 멀어지기 때문이다. 정산종사는 이에 매사 허식을 즐기지 말라고 하였다. 허식은 외관은 좋아 보이나 내면은 부족하여 결과적으로 쇠망케 되는 원인이 되고 만다. 『대산종사법문』 3집에서는 "천진을 잃고 허식에 걸려 제도 받기 어렵고 큰 공부를 못 한다"(제2편 교법 4장)고 하였다. 진실로서의 천진을 잃어버린다면 허상을 붙잡고 사는 허식생활을 하게 된다. 천진무구한 수도자상이 더욱 요구되는 이때이다.

주석주해

「실질적으로 허례허식을 버리고 ◇시간의 낭비를 지양하며, 실질적인 마음공부를 통해서 종교인들의 마음이 편해지고 가정이 편안해지고 급기야 공동체를 편안하게 하자는 것이다」(조정근 교정원장)(박혜명 대담, 「불교와 원불교의 만남」, 《원광》 284호, 월간원광사, 1998년 4월, p.39).

「소태산 교조는 '사실적'이라는 말을 중요시한다. 따라서 허례허식이나 외면적 형식보다 실질이 강조된다. 사실적 도덕 혹은 사실적 신앙 등이 말해지는데 사실적이라는 말은 虛假가 아닌 진실과 진리라는 뜻을 담고 있다」(송천은, 『일원문화산고』, 원불교출판사, 1994, p.149).

연구문제

1) 매사에 허식을 즐기지 말라는 뜻은?
2) 개인 가정 사회 국가를 쇠망케 하는 근본은?

[근실편 9장] 實을 기르라

핵심주제

實을 기르라

대의강령

◎ 정산종사 말하였다.
1) 인조견은 결국 비단행세를 못하며,
2) 외식에 힘쓰지 말고 오직 실을 기르라.

단어해석

인조견 : 인조로 만든 비단 천을 人造絹이라 한다.
외식 : ☞근실편 6장 참조.

관련법문

「허를 지내면 실이 돌아오고 거짓을 깨치면 참이 나타나나니, 허실과 진위를 단련하고 또 단련하며 지내고 또 지내면 그 중에서 자연히 거짓 선생이 참 선생으로 전환될 수 있나니라」(대종경, 전망품 8장).
「허위와 방편시대가 지나면 진실시대가 돌아오고, 양반과 재주시대가 지나면 실천시대가 돌아온다」(한울안 한이치에, 제6장 돌아오는 세상 6장).
보충해설
세상사는 자연으로 되는 것이 있고, 인위를 통해서 이루어지는 것이 있다. 자연스럽게 이루어지는 것은 순리에 따르기 때문에 별 탈이 없으나, 인위로 이루어지는 것은 역리가 수반될 수 있기 때문에 무리가 따른다. 이에 정산종사는 인위나 가식으로 이루어지는 인조견은 참 비단행세를 못한다고 하였다. 인위의 외식에 힘쓰지 말고 진실의 실상에 따르라는 뜻이다. 소태산 대종사는 영육쌍전을 설명하는데 청법 대중이 못 알아들으니 "내가 비단옷을 입고 밤길을 간다" 며 아쉬워했다(송영봉교무 전언)고 한다(정도연 정리, 「대종사친견제자 특별좌담(Ⅱ)」,원불교신문, 2002.6.14). 참 비단이 좋은 줄 모르면 이 또한 허상에 사로잡히는 꼴이다.
주석주해
「원불교의 불공법은 모든 형식을 탈피하여 실질적인 것에 접근한다는 특질을 지니고 있는 것이라 하겠는데, 이는 원불교 교리의 핵심이 법신불 일원상을 중심으로 조직되어 있으며…」(홍윤식, 「진리적 종교로서의 원불교의 역사적 위치」, 『한국철학종교사상사』, 원광대 종교문제연구소, 1990, p.1074).
「삼월 총회가 되어 삼산은 익산총부로 왔다. 삼산은 회원들이 해준 좋은 비단옷을 입고 또 손에는 시계를 차고 있었다. 종사주 이를 보고 짐짓 꾸짖듯이 말하였다. "수도인에 어울리지 않는 비단옷을 입었으니 사치가 아닌가"」(박용덕, 선진열전 1-『오, 사은이시여 나에게 힘을 주소서』, 원불교출판사, 1993, p.216).
연구문제

인조견이 비단 행세를 못한다며 내린 법어는?

[근실편 10장] 거짓과 진실
핵심주제
 거짓과 진실
대의강령
 ◎정산종사 말하였다.
  1) 거짓은 무너질 때에 여지없이 무너지며,
  2) 진실은 천지도 없앨 수 없다.
단어해석
 여지 : 일이나 생각에 있어서 갖는 여유를 餘地라 한다. 여지가 없다는 것은 생각할 여유가 없다는 뜻이다.
 진실 : 거짓이 없고 참된 것을 眞實이라 한다. 진실무망이란 진실하여 망녕됨이 없는 것으로, 수도인의 참 모습은 진여실상 그 자체이다.
관련법문
「악하고 거짓된 사람의 생활은 점점 곤궁하여지고, 바르고 참된 사람의 생활은 자연 풍부하여지게 되리라」(대종경, 전망품 22장).
「지도자가 교화를 할 때에 서투른 방편을 함부로 쓰는 것이 아니니 방편을 잘못 쓰면 자타 간에 마음의 상처만 남는 것이니 오히려 진실과 성심만 못한 것이다」(한울안 한이치에, 제8장 화합교단 54장).
보충해설
 상대방과 신뢰가 상실된다면 그 원인이 여러 가지가 있겠지만, 상호 주고받은 언행에 거짓이 탄로났을 때일 것이다. 진실한 만남의 기대를 저버리는 현상이기 때문이다. 정산종사의 언급처럼 거짓은 무너질 때에 여지없이 무너지고, 진실은 천지도 없앨 수 없는 것이다. 소태산 대종사는 미륵불 시대에는 인지가 훨씬 밝아져서 모든 것에 상극이 없어지고 허실과 진위를 분간하여 저 불상에게 수복을 빌고 원하던 일은 차차 없어진다(대종경, 전망품 18장)고 하였다. 진리적 종교의 신앙과 사실적 도덕의 훈련을 지향하는 정법 회상에서 거짓과 가식은 발을 붙일 수 없는 것이다.
주석주해
「마음속에서 의식이 일어나는 것을 보게 되고, 다시 말하면 진아와 가아의 모든 것을 보게 된다. 내 의식 속에서 생각이 일어났다 사라지는 것을 알게 되고 감정이 일어났다 사라지는 것을 확연히 알게 된다」(황근창,「물리학과 일원상의 진리」, 창립10주년 기념 추계학술회의《원불교 교의해석과 그 적용》, 한국원불교학회, 2005년 11월 25일, p.59).

「진리는 인간이 지니는 최고의 것이다. 진리란 말을 진실이란 말로 바꿔도 좋다. 참을 사랑하고 거짓을 미워하는 마음, 참은 영원하고 거짓은 잠깐이란 믿음이 진실에 가까이 가는 길이다」(동산문집편찬위원회, 동산문집 Ⅱ『진리는 하나 세계도 하나』, 원불교출판사, 1994, p.505).
연구문제
거짓은 무너질 때 여지없이 무너지고, 진실은 천지도 없앨 수 없는 이유는?

[근실편 11장] 신언서판
핵심주제
신언서판
대의강령
◎옛말에 신언서판이라 했다.
 1)풍채와 언변과 문장과 판단으로 사람의 인격을 논하며,
 2)가장 중요한 것은 판단이며, 이보다 중요한 것은 그 사람의 마음이다.
단어해석
신언서판 : 인간이 갖추어야 할 네 가지 인격의 기본요건으로 풍채와 언변과 문장과 판단이 곧 身言書判이다.
풍채 : 사람의 외모가 빛나고 골격이 두드러지며 위의가 있어 보이는 것을 風采라 한다.

언변 : 말솜씨로서 말을 다채롭게 하면서도 조리 있게 논리적으로 하는 능력을 言辯이라 한다. 언변에 능한 사람이 웅변가요 변호사이다.

관련법문

「옛 말씀에 "사람이 사람이면 사람이냐, 사람이 사람다워야 사람이다"라 하여, 사람의 인격을 논함에 있어 신언서판으로 판단해 왔으나, 이 또한 인체와 인심을 두고 논란이 많았나니라. … 수도인들은 항상 넉넉한 말, 자타가 해롭지 않는 큰 덕을 써야 완전한 인격을 이루나니라」(정산종사법설, 제3편 도덕천하 20장).

「인격의 진체는 형상과 모양·언어·학식·기술에도 있는 것이지만 그 중 근본의 진체는 用心에 있나니라」(정산종사법설, 제3편 도덕천하 12장).

보충해설

상대방의 인격을 판가름한다는 것은 여간 어려운 일이 아니다. 인격 판단의 기준이 분명해야 하며, 그 기준에 객관성이 확보되어야 하기 때문이다. 그런데 중국 당나라 때에 이러한 인격을 판단하고 관리를 선택하는 네 가지 기준을 정하였는데 이를 신언서판이라 했다. 이를테면 체모의 風偉, 言辭의 辯正, 楷法의 遵美, 文理의 優長이 이것이다. 그리고 이러한 법어를 설한 배경으로 정산종사가 공회당에 출석하여 일반 청년들에게 언급한 것으로 "지금 현상을 보면 사람의 인격을 판단할 때 거꾸로 하고 있는 듯 하여 내 지금 그 인격을 준비하는데 대하여 자상히 말하려 하니 제군은 명심하라"(정산종사법설, 제3편 도덕천하 3장)고 하면서 언급된 법어와 관련된다.

주석주해

「박광전은 교조의 장남으로 훤칠한 키에 배재고보, 동양대학 철학과 출신의 인텔리로 신언서판에 결함 없는 자격을 갖춘 인재였다. 결격 사유라면 교직 경력이 3년여밖에 되지 않은데다 성정이 워낙 무심 담박하여 수하에 따르는 이들을 제 수족처럼 관리하지 않는다는 점이다」(박용덕, 『금강산의 주인되라』, 원불교출판사, 2003, p.182).

「어떠한 일이라도 선악의 원인과 결과를 잘 판단해서 내 앞길에 교훈을 삼으며 선악의 결과를 보아서 자신의 앞길에 표준을 삼아야 한다. 내 정신이 어디에 쏠리고 있는가를 살펴야 한다. 모든 법을 통해다가 한 마음을 밝혀야 한다」(한종만, 『원불교 대종경 해의』(上), 도서출판 동아시아, 2001, p.376).
연구문제
 1)신언서판이란 무엇인가?
 2)사람의 인격을 논하는 네 가지 요소는?

[근실편 12장] 時俗과 도가의 차이
핵심주제
 時俗과 도가의 차이
대의강령
 ◎정산종사 말하였다.
 1)시속은 외모로 인물을 논하지만, 도가는 마음 바탕에 복덕의 종자가 싹 트는가로 인격을 판단하며,
 2)시속은 학벌이나 간판으로 인물을 논하나, 도가는 마음 가운데 진리를 아는 진취성이 있는가로 인격을 판단하며,
 3)시속은 지위나 명예로 인물을 논하나, 도가는 행동이 정의의 길을 밟는가로 인격을 판단한다.
단어해석
 시속 : 그 시대의 인정과 풍속을 時俗이라 한다.
 도가 : 종교인의 길로서 진리를 탐구하고 도덕을 실천하는 도량 혹 수도인의 공동집단을 道家라 한다. 세속에 상대되는 용어가 도가이다.
 진취성 : 바람직한 방향에서 목적하는 일에 전진하며 성취할 수 있는 성향을 進就性이라 한다.
관련법문
「과거나 현재의 세속 인심은 대개가 이기심에 충만하여 정신 육신 물질의 3방면으로 다른 사람에게 이익을 주는 사람은 극히 적으며 … 희사위 여러분은 일찍부터 이러한 생각에서 초월하여 자기의 영화와 안일을 불고하고, 그 귀중한 자녀들을 이 큰 세계

사업에 희사하였나니, 이는 곧 자비한 보살행의 일단이라」(대종경, 인도품 48장).
「세속에서도 자기의 노력 없이 남의 힘에 의해서 살려고 하였으나 앞으로는 자각적으로 종교를 신앙하고 정신 육신 물질 3방면으로 부지런히 남에게 유익을 주려는 정신으로 살게 되리라는 것을 뜻함이요」(한울안 한이치에, 제5장 지혜단련 9장).

보충해설

불교에서는 전세·현세·내세의 삼세설을 주장한다. 이 삼세설 중에서 현세를 살펴보면 세속과 탈세속으로 구분할 수 있다. 구도를 위해 출가한 사람의 경우는 탈세속이요, 출가하지 않은 사람의 경우 세속이다. 이 세속을 時俗이라고도 한다. 시속은 외모로 인물을 논하지만, 도가의 경우 마음공부로 인물을 논한다. 이는 상호 가치기준이 다르기 때문이다. 세속의 경우 재색명리가 뛰어난 사람이 존경받을 수 있다면, 탈세속의 경우 오랜 적공으로 자성을 회복하는 불보살이 존경받는 것이다. 이에 외모 중심으로 가치가 평가되는 세속의 한계를 우리는 직시해야 한다. 『논어』 선진편 17장에서는 공자 제자들의 인품을 거론하고 있다. 증자는 둔하지만 성실하고, 자장은 외모는 잘 꾸미지만 성실이 부족하다는 것이다. 증자와 자장의 인품을 타산지석으로 삼자.

주석주해

「원불교가 한국사회 발전에 기여하기 위해서는 … 세속세계와 일정한 거리를 유지하면서도 원불교의 이념과 가치를 기준으로 사회가 지향해 나가야 할 방향을 제시하고 사회가 나타내는 모순과 부조리를 밝혀내어 그것을 극복하기 위한 노력을 경주하는 것이다」(노길명, 「한국사회에 있어서 원불교의 소명」, 제23회 원불교사상연구 학술대회《원불교개교 백주년기획(Ⅰ)》, 원불교사상연구원·한국원불교학회, 2004년 2월 5일, p.16).
「인간 세상을 떠나서 사는 것이 참으로 잘 사는 것이다. 그 인간 세상에 끌려 들어가서 오욕에 끌려 산다는 것은 곧 죄악에서 죄악을 만들고 그 죄악에 끌려서 고에서 고로 들어가는 것이다」

(성산종사문집간행위원회, 『성산종사문집』, 원불교출판사, 1992, p.174).
연구문제
시속 사람과 도가에서 인물을 논하는 차이점은?

[근실편 13장] 육신병과 마음병
핵심주제
육신병과 마음병
대의강령
◎정산종사 말하였다.
1) 사람의 병이 외부에 생기면 생명까지 위독하지 않지만 내부에 들고 심장이 마비되면 생명을 잃으며,
2) 마음병도 습관으로 외부에 나타나는 허물은 위독한 증세는 아니며,
3) 내심을 속이며 양심상 가책되는 행동을 하되 뉘우침 없이 양심이 마비되면 인격은 무너진다.
단어해석
수족 : 손과 발을 手足이라 한다.
허물 : ☞원리편 26장 참조.
가책 : 책망하는 것을 呵責이라 한다. 양심의 가책을 느낌이 이것이다.
관련법문
「육신병 환자가 그 병이 완치되도록 까지 정성을 놓지 아니하여야 하는 것 같이 그대들도 끝까지 마음병 치료에 정성을 다하여야 할지니, 이와 같이 진실히 잘 이행한다면 마침내 마음의 완전한 건강을 회복하는 동시에 마음병에 허덕이는 모든 대중을 치료할 의술까지 얻게 되어, 너른 세상에 길이 제생의세의 큰 일을 성취하게 되리라」(대종경, 수행품 57장).
「육신병 뿐 아니라 우리가 성질을 쓸 때에도 무엇에나 과불급이 없도록 성질을 잘 골라서 한 편으로 치우치는 편성이 없어야만 우리의 공부를 해가는 중간에 변통이 적고, 이리 가나 저리 가나

쓸모 많은 사람이 되며, 천만 사람을 대하여도 포용성이 있어서 서로 촉되는 바가 없이 지낼 줄로 안다」(한울안 한이치에, 제2편 평상심, 중도를 잡아라).

보충해설
 자동차의 핵심부분이 엔진이라면 사람의 경우 심장인 것이다. 이에 엔진이 고장 나면 그 차는 멈춰버리며, 사람의 심장이 멎으면 곧 죽음에 이른다. 어떻든 심장은 뛰어야 우리가 살았다는 것을 증명하게 된다. 헤르만 헤세는 인도여행기에서 "심장이 느긋하게 뛰는 사람만이 앉아서 쉴 수 있으리라" 고 하였다. 그런데 육신의 심장에 못지않게 정신세계도 소중하다. 마음병이 나타나면 양심의 가책된 행동으로 패가망신하는 경우가 있기 때문이다. 육신의 심장과도 같은 마음의 양심이 맑게 투영되고 여유가 있어야 심신을 건강하게 살아갈 수 있다.

주석주해
「신체장애는 어디서 비롯되는 걸까. 세 가지 독 때문이다. 세 가지 독이란 집착과 분노와 무지이다. 이와 같은 원초적인 고뇌로 인해 호흡과 담즙과 점액의 균형이 깨질 때 몸에 이상이 생긴다」(달라이 라마 著, 공경희 譯, 『마음을 비우면 세상이 보인다』, 문이당, 2000, p.44).
「근대는 물질문명이 극도로 발달되어 외국의 물화 즉 먹는 것, 입는 것과 사용할 온갖 기구집물 등이 상점마다 호화찬란하게 산과 같이 쌓였으매 견물생심으로 사람의 욕심은 치성하게 되고 따라서 정신이 황홀하여져서 도덕은 말살되고 양심은 마비되어 제 정신 지닌 자 적다」(구타원종사 법문집 편집위원회 편, 『인생과 수양』, 구타원종사기념사업회, 2007, pp.27-28).

연구문제
 1)인격에 있어 양심의 중요성을 쓰시오.
 2)마음병의 위독한 증세는?

[근실편 14장] 겉인격과 속인격

핵심주제
겉인격과 속인격

대의강령
◎정산종사 말하였다.
1)밖의 인물 학벌은 겉인격이요, 안의 양심을 갖춘 것은 속인격이며,
2)나무에 비유하면 겉 인격은 지엽이요, 속 인격은 뿌리이며,
3)뿌리를 잘 가꾸어야 지엽도 무성하고 결실도 충실하다.

단어해석
인격 : 한 개인으로서 지니고 있는 인성이나 품격을 人格이라 한다. 또는 인간으로서 인간다움을 지닌 성품을 인격이라 한다.
지엽 : ☞원리편 4장 참조.

관련법문
「인격에는 두 가지가 있으니, 하나는 외적 인격으로 밖으로 나타난 학문과 기술이요, 둘은 내적 인격으로 안으로 갖추어 있는 순일 무사한 양심과 덕량으로서, 내적 인격이 주가 되고 외적 인격은 종이 되는 것이다」(한울안 한이치에, 제1장 마음공부 29장).
「모든 괴로운 경계의 단련이 아니면 능히 뛰어난 인격을 이루지 못하리니, 너희는 이 뜻을 알아서 항상 안심과 즐거움으로 생활해 가라」(대종경, 교단품 8장).

보충해설
안팎이 다르면 표리부동한 사람이 된다. 외양으로 풍기는 풍모와 안으로 묻어나는 양심이 상호 조화를 이룰 때 표리부동하지 않게 되는 것이다. 정산종사가 언급하듯이, 밖의 인물 학벌은 겉인격이요, 안의 양심을 갖춘 것은 속 인격이다. 유엔 인권선언 1조에서는 "모든 사람은 태어날 때부터 자유롭고, 존엄성과 권리에 있어서 평등하다. 사람은 이성과 양심을 가지고 태어났으니, 피차 인류애의 정신으로 처신해야 한다"고 했다. 이성과 양심이 인류애의 확산으로 나간다면 자기정화와 세계평화는 이뤄진다.

주석주해

「행복의 참 가치는 외모에 흐르는 것이 아니고 튼튼한 마음 바탕에서 자기를 극복하는 지혜와 성실한 생활, 격차 현상을 메워주는 사회적 여건이 조화를 이룰 때 행복의 여신은 살며시 우리 곁에 머물게 될 것이다」(류병덕,『탈종교시대의 종교』, 원광대출판국, 1982, p.351).

「자기의 허물을 시시로 발견해서 반성하고 참회하는 동시에 참양심을 회복하고 참 본성을 회복할 줄 아는 사람이 영원한 행복자라고 생각한다」(조전권, 선진문집1 『행복자는 누구인가』, 원불교출판사, 1979, pp.19-20).

연구문제
겉 인격과 속 인격을 논하시오.

[근실편 15장] 배움의 세 가지
핵심주제
배움의 세 가지
대의강령
◎배움에 세 가지가 있다.
　1)밖으로 모든 학문을 듣고 배워 알아감이며,
　2)안으로 연마하고 궁구하여 자각으로 지견을 기르는 것이며,
　3)배우고 깨친 바를 실지에 베풀어서 지행일치하는 것이며, 세 가지 중 실지공부가 가장 중요하다.
단어해석
궁구 : 속 깊이 연구하거나 연마하는 것을 窮究라 한다.
지견 : ☞원리편 8장 참조.
지행 : 알고 있는 지식과 행동을 知行이라 한다. 참다운 인격자가 되려면 지행이 일치되어 표리부동하지 않는 사람이 되어야 한다.
관련법문
「1)솔성의 도와 인사의 덕행이 자기 이상이 되고 보면 스승으로 알 것이요, 2)모든 정사를 하는 것이 자기 이상이 되고 보면 스승으로 알 것이요, 3)생활에 대한 지식이 자기 이상이 되고 보면

스승으로 알 것이요, 4)학문과 기술이 자기 이상이 되고 보면 스승으로 알 것이요, 5)기타 모든 상식이 자기 이상이 되고 보면 스승으로 알 것이니라」(정전, 제2 교의편 제3장 사요, 2절 지자본위, 3.지자본위의 조목).
「묻고 배우는 공부 : 스승과 제자, 蒸訓 시간생활로 허송생활을 방지할 일. 천지는 법이요 세계는 산 경전이다. 법과 경전과 스승을 정하고 늘 묻고 배우는 것」(대산종사법문 1집, 수신강요, 24.상시응용6조 공부).

보충해설
 공자는 호학을 주장하여 배우는 것을 즐겼다. 모르는 것을 배워 안다는 것은 인식 영역의 확대로 이어진다. 이 배움에는 몇 가지 방법이 있다. 밖으로 모든 학문을 배워가고 안으로 자각하여 지견을 기르며, 나아가 배우고 깨친 바를 실지에 베풀어 지행을 일치시키는 것이다. 정산종사는 실지에 베푸는 지행 공부가 가장 중요하다고 하였다. 아무리 안팎으로 학술적 지식과 지견을 얻더라도 이를 실제에 활용하는 공부를 하지 않으면 지행을 일치시키지 못하기 때문이다. 보조국사는 「정혜결사문」에서 "말법시대의 사람들은 얄팍한 지혜가 많아서 아직도 괴로운 윤회를 벗어나지 못하므로, 마음만 내면 곧 허망한 것을 받들고 거짓에 의탁하며, 말만 내면 곧 그 분수에 넘치고 깜냥에 지나서 知見이 치우치고 메마르고 실천과 앎이 일치하지 않는다" 고 하였다.

주석주해
 「만물지중 최령타는 사람도 만일 초야에 묻혀 그 시대를 맞는 학문이나 도덕의 훈련 즉 정신의 수양공부가 없다면 완전한 인격은 이룰 수가 없는 동시에 가치 있는 인물은 될 수가 없다」(구타원종사 법문집 편집위원회 편, 『인생과 수양』, 구타원종사기념사업회, 2007, p.24).
 「알기만 하고 실천이 없는 것은 수양을 한 것이 아니라 수식만 하는데 정신이 없었기 때문이다. 수양은 반드시 실천으로 연결되어야 수양력이다」(조정근, 『일원화를 피우소서』, 원불교출판사,

2005, p.142).
연구문제
1) 배움의 세 가지를 쓰시오.
2) 배움의 세 가지 중에서 실지공부가 가장 중요한 이유는?

[근실편 16장] 실력 갖춘 인물
핵심주제
 실력 갖춘 인물
대의강령
 ◎옛날 중국에 마을 문지기 후영은 한낱 문지기로되 역량과 재주가 장하므로 영명이 세상에 드러나게 되었다.
　1) 그대들 중에서 큰 실력과 실행 있는 인물이 배출된다면 학림이 따라서 드러나게 되며,
　2) 세상은 형식시대가 지나고 실력과 실행이 주가 되어, 실지로 알고, 실지로 실천하는 인물이라야 하며,
　3) 바깥 형식에 끌리지 말고 실력을 갖추기에 힘쓰며 안으로 어느 직장에 간다 해도 실력을 발휘하여 드러나게 하라.
단어해석
 후영 : 문지기 후영의 인물됨을 다음의 고사를 통해 알아보도록 한다. 魏나라 公子 無忌는 昭王의 막내아들이다. 소왕이 죽고 안희왕이 즉위했을 때, 그는 신릉군에 봉해졌다. 그는 유능한 인물이면서 자신보다 못난 사람들에게도 머리를 숙여 더욱 존경을 받았다. 전국시대 四公子 중 가장 어질고 능력 있는 선비로서 빼어난 인물들을 많이 배출하였다. 식객은 누구를 막론하고 겸손하게 예를 갖추자 사방에서 식객들이 몰려와 3천명에 달하였다. 그는 侯嬴이라는 이름의 隱士를 초빙하려고 하였다. 후영은 나이가 70세인데, 집이 가난하여 대량성 동문의 문지기로 있었다. 신릉군은 후영이 현명하다는 이야기를 듣고 후한 예물을 보내 빈객으로 초청하였다. 후영은 예물을 받지 않고 다음과 같이 말하였다. "저는 몸을 수양하고 행동을 조심하며 수십 년을 살아왔습니다. 제가

지금 곤궁하다 하여 공자의 재물을 받을 수는 없습니다." 그러자 신릉군은 빈객들을 모아 술잔치를 베풀게 하고, 자신이 직접 가서 후영을 수레의 상석인 왼쪽에 앉게 하였다. 이때 예물조차 받지 않은 후영은 사양 한번 하지 않고 수레의 상석에 올라앉았다. 신릉군은 손수 말고삐를 잡고 말을 몰면서 더욱 정중하게 후영을 대하였다. 후영이 신릉군에게 말하였다. "제가 잘 아는 사람 중에 저자거리에서 푸줏간을 하는 주해라는 친구가 있습니다. 잠시 그 친구를 만나고 가시지요." 신릉군은 수레를 몰고 저자거리로 들어섰다. 잠시 수레에서 내린 후영은 백정노릇을 하는 친구 주해를 만나 무슨 이야기인가를 나누었다. 그는 사방을 곁눈질하며 오랫동안 이야기를 하면서 신릉군의 얼굴빛을 살폈다. 그러나 수레에 앉아 말고삐를 잡은 채 기다리고 있는 신릉군의 얼굴은 아무런 동요가 없었다. 오히려 그 얼굴빛은 시간이 갈수록 더욱 온화해졌다. 한편 신릉군을 따르던 하인들은 자신의 主君을 오래도록 기다리게 하는 후영을 못마땅한 얼굴로 쳐다보았다. 집에서는 지금 한창 주연을 벌이기 위해 위나라 장상들과 종실, 빈객들이 모여 신릉군을 기다리고 있을 것이었다. 그것을 아는지 모르는지 후영은 계속해서 주해와 이야기를 하고 있었다. 그때 저자거리의 많은 사람들이 몰려들어 신릉군의 행차를 구경하였다. 신릉군은 집에 도착하여 연회석상으로 나갈 때도 후영을 상석에 모셨다. 주연이 한창 무르익었을 때, 후영이 신릉군에게 술잔을 올린 후 말하였다. "오늘 제가 공자님께 큰 무례를 범하였습니다. 용서해 주십시오." "용서라니요? 무슨 무례를 범했다고 그러십니까?" 신릉군은 웃는 낯으로 물었다. "저자거리에서 무례를 무릅쓰고 제 친구 주해와 너무 오래도록 이야기를 나누지 않았습니까?" "그것을 무례라고 할 수 있나요? 그런데 한 가지 궁금한 것이 있습니다. 옆에서 들어보니 두 분이 하는 이야기가 별로 중요한 것 같지는 않던데요?" 후영이 말하였다. "맞습니다. 저는 그때 공자님께서 어떤 인품이신지 한번 시험해본 것뿐입니다. 그래서 일부러 할 이야기도 없는데 친구와 긴 시간을 끌면서 잡담을 나누어

본 것입니다. 과연 공자님께서는 대단한 인품의 소유자십니다. 다른 사람 같으면 벌써 화를 내고 저 같은 사람은 안중에도 없이 혼자 가버렸을 것입니다." "허허허, 현명한 선비를 모시려면 그 정도 시간이야 기다릴 수 있어야지요." "아닙니다. 그곳에서는 저자거리의 많은 사람들이 보고 있었습니다. 그 사람들은 모두 제가 하찮은 문지기이고, 제 친구가 푸줏간을 하는 백정이라는 사실을 알고 있습니다. 그러나 수레에 앉아 저를 기다리고 있는 분이 누구인지도 잘 알고 있었습니다." "아마 그랬을 테지요." "사실을 말씀드리면 제가 저자거리에서 취한 행동은 공자님의 명예를 높여드리기 위한 것이었습니다." 후영의 말을 듣고 신릉군은 의아한 표정을 지으며 물었다. "명예를 높이다니요?" "이제 저자거리의 사람들은 저를 보고 소인배라고 수근거릴 것이고, 공자님을 성인이라 하여 더욱 존경할 것입니다. 그러니 오늘 낮의 일로 공자님의 명예는 더욱 높아질 것입니다." 신릉군은 감탄하였다. "과연 그렇군요. 자신을 낮추면서까지 저의 명성을 높여주신 선비님의 깊은 심중은 헤아릴 길이 없습니다." 그후부터 신릉군은 후영을 더욱 존경하게 되었다. 나중에 위공자가 秦나라에 의해 곤경을 당할 때, 그는 후영과 주해의 도움으로 곤경에서 벗어난다. 사마천은 다음과 같이 평했다. "천하의 다른 공자들도 선비들을 좋아했지만, 위공자만이 세속에 숨어 있는 선비들과 접촉하였고 아랫사람들과 사귀는 것을 부끄러워하지 않았다. 그가 제후들 가운데 으뜸이었다는 것이 거짓은 아니었다" (史記속의 인물-전국 4公子, 『魏·信陵君』).

영명: ☞경의편 7장 참조.
학림: ☞유일학림을 말하며, 경륜편 4장을 참조할 것.
실력: ☞응기편 25장 참조.

관련법문
「옛날 중국에 후영이라는 사람이 있어서 … 그의 업은 매일 동리 문을 지키는 일이었나니라. 그때 천하 사람들은 크게 놀래어 말하기를 '그 동리의 문은 대체 무슨 문이며 얼마나 장한 문인가' 하고 누구나 우러러

보지 않은 자가 없었으나 나중에 자세히 알고 보니 동네의 조그마한 문이라고 역사적으로 나타나 있나니라. 과연 그렇도다. 작은 문, 별스럽지 않은 문이건만 역량이 크고, 재능이 있으며 명망이 있는 분이 지킴으로써 그 문이 드러났도다」(정산종사법설, 제2편 공도의 주인 39장).
「세상 사람들이 우리의 유일학림을 부르짖으며, 시방 세계에서 우리 유일학림에 거는 기대와 우월감이 저 중국의 후영이 조그만 마을의 문을 지키어 그 문이 세상에 드러난 것 같이 하기를 바라나니, 말하자면 여러분들은 실지로 알고, 실지로 말하고, 실지로 행하는 자가 되어 세상에 적당한 인물이 되어 훈훈한 덕화를 펴기 바라노라」(정산종사법설, 제2편 공도의 주인 39장).
보충해설
후영에 대한 언급은 『사기』「위공자열전」에 나오며(상단 「단어해석」 참조), 본 법어는 정산종사가 공회당에서 3학년 개학식에 참석하여 설한 것이다. 정산종사는 후영의 이름이 세상에 떨친 것을 교훈삼아 유일학림 생들에게 개학식에서 다음과 같이 법을 설하고 있다. "현재 우리 유일학림도 또한 그렇나니 작은 양철집에 1백 명 이내의 수효에, 규모 없는 교복, 간판 없는 모자라, 현대형을 좋아하고 간판 좋아하는 자는 누구나 업신여기지 않을 수가 없고 귀하게 여기지를 않을 것이니라. 그래서 유일학림 설립 당시도 간판을 얻으려고 서울로 가는 자도 있었으나 나는 그를 의심하였노라"(정산종사법설, 제2편 공도의 주인 39장). 오늘의 **명문사학 원광대**를 상기하면 격세지감이다. 아무튼 후영이 마을 문을 드러내듯, 학림생들이 이 조그마한 못자리판에서 장차 실력을 갖추어 **학림**, 아니 교단을 세계에 드러내도록 권면하고 있다.
주석주해
「이완철은 특히 젊은 후배들에게 "젊은이는 실력양성이 제일이다"고 일러주었고, 몸소 가르치며 정성을 다하였다. 식당 공양원에게까지 저녁시간 틈이 나면 찾아와서 "자, 공부할 시간이다" 시간가는 줄도 모르고 가르쳐 주었다」(박용덕, 선진열전 1-『오, 사은이시여 나에게 힘을 주소서』, 원불교출판사, 1993, p.264).
「우리는 배워서 아는 동시에 안 그것을 하나에도 실천하고 둘에도 실천하고 오늘도 실천하고 내일도 실천하고 이생에도 실천하고 내생에도 실천해서 들은 그대로 실천에 옮긴다면 행복이 우리 앞에 있을 수 있지만, 아무리 좋은 금은옥설이라도 우리가 듣고 실천하지 않으면 행복이란 올 수 없는 것이다」(조전권, 선진문집1 『행복자는 누구인가』, 원불교출판사, 1979, p.18).

연구문제
1) 중국의 마을 문지기 후영에 대한 정산종사의 교훈은?
2) 후영이 명성을 떨치듯 학림인들이 노력해야 할 것은?

[근실편 17장] 실력조건과 주인
핵심주제
실력조건과 주인
대의강령
◎돌아오는 세상에 실력의 조건은?
 1) 지식이나 수완이 아니라 진실함이며,
 2) 공심 있음이며,
 3) 덕 있음이다.
◎돌아오는 세상의 주인은?
 1) 법위 있으며,
 2) 진실 되며,
 3) 어느 모로나 대중에게 이익을 주는 자이다.
단어해석
수완 : 일을 꾸미거나 성취해 나가는 재능이 手腕이다.
공심 : ☞국운편 25장 참조.
법위 : ☞경의편 37장 참조.
관련법문
「이 회상은 오직 도덕 높고 공심 많은 사람들이 주관할 세계의 공물이니 그대들은 다 이 공도의 주인이 되기에 함께 힘쓰라」(대종경, 교단품 36장).
「여러분이 이 선을 나는 것은 곧 정신교육과 도덕의 훈련을 받는 것이니 이 선중에 마음의 수련을 잘 하여 진리의 혜안을 얻어 일반사회에 나아가 평화세계 실현의 주인공이 되어주기 바란다」(한울안 한이치에, 제4장 사자좌에서 9장).

보충해설

 실력 있는 사람들이 사회에서 지도자로서 역할을 하며, 또 대우를 받는다. 실력이란 그만큼 자신의 활동영역에 있어 보다 실질적으로 활동할 수 있는 자산이자 원동력인 셈이다. 정산종사는 이에 돌아오는 세상에 실력의 조건은 진실·공심·덕이라 했다. 일반적 상식으로 지식을 많이 소유하는 것이 실력의 조건으로 알지만, 이보다 근본적인 조건을 언급하고 있다. 이처럼 본질적 실력을 통해서 자신으로서는 법위가 향상되며, 많은 대중에게 도움을 주는 것이다. 좌산종사는 실력이 최고이므로 최후승부가 여기에서 판결난다며 이를 대비해야 한다(『교법의 현실구현』, 원불교출판사, 2007, p.28)고 하였다.

주석주해

「교무로서 적합한 심성을 교리상에 근거하여 7가지로 설명하려 한다. 1)진실성, 2)근실성, 3)인내심, 4)공경심, 5)주의심, 6)공익심, 7)합리성」(이종진, 「원불교 교무론」, 『원불교사상시론』 1집, 수위단회사무처, 1982, pp.239-241참조).

「청렴하고 공심 있는 성격은 낙과 지위를 가져오는 운명이 될 것이요, 부드럽고 공손하고 명랑한 성격은 친절하고 화하는 운명을 가져오며, 침울하고 냉정한 성격은 촉이 많고 불화한 운명을 가져올 것이다」(조전권, 선진문집1 『행복자는 누구인가』, 원불교출판사, 1979, p.33).

연구문제

 1)실력의 조건은 지식이나 수완보다 다른 세 가지가 있다면?
 2)돌아오는 세상의 주인될 이는?

[근실편 18장] 미륵불 세상

핵심주제

미륵불 세상
대의강령
◎미륵불 세상이란 근실한 세상을 이름이다.
  1)종교 교리가 사실에 맞고 자력의 종교라야 세상에 서며,
  2)개인도 자력으로 실업에 근면하며 도덕으로 대중을 위하는 실적이 있어야 세상에 선다.
단어해석
□**륵불** : 원불교적으로 보면 법신불의 진리가 크게 드러나는 것을 彌勒佛 세상이라 한다. 불교에서 미륵불이란 미래불 혹은 미륵·미륵보살이라고 한다(하단의「보충해설」참조).
근실 : ☞원리편 39장 참조.
관련법문
「미륵불은 인도의 말이나, 당나라 말로는 근실이라는 뜻이니, 勤이란 의뢰심을 버리고 오직 자주적 정신으로 만사를 자각하여 행한다는 뜻이니라. 재래에는 종교를 타력에 의지해서 신앙하였나니, 곧 하나님이나 부처님이나 신에게 의뢰하고 염불도 하며 경도 보게 되었기에 … 實은 실다움을 이름이니 보라. 재래의 경전은 장엄이 십에 팔구나 되나니라」(정산종사법설, 제4편 하나의 세계 4장).
「자력을 양성해야 하나 타력도 활용해야 하고 자력·타력 병진해야 하나 자력이 근본이다」(좌산상사법문집『교법의 현실구현』, 4.교리·수행, 9.일상수행의 요법).
보충해설
미륵불 세상이란 근실한 세상을 이름이다. 최도화 선진이 대종사께 미륵불이란 어떠한 세상이냐고 질문을 하자 "미륵불이라 함은 법신불의 진리가 크게 들어나는 것이요" 라고 하였다. 정산종사도 미륵불의 세상은 종교 교리가 사실에 맞고 자력의 종교라야 하며, 도덕으로 대중을 위하는 실적이 있는 세상이라 했다. 불교의 예언에 따르면 미륵불이란 석가 입멸 후 56억 7천만년이 지나면 다시 이 세상에 내려와 용화수 아래에서 성불하고 3회 설법을 하며 중생

을 제도한다고 하였다. 결국 미륵불 세상은 정토 극락세계인 셈이다.
주석주해
「소태산의 후천개벽 사상이 역사적 변화를 중심하여 이해될 경우 불교의 전통적인 당래불 사상과도 관련이 깊음은 전술한 바와 같다. 소태산은 이 나라가 이상적 불국토라는 점을 강조하고 있기 때문이다. 당래불 사상은 정토사상의 일종으로서 말세가 되면 새로운 주세성자인 미륵불이 출현하여 용화회상이라는 이상적인 불국토임을 강력히 시사한다」(서경전, 「21세기를 향한 원불교 교단행정 방향」, 『원불교와 21세기』, 원불교사상연구원, 2002, p.17).
「소태산은 종래의 종교들이 가져왔던 절대성의 주장을 인정하지 않은 채, 각자 각자가 깨친 미륵불이 되어서 크게 밝은 회상인 용화회상을 건설하라는 아주 소박한 표현으로 원불교의 미래를 전망하고 있다」(김복인, 「미래의 종교-소태산의 전망에 근거한 고찰」, 『원불교와 21세기』, 원불교사상연구원, 2002, p.467).
연구문제
미륵불 세상이란?

[근실편 19장] 도인의 역량
핵심주제
도인의 역량
대의강령
◎정산종사 말하였다.
1) 정치가는 소리가 많으며,
2) 도인은 소리 없이 큰 일을 하며,
3) 밥 먹고 집안 일하듯 천하일을 한다.
단어해석
도인 : ☞무본편 36장 참조.
천하일 : 도인들은 개인을 초월하여 사회와 국가·세계의 일을 자기 일로 알고 한다. 구체적으로 소태산 대종사는 천하를 시방세계라 하였으니, 시방세계의 성불제중과 제생의세가 천하일이다. 대산종사는 전무출

신의 도로서 천하대사를 하도록 독려하고 있다.
관련법문
「흙 조각이라도 가져다 써야 한다. 훌륭한 도인도 위대한 정치가도 뛰어난 예술가도 이 공에 바탕하여 되어지는 것이다」(한울안 한이치에, 제7장 기연따라 주신말씀 67장).
「정치가 바로 서지 않으면 국력이 소모되고 구석구석에서 비능률과 불합리와 부정부패가 만연하여 역사를 정체하게 만들며, 궁극적으로 국가 존립자체를 위태롭게 하므로, 어떠한 일이 있더라도 安如磐石의 정치제도를 창출해 내야 한다」(좌산상사법문집 『교법의 현실구현』, 2.국가사회, 5.정치체제 개혁안).
보충해설
 정치와 종교는 아이러니하게 정교동심과 정교분리의 입장에서 상호 역할을 한다. 천주교에서는 정교분리의 관점을 통해 종교와 정치의 상호 불간섭주의를 주장한다. 원불교에서는 정치와 종교는 상생상화의 관계로 수레의 양 바퀴와 같다고 한다. 양자가 다른 것 같지만 본질적으로 수제치평에 서로 도움이 된다. 단지 정산종사에 의하면, 정치가는 소리가 많으나 도인은 소리 없이 큰 일을 한다고 하였다. 엄부와 자모의 역할을 보완적으로 언급한 것으로 본다. 소태산 대종사는 도덕이 동남풍을 불린다면 법률은 서북풍을 불리는 것으로 보았으니(대종경, 교의품 37장) 여기에서 말하는 도덕은 종교요, 법률은 정치로서 정교동심의 입장이다.
주석주해
「정산종사는 "지금은 정치인들이 주연이 되어 정치극을 벌이는 도중이나, 그 막이 끝나면 도덕막이 오르나니 지금은 도덕가의 준비기라, 바쁘게 준비하라" (국운편 27장)고 말한 바 있다. 나는 통일시대를 맞은 한국사회야말로 좁은 의미의 종교인만이 아니고 모든 시민이 도덕가가 되어 시민참여형 통일이라는 도덕극에 출현할 시기라고 믿는다」(백낙청, 「통일시대 한국사회와 정신개벽」, 원광대 개교60주년국제학술회의 『개벽시대 생명·평화의 길』, 원불교사상연구원·한국원불교학회 外, 2006.10.27, p.6).

「도인을 모시고 또 인물을 기르는 데에는 좌우에서 부족을 돕고 티를 메어 갖추도록 해야 할 것이다. 萬行은 어려울 것이니 소리 없는 천지공사를 끊임없이 해 가야 한다」(조명렬 편, 상타원 전종철정사 유고집『법신불 사은이시여!』, 원불교출판사, 1996, p.61).
연구문제
 정치가들은 소리가 많으나 도인들은…?

[근실편 20장] 진실과 실력
핵심주제
 진실과 실력
대의강령
◎대종사는 형식을 주장하는 이는 허망한 세상을 본다 했다.
 1)돌아오는 세상은 진실하고 실력 있어야 출세할 수 있으며,
 2)신심과 공심이 있어야 세상에 쓰이며 덕 있고 활동력 있는 사람이라야 큰 사업을 한다.
단어해석
 허망한 세상 : 본 법어의 의미는 형식이 앞서는 세상을 허망한 세상이라 하고, 진실하고 실력과 덕 있는 세상이 개벽세상이다. 선천시대는 허망한 세상이었다면 후천개벽의 시대는 정법회상의 시대인 것이다.
 신심 : ☞국운편 30장 참조.
관련법문
「형식을 놓고 실질을 갖추어야 하는데 그러기로 하면 다음 다섯 가지를 가지고 살아야 할 것이다. 첫째 信根이니, 믿음이 견고해야 천만 경계에 부딪치고 … 둘째 공심이니, 사리사욕이 없는 공도주의로 생활하는 사람이라야 … 셋째 덕이니, 우리 인간은 덕이 근본이 되므로 시방세계를 포용할 만한 덕을 양성하여야 만생이 귀의할 것이요, 넷째 활력이니, 공부나 사업 간에 활발하게 나아가야 제도사업을 할 수 있을 것이요, 다섯째 학문과 기술이니, 이것은 인격을 갖추는데 끝이 되는 것으로서 여러 가지 부분이 있는 바…」(한울안 한이치에, 제6장 돌아오는 세상68장).

「대종사님께서 항상 예언하시기를 돌아오는 세상에는 형식을 주장하는 자는 필연코 허망한 세상을 볼 것이다 하시던 것이 불과 몇 년이 안 되어서 그 말씀이 시대에 적합하므로 때때로 뼈에 사무치게 느껴지노라. 과연 그렇도다. 과거에는 형식으로만 생활을 하였으되 그대로 유지를 했으나 그러나 지금은 덕과 공심과 진실과 언행과 겸손이 겸비한 사람이라야 세상에 이름을 나타내고 득세를 하게 되었나니라」(정산종사법설, 제2편 공도의 주인 34장).

보충해설

형식이나 외양만 좇는 사람은 세상에서 떳떳하게 발을 붙이지 못하고 진실하고 실력이 있는 사람이 활발하게 활동하는 것이다. 신심과 공심·공부심을 지닌다면 진실과 실력을 구비하는 당사자가 될 것이다. 본 법어는 정산종사가 방학을 맞이하는 학림생들에게 설한 법설이다. 학인들이 앞으로 공부를 어떻게 하여야 할 것인가를 밝힌 내용으로서 예비교무의 교육방향을 알 수 있다. 오늘날 교육의 성향에서 볼 때 과학의 형식주의와 도학의 신심·공심·공부심을 대비한다면 성직을 지망하는 예비교무 교육의 주안점이 무엇인가를 알아야 한다. 과학의 중요성을 간과하자는 것이 아니라 도학의 실질을 우선으로 하고 도인의 심법이 중시되고 있음을 간파하자는 뜻이다.

주석주해

「만일 일을 한다고 공부를 등한히 하면서 "성직을 수행하니까 생사가 해결되겠지" 하고 있다면 이는 큰 오산이다. 천년이나 늙지 않고 일할 줄 알고 젊은 힘으로 죽을둥 살둥 일만 하다가 병이 들거나 늙어 힘이 없어질 때 또는 뜻밖에 어찌할 수 없는 절박한 상황에 부딪치면 허망하고 허탈하여 후회만 남기 쉽다」(전이창, 『죽음의 길을 어떻게 잘 다녀올까』, 도서출판 숨리, 1995, p.92).

「신심으로 이 법과 이 교단과 한 살이 되며 피가 되고, 공심으로 자나 깨나 교단 일밖에 다른 일이 없는 마음으로 살아간다면 바로 그분이 거룩한 이 회상의 참 주인일 것이다」(성산종사문집 간행위원회, 『성산종사문집』, 원불교출판사, 1992, p.154).

연구문제
 앞으로는 형식을 주장하는 이는 허망한 세상을 보리니, 돌아오는 세상에는 어떠한 사람이라야 큰 사업을 할 수 있는가?

[근실편 21장] 지혜와 보배의 종류
핵심주제
 지혜와 보배의 종류
대의강령
 ◎전음광에게 智에 대한 글을 주었다.
  1)상지는 신의로써 보배를 삼고(上智以信義爲寶),
  2)중지는 명리로써 보배를 삼고(中智以名利爲寶),
  3)하지는 물화로써 보배를 삼는다(下智以物貨爲寶).
 ◎또 寶에 대한 글을 주었다.
  1)물화의 보배는 허망하기 뜬 구름 같고 위태하기 누석 같으며(物貨之寶 虛似浮雲 危如累石),
  2)명리의 보배는 밖으로는 영광스러운 듯 하나 안으로 진실이 없으며(名利之寶 外似榮光 內無眞實),
  3)신의의 보배는 도와 더불어 합일한지라, 그 수한이 한없고 안과 밖이 통철하여 명리와 물화가 함께 하나니라(信義之寶 與道合一 其壽無疆 內外通徹 名物俱焉).

출전근거
 『원광』17호(1956년)의 「灰心之功」(외4편)법설이다(이공전수필).

단어해석
 명리 : ☞기연편 9장 참조.
 물화 : 물질이 인간 세상에 필요한 이상, 인간의 감관작용에 물욕을 부추기는 물품과 재화를 物貨라 한다. 수도인은 이를 허망한 것으로 알고 물욕 극복의 마음공부에 정성을 쏟아야 한다.
 누석 : 위태하게 겹겹이 포개져 있는 바위를 累石이라 한다.
 신의 : ☞경의편 24장 참조.
 수한 : 타고난 수명 또는 수명의 한계를 壽限이라 한다.

통철 : 어디에 막힘없이 통하는 것을 通徹이라 한다.
관련법문
「공부하는 사람에게 크게 위태한 때는 곧 모든 지혜가 열리는 때요, … 어찌하여 그런가 하면 근기가 낮은 사람은 약간의 지혜가 생김으로써 큰 공부를 하는데 성의가 없어지고 작은 지혜에 만족하기 쉬우며, 약간의 권리가 생김으로써 사욕이 동하고 교만이 나게 되어 더 전진을 보지 못하는 까닭이라」(대종경, 수행품 38장).

「1)재색명리욕은 도를 닦아가는데 두터운 철문이 되고 높은 태산이 되고 깊은 하해가 됨을 알아야 될 것이다. 2)큰 도를 얻고자 하는 자는 일생을 두고 재색명리를 삼가하여 그 그물을 벗어 나야 할 것이다. 3)재색명리는 날으는 새에게 날개를 묶어놓는 것과 같나니라. 4)도가 없는 사람으로서 권리와 재주와 박식은 재색명리의 해보다 오히려 더할 수 있으니 이를 조심할 것이다」 (대산종사법문 1집, 수신강요 2, 4.수도상 버려야 할 마장).

보충해설
우리에게 무명을 벗어나 행복을 가져다주는 것은 크게 보면 지혜와 보물일 것이다. 지혜가 없으면 진리를 몰라서 악도윤회를 벗어나지 못하고, 보물이 없으면 의식주의 풍요를 누리지 못하기 때문이다. 이에 정산종사는 전음광 선진에게 지혜의 근기에 따른 보배를 설명하였다. 上智는 신의로 보배를 삼고, 中智는 명리로 보배를 삼으며, 下智는 물화로 보배를 삼자는 것이다. 따라서 신의를 저버린 보배는 물화에 어두워지고, 명리를 보배로 삼는 것은 가식에 떨어진다. 어떻든 정산종사는 영생의 보물 네 가지를 밝히고 있다. 덕·청정심·불변의 신·대공심(정산종사법설, 제1편 마음공부 1장)이 그것으로, 상근기의 보배임에 틀림없다.

인물탐구
전음광(1909-1960) : 惠山 全飮光 교무는 1909년 6월 17일 전북 진안군 마령면 평지리에서 부친 전영규 선생과 모친 성타원 전삼삼 여사의 외아들로 출생하였다. 성격이 활달하였으며 두뇌가

치밀하고 명석하며 준비성이 철저하였다. 혜산 대봉도는 11세에 16세인 동타원 권동화 종사와 결혼했다. 혜산 대봉도가 대종사를 처음 뵌 것은 원기 8년 1월, 15세의 소년으로 모친을 따라 진안 만덕산에 갔을 때였다. 그 후 전주로 이사하여 전주공립보통학교를 다니던 중 두 번째로 대종사를 배알한 혜산 대봉도는 전무출신을 단행하였다. 모친의 연원으로 입교한 혜산 대봉도는 대종사를 수행하며 회화·강연·상시일기·감각감상 처리건을 직접 지도받는 나날이었다. 원기 11년 서무부 서기로 임명되어 총무와 교무의 사무를 담당하였다. 원기 17년부터 연구부장으로 총무와 교무부장을 지냈고, 원기 20년부터 2년간 교무부장으로 재임하면서 총부 구내에 야학원을 만들어 교육시켰다. 대종사와 은부자의 결의를 맺고 지도받았던 혜산 대봉도는 대종사의 꾸중과 칭찬을 누구보다도 많이 받으며 인격을 성숙시켰다. 혜산 대봉도는 교단의 많은 사진을 남긴 카메라맨이었다. 그뿐 아니라 교단 기관지 발행으로 시대감각과 비전을 가진 선각자였다. 혜산 대봉도의 외침으로 원기 13년 5월에 『월말통신』 창간호가 복사판으로 나왔고, 다시 『월보』 『회보』로 이름을 달리하여 마침내 『원광』으로 나오기까지 그의 열성이 밑받침되었다. 혜산 대봉도는 공익사업에도 눈을 돌렸으니, 어린이 교육을 위한 유아양성소·유치원, 교법으로 지도할 수 있는 학교, 양로원, 병원 설립에 노력하였다. 원기 70년 3월 제103회 수위단회에서는 그의 높은 공덕을 추모하며 대봉도의 법훈을 추서했다.

주석주해

「慧는 얻어지는 방법에 따라 聞慧·思慧·修慧의 3慧로 구분된다. 문혜란 들어서 얻는 혜로서, 가르침을 듣고 얻는 혜라든지 독서 등에 의한 혜를 말한다. 사혜는 사색에 의해 얻는 혜로서 특히 바른 도리를 사색하여 얻는 혜이다. 수혜란 선정에 들어서 문혜나 사혜의 내용을 실습하여 자기의 것이 된 혜를 말한다」 (정순일,『인도불교사상사』, 운주사, 2005, p.302).

「항타원 종사는 바쁜 중에도 (교도들에게) 편지를 띄워 정신의 혜명이 어두워지지 않도록 격려하여 주었다. 또 학생들이나 교무들을 만나면 '이 귀하고 중한 사람들, 우리 교단의 보물들' 하며 어떻게 이들에게 잘해 줄 수 없을까 항상 고민하였다」(한창민,「항타원 이경순의 생애와 사상」, 원불교사상연구원 편, 『원불교 인물과 사상』(Ⅱ), 원불교사상연구원, 2001, p.256).

고시문제

上智以信義爲寶, 中智以名利爲寶, 下智以物貨爲寶를 해석하시오.

연구문제

物貨之寶 虛似浮雲 危如累石 名利之寶 外似榮光 內無眞實 信義之寶 與道合一 其壽無疆 內外通徹 名物俱焉을 해설하시오.

[근실편 22장] 교당방문과 한시

핵심주제

교당방문과 한시

대의강령

◎정산종사 교당을 방문하여 글을 썼다.
  1) 산동교당에서 일언첩에 썼으니,
    "장마 지고 개는 것은 하늘에 맡겼노라(潦霽任天)."
  2) 남원교당에 와서 네 글자를 더해야 산 법구라 했으니,
    "심고 가꾸기는 사람에게 달렸다(稼穡由人)."

출전근거

『원광』 15호(1956년)의 「潦霽任天」 법설이다(이공전 수필).

단어해석

산동교당 : ☞국운편 33장 참조.
일언첩 : 간단히 기록해두는 메모장을 一言帖 곧 휴대하는 수첩이다.
요제 : 장마를 潦, 비가 개는 것을 霽라 한다.
남원교당 : 1939년(원기24) 7월, 남원교당은 대지 1,983㎡를 매입하고 14칸의 교당 가옥을 착공하여 이듬해 3월 23일 대종사를 직접 모시고 봉불 낙성식을 거행하였다. 박사시화 선진이 남원출신이며, 남원교당의 순교 정관음행이 불법연구회 일로 수난을 당한

곳이다(하단의 「보충해설」 참조).
 가색 : 심는 것을 稼, 가꾸는 것을 穡이라 한다.
관련법문
「심전을 잘 계발하는 사람은 저 농사 잘 짓는 사람이 밭에 잡초가 나면 매고 또 매어 잡초는 없애고 농작물만 골라 가꾸어 가을에 많은 수확을 얻는 것 같이, 선악 간에 마음 발하는 것을 잘 조사하고 또 조사하여 악심이 나면 제거하고 또 제거해서 악심은 없애고 양심만 양성하므로 혜복이 항상 넉넉할 것이요」(대종경, 수행품 59장).
「만물의 생장은 먼저 그 뿌리를 깊고 튼튼하게 하는 것이 본이 되고 만사의 경륜은 반드시 그 기초를 견고히 하는 것이 주가 되므로 우리가 목적하는 제생의세의 이 대법도 먼저 그 뿌리를 찾아 더욱 깊고 튼튼하게 가꾸어야 할 것이다」(대산종사법문 2집, 제9부 행사치사, 개교반백년기념대회 기념법어).

보충해설
 본 법어에 나타난 것처럼 정산종사는 남원 산동교당에서 정양을 하면서 한가한 마음으로 시를 남기고 있다. 뒤이어 남원교당에 와서 네 글자를 덧붙여 글을 완성하였다. 산동교당의 글은 운명적 수확에 관련된다면, 남원교당의 글은 자력의 적공에 관련되어 있다. 참고로 불법연구회 남원출장소 터(향교리)의 개요를 살펴보자. 서문성 교무의 고증에 의하면 불법연구회 남원출장소는 원기 19년 12월 일타원 박사시화의 인연으로 입교한 정형섭이 남원에 교당을 세우려는 서원을 키우며 시작되었다. 박사시화는 남원 원님을 지낸 도정궁 부인의 수양딸인 바, 대방마님은 자신이 다니는 구례 화엄사 불사를 위하여 권선문을 지어 수양딸(박사시화)에게 시주를 받아오게 하여 정형섭과 인연이 되었다. 박사시화는 원기 9년 대종사의 제자가 되어 교화를 하면서 고향인 남원에 옛 인연을 찾아 교화하였다. 정형섭은 원기 22년 겨울, 자신의 회갑연을 중지시키고 그 비용으로 남원군 남원면 향교리 36번지 대지 476㎡에 4칸 기와집 1동을 신축, 원기 23년 3월에 출장소 간판을 붙이자 정관음행 교무가 부임하였다. 남원출장소는 남원면 동충리 169번지에 거주하던 정형섭의 장남 영산 박영식이 매입하여 모친을 위하여 기와집을 신축한 것이다

주석주해

「내가 교당에 나가 교역에 임할 때에 이런저런 걱정으로 잠을 쉽게 못 이루어 시달렸다. 날씨만 좀 궂어도 교도가 적게 나오면 어쩌나 하는 걱정이 유난히 심했던 것이다. 그때 '潦霽任天(장마 지고 개는 것은 하늘에 맡겼노라)' 하신 말씀과 '稼穡由人(심고 가꾸기는 사람에게 달렸다)' 하신 말씀을 받들고 나의 필요 없는 걱정과 함께 날마다 시달리던 시간들이 깨끗이 없어졌다」(이정은, 「공부인의 가치, 경계에 나타나」, 『우리회상의 법모』, 원불교신문사, 1994, p.198).

「천의의 감응을 얻는다는 것은 일원상 진리의 감응을 얻는 것이다. 만약에 이때 천의의 감응을 얻지 못했다면 교단이 성립될 수 없다. … 법인성사의 방법은 사무여한이다」(한종만, 『원불교 대종경 해의』(上), 도서출판 동아시아, 2001, pp.69-71).

고시문제

潦霽任天, 稼穡由人의 뜻은?

연구문제

정산종사 산동교당에서 "장마 지고 개는 것은 하늘에 맡겼노라" 했고, 남원교당에서 "심고 가꾸기는 사람에게 달렸다" 라고 했는데, 양 교당의 글을 관련지어 설명하시오.

[근실편 23장] 나무심기와 도인

핵심주제

나무심기와 도인

대의강령

◎하루는 살구를 드신 후 박정훈에게 말하였다.

1)이 씨를 버리지 말고 도량에 심으라. 나무 심기 좋아하는 마음은 덕 있는 마음이며,

2)자기 당대에 결과를 보지 못해도 후세에 덕을 심는 것은 여진 있는 도인의 심경이니, 나무 심기를 좋아하라.
단어해석
살구 : 과일의 일종으로 앵두과이며, 씨는 약재로 쓰인다.
도량 : ☞경륜편 15장 참조.
여진 : ☞국운편 29장 참조.
관련법문
「저 큰 나무도 작은 싹이 썩지 않고 여러 해 큰 결과요, 불보살도 처음 발원을 퇴전하지 않고 오래오래 공을 쌓은 결과이니라」(대종경, 요훈품 10장).
「과일나무도 씨가 땅에 떨어져서 뿌리박은 후에 줄기와 가지와 잎이 무성하여지고 또 그 열매를 맺게 되는 것이며, 그 결실을 얻기까지는 일월의 왕래와 사시순환 등의 음조와 음덕이 컸기 때문이다」(대산종사법문 2집, 제9부 행사치사, 종합시상식 치사).
보충해설
내일 지구에 종말이 오더라도 오늘 사과나무를 심겠다고 스피노자는 말하였다. 절망보다는 희망을 키워가려는 철인의 가르침이다. 정산종사는 살구를 드신 후 시자에게 그 씨를 버리지 말고 도량에 심으라 했다. 나무심기를 좋아하는 것이 덕 있는 마음이라는 것이다. 강증산 선사도 나무심기를 좋아하였다. "어려서부터 好生의 덕이 많으사 나무 심으시기를 즐기시며 자라나는 초목을 꺾지 아니하시고 미세한 곤충이라도 해하지 아니하시며 혹 위기에 빠진 생물을 보시면 힘써 구하시나니라" (대순전경, 제1장 天師의 誕降과 幼少時代 5장). 소태산 대종사는 동포은의 동포보은 조목에서 초목금수도 연고 없이 꺾고 살생하지 말라고 하였다.
인물탐구
박정훈(1934-현재) : 裡山 朴正薰 교무는 1934년 7월 11일 전북 남원에서 부친 박영화 선생과 모친 김성수 여사의 6남매의 6대 종손 외아들로 태어났다. 늦게 얻은 아들이기에 아버지는 엄하고 법도 있게 길렀다. 이산종사는 초등학교 성적이 출중하였으며,

중학을 마치고 고시를 목표로 독학을 하다가 박항식 선생의 알선으로 상산종사를 뵈러 남원교당에 갔는데 훈타원 종사는 그를 보자 도인될 인물이니 전무출신을 하라며 입교를 권하였다. 이에 수계농원으로 가서 근산종사를 모시고 근무하던 중 어머니 열반의 비보를 받고 집에 가보니 훈타원 종사의 주관으로 장례를 마친 후였다. 훈타원 종사는 그에게 원광대학에서 공부하도록 하고 종법사님을 뵈올 일, 매일 한 가지 이상 의심건을 발견하고 묻기를 좋아 할 일 등 10가지 주의조항을 내려 주었다. 이산종사는 원기 42년부터 『대종경』 편수 사무를 보고 원기 45년부터 정산종사 시봉을 하면서 법문을 성심으로 기록하였다. 이어서 재무부 이재과장, 교무부 교무과장, 총무부 총무과장, 서울사무소 사무장으로서 역할을 했다. 원기 62년 교화훈련부장을 맡고서 교전 보내기 운동을 전개하였다. 또한 정산종사 전기의 자료를 수집하여 법문과 일화로써 『한 울안 한 이치에』를 발행하고, 나아가 『정산종사전』을 발행하기에 이르렀다. 통신강좌를 통하여 대중에게 각성을 주고 재가요인들을 양성하였다. 원기 73년 수위단에 피선되었으며, 원기 76년부터 전주와 전북교구장으로 근무하면서 교화활동을 독려하고 원림학사를 마련하여 인재양성을 도모하였으며, 평화, 전주 복지관, 전주 어린이집, 청소년 수련실, 노인복지병원, 서신, 상해교당 등의 설립·운영에 정성을 들였다. 원기 85년 서울교구장으로 부임하여 서울 교화에 큰 역할을 담당했다. 원기 85년 9월, 그의 공덕을 기려 제 111회 임시수위단회에서 교단 제3대 1회 결산 및 정산종사 탄생백주년 기념성업에 즈음하여 출가위로 법위를 사정하고 종사의 법훈을 서훈하였다.

주석주해

「나무를 키우는 정원사는 나무의 모양을 보고 키울 가지는 키우고, 없애야 할 가지는 잘라 버려서 언제나 나무를 균형 있게 잘 키운다. 이처럼 부처도 보살들의 마음과 몸가짐을 보고 끊임없이 적절하게 가르친다」(장응철 역해, 『생활속의 금강경』, 도서출판 동남풍, 2000, p.19).

「정광훈은 그의 상징적인 모습이 되어버린 전지가위와 작업복 차림에 나무심고 가꾸는 일부터 시작하였다. 울타리 없는 학교에 담장을 두르고 나무 없는 학교에 나무를 심고 정원이 없는 학교에 정원을 조성하였다」(원불교사상연구원 편, 『원불교 인물과 사상』(Ⅰ), 원불교사상연구원, 2000, pp.382-383).

연구문제
정산종사 살구 씨를 도량에 심으라 하며 도인으로서 나무심기를 좋아하라고 설한 의미는?

[근실편 24장] 법연의 중요성
핵심주제
법연의 중요성
대의강령
◎한 선비가 늦게 출가하여 책임 없이 구내에 거주하자 감원이 불평하거늘, 정산종사 말하였다.
　1)그만한 선비가 여기서 사는 것만으로도 은연중 다른 이에게 권장되며,
　2)그에게 법연을 맺어야 내세에 회상에 와서 큰일을 한다.
단어해석
선비 : ☞무본편 28장 참조.
감원 : 교당의 살림을 맡아 수행하는 사람을 監員이라 한다. 즉 교단 초창기 중앙총부에서 식당 및 전답 관리의 책임 맡은 남녀 임원을 감원이라 했다. 오늘날 덕무가 감원의 일을 주로 맡고 있다.
은연중 : 남이 모르는 가운데를 隱然中이라 한다.
법연 : ☞원리편 58장 참조.
관련법문
「박은국이 여쭈었다. "세세생생 스승님 여의지 않고 이 회상을 드나들려면 혈연으로 온 것이 좋겠습니까?" "혈연과 법연을 겸하면 좋으나 혈연만은 변할 우려가 있으니 법연으로 와야 영원히 헤어지지 않고 다닐 수 있다"」(한울안 한이치에, 제7장 기연따라

주신 말씀 33장).

「대종사 서울에 행가하시니, 여러 제자들이 와 뵈옵고 서로 말하되 "우리 동문 형제는 인연이 지중하여 같은 지방 같은 시대에 태어나 한 부처님 문하에서 공부하게 되었으니 어찌 반갑지 아니하리요. 이는 실로 길이 갈리지 아니할 좋은 인연이라"」(대종경, 교단품 3장).

보충해설

출가하여 도가에서 공동체 생활을 한다는 것은 쉽지 않다. 출가 전 세속에서 자유롭게 살다가 출가하여 수도생활을 하다보면 공동체의 규율과 자기 적공의 땀방울이 필요하기 때문이다. 또한 도반들과의 교제에도 배려하는 마음이 있어야 한다. 그런데 한 선비가 늦게 출가하여 책임 없이 구내에 거주함에 감원이 불평하자, 정산종사는 그와 법연을 맺어야 내세에 와서 큰일을 한다고 타일렀다. 범산종사도 교전발간 한 돌 기념의 기원문에서 "이 法 안에 법연이 끊임없게 하옵시며, 또는 이 사업을 권장하고 이 사업에 隨喜한 출가재가의 모든 동지와 앞으로 그러할 미래의 모든 동지들도 다 같은 선과를 빠짐없이 누리게 하여 주시옵소서"(원기 43년, 원광 22호)라며 법연의 소중성을 말한다.

주석주해

「교역자는 세계가 한 집안으로 넘나드는 법연 공동체의 낙원세계에서 나로 존재하기와 우리로 존재하기 사이에서 변화의 축이 되는 기본세포가 될 것을 법신불 사은 전에 약속하고 모인 사람들이다. 이는 각자의 개성과 본성을 넘어서서, 진리와 생명과 역사의 공동체로 나아갈 것을 결정하고 약속한 것이다」(황민정, 「교역자 공동체 생활 모색」, 2000학년도《학술발표회요지》, 원불교대학원대학교, 2000년 12월, p.78).

「법의 인연이 따로 원근이 있을까? 대의에 통하면 쉬 가까워오고 또한 특히 따르는 인연도 있겠지」(조명렬 편, 상타원 전종철정사 유고집『법신불 사은이시여!』, 원불교출판사, 1996, p.65).

연구문제

한 선비가 늦게 출가하여 별 다른 책임 없이 구내에 거주하자 감원이 이를 불평하자, 정산종사가 설한 법어는?

[근실편 25장] 정신곽란의 치유
핵심주제
정신곽란의 치유
대의강령
◎한 학인이 고민 끝에 발작을 일으키매 담당 지도인이 그를 귀가시키자고 하자 정산종사 말하였다.
  1)사람 육신에 곽란 난 때에 사관만 통해주면 체증이 내리며,
  2)사람의 정신에 곽란이 난 때에도 막힌 점 몇 가지만 살펴 통해주면 발작이 그칠 수 있으며,
  3)보내려고만 하지 말고 정신적 사관을 잘 통해 주자.
단어해석
발작 : 병이나 정신이 갑자기 솟구쳐 일어나는 것을 發作이라 한다. 발광이란 이러한 발작 행위와 관련되는 것이다.
진언 : ☞응기편 52장 참조.
곽란 : 여름철에 급속한 토사를 일으키는 급성 병을 癨亂이라 한다.
사관 : 생명체에 양분의 통로가 되는 것으로 피부에 있는 길고 가느다란 관 또는 그 조직을 篩管이라 한다.
체증 : ☞응기편 30장 참조.
관련법문
「사람의 육신에 병이 생기면 병원에서 의약으로 치료하게 되고, 마음에 병이 생기면 도가에서 도덕으로 치료하게 되는지라, 그러므로 부처님을 의왕이라 함과 같이 그 교법을 약재라 하고 그 교당을 병원이라 할 수 있나니라」(대종경, 수행품 56장).
「전 인류의 머리에 불이 붙었는데도 그 불을 끌 줄 모르므로 병이 생기고 고통을 받게 된다. 무슨 일을 당하면 불이 머리로 올라와서 고혈압·심장병 등을 일으키게 된다. 그러므로 이 불을 끄기 위해서는 수양을 해야 하는데 그 방법은 禪을 하는 것이다」

(대산종사법문 3집, 제2편 교법 98장).
보충해설
 도가에서 공동체 생활을 하다보면 건강상의 문제로 어려움을 겪는 경우가 있다. 학인이 고민 끝에 발작을 일으키자 담당 지도인이 그를 귀가시키려 하자 정산종사는 그를 보내지만 말고 치료할 수 있는 데까지 해보라고 하였다. 정신적으로 고민하다 발발한 곽란의 경우 마음병 치료가 효과적일 수 있기 때문이다. 부득이한 전염병을 앓는다면 격리해서 치료해야 함은 마땅한 일이다. 하지만 정신적 고통을 겪는 출가인에게는 환가시키는 것보다 교단에서 정성스럽게 마음치료를 해주는 것이 당연하다. 물론 원불교 중앙총부 공익부가 있으므로 심신 환자들에게 요양이나 치료의 길을 열어놓고 있다. 소태산은 정신의 모든 병을 치료하는 약방문으로 사은사요와 삼학팔조를 제시한다. 특히 정신적 고통을 겪고 있는 사람들을 치료하는 마음병 의사를 강조한 것이다.
주석주해
「안 좋은 마음은 항상 빨리 흘려 내리고 유통시켜 머물지 못하게 하자. 특히 교당 식구인 간사나 보좌교무에게도 서로 상하 좌우가 나쁜 감정일랑 빨리 유통시켜 정체시키지 말고 소통시킬 때 서로가 힘이 나고 빛이 나서 모두가 기분 좋고 밝은 빛이 발하여 너도나도 기분 좋은 삶을 살겠구나」(유현실,「괴어 있는 것은 죽는다」, 『마음은 어디서 쉬는가』, 출가교화단, 1997, p.264).
「기운이 극하면 드디어는 상충되는 법인 듯하다. 일시적인 오해가 있고 기운 막힐 일이 있거든 바로 풀기에 노력해야 할 것이며, 설사 일방에선 노력해도 일방에서 풀어지지 않을 때에는 一時는 온화되어도 재발될 우려가 있으므로 항상 일시적으로 참는 데만 노력할 것이 아니라 아주 녹아 없어지도록 힘써야 하겠다」(조명렬 편, 상타원 전종철정사 유고집『법신불 사은이시여!』, 원불교출판사, 1996, p.57).
연구문제
 한 학인이 고민 끝에 발작을 일으킴에 담당 지도인이 그를 바로

제10 근실편 417

귀가시키고자 진언하자 정산종사가 설한 법어는?

[근실편 26장] 정산종사의 세정
핵심주제
정산종사의 세정
대의강령
◎정산종사 교당이나 기관의 요인이 오면?
　1)언제나 그 사정을 일일이 알아보며,
　2)어려운 사정이 있을 때에는 챙겨서 해결책을 일러 주었다.
단어해석
　교당 : ☞무본편 16장 참조.
　기관 : 중앙총부의 관할 속에 있으며 원불교 교화·교육·자선을 위해 적정한 곳에 설치된 것을 機關이라 한다. 곧 교육기관으로는 원광대와 영산선학대·대학원대, 사업기관으로는 수계농원과 보화당, 훈련기관으로 중도훈련원과 삼동원, 문화기관으로 원광사와 원불교신문사 등이다.
　요인 : ☞경륜편 33장 참조.
관련법문
「이경륜이 총부식당에 근무할 때에 마음이 답답하여 조실에 찾아와 뵈오니 말씀하셨다. "너희들의 하는 일이 대통령보다 낫다. 하루에도 몇 번씩 나를 보고 싶어야 한다. 보고 싶으면 꼭 오너라"」(한울안 한이치에, 제9장 오직한길 60장).

「안도산이 찾아온지라, 대종사 친히 영접하사 민족을 위한 그의 수고를 위로하시니, 도산이 말하기를 "나의 일은 판국이 좁고 솜씨가 또한 충분하지 못하여, 민족에게 큰 이익은 주지 못하고 도리어 나로 인하여 관헌들의 압박을 받는 동지까지 적지 아니하온데, 선생께서는 그 일의 판국이 넓고 운용하시는 방편이 능란하시어…"」(대종경, 실시품 45장).

보충해설
지도자는 지도받는 사람을 꼼꼼히 챙겨주는 세정이 있어야 한다. 이것이 감성지수이며, 그로 인해 상호 온정으로 어려움을 극복하는 힘이 된다. 정산종사는 교당이나 기관의 요인이 오면 그곳 사정을 일일이 알아보고 챙겨서 해결책을 일러 주었다. 그는 소태산대종사비명의 글에서 "세세곡절의 진정을 통해주며" 라며 소태산 대종사를 추모하고 있다. 이처럼 일선 교당의 교무들은 심신간 지쳐 교당을 방문하는 교도들에게 온정으로 다가서 어려운 점이 있으면 위로의 말을 전하고 난관을 극복할 수 있도록 상담자가 되어야 한다. 예컨대 이동진화 선진은 중앙총부 금강원에서 기거하면서 총부에 방문하는 교당교무들에게 자상한 어머니처럼 챙겨주고 지친 심신을 위로해주었다. 따라서 원불교 예비교무의 교육부터 지성은 물론 감성을 키우는 공부가 필요하다.

주석주해

「가끔 조실에 불러서 가면 "사는게 어쩌냐" "뭣이 불편하냐" 알뜰살뜰 챙겨주었다. 종사님이 벽장에서 귤을 꺼내주었다. "집에서 간식하다 궁금하지? 먹어라." 어른 앞이라 어렵고 부끄러워서 먹지 못하면 "저것 봐. 누구 오면 어쩔래. 다른 사람 안 주고 너만 주니 어서 먹어라." … 스승의 사랑은 원철이 뿐 아니었다. 총부 구내의 모든 어린 제자들이 각기 저 혼자 특별히 종사님의 은총을 받는 줄 알았다」(송원철 전언)(박용덕, 『금강산의 주인되라』, 원불교출판사, 2003, pp.322-323).

「정산종사님은 이어서 나에게 한 가지 임무를 주셨다. 아침에 사무실에 출근하면 식당 임원들의 세정을 먼저 살피라는 분부셨다. 아침 점심 저녁 끼니때마다 식당 임원들의 세정을 들으니 자연 식당 임원들과 가깝게 되었다. … 정산종사께 진지상을 올리면 "아픈 사람은 없느냐" 며 묻곤 하셨다」(장혜성, 「식당 임원들이 혈심적자」, 『우리회상의 법모』, 원불교신문사, 1994, p.243).

연구문제

정산종사는 교당이나 기관의 요인이 오면 어떻게 하였는가?

[근실편 27장] 근기와 소질에 따른 지도

핵심주제

근기와 소질에 따른 지도
대의강령
◎한 학생이 말을 잘 듣지 않는다고 사감이 사뢰자, 지도자가 성질대로 사람을 굽히려 하면 안 된다며 말하였다.
　1)먼저 그의 근기나 성질을 살피고 소질과 소원을 알며,
　2)서서히 순리로 지도하여야 교화가 잘 된다.
단어해석
사감 : 기숙사에서 기숙사생을 지도 감독하는 사람을 舍監이라 한다. 원불교의 경우 예비교무를 지도하는 교무를 지도교무 혹 사감이라 한다.
근기 : ☞원리편 38장 참조.
순리 : 순조로운 이치를 順理라 한다. 성주괴공 춘하추동 생로병사 등 자연의 이치에 따르는 것이 순리이며, 이에 거스르는 것이 역리이다.
관련법문
「사람사람이 각각 자기의 성질만 내세우고 저 사람의 특성을 이해하지 못하면 다정한 동지 사이에도 촉이 되고 충돌이 생기기 쉽나니…」(대종경, 교단품 4장).
「교무와 감원 사이가 좋지 않다는 말을 들으시고 말씀하셨다. "삼세인과를 누가 알겠느냐. 참으로 알고 보면 서로 우습기도 하고 부끄럽기도 하며 죄송하기도 할 것이다. … 인연은 가까운 데에서 맺어지는 것이니 교무는 감원을 잘 챙기고 인도해야 할 것이다」(한울안 한이치에, 제2장 심은대로 거둠 43장).
보충해설
교무로서 교도를 지도할 때, 혹 사감이나 선생으로서 학생을 지도할 때 지도받는 사람이 잘 따르지 않고 반항한다면 이를 어떻게 다스려야 할 것인가? 엄하게 꾸중하여 다스릴 사람이 있고, 따뜻이 타이를 사람도 있다. 이에 소태산 대종사는 자녀 지도에 네 가지가 있다고 하였다. 심교·행교·언교·엄교가 그것이다(대종경, 인도품 45장). 자녀의 근기와 성격에 따라 지도법의 하나를 선택하여 인도한다면 잘 따를 수 있을 것이다. 정산종사도 지도자가 억지로 사람을 굽히려 한다면 안 된다며 근기와 성질을 따

라 순리로 지도하라고 하였다. 경산종법사는 2007년 2월, 청법대중에게 5대경륜을 설명하면서 "아무리 지도자가 아무리 훌륭해도 대중이 움직이지 않는다면 안 된다" 고 하였다.

주석주해

「적성이란 거기에 알맞은 성질로 그 사람의 적성에 알맞은 직업이라고 할 수 있다. 그 사람의 성격·능력·재능·기호·취미 등이 교무직에 알맞아야 한다」(이종진, 「원불교 교무론」, 『원불교사상시론』 1집, 수위단회사무처, 1982, p.239).

「학생들마다 취향과 성격이 달라 지도하는 유형을 달리 해야 한다. 그리고 엄격히 학년이라는 경계선을 가지고 학생지도를 하는 것보다는 전체적인 책임은 구분하되 개별 지도에 있어서는 학생들의 자연스런 친화력을 존중하는 유연적 지도를 병행한다」(원광대 원불교학과교수 위원회,《원불교 예비교무 교육발전안》, p.1. 2002년 4월 29일, 원광대 교학대학 5층 대학원 강의실에서 개최된 세미나 발표안).

연구문제

학생 한 사람이 지도에 말을 듣지 않는다고 사감이 사뢰자 정산종사가 설한 법어는?

[근실편 28장] 소의와 대의

핵심주제

소의와 대의

대의강령

◎의리 없는 동지는 추방함이 義라고 학인이 사뢰자, 정산종사 답하였다.

1) 의리가 없다하여 동지를 추방함은 자기의 의리도 상함이 되나니 곧 의 가운데 소의며,

2) 그를 용서하고 끝까지 의리를 찾게 하여 본래 서원을 함께 하는 것이 대의니라.

단어해석

의리 : ☞예도편 18장 참조.
소의 : 소승적으로 좁게 생각하여 동지나 친구간의 의리 없는 사람을 추방하는 것은 자기의 의리도 상하므로 小義이다. 하지만 이들마저 널리 포용하여 정법대도의 바른 길로 인도하는 것이 대의이다.

관련법문

「한 제자 과오를 범하므로 대중이 추방을 결의한지라 말씀하셨다. "불보살은 작은 사람을 키워 쓰고 모자라면 만들어 쓰고 장점을 보아 단점을 다스려 쓰며 열 번 잘못하면 열한 번 용서할 아량을 가져서 먼저 사람을 버리는 일이 없으니 한 때의 잘못으로 영생의 법종자를 끊지 말라"」(한울안 한이치에, 제8장 **화합교단** 44장).

「인생의 온갖 향락과 욕망을 달성함에는 돈이 먼저 필요하다는 것을 알게 된 사람들은 의리나 염치보다 오직 돈이 중하게 되어 이로 인하여 모든 윤기가 쇠해지고 정의가 상하는 현상이라」(대종경, 교의품 34장).

보충해설

고래로 유교에서는 선비정신을 상기하여 捨生取義 같은 의리를 위해 남자는 충절을, 여자는 정조를 지키는 것이 민족기상이었다. 정몽주가 고려 왕조를 지킨 절의라든가, 사육신과 생육신이 세조의 왕위찬탈에 대하여 단종을 위해 지킨 절의를 생각해 보자. 도가에서도 물론 의리나 신뢰가 중요하다. 특히 친구나 동지 사이에 의리가 없다면 오랜 인연으로 맺어지지 못하는 경우가 많다. 일면 도가에서 의리 없는 동지를 추방하는 것이 義라고 할 수 있다. 그러나 정산종사는 의리 없는 친구를 추방하는 마음 작용도 의리를 상하는 결과를 가져온다고 하여 그를 용서함으로써 대의를 지니라는 법어를 설한다. 추상과 같은 다스림도 필요하지만 영생사를 위해 용서와 관용의 교화가 필요하다는 것이다.

주석주해

「利에 끌려 義를 저버리는 것 같이 비굴한 것은 없다. 돈 몇 푼에 인생을 판다면 불행한 일이 아닌가」(박길진,『대종경강의』, 원광대출판국, 1980, pp.185-186).
「동산은 대의와 의리를 중히 알았다. 후진들에게 말하였다. "항상 대의가 무엇인가 생각하고 살아라." 동산은 동지들의 세정을 잘 보살폈다. 스스로는 사가를 불고하였지만 동지들을 끔찍이도 챙겼다」(동산문집편찬위원회, 동산문집 1 『동산에 달오르면』, 원불교출판사, 1994, pp.222-223).

연구문제
1) 의리 없는 동지를 추방함이 義가 아닌가?
2) 의리 중에서도 소의와 대의의 차이는?

[근실편 29장] 파당과 인망

핵심주제
파당과 인망

대의강령
◎한 교역자가 대중의 인심 모으기에 주력하여 파당을 짓거늘,
1) 짐짓 지어서 얻는 인망은 무너질 때 허망하며,
2) 인망을 계교하지 말고 도력과 공심만 갖추면 제자 없어 교화 못할 일은 없다.

단어해석
파당 : 여러 갈래로 나뉘는 것을 派黨이라 하며, 당파도 이와 관련된다. 종교의 경우 여러 파로 갈라지는 교파가 일종의 파당인 셈이다.
짐짓 : 짐짓은 '일부러'의 의미를 지닌다.
인망 : 사람이 존경하고 신뢰하는 덕망을 人望이라 한다. 자신의 인망이나 인기를 사심으로 계교하는 일은 바람직하지 않을 수 있다.
도력 : ☞예도편 10장 참조.

관련법문
「앞으로 공부계로나 사업계로나 중근의 무리가 모농사에 피 섞이듯 나와서 내 법을 문란하게 할 수 있을 것이다. 그러나 평소 내 법설을 잘 들은 사람들은 나의 본의를 잘 알고 있을 것이니 냉정한 머리로 판단하여 중근의 파당에 휩쓸리지 말라」(대종경선

외록, 2.유시계후장 19장).
「교화자란? 1)삼보 중 승보요, 2)대종사의 직계손이요, 3)종법사의 분신이요, 4)일원대도의 전법사도요, 5)법을 먹여 기르는 목자요, 6)정법광명을 지키는 등대지기요, 7)불국세계로 안내하는 길잡이요, 8)반야용선의 선장이요, 9)일원세계 건설 현장의 십장이다. 그러므로 일거수일투족 말 한마디라도 자유분방할 수 없다」(좌산상사법문집『교법의 현실구현』, 3.교법·교단, 2.교화자란?).

보충해설
 공동체 생활을 하다보면 일부 사람들이 대중의 인심을 얻으려 노력하는 경우가 있다. 물론 한때의 인위적 호감을 사려 한다면 그것은 통할 수 있다. 그러나 그 호감은 오래가지 못하는 경우가 많다. 원근친소에 끌리는 것이 보통이기 때문이다. 정산종사도 한 교역자가 대중의 인심 모으기에 주력하여 파당을 짓게 되자 훈계를 한다. 그 같은 인망이 무너질 때 허망하므로, 계교나 사량을 하지 말고 도력과 공심만을 갖추라는 것이다. 공자도 이에 말한다. "군자는 두루 사랑하고 편당하지 않으며, 소인은 편당하고 두루 사랑하지 않는다"(논어, 위정편). 따라서 친소에 끌리는 소인 배적 행위가 환심 사려는 행위의 일종인 셈이다.

주석주해
「어느 종교이거나 초창기의 청신한 시기에 분파는 없다. 그러나 교세가 커지게 되면 세력 싸움이 생기게 마련이다. 교리에 대한 견해가 달라 분파가 생기게 되기도 하지마는 개인의 세력 때문에 서로 유리한 쪽에 가담하여 싸우게 되는 경우가 더욱 많게 된다」(유달영,「원불교에 대한 담밖에서의 제언」,『원불교개교반백년 기념문총』, 원불교반백년기념사업회, 1971, pp.517-518).
「역사가 흐르므로 종교들 간의 갈등과 대립은 물론 같은 종교 내에서도 여러 종파들이 분립하게 되어, 종파들 간의 반목과 대립이 심각하게 됨이 현재 종교의 현황이다」(김복인,「미래의 종교-소태산의 전망에 근거한 고찰」,『원불교와 21세기』, 원불교사상연구원, 2002, p.464).

연구문제
1) 한 교역자가 대중의 인심 모으기에 주력하고 파당을 짓자, 정산종사가 설한 법어는?
2) 도력과 공심만 갖추면 제자 없어 교화 못할 일 없다는 뜻은?

[근실편 30장] 정치와 교역자의 본분
핵심주제
정치와 교역자의 본분
대의강령
◎한 교역자가 정계에 투신할 뜻을 보이자, 정산종사 말하였다.
  1) 성불제중의 대업에 서원한 사람이 이 일을 놓고 다시 무슨 일을 취하리요.
  2) 도인들은 정치가가 되는 것보다 그들을 인도하는 스승이 되어야 한다.
단어해석
정계 : 정치활동에 관계되는 사업계를 政界라 한다. 정치와 종교의 양 방면을 말한 소태산은 정교동심의 상생적 관계를 강조하였다. 수도인은 정치인들까지 교화하여 수제치평을 잘 할 수 있도록 도와야 한다.
투신 : 무엇인가 목적 성취를 위해 오롯한 마음으로, 또는 자신의 몸을 던져서 희생적으로 일을 추진하는 것이 投身이다.
대업 : ☞기연편 12장 참조.
관련법문
「제자 몇 사람이 모여 정치에 대한 말을 하는 가운데 명예와 권리를 부러워하는지라 말씀하셨다. "우리는 대종사의 제자로서 성불제중의 큰 원을 세웠으니 평소에 감원 자리와 대통령 자리를 바꾸지 않을 굳은 신념과 긍지를 가져야 되고, 정치에 관여하는 것보다는 정치가를 지도하여 도덕의 주인공이 되는데 힘써야 한다」(한울안 한이치서, 제8장 화합교단 37장).
「종교는 도덕에 근원하여 사람의 마음을 가르쳐 죄를 짓기 전에 미리 방지하고 복을 짓게 하는 법이요, 정치는 법률에 근원하여 일의 결과를 보아서 상과 벌을 베푸는 법이라」(대종경, 교의품 36장).

보충해설
 출가를 할 경우 종교를 직업으로 생활한다는 점에서 세속에 있을 때 했던 일들을 정리하고, 새로운 다짐으로 임하게 된다. 하지만 출가를 하고서 오히려 세속의 직업에 관심을 갖고 정치를 하고자 한다면 바람직하지 않다. 출가자들은 성불제중이 주업인 바, 교단에서도 출가자들이 간혹 정치에 관심을 두거나 초연해온 점 (하단의 「주석주해」 참조)을 생각해보자. 정치는 법칙 준수를 주로 하는 서북풍의 역할이라면, 종교는 도덕 함양을 주로 하는 동남풍의 역할이라는 점에서 출가자의 주종의식이 분명해야 한다.

주석주해
「박대완 대봉도는 해방 뒤 정계진출의 간곡한 청원도 뿌리치고, 또 수위단원도 스스로 사임한 후 오직 교화와 수양에만 전념하다가 노년에 이르러 중앙수양원에 입원하여 낙도생활을 즐기다가, 73세를 일기로 원기 43년 1월 4일 열반했다」(원불교사상연구원 편, 『원불교 인물과 사상』(Ⅰ), 원불교사상연구원, 2000, p.91).
「유산은 65세 때에는 영광에서 동문수학했던 많은 동지 인연들의 권장으로 영광에서 제2대 민의원에 입후보했으나 낙방했다. 이 일로 교단 한편에서는 종교인으로 정계에 입문하려는 유산을 많이 비난하기도 하였다」(원불교사상연구원 편, 『원불교 인물과 사상』(Ⅰ), 원불교사상연구원, 2000, p.189).

연구문제
 1)교역자가 정계에 투신하려 하자 정산종사가 설한 법어는?
 2)도인들은 정치인이 되는 것보다 그들을 인도하는 스승이 되라는 본의는?

[근실편 31장] 정계요인의 접견
핵심주제
 정계요인의 접견

대의강령
◎하루는 정계요인의 부인이 온다하여 일부에서는 환영 준비하고 일부에서는 반대하였다.
1) 예에 과하지 않은 준비는 하라.
2) 그분에게 이미 그만큼 지은 복이 있었으며,
3) 그분도 호감을 가지면 제도의 연이 될 수 있다.

단어해석
정계요인 : 정치 분야에서 중요한 임무를 수행하는 사람을 政界要人이라 한다. 예컨대 대통령을 보좌하는 국무총리·대법원장·도지사 등이 정계요인이다.
제도의 연 : 일체중생을 구제, 제도할 인연을 濟度의 緣이라 한다.

관련법문
「강급기에 있는 사람은 … 대하는 사람마다 잘 충돌하며, 자만심이 강하여 남 멸시하기를 좋아하고 배우기를 싫어하며, 특히 인과의 진리를 믿지 아니하고 수행이 없으며, 남 잘되는 것을 못 보아서 무슨 방면으로든지 자기보다 나은 이를 깎아 내리려 하나니라」(대종경, 인과품 24장).
「로마 교황청대사 루이지 도세나 대주교 내방 환영사 : 우리나라에서는 일년 중 제일 풍요하고 청명한 좋은 이 계절에 바쁘신 공무 중에도 본교를 방문하여 주신데 대하여 훈련 중에 있는 전교역자와 더불어 진심으로 환영하는 바이다」(대산종사법문 2집, 제9부 행사치사, 세계평화 3대방안).

보충해설
원불교 한남동 수도원(정각사, 서울출장소)에 대해 언급한다면, 1940년 일본 약초 관음회에서 남산에 세운 약초 관음사는 1945년 광복이 되자 교단에서 인수하여 정각사라 이름하였다. 전재동포 구호소, 불법연구회 서울출장소, 서울보화원, 서울교당 등이 정각사에 간판을 걸고 사용하였는데, 이곳엔 당시 정치요인들이 드나들었다. 이승만 김구 여운형 박헌영 김성수 등 광복 후 모든 정객들의 모임장소로도 사용된 것이다. 이때 김구는 서울출장소장인 대산종사와 가깝게 지낸 적이 있다. 그리고 원기 20년, 도산 안창호가 익산총부를 방문했는데, 독립운동의 혐의로 투옥되었다가 그해 가출옥 되어 호남 일대의 농촌상황을 알아보기 다니던 중 불법연구회에 들렀다. 한편 정계요인의 부인이 온다고 하자 대중의 의견이 분분했으며, 정산종사는 그분에게 이미 그만큼 지은 복이 있었으니 그분도 호감을 가지면 제도의 연이 될 수 있다며, 제도의 끈을 놓지 않았다. 유력한 대선주자들은 대통령 선거에 즈음하여 원불교 중앙총부에 방문하는 편이며, 2007년 6월, 노무현 대통령은 현직 대통령으로 처음 중앙총부를 방문했다.

주석주해

「모든 종교의 귀일처는 일원이고, 정치의 귀일처는 중도다. 중도는 자타력을 병진하는 것이지 치우쳐서는 안 된다. 좌우의 좋은 점을 받아들여 중도정치가 되어야 한다」(박장식,『평화의 염원』, 원불교출판사, 2005, pp.200-201).

「종교가 기존의 지배 이데올로기를 지지하거나 묵인할 때에는 종교와 정치권력 간에 유착관계가 형성되기 쉬우며 종교의 기능은 기존질서 유지에 기여하는 보수적 기능으로 나타나게 된다」(노길명,「한국사회에 있어서 원불교의 소명」, 제23회 원불교사상연구 학술대회《원불교개교 백주년기획(Ⅰ)》, 원불교사상연구원·한국원불교학회, 2004년 2월 5일, p.4).

연구문제

정계요인의 부인이 온다하여 일부에서 환영준비를 하고 일부에서는 반대하자, 정산종사가 설한 법어는?

[근실편 32장] 회상창립의 빚

핵심주제

회상창립의 빚

대의강령

◎종법실 앞 감나무에 새들이 앉아 홍시를 쪼아서 버려놓음을 보고 시자에게 말하였다.

1)저러한 새들도 대 회상의 창립에 도움은 주지 못할망정 빚을 져서야 되겠는가,
2)쫓으라 하며 시자가 없을 때는 손수 쫓으니라.

단어해석

종법실 : 중앙총부에 있는 구조실을 宗法室이라 하는 바, 원기 12년 결의한 후 원기 13년 준공된 구조실(영춘원)은 6칸 겹집으로 방이 네 개이며 동년 6월 22일 소태산 대종사가 이곳에 입실하여 기거하였다. 예회 기념례, 사무실, 숙소 등 다목적용으로 사용했다. 원기 14년 12월 21일, 박길선(20세) 및 송도성(22세) 선진이 이곳에서 평소 입던 옷을 깨끗이 입고 결혼식을 올린 곳이다.

홍시 : 가을에 감이 익기 시작하여 초겨울이 되면 빨갛게 익은 감을 紅柿라 하며 연감이라고도 한다.

관련법문

「공가의 물건은 종이 한 장이라도 아껴 써야 하며 혹 공가의 은혜를 입었으면 반드시 보답해야 큰 빚이 되지 않는다」(한울안 한 이치에, 제8장 화합교단 13장).

「뜻 없이 방랑하면 세상에 빚이 되는 것이다. 불보살들은 시방세계를 자기의 일터로 삼고 육도사생을 자기의 권속으로 삼아서 그들을 제도하는 것으로 자신의 복락을 삼으시는 것이다. 어찌 넓고 크지 아니하냐」(대종경선외록, 7.교화기연장 1장).

보충해설

교단 창립을 할 때의 힘든 역정은 이루 말할 수 없다. 교단창립 당시 소태산 대종사와 9인 선진들의 고초를 헤아려본다는 것은 쉽지 않다. 이에 창립의 역사를 교단사적 견지에서 두고두고 기려야 할 것이다. 정산종사는 교단 창립에 도움을 주지 못하는 상황을 인간뿐 아니라 금수초목에게도 적용하고 있다. 종법실 앞 감나무에서 홍시를 마구 쪼아대는 새들의 예화가 이것이다. 원기 100년을 전후하여 전개되어온 교단의 역사는 창립의 역사라 해도 좋을 것이다. 원기 100년이 서기 2015년이고, 원기 108년이 창립3대말이라는 점에서 근래 교단의 창립과 관련한 성업봉찬의 일들

이 재가출가 모두의 정성으로 전개되고 있다.

주석주해

「교단의 창조자는 교단을 위하여 정신·육신·물질로 혈심 노력하는 사람이다. 교단을 자기 생명으로 하는 것이 교단을 창조하는 사람이다. … 파괴자는 정신·육신·물질로 교단에 해독을 입히는 경우이다. 이것이 교단의 파괴자이다. 교단이 크다 할지라도 교단 사람의 정신이 헤이해지면 그 교단은 오래가지 못한다」(한종만, 『원불교 대종경 해의』(下), 도서출판 동아시아, 2001, p.459).

「어떻게 하면 내가 진리에 빚이 안 되고 살아갈 것인가를 염두에 두어야 한다. 우리가 어떻게 살아야 진급이 될 것인가. 그 길을 가르쳐준 법문이 바로 이 일원상서원문이다」(심익순, 『이 밖에서 구하지 말게』, 원불교출판사, 2003, p.16).

연구문제

조실 앞 감나무에 새들이 홍시를 쪼아버림에 정산종사의 교훈?

[근실편 33장] 정산종사의 풍격

핵심주제

정산종사의 풍격

대의강령

◎정산종사를 뵌 사람들이 말하였다.

1) 김진구 말하였다.

"霽月光風"

2) 황성타는 말하였다.

"和風慶雲"

3) 안병욱은 말하였다.

　　(1) 이 세상에서 본 가장 좋은 얼굴이며,

　　(2) 얼마나 정성껏 수양을 하였기에 화열과 인자가 넘치는 얼굴이 되었을까?

단어해석

제월광풍 : 밝은 달을 霽月이라 하며, 시원한 바람을 光風이라 한다. 밝

은 달과 시원한 바람을 제월광풍과 광풍제월이라 한다. 광풍제월의 출전은 『宋史』에 나오며 북송시인 황정견이 주돈이의 인품을 묘사한 말이다. 이 광풍제월은 한국의 교수신문이 선정한 2008년 희망의 사자성어였다.

화풍경운 : 감촉이 부드러운 바람을 和風이라 하고 상서로운 구름을 慶雲이라 하며, 부드러운 바람 상서로운 구름과 같다는 뜻이다.

화열 : 마음이 화평하고 기쁜 모습을 和悅이라 한다.

인자 : 마음이 어질고 자애로움을 仁慈라 한다.

관련법문

「시조시인 이병기는 정산종사에 대해서 말하였다. "작은 키에 둥그러운 얼굴을 가진 원불교 종법사는 무슨 학벌이니 문장이니 하는 것도 없는 듯 한데 교단을 소리 없이 이끌어 가시고 그 아래에는 많은 훌륭한 인재와 학자들이 있으나 머리를 숙이니 무서운 어른이다"」(한울안 한이치에, 제9장 오직 한길 69장).

「철학 교수인 안병욱은 그의 글에서 '잊을 수 없는 사람' 이라는 제하에 가장 아름다운 얼굴을 가진 사람이 정산종사라고 찬탄하였다. "내가 이 세상에서 본 한국인의 얼굴 중에서 가장 아름다운 얼굴은 익산 원불교 본부에서 본 송정산 선생의 얼굴이었다. 평생을 두고 잊을 수 없는 얼굴이다"」(한울안 한이치에, 제9장 오직 한길 73장).

보충해설

일찍이 석존과 함께 수행한 콘단냐, 밧디야, 바빠, 마하나마, 앗사지 등 다섯 비구는 오랫동안 헤어졌다가 다시 석존을 만났는데 그들이 다시 뵌 석가여래의 얼굴이 광채로 싸여 있고 원만한 모습을 보고 자신들도 모르게 예배를 올리고 말았다. 성자의 성안이 광채를 발한 것이다. 『대종경선외록』「실시위덕장」 3장을 보면 "얼굴은 보름달 같으시어 그 원만하심과 광명하심을 누가 따를 수 없었고, 빛은 자금색이시었으며, 얼굴뿐 아니라 전신에서 항상 광명을 비쳐주시었다"라고 하였다. 정산종사를 처음 뵌 김진구는 霽月光風이라 했고, 황성타는 和風慶雲이라 했다. 그리고 안병욱은 이 세상에서 가장 아름다운 얼굴이라며 감탄해 마지않

왔다. 이처럼 성자의 성안은 자비와 광채로 우리를 압도한다.
인물탐구

김진구(1893-1978) : 厚山 金珍玉는 속명이 김종관으로 부친 김신배 선생과 모친 柳氏 사이에 전북 무주군 무주읍 읍내리 174-1번지에서 태어났다. 가사로 주조장을 했으며 이창운 여사와 결혼하여 자녀로 3남 3녀를 두었다. 그는 조춘곡의 연원으로 원기 42년 11월 진안교당에서 입교하였다. 법호는 후산이며 전북 진안군 진안읍 군상리에서 열반하였고 거진출진 2좌위에 입묘되었다. 공부성적은 예비법강항마위(사업성적 준2등, 원성적 준2등)이며, 열반 후 추존되었다. 진안교당 교도회장으로 원기 43년-원기 63년까지 활동하였다. 진안교당과 무주교당 설립의 유공인이며, 품성이 강직하고 위엄이 있었다. 한문에 유식하였고 정의에 강하여 주민들의 어려움을 함께 나누길 좋아했고 서원 또한 지극하고 신심이 철저하였으며 보은 감사생활로 낙도생활을 하였다.

황성타(1903-1957) : 願山 黃聖陀는 선비가문 출신으로 본관이 평해황씨이다. 속명은 건익으로 부친 황종팔 선생과 모친 홍씨 사이에 6남 6녀중 4남으로 전북 고창군 성내면 조동리에서 태어났다. 어려서 머리가 영특하였고 부모에게 효성이 지극하였으며 형제간에 우애하는 마음이 남달랐다. 변도순 여사와 결혼하여 2남 6녀의 자녀를 두었다. 원기 42년 2월 14일 화해교당에서 입교했으며 소속은 소성교당이고, 원산이란 법호를 원기 46년 수여받았으며 연원은 김경지이다. 소성교당 창립의 유공인으로 매사에 긍정적이고 성실하였으며, 선공후사 정신이 강하였으며 교당의 주인 역할을 하였다. 그의 열반지는 전북 정읍이며 거진출진 3좌위에 입묘되었다. 공부성적은 정식법마상전급(사업성적 정4등, 원성적 준3등)으로, 열반 후 추존되었다. 『화해교당50년사』에 「아버님 원산 황성타님-황희철」(pp.141-142)이라는 글이 수록되었다.

안병욱(1920-현재) : 安秉煜의 호는 이당이다. 1920년 평안남도 용강에서 태어났으며, 철학자이자 교육자이며 수필가이기도 하다. 1943년 일본 와세다대학교 철학과를 졸업하고 1985년 인하대학교에서 명예 문학박사학위를 받았다. 1958년 『사상계』 주간, 1959-1985년 숭실대학교 교수, 1983년 흥사단공의회장, 1985년 경기대학교 대학원 초빙교수, 1985-1990년 숭실대학교 명예교수, 1987년 흥사단 이사장 등을 지냈다. 1992년부터 안중근의사 기념사업회 이사, 도산 아카데미 연구원 설립 대표를 맡아왔다. 인간교육을 위한 강연과 에세이, 철학사상, 전기 등의 저서와 논문을 발표해 왔으며 현대 지성의 방향을 제시했다. 그의 사상적 기조는 자기 상실로부터 자기 회복과 각성이라는 휴머니즘과 자유, 그리고 민족주의에 입각한다. 주요저서는 『현대사상』(1957), 『도산사상』(1970)이 있으며, 주요작품으로는 『칼의 힘과 펜의 힘』(1969)이 있다. 주요논문에 「회고와 전망」(1954), 「자유의 윤리」(1955), 「휴머니즘」(1955) 등 수편이 있다. 수필집에 『현대사상』(1957), 『마음의 창문을 열고』(1963), 『행복의 미학』(1966), 『인생은 예술처럼』(1968), 『안병욱 명상록』(1989), 『빛과 생명의 안식처』(1989) 등이 있다.

주석주해

「1학년 가을 교무강습 때로 기억이 된다. 외래강사로 안병욱 교수를 초청한 적이 있었다. 사회교양을 얻을 겸 원불교를 알리려는 측면도 있었다. 정산종사를 뵙고 나온 안교수는 우리 학생들에게 "여러분은 십년만 공부하면 나 같은 사람이 될 수 있지만, 나는 백년을 공부해도 그 분과 같은 얼굴을 가질 수 없다"고 말했다」(정도윤, 「주인심경으로 모든 것 살피도록」, 『우리회상의 법모』, 원불교신문사, 1994, p.257).

「지난 11일 자료수집팀은 원기 46년에 원광대 류기현 교무의 초청으로 중앙총부를 방문하여 정산종사를 친견한 안병욱 선생(숭실대 명예교수)을 만났다. 안선생은 정산종사가 보낸 '心月相照'란 엽서를 내보이며 "정산종사는 내가 만난 사람 가운데 가장 잘 생기고 가장 성실하고 가장 아름다운 얼굴을 가진 사람으로 남아 있어 동아일보에 '가장 아름다운 얼굴'의 글을 기고했다"며 "사람의 얼굴이 얼마나 닦고 닦았으면 지혜와 자비로움이 넘치는 그런 얼굴을 가질 수 있을까 감동했다"고 말했다(박주명, 「정산종사 친견한 안병욱·고은 선생의 고증 자료수집」, 《원불교신문》, 1998.9.18).

연구문제
1) 정산종사를 처음 뵌 김진구는 "霽月光風"이라 했고, 황성타는 "和風慶雲"라 했는데 이를 해설하시오.
2) 안병욱은 정산종사를 세상에서 가장 좋은 얼굴이라 한 뜻은?

정산종사법어 풀이 2

초판1쇄 / 2008년 3월 20일
재판1쇄 / 2008년 9월 10일

지 은 이/ 류성태
펴 낸 이/ 김영식
발 행 처/ 원불교출판사
인　　쇄/ 원광사
출판등록/1967. 7. 1(제7호)
570-754 전라북도 익산시 신용동 344-2
Tel : (063)850-3324

※지은이와 협의에 따라 인지는 생략합니다.
정가 12,000원